英美判例百选

汉译简体字版获日本有斐阁株式会社授权出版发行
根据1996年第三次修订本译出

英美判例百选

主编：〔日〕藤仓皓一郎　木下毅
　　　　　高桥一修　樋口范雄
译者：段　匡　杨永庄

北京大学出版社
北京·2005年

版权登记号　图字：01－2003－0815 号

图书在版编目（CIP）数据

英美判例百选/（日）藤仓皓一郎，（日）木下毅等主编；段匡，杨永庄译．—北京：北京大学出版社，2005.4
ISBN 978－7－301－08874－6

Ⅰ．英…　Ⅱ．①藤…　②木…　③段…　④杨…　Ⅲ．英美法系－案例－汇编　Ⅳ．D904

中国版本图书馆 CIP 数据核字（2005）第 026869 号

书　　　　名：	英美判例百选
著作责任者：	〔日〕藤仓皓一郎　木下毅　高桥一修　樋口范雄　主编
	段匡　杨永庄　译
责 任 编 辑：	贺维彤
标 准 书 号：	ISBN 978－7－301－08874－6/D·1150
出 版 发 行：	北京大学出版社
地　　　　址：	北京市海淀区成府路 205 号　100871
网　　　　址：	http://www.pup.cn
电　　　　话：	邮购部 62752015　发行部 62750672　编辑部 62752027
	出版部 62754962
电 子 邮 箱：	law@pup.pku.edu.cn
印　　刷　者：	北京汇林印务有限公司
经　　销　者：	新华书店
	650 毫米×980 毫米　16 开本　34.75 印张　560 千字
	2005 年 4 月第 1 版　2007 年 2 月第 2 次印刷
定　　　　价：	50.00 元

未经许可，不得以任何方式复制或抄袭本书之部分或全部内容。
版权所有，侵权必究
举报电话：010－62752024　电子邮箱：fd@pup.pku.edu.cn

日文版序言

1964年,"英美判例百选"的日文译本首次问世;1978年,该书将公法和私法分为两册而再版;18年之后的1996年,在补充了重要判例的同时,又在新的构思下,发行了该书的第三版。可以说,第三版的"英美判例百选"的日文译本是继承了以往传统的又一次新的尝试。

其一,英美法的研究和学习是以判例为中心的,而所谓对判例的探讨,并非只是追究抽象的判决理由,鉴于对案件本身事实的讨论和探讨其与以往案例之间的关联极为重要,所以对旧版本的内容作了增加,尽可能详细地介绍了案件事实和判决理由。

"英美判例百选"的首要目的,是想使其成为教授英美法入门的有用教材,所以编辑者要求执笔者不要注重解说而是要给学生提供能事先阅读、思考的素材。全书的编排是由案件的事实梗概、判决要旨和按语组成的。根据情况,有些判例的事实梗概和判决要旨保留了英文原文,而按语则是让学生在思考和调查时得到启发。

其二,在判例的取舍上,着重选择英美法基础讲义中多次提及的内容。从英美法讲义中多次提及的历史上有名的判例和表现制度特色的判例中,选择了有关陪审制、集团诉讼等重要裁判制度的案例;有关英国公法历史上的著名案件以及与现代欧盟(EC)法相关的象征性的判例;与美国宪法的基本先例和联邦制度有关联的案件;在刑事法领域中显示了判例法重要性的案例;另外,为了在最基本的私法领域中表明判例所形成的实体法理的意义,还从侵权行为法、契约法以及包括信托的财产法领域中选择了重要判例。

在判例的选择上,对于历史上著名而重要的判例和现代的重要判例的比例尽可能地做到了均衡。

其三,英美法圈并不只局限于英国和美国,还有其他许多国家。但是该"英美判例百选"第三版中所选的判例几乎都是美国的,英国的只有一部分，其他国家的没有。其中最大的理由是因为现代日本对美国法极其关心，在教授英美法时，基本上都是以美国法为中心的，所以选的判例大多数都是美国的。不过，这样的选择也许并不准确，不仅包含有英国的，还有加拿大、澳大利亚等其他英美法国家的"英美判例百选"也许更可以显示英美法的广泛性和多样性，这是留待以后解决的课题了。

　　英美法的有趣，正是来源于其判例的有趣。这是活生生的人与人之间的深刻的纠纷和真挚地想要解决其纠纷的人们的记录，仅仅用"有趣"来形容似乎有些语病，正是通过判例所显示的案件的纠纷事实、为解决纠纷而论述的理由以及法律和法院所起的作用，我们可以学到英美法的精髓。在日本，不管是什么领域，早已认识到学习判例的重要性，但是实际上学生们接触判例并不多。鉴于英美法的判例尤为重要，所以在旧版的基础上，再版了第三版，但愿能被关心英美法的读者所接受。

　　最后，在此向不顾繁忙而迅速写就的各位执笔者以及编辑表示深深的谢意。

早稻田大学教授　藤仓皓一郎
北海道大学教授　木下　　毅
法政大学教授　　高桥　一修
东京大学教授　　樋口　范雄

日文版执笔者一览表
（按照日文版顺序）

井上 彰 INOUE AKIRA　　　　　　（中央大学教授）判例 120、121

丸山 英二 MARUYAMA EIJI　　　　（神户大学教授）判例 98、103、104、106

畑博行 HATA HIROYUKI　　　　　（近畿大学教授）判例 1、39

小林 秀之 KOBAYASHI HIDEYUKI　（上智大学教授）判例 69、70

久保 宏之 KUBO HIROYUKI　　　　（京都产业大学教授）判例 110

大泽 秀介 OHSAWA HIDEYUKI　　　（庆应义塾大学教授）判例 21、79

太田 裕之 OHDA HIROYUKI　　　　（同志社大学专任讲师）判例 31

佐伯 仁志 SAEKI HITOSHI　　　　（东京大学教授）判例 61

芹泽 英明 SERIZAWA HIDEAKI　　 （东北大学副教授）判例 73、75、92、118

曽野 裕夫 SONO HIROO　　　　　 （金泽大学副教授）判例 108、114

高井 裕之 TAKAI HIROYUKI　　　 （京都产业大学副教授）判例 41、42

户松 秀典 TOMATSU HIDENORI　　（学习院大学教授）判例 22、23

松浦 以津子 MATSUURA ITSUKO　　（爱知大学教授）判例 95、96

新美 育文 NIIMI IKUFUMI　　　　（明治大学教授）判例 88

高桥 一修 TAKAHASHI ISSHUU　　（法政大学教授）判例 32、33、40、74、78

浅香 吉幹 ASAKA KICHIMOTO　　　（东京大学副教授）判例 3、13、14、46

4 英美判例百选

浅见 公子 ASAMI KIMIKO	（成城大学教授）判例 9、35
藤仓 皓一郎 HUJIKURA KOICHIRO	（早稻田大学教授）判例 12、18、30、34、68、86、87、93
饭塚 和之 IIZUKA KAZUYUKI	（茨城大学教授）判例 77、105
金原 恭子 KINBARA KYOKO	（千叶大学副教授）判例 19、20、60
大武 和夫 OHTAKE KAZUO	（律师）判例 62
坂井 千之 SAKAI KAZUYUKI	（静修短期大学专任讲师）判例 119
曾野 和明 SONO KAZUAKI	（北海道大学教授）判例 15、111
所 一彦 TOKORO KAZUHIKO	（立教大学教授）判例 59
宇贺 克也 UGA KATSUYA	（东京大学教授）判例 6
吉田 一雄 YOSHIDA KAZUO	（清和大学专任讲师）判例 65
堀部 政男 HORIBE MASAO	（一桥大学教授）判例 24、47、53
今井 雅子 IMAI MASAKO	（东洋大学副教授）判例 64
纸谷 雅子 KAMIYA MASAKO	（学习院大学教授）判例 25、27
戒能 通厚 KAINO MICHIATSU	（名古屋大学教授）判例 52、54、117
大塚 正民 ÔTSUKA MASATAMI	（律师、注册会计师）判例 7
坂本 正光 SAKAMOTO MASAMITSU	（明治学院大学副教授）判例 81、82、83
樋口 范雄 HIGUCHI NORIO	（东京大学教授）判例 44、76、80、89、102、112、113
望月 礼二郎 MOCHIZUKI REIJIRO	（神奈川大学教授）判例 91、94
西川 理惠子 NISHIKAWA RIEKO	（庆应义塾大学副教授）判例 97、107

松井 茂记 MATSUI SHIGENORI	（大阪大学教授）判例 4、16
宫川 成雄 MIYAGAWA SHIGEO	（同志社女子大学副教授）判例 36、37
长内 了 OSANAI SATORU	（中央大学教授）判例 5、26
佐藤 正滋 SATO SEIJI	（专修大学教授）判例 63、109
早坂 禧子 HAYASAKA TOMIKO	（东京大学助教）判例 71、72
釜田 泰介 KAMATA TAISUKE	（同志社大学教授）判例 2、28
木下 毅 KINOSHITA TSUYOSHI	（北海道大学教授）判例 10、11、48、100、101、115、122
丸田 隆 MARUTA TAKASHI	（关西学院大学教授）判例 66
中村 民雄 NAKAMURA TAMIO	（成蹊大学副教授）判例 50、51、90
酒卷 匡 SAKAMAKI TADASHI	（神户大学教授）判例 57
石田 裕敏 ISHIDA YASUTOSHI	（姬路独协大学副教授）判例 67
小早川 义则 KOBAYAKAWA YOSHINORI	（名城大学教授）判例 58
野坂 泰司 NOSAKA YASUJI	（学习院大学教授）判例 17
织田 有基子 ODA YUKIKO	（东京大学助教）判例 84、85
田井 义信 TAI YOSHINOBU	（同志社大学教授）判例 99
寺尾 美子 TERAO YOSHIKO	（东京大学教授）判例 8、29、38、45、116、
田岛 裕 TAJIMA YUTAKA	（筑波大学教授）判例 43、49
山川 洋一郎 YAMAKAWA YOICHIRO	（律师）判例 55、56

＊ 以上括号内为执笔者日文版出版当时的所属单位及职称——译者注

目 录

Ⅰ 美 国 公 法

(一) 政府机构

1. Marbury v. Madison 违宪立法审查制的成立 ………………… 1
2. Fletcher v. Peck 联邦最高法院对于州立法的司法审查 ……… 5
3. Martin v. Hunter's Lessee 联邦最高法院对于
   州判决的审查 ………………………………………………… 9
4. Reynolds v. Sims 议会的议席分配和"一人一票"的原则 …… 14
5. United States v. Nixon 总统特权 ………………………………… 19
6. Goldberg v. Kelly 社会福利行政和手续上的
   正当法律程序 ………………………………………………… 23

(二) 联邦制

7. McCulloch v. Maryland 联邦的默示的权力和州的课税权 …… 27
8. Dartmouth College v. Woodward
   契约条款和财产权的保护 …………………………………… 32
9. Proprietors of Charles River Bridge v. Proprietors of
   Warren Bridge Co. 修正契约条款对财产权的保护 ………… 36
10. Gibbons v. Ogden 联邦的州际贸易规则权 …………………… 40
11. Southern Pac. Co. v. State of Arizona 依据联邦的州际商业
    条款和州的治安权制定规则——库利原则
    (Cooley Doctrine) …………………………………………… 44
12. Garcia v. San Antonio Metropolitan Transit Authority

州际商业条款和联邦议会的立法权 ………………………… 48
13. Swift v. Tyson 联邦法院的适用法 ①——一般普通法 ……… 52
14. Erie Railroad Co. v. Tompkins 联邦法院的适用法 ②
    ——Swift 判例的变更 ………………………………………… 56
15. Hanna v. Plumer 联邦法院的适用法 ③
    ——Erie 规则的外延 ………………………………………… 60

（三）人权的保护

16. United States v. Carolene Products Co. 公民权利的限制和
    司法审查应有的姿态 ………………………………………… 64
17. Palko v. Connecticut 人权规定的纳入理论 ………………… 69
18. The Civil Rights Cases 个人的歧视行为和州的行为 ……… 73
19. Lemon v. Kurtzman 政教分离 ……………………………… 77
20. Wisconsin v. Yoder 宗教信仰的自由 ……………………… 82
21. Schenck v. United States 明显且现实的危险 ……………… 87
22. New York Times Co. v. United States (The Pentagon
    Papers Case) 先行的制止 …………………………………… 91
23. Miller v. California 猥亵和言论自由 ……………………… 95
24. New York Times Co. v. Sullivan 名誉毁损和言论自由 …… 99
25. Texas v. Johnson 象征的表现 ……………………………… 104
26. Dred Scott Case〔Scott v. Sandford〕
    奴隶制和合众国最高法院 …………………………………… 108
27. Plessy v. Ferguson 隔离但平等的原则 …………………… 112
28. Korematsu v. United States 可疑的分类和严格的审查 …… 116
29. Shelley v. Kraemer 种族歧视和州的行为的理论 ………… 120
30. Brown v. Board of Education of Topeka (Brown Ⅰ)/
    Brown v. Board of Education of Topeka (Brown Ⅱ)
    公立学校的按人种分校制度的违宪性 ……………………… 125
31. Moose Lodge No. 107 v. Irvis 私人之间的歧视 …………… 129
32. Regents of the University of California v. Bakke
    反向歧视 ……………………………………………………… 133

33. Phillips v. Martin Marietta Corp. 雇用中的性别歧视 ……… 137
34. Missouri v. Jenkins 由法院采取措施取消
    种族分校的局限性 …………………………………… 141
35. The Slaughter-House Cases 第 14 修正案条款的意义 …… 146
36. Lochner v. New York 经济自由和正当
    法律程序条款 ① …………………………………………… 150
37. Muller v. Oregon 经济自由和正当法律程序条款 ② ……… 154
38. Village of Euclid, Ohio v. Ambler Realty Co. 土地利用规则和
    正当法律程序条款 ………………………………………… 158
39. West Coast Hotel Co. v. Parrish Lochner 时代的终结 …… 162
40. Roe v. Wade 人工流产和宪法上的个人自由的权利 ① …… 166
41. Planned Parenthood v. Casey 人工流产和宪法上的
    个人自由的权利 ② ………………………………………… 170
42. Cruzan v. Director, Missouri Department of Health
    死的权利 …………………………………………………… 174

II 英国公法

43. Bate's Case (An Information Against Bate) 国王的课税权和
    议会制定法 ………………………………………………… 178
44. Prohibitions del Roy 法的支配
    ——国王的禁止令状事件 ………………………………… 181
45. Dr. Bonham's Case 司法审查的起源 ……………………… 183
46. The Five Knights' Case (Darnel's Case) 君主权的独断
    专行和人身保护令 ………………………………………… 186
47. British Railways Board v. Pickin 议会主权的原则 ……… 189
48. Regina v. Secretary of State for Transport, ex parte Factortame
    Ltd. 欧洲共同体法带来的"议会主权原则"的改观 ……… 193
49. Anisminic, Ltd. v. Foreign Compensation Commission
    普通法院进行的司法审查 ………………………………… 197

50. O'Reilly v. Mackman 排他性的司法审查的管辖权 ………… 202
51. Council of Civil Service Unions v. Minister for the Civil Service
    对于行政行为的司法审查的一般原则 ……………………… 206
52. Regina v. Secretary of State for the Home Department,
    ex parte Brind 政府对报道自由的规制和可否
    援引欧洲人权公约 ……………………………………………… 210
53. Derbyshire County Council v. Times Newspapers Ltd.
    言论自由 ………………………………………………………… 215
54. Malone v. Metropolitan Police Commissioner
    窃听和隐私权 …………………………………………………… 219

Ⅲ 刑 事 法

55. Powell v. Alabama 接受辩护人辩护的权利 ① ……………… 224
56. Gideon v. Wainwright 接受辩护人辩护的权利 ② …………… 228
57. Mapp v. Ohio 违法搜查、扣押和证据排除法则 …………… 232
58. Miranda v. Arizona 嫌疑人的审讯和辩护人在场权 ………… 236
59. In re Gault 少年审判程序和正当法律程序 ………………… 241
60. Gregg v. Georgia 死刑的合宪性 ……………………………… 245
61. M'Naghten's Case 责任能力 ………………………………… 249

Ⅳ 审 判 程 序

62. Bates v. State Bar of Arizona 辩护律师广告规则
    和表达的自由 …………………………………………………… 253
63. Bushell's Case 不按照说明的陪审的责任 …………………… 258
64. Williams v. Florida 6人制的刑事陪审 ……………………… 263
65. Apodaca v. Oregon 陪审裁断的非全体一致的原则 ………… 267
66. J.E.B. v. Alabama ex rel. T.B.

陪审员的选定和性别歧视 …………………………… 271
67. Curtis v. Loether 接受陪审裁判的权利 …………… 275
68. Regina v. Ford 英国的陪审裁判
　　——陪审员的种族构成 ………………………………… 279
69. Hickman v. Taylor 披露程序的范围和工作成果的法理 …… 283
70. Eisen v. Carlisle & Jacquelin
　　集体诉讼和是否要个别通知 …………………………… 288
71. Flast v. Cohen 纳税人诉讼 ………………………… 293
72. Association of Data Processing Service Organization v. Camp
　　行政诉讼的原告资格（standing） ……………………… 298
73. Matsushita Electric Industrial Co. v. Zenith Radio Corp.
　　简易判决（Summary Judgment） ……………………… 302
74. Slocum v. New York Life Insurance Co.
　　和裁断不同的判决 ……………………………………… 307
75. Commonwealth v. Wright/Commonwealth v. Sullivan
　　事实问题和法律问题 …………………………………… 311
76. London Tramways Co. v. London County Council
　　先例的绝对约束性在英国的确立 ……………………… 314
77. Practice Statement 先例的绝对约束性的修正 …… 318
78. Flood v. Kuhn 美国的先例约束性 ………………… 322
79. Wyatt v. Stickney 公共诉讼的救济方法 …………… 326
80. Lucy Webb Hayes National Training Schol v. Geoghegan
　　区分普通法和衡平法的现代意义 ……………………… 330
81. Pennoyer v. Neff 州裁判管辖权的基本原则 ……… 333
82. International Shoe Co. v. Washington
　　人的审判管辖权的扩张 ………………………………… 337
83. Shaffer v. Heitner 物的审判管辖权的扩张 ………… 341
84. Babcock v. Jackson 准据法的决定规则 …………… 345
85. Williams v. North Carolina（Williams Ⅰ）/Williams v.
　　North Carolina（Williams Ⅱ）对其他州判决的承认 …… 348

V 侵权行为法

86. United States v. Carroll Towing Co. 过失的判定式 ………… 352
87. Palsgraf v. Long Island Railroad Co. 注意义务的范围 ……… 356
88. Sindell v. Abbott Laboratories 因果关系的证明和市场占有率的责任 …………………………………………… 360
89. Ybarra v. Spangard 过失推论原则(Res Ipsa Loquitur) ……… 364
90. Butterfield v. Forrester 混合过失(可归责于己的过失) …… 368
91. Rylands v. Fletcher 工作物和严格责任 ……………………… 372
92. Winterbottom v. Wright 直接的契约关系和侵权行为责任 ……………………………………………………… 376
93. MacPherson v. Buick Motor Co. 缺陷车的制造者的过失责任 …………………………………………………… 379
94. Donoghue v. Stevenson 由过失产生的产品责任——英国 ……………………………………………………… 383
95. Henningsen v. Bloomfield Motors, Inc. 由保修(Warranty)产生的产品责任 …………………………………………… 386
96. Greenman v. Yuba Power Products, Inc. 由侵权行为法上的严格责任产生的产品责任 ……………………………… 390
97. Time, Inc. v. Hill 民事上的个人隐私权利的侵害 ………… 394
98. Tarasoff v. Regents of University of California 第三者保护义务 …………………………………………………… 399
99. Overseas Tankship (U.K.) Ltd. v. Morts Dock & Engineering Co. (The Wagon Mound) 由侵权行为产生的损害赔偿 …… 403
100. BMW of North America, Inc. v. Gore 惩罚性的损害赔偿金额的违宪性 ………………………………… 407

Ⅵ 契 约 法

101. Slade's Case 简约之诉和契约法的成立 …………… 412
102. Hamer v. Sidway 对价(consideration)的法理 …………… 417
103. Mills v. Wyman 道德的义务和对价 ① …………… 421
104. Webb v. McGowin 道德的义务和对价 ② …………… 425
105. Central London Property Trust Ltd. v. High Trees House Ltd. 允诺的不容否定 ①——英国 …………… 429
106. Feinberg v. Pfeiffer Co. 允诺的不容否定 ②——美国 …… 433
107. Carlill v. Carbolic Smoke Ball Co. 承诺的方法 …………… 437
108. ①Farmland Service Cooperative, Inc. v. Klein/
②Decatur Cooperative Ass'n v. Urban/
③Statute of Frauds (1677) 反欺诈法 (书面的要件) ……… 441
109. Suisse Atlantique Société d'Armement Maritime S. A. v. N. V. Rotterdamsche Kolen Centrale 根本违约 …………… 446
110. Krell v. Henry 目的实现受阻 (Frustration) 的法理 ……… 451
111. Williams v. Walker-Thomas Furniture Co. 显失公平的契约 (Unconscionable Contract) …………… 455
112. Sullivan v. O'connor 信赖利益、履行利益、原状回复利益 …………… 459
113. Hadley v. Baxendale 违约的损害赔偿 …………… 463
114. Sedmak v. Charlie's Chevrolet, Inc. 特定履行 …………… 467

Ⅶ 财 产 法

115. United States v. Willow River Power Co. 财产权 (Property Right) 的概念和水利权 …………… 471
116. ①Armory v. Delamirie/②Tapscott v. Cobbs & als. 产权(title)的相对性 …………… 475
117. Atlas Auto Rental Corp. v. Weisberg

　　　　动产的善意有偿取得 ……………………………………… 479
118. Farmers' Loan & Trust Co. v. Winthrop
　　　　动产赠与和信托宣布 ……………………………………… 484
119. Knagenhjelm v. Rhode Island Hospital Trust Co.
　　　　信托的设定 ………………………………………………… 487
120. Allard v. Pacific National Bank 受托者的忠实义务 ………… 491
121. Melms v. Pabst Brewing Co.
　　　　土地的地产权和不动产毁损 ……………………………… 495
122. Ross v. Bumstead 不动产买卖中卖主和买主的法的地位/
　　　　衡平法上的财产权的形态转换和风险承担 ……………… 499
附录1　本书中引用的美国宪法原文 ……………………………… 502
附录2　美国的州与联邦巡回上诉法院(Court of Appeals.13Circuits)
　　　　管辖的司法区域 …………………………………………… 511
附录3　美国的州法院制度(一些实例) …………………………… 512
附录4　英国的法院构成图 ………………………………………… 513
附录5　判例集名缩写一览表 ……………………………………… 515
附录6　判例索引(按照英文字母顺序) …………………………… 517
译者后记 …………………………………………………………… 537

1

Marbury v. Madison
5 U.S. (1 Cranch) 137, 2L. Ed. 60 (1803)
违宪立法审查制的成立

> Ⅰ 美国公法 1 政府机构

事实梗概

　　1800年11月，执政的联邦党在总统选举和联邦议会的选举中均告败北。这对自合众国成立以来一直掌握政权的联邦党来说是一个极其沉重的打击。所幸的是还有 lame duck(任职中的议员或总统在选举中没有再次当选，但到任期届满还剩下)的任期，所以，在选举中败退下来的亚当斯总统和联邦议会还可以继续任职到第二年的3月3日。联邦党的领导人亚当斯总统和马歇尔国务卿考虑到，要想维护现行宪法秩序，必须在任职期满为止的4个月之内往司法部派遣拥护联邦党的人选，以巩固司法部对联邦党的支持。不仅仅是最高法院的法官，联邦法院的法官全都享有宪法上的终身的身份保障。所以，共和党支配的议会即使制定了否定联邦党以前业绩的违宪的法律，只要联邦党派系的法官在司法部占多数的话，那样的法律就可以被封锁住。

　　同年12月，最高法院首席法官埃尔斯沃茨（Ellsworth）以健康为由提出了辞职。亚当斯总统立即开始寻找继任，没想到总统有意任命的人拒绝就任，结果是任命了在职(任期还有两星期的)国务卿马歇尔为最高法院首席法官。

　　另一方面，进入2月份之后，即将任期届满的联邦议会匆匆忙忙地制定了有关联邦法院组织的两个法律。其中之一是，在华盛顿特区，只要总统认为有必要就可以无限制地任命治安审判官。治安审判官并非是什么重要的职务，但是任命在该职位上的人不用说都是联邦党的忠实的地方党员。本案的起诉人马伯里是被任命为华盛顿特区42名治安审判官中的一位。因为该职位并不很重要，所以其任命手续也就排到了最后,取得参议院同意的手续结束时,已经是 3 月 3 日的深夜了。马歇尔国务卿在参议院送来的任命书上亲自按下了国印,做了记录,进行了封口,但是没有授予给本人,任命书将由下一任国务卿麦迪逊接替授予。

3 月 4 日,杰弗逊就任为第三任总统。新总统以手续没有完毕为由,指示新国务卿麦迪逊对包括马伯里在内的被新任命的 17 个人的任命书的交付进行保留。治安审判官的任命,从实质上来说,由总统提名,经过参议院同意之后就结束了。任命书的交付只不过是形式上的辅助行为而已。不过,没有任命书是不可以就职的。为此,马伯里等 3 人,依据 1789 年的《法院法》第 13 条,向联邦最高法院提出,要求向麦迪逊国务卿发出强制交付任命书的执行职务命令。法院法第 13 条规定:"在……法的一般原则和惯例允许的情况下,最高法院有权向美国管辖下的法院或官职人员发出执行职务命令。"

判决要旨

本案的焦点可以归纳为以下三点,即,(1) 马伯里等人是否有权接受任命书? (2) 如果有权的话,对于其权利所受到的侵害,马伯里等人能否得到法律上的救济? (3) 如果能够得到救济的话,最高法院是否可以发出执行职务命令书?

判决理由:关于(1),因为已经得到了上院的同意,有总统的签名,有国务卿按下的国印,任命行为已经完毕,所以,马伯里等人当然有权接受任命书,国务卿对任命书的交付进行保留是毫无法律根据的。关于(2),因为法的权利的本质在于受到侵害时能够得到法的救济,所以,马伯里等人不但有权接受任命书,而且,如果该权利受到侵害的话当然应该得到法的救济。马伯里等人要求对国务卿发出强制交付任命书的执行职务命令,该命令是命令政府官员实行职权范围的行为,并非可以解决政治问题,因为受到法的制约,仅仅是命令实行没有裁决余地的行为,所以法院发出命令并不违法。

问题是,本案中的马伯里等向最高法院提起的发出执行职务命令书的要求即使是妥当的,而联邦最高法院是否就真的有发出命令书的权限呢?

本案认为法院法第 13 条违宪的根据是合众国宪法第 3 编第 2 节第 2 项,按照该法规定,"有关大使及其他外交使节和领事的所有案件",以及"州为当事人的所有案件"以外的案件,最高法院没有第一审的管辖权。然而,法院法第13条对于本案这样的情况却赋予最高法院有第一审的管辖权。很明显,这是与宪法相抵触的。当法律与宪法互相矛盾时,从成文宪法的性质来看,应该是宪法优先,而违背宪法的法律全都是无效的。

那么,法律是否违反宪法又是由哪一个机构来判断呢?成文宪法优先于法律是理所当然的,但并非仅凭这点就可以说司法部有违宪立法审查权。关于这一问题,从多数有成文宪法的国家都没有司法审查制这一点就可以得到说明。尽管如此,判决还是以下面的三点理由为根据,认为司法部有违宪立法审查权。

第一根据是,宪法第3编第2节第1项。该项规定"本宪法,涉及合众国的法律、在合众国权限之下已经缔结或将要缔结的所有条约";判决认为,依据合众国宪法对案件进行的审判,应该对照成为该案件基础的宪法。判决列举了两个例子作了自问自答。其一,尽管宪法第1编第9节第3项规定,禁止制定私权剥夺法(bill of attainder)及追溯处罚法(ex post facto law),但是如果以上法律被制定出来的话,法院是否可以运用该法律判处犯人死刑呢?其二,宪法第3编第3节第1项规定,除了同一犯罪行为有两个人的证词,或者是在公开法庭上作自供以外,任何人都不能被判处叛逆罪,但是如果法律上规定一个人的证词可以判有罪的话,法院是否应该无视宪法而根据法律进行审判呢?在发出以上自问之后,判决主张,法院当然具有违宪立法审查权。

第二根据是,规定了法官有义务宣誓拥护宪法第6编第3项;第三根据是,规定了宪法为最高法规的宪法第6编第2项。判决指出,该规定列出了以下三项为国家的最高法规,即"宪法、依据宪法制定的合众国的法律、以及在合众国权限之下已经缔结和将要缔结的条约",在这里,首先提到的就是"宪法",而"法律"则明确规定必须依据宪法。

按　语

引起本案的前国务卿马歇尔作为首席法官参加了本案的审理,甚至亲自写了判决书。与案件有关者参与审判,这本身就离奇,而判决的论理顺序也非同寻常。一般来说,法院都是先审查对该案件是否有管辖权,如果判断是有管辖权的话,方才进入实体的审查。可是,本案却是先审查马伯里等人是否有权要求发出任命书，在判断出其具有以上权利的同时，又作出最高法院没有管辖权的结论而驳回了马伯里等人的请求。从结果来看，表面上是共和党取得了胜利，但是，应该说马歇尔法庭通过以上的审理方式，在坚持自己立场的同时，抓住了指责共和党的极佳时机。

不过，判决所提出的三点司法审查权的根据，也遭到了严厉的批判。对于从规定司法权的宪法第3编第2节第1项中引出司法审查权的判决理由，马歇尔的批判者指出：举出未经司法程序剥夺公民权利之法、追溯处罚法之类的极端案例，引出司法审查权未免太强词夺理。而对于从有义务拥护宪法的条款中引出司法审查权的判决理由，批判者指出：有义务拥护宪法的并非只局限于法官，议员和行政官员也有此义务，如果以此为根据的话，有义务"竭尽全力保持、保护、捍卫合众国宪法"(第2编第1节第8项)的，不是法官，而应该是总统才具有司法审查权。对于把规定了法律必须依据宪法第6编第2项作为司法审查权根据的这一判决理由，批判者指出：即使该规定可以成为宪法优先于法律的根据也并不能成为司法审查权的根据。

不管其中理由如何，在1800年11月的选举中被夺去了立法部门和行政部门的联邦党，通过了可以说是最后堡垒的司法部，成功地在制度上确立了自己的政治理念，从这一点来说，该判决具有很大的意义。虽然，通过马伯里判决明确了司法审查权，但是因为其动机太带有党派性，又遭到了强烈批判，所以从1803年到1857年的 Dred Scott Case(本书的第26判例)案件为止的54年间，对于联邦法律，最高法院实际上没有做出一次违宪判决。

执笔者：日本近畿大学教授　畑博行

2

Fletcher v. Peck
10 U.S. (6 Cranch) 87, 3L. Ed. 162 (1810)
联邦最高法院对于州立法的司法审查

Ⅰ　美国公法　1　政府机构

事实梗概

　　本案是以1795年在佐治亚州发生的拍卖公有土地时的贪污丑闻为背景的诉讼案件。在州的西部边境，佐治亚州拥有大片土地，1795年通过了一个法案，其内容是将以上土地的大约三分之二（包括现在的密西西比州和阿拉巴马州的3 500万英亩）以每英亩1.5美分极其低廉的价格卖给四个不动产公司。但是，在通过该法案之际，因为发觉了不动产公司（作为同意法案的回报，以相当于1 000美元的土地）收买了几乎所有的议员，从而激起了该州居民极大的愤怒。结果，在第二年(1796年)的选举中，佐治亚州清除了腐败的议员，选出了和贪污没有关系的新议员。新议会在1796年制定了新法，根据新法废除了1795年的土地出售法，取消了土地的出售。但是，在这段时间里，其中的一个不动产公司转售了土地，获得了650倍的利益。土地在一次一次的转售中，既产生了转手利益，同时也产生了不知道最初的土地出售是通过贪污达成的这一事实的土地所有者。问题是，由于1796年新法的制定，以上这些不知情的土地所有者对土地的权利会怎么样？

　　本案的两个当事人是住在北部的土地所有者，开始他们是考虑向联邦法院提起1796年法律无效的诉讼的，但是因为第11修正案(1795年确定)禁止个人向州提起诉讼，所以，把佐治亚州作为直接对象提起诉讼是不可能的。为此，马萨诸塞州的居民Peck(本案被告，以下称Y)和新罕布什尔州的居民Fletcher(本案原告，以下称X)编造了可以向联邦法院提起的由相争引起的诉讼(宪法第3编第2节第1项所规定的不同的州的市民之间的争讼),试图对 1796 年法的有效性进行争论。即,Y 把自己所有的有问题的土地以 3 000 美元卖给了 X 不久,X 就提起诉讼要求 Y 退回自己支付的 3 000 美元。X 的理由是,Y 出售了没有所有权的土地,其法律根据是,因为 1796 年法是有效的法律,而 1795 年法失效了。与此相对,Y 反驳,正是 1796 年法违反了联邦宪法的契约条款,是无效的,自己是通过转售而取得了基于 1795 年法被出售的土地权利的,从自己这儿取得该土地权利的 X 有支付购买土地金额的义务。

表面上,两位当事人之间存在着法律纠纷,可是实际上这两位对有问题的土地具有所有权的当事人的真正的动机是想获得使 1796 年法无效的判决。因为在这点上他们有共同利益,所以本案被称为合谋诉讼(collusive action)。可以说,本案在 1795 年法和 1796 年法的效力及与其相关联的土地所有权的归属的实体问题上,贯穿着司法权的本质是什么这一问题。马萨诸塞州地区管辖巡回法院认为,1795 年法是有效的,而废除它的 1796 年法是无效的,所以判定 X 对于从 Y 那儿购入的土地具有所有权,而作出了 Y 胜诉的判决。对此判决不服的 X 向最高法院提起了上诉。

判决要旨

对于 X 以州议会本来就没有权出售土地、而且法律是在议员被收买以后制定出来的理由,主张 1795 年法是无效的上诉,法院以以下理由作出了 1795 年法有效的判决。

1. 因为州宪法中不存在禁止制定 1795 年法的规定,所以该法没有违反 1789 年的佐治亚州宪法。法官判断法律是否违宪,应该是明确地确信其违反,而不是以有疑问的事例作出违宪判断的。本案中没有明确地确信的违反。

2. 在法庭上,对于法律的效力是否由立法者的动机决定的这一点,能够审查到什么地步是值得怀疑的。即使立法部门的多数人都被收买了,可是限制这种行为是否属于司法部门的职务范围呢?这是非常令人怀疑的。

接下来,判决又以以下理由确认了 1796 年法的违宪和无效。

1. 即使契约中隐藏有瑕疵,如果那是在第三人取得财产之前,是该财产以前的所有者的行为所造成的结果,而第三人又不知道的话,该隐藏的瑕疵对第三人不产生不利。善意的第三人不负担由于他人的犯罪带来的不利。这一原则如果被无视的话，那么所有的权利都会不稳定，会使交易受到极大的损害。

2. 所谓以前的议会不能制约以后的议会的权限的这一原则，是指对于一般的法律没有争论的余地。而以后的议会也不能取消根据法律进行的行为。法律，从其性质上来说是契约，依据这一契约所赋予的绝对权利，在该法律被废除之后都不能被剥夺。

3. 佐治亚州并不是一个除了州宪法之外不受任何制约的单一的主权国家，而是联邦的成员之一，要优先受到联邦宪法的制约。联邦宪法禁止州制定私权剥夺法、追溯处罚法或是有损于契约上的债务的法律。

4. 契约是两个或两个以上的当事人之间的约束，包括未履行和已经履行的契约。未履行的契约是指要当事人承担义务进行或不进行特定事项。已经履行的契约是指已履行了契约的目的。佐治亚州州长转让土地时根据的法律属于前者，土地的转让属于后者。

5. 佐治亚州和土地购买者之间的契约由土地的转让而得到了履行。已经履行的契约包括和未履行契约同样的约束双方当事人的义务。转让，从其性质上来说，是转让者消失了权利，不再主张自己有其权利的一种默认的契约。因此，当事人反悔自己的转让一直是被禁止的。

6. 宪法不区分未履行的契约和已经履行的契约，而使用了契约这样一般的文字，所以应该解释为这一文字既包含有前者同样也包含有后者。使个人之间的契约无效，宣称土地转让之后转让者还可以取得转让了的土地的法律是违反宪法的。之所以说其违反宪法，是因为这样的法律认可了土地的出售者可以免去履行契约进行转让的义务。

7. 宪法的契约条款中没有使用区分私人契约和公共契约的文字。因为是一般规定，所以适用所有种类的契约。

8. 佐治亚州制定了有损 X 购买的土地的不动产权，使其无效的法律，这对于我们自由制度中共同的一般原则也好，对于宪法的特定条款也好，都是不能容许的。

本法庭所有法官，一致同意维持原判。

按 语

1. 本判决,是美国联邦最高法院首次作出的州法违反联邦宪法的判决。作出违宪判决的前提,应该说当然存在着联邦法院是否被授予对州法的违宪审查权的这样一个宪法问题,但是和 Marbury 判决(本书第 1 判例)一样,判决对于这个问题没有进行特别探讨。只不过是确认了作为联邦成员之一的州是在联邦宪法制约之下的。考虑到在提及宪法优先的同时,判决也提到了制宪者赋予联邦法院有州为诉讼方时的审判管辖权(1795 年的第 11 条修改时被删除),那么可以解释为联邦法院当然可以对州法进行审查。

暂且不说对州法行使违宪审查权和违宪判决数直线上升,到 19 世纪末是联邦法的违宪判决数的 10 倍,审查州法成了司法审查的主要内容。这一情况,20 世纪初的霍姆斯法官说得很清楚,"比如说,就算我们失去了宣告联邦法无效的权限,合众国也不会消灭。可是如果我们对各州的法律不能宣布其无效,那么联邦是濒临危机了。"

2. 在第 14 修正案诞生、实质性正当程序(substantive due process)法理确立之前,在制约州议会的实体判断上起了很大作用的是被本案适用过的契约条款,而且那是由马歇尔首席法官作了扩大解释的。本案判决中所表示的就是其解释。马歇尔解释的特点是,契约条款的适用对象,不局限于免除私人之间契约上的义务,即所谓债务者救济法(这是制定宪法时考虑到的)。也就说,契约条款的适用对象中也包含公共契约和已经履行的契约。那以后,契约的意思通过 Dartmouth 大学判决(本书的第 8 判例)等得到了进一步扩大。

3. 考察一下那以后的司法审查制度的运用过程,可以发现在本案判决里含有几个重要问题。这些问题都牵涉到司法审查权的行使条件。首先是,认可合谋诉讼。虽然那以后最高法院对这种诉讼进行了严厉批判,但另一方面,在和本案同样的合谋诉讼中,事实上也仍然继续作出了几个重要判断。还有,就是在司法审查中不调查立法者的动机,以及只有在明确地确信违宪时方才作出违宪判断的思考方式等,都成了日后议论的课题。

执笔者:日本同志社大学教授 釜田泰介

3

Martin v. Hunter's Lessee
14 U.S. (1 Wheat.) 304, 4L. Ed. 97 (1816)
联邦最高法院对于州判决的审查

I 美国公法　1　政府机构

事实梗概

1779年，弗吉尼亚邦(美国宪法颁布以前的州)制定了没收属于英国臣民的财产的法律，1782年和1785年的法律，更进一步具体地规定了把称为北方区域的广大土地都归邦所有。依据1785年的法律，原告亨特得到了由邦出让的一部分北方区域的土地。可是，根据1783年与英国签署的和约和1794年的《杰伊条约》(Jay Treaty)，美国(宪法颁布之前的美利坚联合国)国内的英国臣民的土地权利也是受到保护的。1791年，原告对主张拥有北方区域原来的所有权的被告(英国臣民)，向弗吉尼亚州的第一审法院提起了恢复不动产的诉讼(ejectment)，1794年原告得到了败诉的判决。但是，在1793年，弗吉尼亚州议会提出并通过了一项决议，即，作为和从被告那儿转让得到权利的土地所有者的妥协，对于1781年已经开发、利用的土地，州放弃权利；对于当时还未开发的土地(本案中有争议的土地也包括在内)，作为原土地所有者的被告放弃主张自己的权利。1810年，上诉审判的州最高法院，以上述妥协为理由，作出了取消原判、原告胜诉的判决。

1813年，美国最高法院根据1789年法院法(Judiciary Act of 1789)第25条的纠错令(writ of error)的上诉手续——(1)对于合众国的条约、制定法、权限的有效性产生争议，并且判决其为无效时；(2)因州的制定法、权限的有效性和美国的宪法、条约、法律互相矛盾而产生争议，并且判决其为有效时；(3)对于合众国的宪法、条约、制定法、任命状的条款的解释产生争议，并且判决对于以该条款为根据的权利的法律原因、权利、特权、免除作出消极判断时，在州的最高法院只可以争辩诉讼记录上出现的法律问题——为由,取消了原判。斯托里(Story)法官的法庭意见是,鉴于1794年的条约缔结之前,在弗吉尼亚州没有对该土地执行过适当的没收手续,所以对原告的出让是无效的。于是,美国最高法院将案件驳回给州最高法院,命令其作出与州的第一审法院相同的判决,判原告败诉。

但是,州最高法院拒绝服从合众国最高法院的命令。理由是,根据合众国宪法的解释,合众国最高法院的上诉管辖权不能波及州最高法院,本案中引用的合众国最高法院具有上诉管辖的法院法第25条是违宪的,合众国最高法院对本案不存在管辖权。为此,州最高法院以纠错令的手续再次向合众国最高法院提起上诉。

判决要旨

斯托里法官的法庭意见:在合众国宪法第3编上表明,合众国最高法院,除了有第一审管辖权的案件以外,对于合众国议会规定下的例外和规定中所列举的所有的案件,都被授予上诉管辖权。而上诉管辖限制到什么法院,并没有明文规定。如果合众国最高法院只能对联邦下级法院持有上诉管辖权的话,那么因为宪法上认可联邦法院管辖"所有"基于联邦法产生的案件或者是海事案件,于是就不得不解释为该案件专属联邦法院的管辖,而州法院的管辖权反倒是缩小了。另一方面,是否设立联邦下级法院是要由合众国议会裁决的,如果实际上没有设立的话,合众国最高法院就变得对州法院以外没有上诉管辖权了。综上所述,只能解释为该上诉管辖权波及州法院,除此之外没有其他的解释。

宪法第6编把联邦法定为国家的最高法规,并规定州的法官也要受其约束,从这点上也清楚地表明了宪法起草者考虑到合众国司法权可以管辖州法院。那么,当隶属州法院的民事案件和刑事案件依据联邦法提出抗辩时,不可能因为没办移交(removal)给联邦法院的手续,就不能在州法院对该争论点做出判断。在这种情况下,合众国司法权,不波及第一审的管辖,只波及上诉管辖权。所以说,在这类案件以及合众国宪法中列举的所有案件中,合众国的上诉管辖权被解释为波及州法院。

州的法官也受合众国宪法的约束,就算其具有学识和高尚人格,但是由于州的偏见或利害关系有可能阻碍通常的司法运行,所以合众国宪法有意识地作出了规定。规定联邦法院对州(国)籍不同的诉讼当事人拥有管辖权(diversity of citizenship jurisdiction)，对关系到国家安全、和平、主权的联邦问题拥有管辖权(federal question jurisdiction)以及对海事的管辖权等。不仅如此，考虑到即使可以完全信赖州的法官，但是各个州的法院有可能对联邦法作出不同的解释，在这样的情况下，为了统一整个合众国对联邦法的解释，合众国最高法院的上诉管辖权是必不可少的。

再者，原告可以选择联邦法院也可以选择州的法院，那么对于被告来说，即使在州的法院被起诉之后也仍然可以在联邦法院行使宪法上授予自己的权利，如果不给被告这样的机会，就违反了宪法规定的所有合众国公民都是平等的宗旨。所以，尽管主张有移交给联邦法院的手续，但是在普通法手续中移交也被认为不是第一审管辖权而是上诉管辖权。那么，把诉讼记录从一个法院移交到另一个法院进行审判的纠错令手续，也可以作为行使上诉管辖权的手续之一，由合众国议会自由决定。而且，如果把案件从州法院移交到联邦法院只是约束了当事人，对州法院没有效力——州法院即使拒绝放手管辖权也没有强制办法——的话，那么，在刑事案件中，州的判决就会优先于宪法；而在民事案件中，由于管辖权的重复会有损于私权和公益。（纠错令——writ of error，是一种由具有上诉管辖权的法院签发给存卷法院[court of record]的法官，命令其将被指控有误的包含有判决结果的案卷提交给上诉法院进行审查或命令其自行审查的令状。审查的结果可能是撤销原判、改判或维持原判。但是，审查只限于案卷中明显的错误。根据这种令状提起的诉讼是一个新诉的开始，而不是原诉的继续。当事人不能同时寻求上诉救济和纠错令救济，至少直至其上诉请求被驳回后才能获得纠错令救济。并且，纠错令在原判决被撤销前不能阻止判决的执行。16世纪以前，大部分纠错令的签发都是基于技术和程序方面的原因，在此之后，才逐渐涉及一些实体问题。1852年纠错令在英格兰被废止，审查错误的程序变成了诉讼中的一个步骤，而不再是一个单独的诉讼。1875年审查错误程序本身也因上诉制度的采用而被废止。在美国，若纠错令没有被州的成文法废止，则其作为一种权利令状根据普通法的程序可适用所有案件，但不适用于与普通法不一致的案件，除非成文法另有规定。——译者注）

结论是，对于隶属州法院的案件，合众国有上诉管辖权，法院法第

25条的纠错令状手续可以说是依据宪法行使该管辖权。这一宪法解释,当合众国宪法在各个邦通过时,无论是赞成派或反对派都是同意的;在第一次合众国议会审议法院法的时候,无论是赞成派或反对派也都是同意的;而且合众国最高法院也好,各个州的法院也好都没有表示过疑问。

本案中,由否定了联邦制定法有效性的州法院判决而提起的这次的上诉;由否定了引用条约主张权利原因的州法院判决而提起的前一次上诉,因为都适用法院法第 25 条,所以,弗吉尼亚州最高法院的判决被驳回,维持第一审法院的判决。

约翰逊法官的意见:虽然合众国最高法院被授予对州最高法院的判决的上诉管辖权,但这只是对当事人采取的强制手续而已,对州法院没有任何强制,所以并不有损州法院的独立性。

按 语

自本案之后,在 19 世纪,有关联邦法的案件合众国最高法院可以处理州最高法院的上诉,成了联邦和州对立的一大焦点,但并无有影响判例(刑事案件 Cohens v. Virginia(1821))。

现在,在 28U.S.C. §1257 里有关于州最高法院对合众国最高法院的上诉规定。1988 年以后,appeal(义务的上诉管辖)全部被废除,是否审理该案,采取由合众国最高法院斟酌处理的调卷令(writ of *certiorari*)手续。但必须是(1)对合众国的条约或制定法(statute)的有效性有争议时;(2)因州的制定法的有效性违反了合众国宪法、条约或法律(law)而产生争议时;(3)依据合众国宪法、条约或制定法,或者是依据在合众国持有的职权或行使的权限,特定提出或主张产权、权利、特权或豁免时,这三种情况中的任何一种。

即使是合众国最高法院行使上诉管辖权的案件,最高法院并非对所有的争论点都作出自己的判断。在 Murdock v. City of Memphis(1875)中,合众国最高法院(以制定法中的管辖权规定为根据)作出的判决理由是,有关州法的解释,以州最高法院的判断为最终判断,处理上诉的合众国最高法院只对联邦法的解释做独立的判断。即,当案件的焦点关系到联邦法和州法的时候,即使原审的联邦法的解释有了变更,因为有州法上的根据而没有给原判结果带来变更——比如州最高法院认为,无论依据合众国宪法还是州宪法,死刑是违宪——的时候,合众国最高法院不能行使上诉管辖权。这是"适当而独立的州法上的根据"（adequate and independent state ground）的准则（Fox Film Corp. v. Muller (1935)）。不过，该案件的结论是当州最高法院的判决理由里没有明确联邦法和州法有怎样的关系时，合众国最高法院将其看作是没有适当而独立的州法上的根据可以行使上诉管辖权（Michigan v. Long(1983)）。详细请参照木南敦的"关于适当而独立的州法上的根据的法理"（1988）《美国法》237 页。

执笔者：日本东京大学副教授　浅香吉斡

4
Reynolds v. Sims
377 U.S. 533, 84S. Ct. 1362, 12L. Ed. 2d 506 (1964)
议会的议席分配和"一人一票"的原则

Ⅰ 美国公法　1　政府机构

事实梗概

　　本来是原告的被上诉人西姆斯等人,是阿拉巴马州杰弗逊县的居民,纳税人,有选举权,为了自己以及有同样地位的阿拉巴马州的有选举权的人,1961年,就阿拉巴马州议会的议席分配,向阿拉巴马地区合众国地方法院提起了诉讼。原为被告的上诉人,是州务长官、法务长官等对州的选举负有责任的州的职员及政党的负责人。

　　阿拉巴马州的议会由35名上院议员和106名下院议员组成。1901年的阿拉巴马州宪法规定:州议会在1910年的国情调查之后及以后的每10年一次的国情调查后的最初的议会上,下院议员的议席应该按照各个县的居民人数分配(各个县至少有一个下院议员);上院议员的议席,也应该在居民人数尽可能接近地被划分的选举区里各分配一个;代表应该根据"人口"。但是,实际上的议席仅仅根据1900年的国情调查作了分配,自那以后每10年一次的议席再分配并没有进行。为此,产生了在总人口25％的地区选出了过半数的上院议员,在总人口27％的地区选出了过半数的下院议员,这样一种不平衡现象,其中代表过多的地区和代表过少的地区之间的差异形成了,上院是41比1,下院是16比1。原告等人居住的杰斐逊县是代表过少的区。

　　诉讼准许有三个团体参加,原告等向三个法官组成的联邦地方法院提出,该不均衡状况违反了合众国宪法的第14修正条款,现行的分配规定是违反宪法的,要求法院作出停止今后的选举以及1962年的选举要在整个州进行的判决。联邦地方法院根据 Baker v. Carr(1962)判决,认定适用司法判断,于是催促州议会按人口比例对议席进行重新分配,如果没有完全按照合众国宪法的标准进行重新分配的话,法院明确表示将不得不对 1962 年的选举采取一定的措施。对于原告,联邦地方法院同意了其提出的议席分配的要求。

州议会通过了在 1966 年的选举中变更议席分配的宪法修正案,以及该修正案如果被否决时的法律修正案。而联邦地方法院认为,现有的不均衡状况违反了保护平等的第 14 修正案条款,并且以上的两个修正草案都不完备,为此,联邦地方法院判决,对于 1962 年的选举,暂定以通过的修正草案配合起来进行,法院持有管辖权,保留最终是否停止的判断。至于选举,根据联邦地方法院的命令进行。

对此判决,被告向合众国最高法院提起上诉,被准许参加诉讼的原告的两个团体也提起上诉。

判决要旨

沃伦(Warren)首席法官的法庭意见如下:

合众国宪法保护所有有选举资格的公民在联邦及州选举中的投票权。该投票权既不允许直接的否定,也不允许以篡改投票用纸来破坏投票、用假的投票纸充数来淡化该权利。以人种的划分把选举区改变得对自己的党派有利或者是只有白人才有预备选举之类的否定一部分公民投票权的行为也是不允许的。"对自己选出来的候选人进行自由投票的权利是民主社会的本质要素,对该权利的任何制约都是关系到代表民主政治根本的问题"。压制、淡化公民的投票权和全面禁止自由行使选举权一样,也是否定选举权。

在 Baker v. Carr 案这一州议会的议席分配不均衡违反了保护平等条款的诉讼中,我们认可了其适合司法裁决,却没有揭示评价议席分配有效性的合适的宪法标准。但是在 Gray v. Sanders(1963)案中,把适用整个州的预备选举的县单位制度看作是轻视一部分市民的投票权,判断其违宪时,作出了不允许以住址为理由在有权者之间制造差别的结论。接下来,在 Wesberry v. Sanders(1964)一案的联邦议会下院议员的议席分配上,明确要求选举区之间的人口达到"实质上的平等"。必须"尽可能在实际上"使每一个人的投票具有和其他人的同样的价值。这两个判决虽然没有直接被本案引用,但是确立了州内投票者的平等的必要性和人口比例是代表民主政治的基本原理。

在决定州议会的议席分配中有违反保护平等条款的不正当差别

时，重要的是看被侵犯的是否是个人的权利。毫无疑问，选举权是自由民主社会的基本权利。自由且没有阻碍地行使选举权的权利，可以说是公民的其他基本政治权利的前提，所以对公民所提起的投票权被侵犯的主张也必须进行慎重而严密的审查。

"立法者是代表人民的，不是代表树或英亩的。立法者是由投票者选出来的，不是由农村、城市或经济利益选出来的。我们的统治形态是代表政治，立法政府由人民直接选出，只要是直接代表人民的政府部门，自由而无妨碍选出立法者的权利，就是我们政治制度的关键。"某个选区的公民的投票分量重于其他选区的公民投票的2倍、5倍乃至10倍的话，那么，就不得不说住在不利选区的公民的投票权实际上是被淡化了。

"州的立法政府，从历史上来说是我们这个国家的代表政治的源泉。代表政治，就是通过被选举出来的人民的代表者进行的自我统治，每个公民都具有完全而有实效地参加自己州的立法机关的政治过程的不可转让的权利。几乎所有合法公民都只能通过上述的参加方才能够选出代表自己的立法者。因此，为了使所有的公民完全而有实效地参加州的统治，就要求在州的立法政府成员的选举中，各个公民具有同等而有实效的影响力。"

议席分配是个复杂问题，人口以外的因素也应该考虑，所以有人说法院以不卷入这个政治纠纷为好。但是，只要是宪法上被保护的权利遭到否定，法院就必须给以保护。只要某一个公民的投票权被低估，那么这个人就没有被当作公民来对待。一个人的住址不能成为影响投票权轻重的正当理由。正是人口，才是议席分配的出发点，并且是决定性的标准。这是平等保护条款明确而坚决地要求的。

因此，平等保护条款要求州议会的两院根据人口分配议席。现行的分配规定及提出来的分配草案都是违宪的这一联邦地方法院的判断是适当的。本来，对于州来说，本着真挚的善意尽力使选区的人口相等就可以了，并不追求严密的数字化平等。而且，与联邦议会的下院议员的选举不同，州议会的议员选举可以考虑行政区划。如果是实质上的平等，那么，为了合理的目的在一定程度上偏离人口比例的原则也是允许的。而且，没有必要每年进行分配，至少每10年进行一次也是妥当的。

本判决认为联邦地方法院对本案的处理方法是合适的，因此，支持原审判决，按照手续驳回重审。

哈兰(Harlan)法官的反对意见：

无论是从第14修正案的全文的字句，还是从制定、通过该条文的人们的意思以及当时的政治习惯来看，平等保护条款并不禁止州在州议会的议席分配上选择怎样的民主方法。因为任何宪法上的权利都没有被侵犯，所以本案诉讼应该被驳回。法院涉及该领域是一大错误，是宪法上所不允许的。

按　语

1. 关于联邦议会的下院议员，美国宪法第1编第2节明确规定应该"由人民选出"，各个州的下院议员的人数应该按照居民的人数进行分配。为此，下院根据每10年一次的国情调查给各个州分配下院议员。而州再根据分到的人数决定选区。但是，随着城市化，农村人口向城市流动而选区却没有进行再分配，由此产生了议席分配的不均衡（对上院而言，因为宪法上规定各个州选2名上院议员，所以州之间的人口差异，在宪法上是允许的）。同样的不均衡当然也发生在州议会的议员选举中。由此，这种不均衡渐渐成了宪法上的问题。

2. 最高法院一直隐含地认为，议席分配是政治问题而不应该介入。但是，在 Baker v. Carr 判决中，对于因为州议会的议席分配的不均衡违反了第14修正案的平等保护条款而引起的争议，最高法院认为存在法院可以适用的基准，而承认了其适合司法判断。在为联邦议会的下院议员的议席分配的不均衡而产生争议的 Wesberry v. Sanders 判决时，认为宪法第1编第2节要求议席分配"尽可能在实际上"按人口比例进行，要求按"一人一票"的原则。在本判决中，最高法院明确表示，对采取二院主义的州议会的无论哪一个议院的议员选举，都要求以保护平等的第14修正案条款为原则按人口比例进行，对于州议会允许其稍有弹性。

3. 本判决，是由沃伦法院所作出的一个积极行使司法审查权的象征性的判决，给政治上带来很大影响。加之判决中所提到的，选举权作为基本权利要以保护平等条款进行严格审查，要求按"一人一票"的原则，都引起了激烈的争论。

自此，对于联邦议会的下院议员的选举中的人口比例，最高法院要求非常严格；但是对于州议会的议员选举，就像本判决所表示的那样，采取了略微缓和的标准。本判决的结果是，法院为了纠正议席分配的不均衡，必须致力于极其复杂的问题。而且复数人的选举方式是否会淡化投票价值、考虑人种决定选举区划是否被允许等等，涌现出了各种各样的问题。

执笔者：日本大阪大学教授　松井茂记

5
United States v. Nixon
418 U.S. 683, 94S. Ct. 3090, 41L. Ed. 2d 1039 (1974)
总统特权

Ⅰ　美国公法　1　政府机构

事实梗概

在合众国第 37 任总统理查德·M·尼克松(共和党人)的第一任任期快要结束的 1972 年，有几个男子因为非法侵入了位于首都华盛顿水门桥附近的民主党本部的大楼而遭到了逮捕。后来发现在该犯罪行为的背后存在着推动尼克松再次当选的组织，而且总统府被怀疑自身也与水门丑闻有染。尼克松总统在通过电视转播表明自己清白的同时，表示要任命特别检察官彻底查清事实真相。本想以此平息舆论的总统万万没想到的是，随着特别检察官搜查的进展，政权的中枢深深地介入了掩盖真相的事实不断被发现的过程。1974 年 3 月，哥伦比亚特区联邦地方法院大陪审团进行了不同寻常的表决，决定对包括现任的总统首席助理及司法部长在内的 7 个人，以共同密谋妨碍司法(conspiracy to obstruct justice)、违反联邦刑事法的嫌疑进行起诉，并且把诉讼之外的尼克松总统作为未被起诉的共犯(unindicted conspirator)，进行指名非难。

受命开始进行刑事裁判(United States v. Mitchel et al. (1974))的特别检察官，要求总统把在官邸办公室和亲信等人的谈话录音磁带以及与此有关的记录等文件作为证据提交出来，此举遭到总统的拒绝，于是，特别检察官按照联邦刑事规则第 17 条第 C 项，把谈话时间、谈话对象加以特定，然后以这些都是举证嫌疑事实时所必不可少的证据为理由，向联邦地方法院提出申请，要求发给附带处罚规则的提交书面文件传票(subpoena duces tecum)。

该联邦地方法院同意了上述申请，为了提交给法庭进行事先审查

(in camera examination)，命令总统出示被申请的物件。对此不服的总统，一方面声称总统执行公务时的通讯保密在宪法认可的行政特权范围内，不能进行司法判断，要求取消命令，同时，要求取消大陪审团指名总统为共犯的表决。但是因为以上要求均被拒绝，结果总统向哥伦比亚特区联邦上诉法院提起了上诉。对此，特别检察官认为，根据案件的性质，应该立刻由联邦最高法院做出判断，于是按照合众国法律第28卷第1254条及第2101条第C项规定的手续，申请移交案件而得到了受理(73-1776号案件)。同时，总统提出的要求最高法院对上诉审进行判决前的审理的申请也得到了受理(73-1834号案件)。本案是这些案件的合并审理。

判决要旨

最高法院，除了辞退参加审理的伦奎斯特(Rehnquist)法官，得出了全体一致的判决之外，同意地方法院的出示命令。至于总统提出的要求取消联邦大陪审团指名总统为共犯的申请，因为不是牵涉总统的行政特权的问题，案件的受理本身就是不合适的，所以回避了判断。伯格(Burger)首席法官执笔的法庭意见大致如下。

对"部门之间的纠纷"是否可以进行司法判断

总统主张，本事件只不过是总统和其部下的特别检察官之间发生的部门之间的纠纷(intra-branch dispute)，不属于司法判断对象的案件或争议(case or controversy)。但是，本事件的检察官，是基于联邦宪法及联邦法律由司法部命令授权有独立地位和权限的，而且，对于他的罢免，必须要有特别任命的8位议会代表人的同意。本案，是特别检察官行使了司法部命令明确指示的权限，要求在特定的刑事裁判中出示证据，把由此和拒绝此要求的总统之间产生的对立单单看作是内部纠纷是不妥当的。当然，改变司法部命令从而变更特别检察官的权限是可能的，但现在并没有采取这样的处置。因此，只要该司法部命令是有效的，那么作为法律，它就可以约束政府的各个机关部门。

行政特权的主张是否当然排斥司法裁决

总统主张，为了执行公务，通讯保密是必不可少的，什么样的通讯是应该保密的通讯(confidential communication)，属于总统权限的判断事项，不允许司法部门的介入。的确，属于立法部门、行政部门权限范围的，司法部门必须尊重各个部门的决定，这是权力分立的原理所要求的,对其必要性早就有了肯定判例。

可是,从另一方面来说,有责任决定有关某个特定事项的权限在宪法上是委任哪个部门的,或者,某个特定行为是否超越了宪法上认可的权限范围的,是对宪法具有最终解释权的最高法院,这是自Marbury v. Madison (1803)案件以来就已经在合众国确立的传统。

因此,一般来说,即使承认总统有特权拒绝宣布和亲信之间的谈话或通讯的内容,但该特权并非是无限制、绝对的,在作为维持公开审判时必不可少的证据而要求出示特定的谈话记录的本案中,如果是以国防上或者是外交上需要保密这样的特定根据进行主张的话,那另当别论,如果所主张的仅仅基于一般的利益,那就必须为实行公正的刑事裁判这样的具体要求而让道了。

出示命令的标准和出示记录的处理

根据联邦刑事规则第17条C项,许可出示命令,必须满足以下3个条件,即:(1)被申请物件和案件的关联性,(2)作为证据的可能性,(3)对象的特定性。特别检察官在申请本案的出示命令时,对以上3点都进行了充分的举证,许可该申请的联邦地方法院的判断是合适的。

但是,对于总统的通讯成为问题的本案,在确保以上条件的同时有必要特别慎重行事。即,对于基于出示命令而被宣布出来的各种资料,按照以上标准再次进行严密而精确地审查,对于没有被采用为证据的部分,必须原封不动地归还总统。

判决:同意原审的命令总统出示被申请的录音带及有关文件的判决。

按　语

该判决给了尼克松政府致命的打击,最终造成了史无前例的总统辞职,给美国社会带来了极大的政治冲击。虽然处于极其微妙并且困难的政治状况之下,最高法院仍然明确地斥退了总统所主张的行政特权当然排除司法审查的理由,再次确认了宪法的最终解释权在于最高法院的这一原则。

合众国宪法承认总统拥有固有的行政特权,这是无可争辩的,但是,其范围和界限并非是恒定明确的,为此常常发生难以解决的宪法问题。特别是,由于国家曾经面临过第二次世界大战、朝鲜战争、越南战争这些紧急状态，总统的军事统帅权不断得到扩大，乃至对平时的市民生活都带来了很大的影响。例如罗斯福政权对美籍日本人所采取的强制移居措施〔请参考 Hirabayashi v. United States (1943) 以及 Korematsu v. United States (1944)（本书第 28 判例）〕，杜鲁门政权为了平息大钢铁公司的劳资纠纷所采取的征用公司的措施（请参考 Youngstown Sheet & Tube Co. v. Sawyer (1952)）等等，都是很好的例子。

可以说本案是上述历史延续过程中的又一案例，但是，基于"总统的通讯秘密"这一极其含糊的根据来主张行政特权，这与以往的案例有很大的不同。要求对以总括的形式所主张的行政特权和维持公正的刑事裁判这样的对立的价值观念做出判断，本案是首例。最高法院原则上承认有关总统公职的通讯保密包含在行政特权的范围内，但同时明确指出并非在所有场合都可以无条件绝对地强调这一点。

应该说，本判决同意了联邦地方法院的出示命令的前提，是因为特别检察官把作为证据出示申请的谈话时间、谈话人都作了详细的限定，而不是承认司法手续上的要求总是优先于总统通讯秘密的原则。值得注意的是，在以往军事保密或外交保密上出了问题的案例中，大多数都是认同了总统所主张的行政特权的。

执笔者：日本中央大学教授　长内了

6

Goldberg v. Kelly
397 U.S. 254, 90 S. Ct. 1011, 25 L. Ed. 2d 287 (1970)
社会福利行政和手续上的正当法律程序

| I 美国公法　1 政府机构 |

事实梗概

　　住在纽约市的原告等人，是联邦扶助计划和纽约州家庭辅助计划对象的有被抚养儿童家庭的领受人。联邦扶助计划，是 1935 年根据联邦社会保障法订立的制度，其维持依靠联邦的救济金，而实际执行的是州。纽约州家庭辅助计划，是 1966 年根据纽约州社会福利法订立，1967 年 7 月 1 日以后依据该州的社会服务法的制度，由纽约州及其地方自治团体自己负担费用、实际运行。

　　原告中的一部分，是领受联邦扶助计划的支付款被截止和打算被截止的，而另一部分是领受纽约州家庭辅助计划的支付款被截止和打算被截止的。原告等人以纽约州及纽约市既没事先通知也没听取申诉就截止支付，或竟然真的就要截止支付钱款，是没有遵守第 14 修正案的合法程序为理由，而提起了诉讼。原本是两个分别提起的诉讼，合并在一起审理。

　　在本案诉讼被提起的当时，截止支付款之前要进行通知和听取申诉并没有被规定为要件。但是，本案诉讼提起之后，纽约州和纽约市规定了有义务进行事先通知和听取申诉。

　　即，该州的社会服务委员修改了社会服务部规则，规定地方自治团体的社会服务职员在截止或打算截止支付给领受人钱款时，必须按照该规则§351.26(a)或(b)的手续办理。而纽约市公布了依据该规则§351.26(b)制订的地方自治团体手续。

　　根据该规则§351.26(b)制订的地方自治团体手续规定，截止或打算停止支付钱款时，至少在其生效前 7 天，必须满足以下 3 个要件：

(1) 要提示截止或打算停止支付的理由;(2) 要由同意截止或停止支付的职员告诉领受人可以向上级地方自治团体的社会福利职员提出审查请求;(3) 领受人可以用书面陈述不应该进行截止或者停止付款的意见。还规定，必须对审查标准迅速地裁决，必须要用书面将裁决结果通知领受人。在裁决通知日和原来预定的生效日之前，不可以截止或停止支付钱款。

依据该规则§351.26(b)，纽约市社会服务部公布了68-18号程序 (Procedure No.68-18)。按照该规则，对领受人的领受资格抱有疑问的社会福利主管，首先必须就疑点和领受人进行谈话，当谈话结果使社会福利主管得出该领受人不具备领受资格的结论时，要劝告监督者截止支付。监督者如果同意该劝告的话，该监督者必须用书面记载准备截止付款的理由，然后寄给领受人，并告诉领受人7天之内可以提起审查请求，可以提出辩解说明书。审查厅一旦驳回请求，支付立即截止，用书面将其理由通知领受人。

但是，原告等人认为该手续也是违宪的，要求命令暂停适用该规则，按原来的手续使钱款不被截止支付，而提起了诉讼。

即原告等人针锋相对地指出，按照该手续的话，本人自己出面，以口头形式陈述意见提出证据的机会得不到保障;对不利于自己的证人进行面对面的交叉询问的权利得不到保障。其实，根据该规则，在截止支付之后，可以向具有独立性的州的听取意见的审理官员提出不服意见，在提出该不服意见时，口头陈述意见的权利和对证人的反询问的权利都是得到保障的。而多数原告都提出了不服。

所以说，本案的最大的焦点是，法定程序条款是否保障领受人在截止付款之前有证据听证的机会(evidentiary hearing)。

第一审的纽约南部地区联邦地方法院，斥退了被告的所谓事先的简略手续和事后的"公正的听证(fair hearing)"相结合满足了正当法律程序的要件的主张，作出了不事先听证进行调查就是违宪的判决。判决理由是，对于处于贫困状态的领受人，事先不经过充分的手续就截止付款的做法，如果没有不得已的理由是不能被正当化的，财政上的原因不能成为优先领受人手续上的利益的理由（Kelly v. Wyman (1968)）。对此，一部分一审的被告作了越级上告。

判决要旨

法庭意见是，本案的宪法问题，不是把公共扶助的支付分类为"特权(privilege)"或是"权利(right)"就可以解决的问题，否定了传统的特权、权利二分论的框架。而是采用把回避损害时领受人的利益，与可以决定不经过正式的事实审理而给政府带来的利益进行衡量比较，由此对手续上的法律正当程序的程度进行判断的方法。

判决认为，并不是说政府在截止支付时，无论怎样的情况都必须为调查证据而进行事先的听证，但是，像本案这样的情况，如果不事先进行为调查证据的听证，就不能满足手续上的法定程序的要求。本案的重要之处在于，事先没有进行充分的手续就截止付款的话，本来有领受资格的人难免失去赖以生存的食粮；而领受人如果必须集中精力确保每天的生存的话，也就没有能力再要求事后的救济。

作为以上的判决理由的前提，法庭意见高度评价了公共扶助。即法庭认为，"公共扶助并非仅仅是慈善，而是提高了社会的一般福利，保障了我们和子孙享受自由。"

上告人对此并不否定，但却强调是为了政府的利益节约财政、行政资源，而把证据调查中的听取意见放到了事后进行，试图把自己的做法正当化，这一论点被法庭意见所斥退。

其实，法庭意见认为，截止支付前的听取意见本来没有必要由司法或准司法来判断，只要使适应社会福利领受人特性的最低限度的手续得到保障就可以了。就本案来说，详细说明截止支付理由的通知要有合理和宽裕的时间；要给予对不利的证人进行交叉询问的机会；用口头申述自己的主张和提出证据的权利要得到保障；可以有律师选任权；出示决定的理由及该决定所依据的证据；决定人的公正性要得到保障，这些都是必要的。

纽约市对本案所采取的事前手续，没有让领受人自己出面、用口头提出证据；没有给领受人对自己不利的证人进行面对面的交叉询问的机会，所以是违宪的，予以驳回。

按　语

本案判决否定了传统的特权、权利二分论，对于以前被解释为特权的社会福利的支付，判断为宪法上要求保障其要有事前的周到的手续，由此引起了所谓的"正当法律程序的爆发(due process explosion)"现象，具有很大意义。

由手续上的正当程序所要求的内容，根据案件的特点，通过权衡利益最后作出决定的本案判决的立场，在 Mathews v. Eldridge(1976) 一案，发展为成本收益分析。

　　本案判决认为，根据领受人的教育水准，只认可书面提出的意见和证据，不保障口头陈述的机会，否定了正当程序。像这样根据对方的能力、所处环境，非常具体地判断正当程序的内容的手法，得到了很高的评价。

　　但正如布莱克法官在反对意见中所叙述的那样，对于享受社会福利的领受人来说，就算律师选任权得到保障，但要自己出钱找律师，通常是很困难的。所以说，律师选任权应该得到正当法律程序保障，对于本案判决中所谓的没有必要由公费选任律师的法理不能不令人费解。

执笔者：东京大学教授　宇贺克也

7

McCulloch v. Maryland
17 U.S. (4 Wheat.) 316, 4 L. Ed. 579 (1819)
联邦的默示的权力和州的课税权

| I 美国公法 2 联邦制 |

事实梗概

联邦议会制定了国立银行设置法,该联邦法律于1816年4月16日生效。根据该联邦法律设立了本案中问题的核心——合众国银行。

马里兰州议会,在没有获得州的许可的情况下,制定了对该州内营业的银行进行课税的州法,该州法于1818年5月1日生效。该州法的内容大致如下:(1)没有获得该州的许可,在该州内营业的银行不得发行所规定的各种面额以外的银行券;(2)即使是发行许可面额的银行券,也必须在所规定的面额上贴上相应的印花税邮票;(3)各种面额的印花税邮票必须从该州的财务官处购买;(4)不过,如果银行事先向该州的财务官支付1.5万美元,以上的贴印花税邮票的义务可以被免除;(5)如果,哪个银行违反该贴印花税邮票的义务而发行银行券的话,每违反一件就要从包括出纳负责人(cashier)的该银行的管理负责人个人那儿征收500美元;(6)以上罚款的征收通常由州来执行,但是,为了州和自己,个人也可以用州的名义提起征收诉讼,这种情况下征收来的罚款的一半属于该个人。

1817年,合众国银行在马里兰州波鲁齐莫阿市开设了分行,1818年5月1日上述的马里兰州法生效之后,该行仍旧继续在没有获得该州法所规定许可的情况下在该州内发行不贴印花税邮票的银行券。

一名叫James的个人,以合众国银行违反了上述的马里兰州法为由,对该银行波鲁齐莫阿市分行的出纳负责人麦卡洛克个人用马里兰州的名义提起了征收罚款的诉讼。第一审判决命令麦卡洛克支付罚款,因为第二审以及该州的最终审都是维持第一审判决,由此麦卡洛克作为上诉人,马里兰州作为被上诉人,案件到了联邦最高法院。

本案的焦点是,规定马里兰州可以对合众国银行进行课税的上述的州法是否有效。成问题的是以下两点:其一,作为设立合众国银行依据的上述国立银行设置法是否有效?即联邦议会是否有权制订该法?其二,如果合众国银行的设立是有效的话,那么,马里兰州是否可以对依据联邦法有效设立的合众国银行进行课税?即对于联邦的活动,州可以课税吗?

判决要旨

以约翰·马歇尔首席法官为代表的法庭意见如下(从标题记载的判例集17U.S.的第400页开始,以下的页数全部是该判例集的页数)。

"第一,关于合众国银行设立依据的国立银行设置法究竟是否有效的问题,意见如下"。

现在的合众国宪法里明文规定的联邦的权限中没有包含有设立银行的权力或设立法人的权力。但值得注意的是,现在的合众国宪法和以往的邦联条例不同。即,以往的邦联条例的概念是排除附带的权力乃至默示的权力,凡是联邦被委任的权力都限定在详细的明文规定中。可是现在的合众国宪法既没有那样的排除也不存在限定。就连为了平息过度的妒嫉心而制定的第10修正案都没有附加"明文认可"之类的限定,而只是规定"联邦没有被委任,或者州没有被禁止的权力由各个州或是人民所保留"。因此,本案中所涉及的具体权力,到底是被委任给联邦了呢?还是州受到禁止呢?应该是在对整个合众国宪法作出公正的解释之后而加以决定(406页到407页)。

的确,作为联邦的权力,事实上现在的合众国宪法所认可的权限中并没有明文使用"银行"或是"法人的设立"这样的字眼。但必须注意的是,以下的重要权力作为联邦的权力,被明文认可。即,征收租税的权力、借钱的权力、限制通商的权力、宣布战争并进行战争的权力、征募陆海军并对此采取财政措施的权力等等。也就是说,剑和钱包、一切的对外关系以及国家产业的重要部分被明文规定为联邦的权力。不过,如果说范围这么广的权力都被委任给联邦了,那么,不太重要的权力,仅以其不重要为由认为当然也被委任给联邦的主张毕竟还是难以认同的,而迄今为止也还没有过这样的主张。但是,以下的主张是很有道理的。即,这么广泛的权力都被委任给联邦了,而适当地执行这些广泛的权力关系到国家的幸福和繁荣,所以,执行这些广泛权力的广泛的手段也要委任给联邦。总之,要是委任了某权力,那么使该权力容易地执行就是对国家有利(407页到408页)。

马里兰州主要是根据合众国宪法第1编第8节第18项的条文提出其主张的。把该条文作为根据的马里兰州认为,联邦并非可以制定任何有关被委任的权力的法律,为执行被委任的权力,联邦最多也只能在"必要而适当"的限度内制定法律。这里所说的"必要的"是限制整体的意思,比如,就算是执行被委任的权力的法律也好,应该解释为仅限于制定执行时必不可少,也就是说没有的话被委任的权力等于零这样的法律。其意思是,联邦能够制定的法律是有限的,为了执行被委任的权力,只能根据各种场合制定直接而且绝对必要的法律。对"必要的"这个字眼作这样的解释是否正确?"必要的"的意思是否总是意味着绝对的物理上的必要性,即,一方不存在的话另一方也不存在这样的关系?本法院并不苟同(413页)。

合众国宪法第1编第10节第2项规定,"除了为执行其物品检查法而绝对必要的场合,对于进口货物或出口货物的进口税或关税",禁止州征收。而第1编第8节第18项规定的"为了执行权限要制定所有必要而适当的法律",表明了合众国宪法制定会议认识到在"必要的"前面加不加"绝对的"修饰语,意思上大不相同(414页)。

和大多数人一样,本法院也认为联邦的权力有一定限制,而且这种限制是不能逾越的。但是,只要是公正地解释合众国宪法,应该解释为,联邦议会被允许有一定的裁量,在其裁量之下,可以决定把委任给联邦的权力以国民得到最大利益的形式加以执行的手段(421页)。

如果某个联邦法律没有触犯合众国宪法所禁止的,而且的确是为了实现被委任给联邦的哪一个权力,那么,本法院就不应该对该联邦法律的必要性的程度进行审查。因为这会超越司法部门的领域跨入立法部门的领域。在此要明确地说清楚,本法院无此审查权限(423页)。

鉴于以上慎重审理的结果,本法院得出一致意见。即,成为合众国银行设立依据的上述国立银行设置法是根据合众国宪法制定的联邦法,因此是国家的最高法规(424页)。

"第二,关于马里兰州能不能对依据联邦法有效设立的合众国银行进行征税的问题,意见如下"。

本法院的意见是,成为合众国银行设立依据的上述的国立银行设置法是符合宪法的,而在马里兰州设立分行是该银行正当权力内的行为。进一步对以下问题进行判断,即,马里兰州对该银行的波鲁齐莫阿分行征税是否违反合众国宪法(425页)。

合众国宪法的大原则是,合众国宪法以及依据其制定的联邦法是国家的最高法规;这些最高法规限制各州的宪法及州法,而不受各州的宪法及州法限制(426页)。

说起来,征税的权力包含破坏的权力;破坏的权力把创造的权力破坏得毫无用处;各州的州法可以限制理应是国家最高法规的、基于宪法的联邦法的手段的这种理论上的矛盾等等,都必须加以考虑(431页)。

这里的问题,实际上是国家最高法规的问题。对于联邦为了执行其权力所采取的手段,如果马里兰州可以进行征税的话,上面所说的合众国宪法以及依据其制定的联邦法是国家的最高法规这一大原则岂不成了徒有虚名、毫无意义吗(433页)?

本法院慎重审理的结果,得出以下结论。即,对于为了执行委任给联邦的权力,联邦议会依据合众国宪法制定的联邦法的作用,各州没有限制的权力。也就是说,各州不能以征税和其他的方法阻止、妨碍联邦法的作用,或者是对联邦法的作用增加负担、进行限制。该结论是从合众国宪法上的国家最高法规条款中得出的当然结果。为此,本法院的一致意见是,对合众国银行征税的马里兰州法因违反合众国宪法而归于无效(436页)。

按　语

1. 本案判决确立了"联邦议会的立法权里面,除了有合众国宪法明文所规定的权力,还包含有必要而且适当的条款所默示的权力(implied powers)"的解释。关于这一解释的时代、社会背景可参考田中英夫《美国法的历史》(上)238页(东京大学出版会·1968)以下,木南敦《通商条款和合众国宪法》25页(东京大学出版会·1995)以下。

2. 虽然本案判决作了"联邦的活动不允许州以征税及其他方法进行限制"的解释，但是因为这一判决理由本身范围太广，在以后的案例中逐渐得到了修正。关于这一点可以参考田中英夫《美国法的历史》(上)249页,特别是250页的注51。

执笔者:律师·会计师　大塚正民

8

Dartmouth College v. Woodward
17 U.S. (4 Wheat.) 518, 4L. Ed. 629 (1819)
契约条款和财产权的保护

| Ⅰ 美国公法　2　联邦制 |

事实梗概

达特茅斯（Dartmouth）大学的起源，可以追溯到1754年，是埃利泽·惠洛克（Eleazar Wheelock）牧师在考内悌卡特殖民地上用自己的财产建立的一所以美国印第安子弟为对象进行教育和布施基督教的学校。这一慈善事业步入成功之后，惠洛克牧师为了进一步扩大事业，派了使者去英国募捐。以达特茅斯伯爵为首的很多人都捐赠了钱财，惠洛克的使者得到了委任状，成为达特茅斯伯爵为首的数名捐款者所捐赠基金的被委托人，惠洛克授权给这些被委托人，从几处愿意提供校址的殖民地当中选出设立学校的地方。新罕布什尔殖民地的很多土地所有者，一直希望用基金设立的学校能够成为英国殖民者子弟的受教育的地方，这次，也提出愿意提供土地，结果被选中了。

1769年，根据惠洛克的申请，乔治三世颁发了法人设立特许状（charter），达特茅斯大学由此诞生。该特许状规定，大学的目的是教育印第安人的子弟、向他们布施基督教以及对英国人的子弟进行高等教育，还授予该大学的董事会 Trustees of Dartmouth College 法人资格，为了达特茅斯大学的利益，该董事会以其名义，有权取得、持有财产，并拥有其他的运营大学所必要的各种权利。而新罕布什尔殖民地总督、参议会议员、殖民地议会议员、牧师以及惠洛克等一共12人被任命为董事，惠洛克为大学校长。还规定，如果董事有缺员的话，由董事会7名以上的董事进行补充。另外，1785年佛蒙特州，1789年、1807年新罕布什尔州都捐赠了土地。

由于政治上州的共和派（Republicans）和联邦派（Federalists）有对

立,为了变更联邦派占多数的大学董事会,加强州对大学的控制,1816年,共和派占多数的州议会和共和派的州长进行了以下一系列的立法。(1) 把大学名称从 Dartmouth College 改为 Dartmouth University;(2) 把董事人数从12名增加到21名;(3) 设立了由25人组成的监督委员会(board of overseers)(作为职务上的委员,由州长和参事会任命包括州长、州议会两院议长、佛蒙特州州长、副州长的委员),对于人事及工资问题、开设新的院系、讲座等重要事项,该委员会有权否决董事会的决定。

原董事会的多数董事,都认为以上的立法无效而提起了动产侵害诉讼,要求达特茅斯大学的事务长兼出纳长伍德沃德(Woodward)交出大学董事会的记录、法人设立特许状、会计簿、大学的图章等。新罕布什尔州最高法院判决原告败诉,为此,原告向合众国最高法院提起了上诉。在最高法院代理学院(College)进行辩论的是当时最有名的律师之一,达特茅斯学院的毕业生丹尼尔·韦伯斯特(Daniel Webster)。本案的焦点是,(1) 赋予达特茅斯大学董事会法人资格的国王的法人设立特许状(charter),是否相当于美利坚合众国宪法第1编第10节第1项中禁止州制定侵害契约的债权债务关系的法律,所谓契约条款(contract clause)中的契约?(2) 如果是契约的话,该契约是否受到本案中所提到的立法的侵害?

判决要旨

契约条款中的"契约"是什么意思?从最广义的角度来解释的话,规定政府和市民之间的各种关系,以及有关市民和市民之间关系的各种各样的法律制度都是契约。从这个意义上来说,婚姻也是契约,从有关离婚的立法中受到其契约上的债权债务关系的影响。但是,像这样规定市民之间关系的各种制度,是有关州内部的事情,合众国宪法并不试图介入。起草并通过合众国宪法的人们所要限制的,是对于财产权的侵害,而契约条款所要保护的是有关财产的契约。

本案中成为问题的法人人格的赋予,如果是有关统治权力的赋予的话,或者是为了设立政府运营机构的话,或者大学的基金是公共财产的话,或者与本案有关的仅仅是新罕布什尔州政府的话,那么,可以允许州不受合众国宪法的制约,而依据州的判断行事。但是,本案中成为问题的,是和进行统治没有关系的被赋予取得财产权限的慈善事业的主体。并且，以捐赠者们是对已经捐赠的财产要求按照自己所规定的条件进行管理、处理为由，又以捐赠后，这些捐赠者以及这一慈善事业的受益者的学生们不可以主张对财产的权利为由，声称不能构成契约条款的问题而草率加以处置是不行的。

达特茅斯大学的基金全部是由私人捐赠组成的。达特茅斯大学是慈善事业的主体，该基金是私的法人(private corporation)。的确，教育是公众所关心的事，但并不能因此就把私人出钱建成的该大学当作公共机关。

法人是看不见的、无形的、人为的存在，只存在于法的世界。单单是法律创造物的法人，是由法人设立特许状才被赋予了明确的、默示的特性。这些特性中重要的是永久性和个别性。政府把这些特性赋予法人，在某一特定的形式下，为了某一特定的目的，赋予了法人取得、持有财产的权限，过后，政府是否果真有权再改变其形式，或改变其目的呢？

一般来说，法人人格是为了公众的利益，政府只限于为了奖励才赋予的。法人人格是作为公众利益的对价被赋予的。因此，和这一有价对价作为交换的法人设立特许状里，不能带有没有明确表示的权力。

"很清楚，本案的法人设立特许状是捐赠者和董事及国王(其权利义务由新罕布什尔州继承)为原当事人的契约，是依据有效的对价而成立的契约，是为了保全、处理财产的契约，是相信了它而把各种各样的财产转让给法人的契约。所以说，这是宪法文字和精神中所包含的契约。"

法人设立特许状是契约，国王有遵守该契约的义务。国王的地位被州所继承。本案中所争论的立法，不仅变更了已经明确规定了的董事的人数，还设立由州的执行部任命的监督委员会，要使大学的运营不是按照创始人的意思而是按照州的意思进行，这是对法人设立特许状的重要变更。因此，本案的立法是违宪的。取消原审判决。

按　语

1. 本判决抓住了私的法人和公的法人的区别，指出了私的法人的法人设立特许状属于受合众国宪法的契约条款保护的契约，明确了只要特许状没有另外的规定，州议会事后对其内容进行变更就是违反了合众国宪法,是不能被允许的。

在制定合众国宪法时起了主要作用的大多数人,对于独立后在不少邦(作为合众国宪法成立之前的主权国家的 state)所出现的各种保护债务者的立法、激进派的过分的民主主义感到恐惧。合众国宪法所规定的联邦制度的形式是,合众国政府只行使宪法所赋予的权力,余下来的作为主权国家的权力让各个州保留。因此,在该宪法中有关州政府的规定里,不存在附带权力的规定,只有若干禁止规定。禁止州制定侵害契约的债权债务关系的契约条款,是制定合众国宪法一开始时就存在的限制州议会立法的为数不多的规定之一。

对合众国宪法进行了弹性解释,对合众国政府的权限进行了扩张解释的马歇尔法官所代表的联邦派占主流的最高法院,把契约条款作为既得权、财产权的保护规定进行了扩张解释(参考本书第 2 案例)。本判决也处于当时的背景之下(本案中把法人设立特许状解释为契约很是令人费解)。再则,从 19 世纪 30 年代后期开始,像本案这样对契约条款所作的解释趋向后退,从 19 世纪末到 20 世纪初,财产权的保护规定在正当法律程序条款中起了主要作用(参考本书第 36、37 案例)。

2. 虽然不是自然人却照样可以成为权利主体的法人的设立,本来是由国王所授予的个别的特殊恩典。初期的法人,是为了公的目的所设立的地方自治体、宗教团体、慈善事业团体、道路运河等建设的公共事业。在商业中利用作为法律媒介物的法人很有利的认识,随着有关法人的判例法的发展被人们广泛接受的同时,以政治平等化为背景的对有关法人设立的特许主义所产生的反感,导致了准则主义。准则主义,使法人由国家设立的色彩减弱,而强化了其企业法人的私的性格。以私人投资的法人的设立带有契约性格的理由,而提出排除州议会对私的法人的干涉的法理的本案判决,保障了私的性质不断加强的、以法人形态出现的企业的地位,并支持了其发展。而与私的法人相对应的以地方自治体为中心的公的法人,作为应该受到州议会各种控制的主体,在法律上得到了整顿。

本案可参考田中英夫的《美国法的历史》(上)238 页(东京大学出版会·1968)以下。

执笔者:东京大学教授　寺尾美子

9

Proprietors of Charles River Bridge v. Proprietors of Warren Bridge Co.
36 U.S. (11 Pet.) 420, 9 L. Ed. 773 (1837)
修正契约条款对财产权的保护

Ⅰ　美国公法　2　联邦制

事实梗概

　　1785年，马萨诸塞州议会制定法律认可了查尔斯桥经营（The Proprietors of the Charles River Bridge）公司的设立，批准其从波士顿到查尔斯河对岸的查尔斯市镇架一座桥。而这原本是哈佛大学从1600年代中期就拥有渡船权的线路。法律认同了该桥开通以后征收40年通行费，1792年将收费时间延长到70年。

　　1828年，马萨诸塞州议会制定法律认可了华伦桥经营（The Proprietors of the Warren Bridge）公司的设立，批准其在邻近查尔斯河桥的地方架一座与其平行的桥。还规定，征收6年通行费，期满后，桥归属于州所有。桥将于6个月之后建成。由此受到极大打击的查尔斯桥公司，向华伦桥公司提起了诉讼。原告主张，州制定的认可设立被告公司的法律，因为没有正当的补偿并剥夺了财产权所以违反了州宪法，而且，还侵害了原告公司和州之间签署的契约上的债权债务关系，违反了合众国宪法第1编第10节第1项的所谓contract clause（契约条款）。原告要求命令停止建桥，如果桥建成的话，将要求更大的补偿。

　　首先，马萨诸塞州的最高法院的意见为2比2，一分为二。但是，因为要获得合众国最高法院的判断，结果作出了州的法律为有效、原告败诉的判决。由此，原告向合众国最高法院上诉。

　　上诉是1830年提出的，由于法官的生病、死亡，作出判决是1837年。合众国最高法院以5比2判决所争论的法律为符合宪法，斥退了原告的上诉。

判决要旨

代表多数意见的塔尼（Taney）法官作了如下叙述：

关于从哈佛大学得到的渡船权的性质和程度，在此没有必要解释。在渡船的地方架了桥之后渡船的权利就消失了。据说该权利被转移到了查尔斯桥公司，但是法律上所认可的转移方式或作为证据的文件都没有被出示。

那么，对1785年的法律的文字解释就成了问题。在州把有关公益内容的特权授予私的法人的场合，解释的准则是建立在英美的先例上的。那就是，当契约的条件约定不明时，必须解释成对州有利，而对企业者不利。1830年的Providence Bank v. Billings案的判决认为，课税权是政府存在所必不可少的重要权力，不允许把没有明文规定看作为放弃。

政府的所有目的是为了促进社会的幸福和繁荣。因此，政府有意识地缩减为达到以上目的的权限的推论是不能被容忍的。在人口和财富不断增长的我国，为了交通、交易必须有新的运输、通讯手段。那是人们生活舒适、方便、繁荣所必不可少的。推定州放弃了这样的权限是不能容忍的。因为和课税权一样，维持这些权限牵涉到社会全体的利害关系。对于每天许多州民必须通行的交通要道，如果原告法人要求州在70年期间放弃给公众提供方便的权限，而州没有明确表示放弃的意思时，社会有权主张不能推定这些权利被放弃了。

作为神圣不可侵犯的私有财产权必须得到保护，但是不能忘记社会也有权利。

1785年的法律，仅仅认可了在迄今为止有渡船的地方架桥，并没有认可排他的权利。州既没有约定不准架设其他桥梁，也没有约定不可批准和原告有竞争关系的事业。所有这些，法律上都有默示。

华伦桥既没有妨碍查尔斯桥的通行，也没有给连接查尔斯桥的交通带来不便。据原告声称，其收入受到了打击，可问题是，州有没有在法律上约定不使这样的事发生。法律上并没有这样的明文规定。即使按照上述解释，也无法认为有过这样的默契。

赞成多数意见的麦克伦（Mclean）法官，是以没有审判权为理由斥退上诉的，实质上是反对塔尼法官的见解。

处于少数反对意见立场的斯托利法官的见解如下（Thompson法

官与其相同)。

关于审判权的问题,斯托利法官认为合众国最高法院是有审判权的。关于本案,斯托利法官是站在反对多数意见的立场上。

首先,关于权利授予,应该对国王作出有利解释的原理不适用本案。在受权人支付了足够的对价的场合,没有适用的法律。在像本案这样由立法部根据法律授予权利的场合,和一般法律相同,不是根据普通法上的准则,而是应该进行合理公正的解释。

依据这样的原理,1785年认可查尔斯桥公司设立的法律,应该解释为,为了不损害原告的营业特权(franchise),在相当的范围内,对于桥的上流及下流的交通授予了排他的权利。

在渡船和市镇从很早以前就一直存在着的场合,不能认可损害其地位的新的渡船和市镇,是自古以来的英国法的原理。

即使是付费公路或运河,无论是起点或是终点,在实质上都是一样的,新交通给老交通带来实质影响的场合,新交通就是侵害了老交通的权利。

另外,说到州不能放弃公用征收权,在这儿,必须指出的是,州能够征收私有财产只限于为了公的目的,而且应该要有正当的补偿。

总而言之,基于共通的理性以及法律上的解释,我认为,本案的权利授予中,包括默示立法不损害或侵害营业特权的内容。也就是说,在波士顿和查尔斯市镇之间,位于接近到可以从老桥那儿抢去客人的距离,不许可再架设桥梁的这一默契是存在的。

作为本案焦点的法律,侵害了以前签署的契约的债权债务关系和查尔斯桥公司被授予的权利,违反了宪法,是无效的。

按 语

1. 合众国宪法第1编第10节第1项规定,任何州都不可以制定侵害契约上的债权债务关系的法律。被称为契约条款(contract clause)的该规定,是为了限制州法影响私人之间的契约而制定的。

19世纪前期的马歇尔首席大法官时代,该条款在从州的立法中保护财产权上起了重要的作用。最高法院通过扩张解释契约概念而扩大了保护对象。本案中采用法律形式的法人设立特许状(charter),也是作为州和法人之间的契约被处理的。

但是,这一判例法的潮流被修正,对契约概念的扩张解释转向了严格解释。明确显示了这一动向的正是本判例。在判断契约上的债权债务关系的内容时，多数意见采取的是，对于法律的文字应该进行严格狭义解释的立场。这一立场后来得到了忠实的维护，其结果是使得契约条款（contract clause）所具有的保护财产权的功能日趋消失。而这一功能由第 14 修正案的正当法律程序条款所替代。

2. 无论是在契约条款的解释潮流中所占的地位，还是在当时所处的社会、经济的背景下，该判决都是非常重要的。首先是法人观有了变化。开始是带有公的性质的法人，随着经济的发展，成了带有私的性质的获利的特定法人。另一方面，从 1820 年中期开始，美国迎来了安德鲁·杰克逊（Andrew Jackson）政权推进政治平等化（Jacksonian Democracy）的时代，"人民"得到了强调，直接代表民众的立法部门被认为可以对变成带有私的性质的法人施行"公"的制约。可以说，正是在这样的背景之下，被立法部门的法律所认可的华伦桥公司获得了有利的结果。

正是在当时的那个时代，美国摒弃了保护自古以来的权利的这样一种英国的对财产权的静态观，而是采用了从经济效率进行比较衡量的这样一种对财产权的动态观。而这一动向导致了承认两座桥梁的竞争关系。具体的可参考田中英夫编著的《英美法的诸现象》83 页（东京大学出版会·1980）田中英夫的"美国法的竞争社会的到来"。

执笔者：成城大学教授　浅见公子

10

Gibbons v. Ogden
22 U.S. (9 Wheat.) 1, 6L. Ed. 23 (1824)
联邦的州际贸易规则权

| Ⅰ 美国公法 2 联邦制 |

事实梗概

纽约州议会把纽约州水域内一定期间的航运渡船的独占权授予给了诉讼外的A、B商事工会。从诉讼外的A、B商事工会转让到该权利的X(奥格登 Ogden),在上述航路运行渡船。而根据1793年有关沿海通商的联邦法律(1 Stat. 305),获得了注册许可的Y(吉本斯 Gibbons),在纽约市和新泽西州的某个城市之间也开始了渡船的运行。为此,X以Y的渡船运行侵害了X拥有的权利为理由,向纽约的衡平法院(Court of Chancery——处理普通法不能解决的案件的法院)提起诉讼,要求发出禁止Y运行渡船的命令。

本案的争论要点是,联邦和州的哪一方对贸易有制定规则的权限。

纽约的法院采纳了X的主张,发出了禁止Y运行渡船的命令。衡平法院的肯特(Kent)大法官的判决理由为,纽约州的法律是符合宪法的〔4 Johns. Ch. 150 (1819)〕。于是,Y向上诉法院(Court of Appeals)提起上诉,上诉法院的判决为维持原判〔17 Johns. 488 (1820)〕。Y进一步向联邦最高法院提出上诉,联邦最高法院作出了取消原判的判决。

Y的诉讼代理人韦伯斯特(Webster)提出了以下主张:(1)根据合众国宪法,纽约州没有权限授予州内水域的渡船的独占航行权,所以,不存在X所主张的独占权;(2)即使这样的独占权曾经有过,但是,因为该独占权与合众国议会基于合众国宪法制定的法律相抵触而无效,为此,X所主张的权利没有根据。

判决要旨

马歇尔首席法官的法庭意见如下：

在合众国宪法中，明确限定并列举了由人民赋予联邦政府的权限。其文字表现为"联邦议会，有权对与外国的贸易、州与州之间以及和印第安人的贸易制定规则"。被规定的对象是 commerce，为了明确其权限范围，有必要对该文字的意思加以确认。"没有疑问，贸易（commerce）是交易（traffic），但并非仅此而已，它是交流（intercourse）"。排除该交流中必要的航行（navigation），那就错了。"如果贸易不包括航行，那么，联邦政府就没有了对规定对象的直接权限，就不能制定法律规定美国船舶是由什么构成的，或规定美国船舶必须由美国人的船员航行。事实上，该权限从联邦政府成立之时就开始被行使，是在所有人的同意之下行使至今，所有的人都把它理解为是对贸易制定规则。整个美国都把'贸易'这个文字理解为包含航行，制定宪法的时候无疑也是这样理解的。对于包括航行在内的贸易的权限，是美国人民通过联邦政府所行使的主要权限之一，毫无疑问是联邦国家形成之际就被意识到的。""合众国宪法第 1 编第 9 节明确宣布，不能因为对贸易制定规则或对征税制定规则，而使一个州的港湾比其他州的港湾处于有利的地位"。

那么，在州与州之间的商业条款中包含怎样的"贸易"呢？宪法上是指"commerce 'among the states'，而'Among'这个词意味着'intermingled with'，就是说，州与州之间的贸易，不仅仅停留在各个州外部的交界线，还包括州的内部"。"这个词不含有完全在内部（internal）贸易的意思"。

"那么，这个贸易规则权到底是什么呢？是制定规则的权限。即，制定贸易规则的权限。该权限和联邦议会所赋予的其他权限一样，可以行使到最大范围，宪法所规定的范围以外没有任何限制。"

该贸易规则权，不像课税权那样可以和州的权限并存，应该说，其具有排除州的权限的性质。按照合众国宪法第 1 编第 10 节的规定，只要不违反联邦所禁止的，州可以征收关税，但这是有关课税的规定，并不能成为州也有贸易规则权的根据。不过，州所制定的物品检查法、检疫法、健康法、有关州内贸易的法律以及有关收费公路或摆渡的法律，有可能对贸易产生影响，但还是有效的。究其原因，是因为"这些法律并非出自贸易规则权,而是包含州内所有事项的庞大的立法中——没有转让给中央政府——的一部分。对于这些事项,州自己立法是最有成效的"。中央政府的权限并不直接涉及这些事项,可是和基于贸易规则权等其他权限制定的法律,有可能会产生冲突。在州法和联邦法发生冲突的场合,必须要看依据联邦法被赋予的权限是否被剥夺。

根据1793年法律注册的船舶,除了获得美国船籍之外还获得了航运许可。而航运许可如果不伴随营业许可的话,那就没有意义。因此,有关沿海航路的事项,只要联邦法里没有特别例外规定,应该解释为只有联邦法才可以制定规则。

"当州行使其主权制定的法律和联邦议会按照宪法制定的法律发生矛盾时,有人主张两者应该具有同等的力量。可是,制定宪法的人们预见到会出现这样的事态,从而规定了不仅仅是宪法,按照宪法制定的法律也是国家的最高法规。和宪法有矛盾的法律是无效的这一结论,正是来源于把宪法作为最高法规的宣言。"

基于以上理由,本案纽约州的州法是无效的,因此,禁止Y运行渡船的命令不予许可。

约翰逊法官作了以下补充意见:

从商业条款的立法过程来看,该条款是为了把州际商业交易从州的一切限制中摆脱出来能够自由进行而制定的,贸易规则权应该解释为是专属于联邦的。合众国宪法第1编第10节第2项规定,没有得到联邦议会的同意,州不得征收关税,不过,对实施物品检查法有特别规定,在必要的有限的范围允许除外,很显然,联邦对这一领域极为关注。

按　语

把多大范围的权限转让给联邦?从美利坚合众国建国的由来及美利坚合众国宪法制定的经过来看,很明显,这是国家的中心课题之一。根据合众国宪法,联邦只有宪法上规定的州转让的权限,而州拥有宪法上没有禁止的、无限制的权限。

联邦的权限,在"商业条款"(commerce clause)、"必要而适当的条款"(necessary and proper clause)等等的解释中得到了扩张。不过,联邦的权限的扩张,是被赋予框架的扩张,框架本身并没有消失。特别是,契约法、财产法、家庭法等私法领域的大部分，依然在联邦的权限之外。

美利坚合众国宪法第1编第8节第3项规定，"联邦议会，有权对与外国的贸易，州与州之间以及和印第安人之间的贸易制定规则。"马歇尔首席法官在有关商业条款的本案中明确表示，"州际贸易的自由和州际贸易中的联邦的优先地位，是联邦在健全的经济发展中所必不可少的。"但是，因为宪法没有明确该权限的范围，(1) 贸易只是指商业交易吗？是否包含除此之外的行为？(2) 关于贸易规则，是否只有联邦才有立法权？还是州也竞相有立法权？这些争论点全部让位给宪法解释了。

关于第一争论点，宪法解释的结果是，州际贸易包含商业交易以外的行为；对于州际贸易手段的交通工具、通讯等，联邦议会能够制定规则。至于第二争论点，写了补充意见的约翰逊法官只是解释了州际贸易规则权专属于联邦，而写了法庭意见的马歇尔法官采取的却是中间立场，他认为，州拥有没有转让给联邦的被保留下来的可以说是固有主权的治安权(police power)，联邦的"州际贸易权限"和州的"治安权"是竞相存在的。其结果是产生了新的争论点，即，州也会有影响到州际贸易的规则，但是州的哪些规则被禁止、哪些不被禁止？是否因联邦有无立法而有所不同？

执笔者：北海道大学教授　木下毅

11

Southern Pac. Co. v. State of Arizona
325 U.S. 761, 65 S. Ct. 1515, 89 L. Ed. 1915 (1945)

依据联邦的州际商业条款和州的治安权制定规则——库利原则(Cooley Doctrine)

| Ⅰ 美国公法　2　联邦制 |

事实梗概

根据1912年的亚利桑那州的铁道车辆规则法,该州内禁止运行超过14节车厢的客运列车和超过70节车厢的货运列车。1940年,亚利桑那州X,要求在该州内运行了两辆超过以上法律规定限制的列车的南太平洋铁道公司Y支付法律规定的罚款,而提起诉讼。

州的第一审法院,对事实经过长期的正式审理之后,认为亚利桑那州的铁道车辆规则法限制了州际贸易,判决其违宪。而州的最高法院认为,在行使了州的治安权的情况下制定出来的州法,对州民的健康和安全具有合理性,即使对州际贸易带来相反效果,也不能被推翻,从而取消了一审判决。

对此,合众国最高法院,取消了州的最高法院的判决,斥退了以联邦议会授权给ICC(州际商业委员会)规定列车长短为由,认为州的权限是无效的主张。基于州际商业条款,合众国最高法院对于州铁道车辆规则法的争论点,进一步作出了以下的判决理由。

判决要旨

斯通(Stone)首席大法官的法庭意见:

"州际商业条款,授权联邦政府对贸易制定规则,但并没有因为该权限的存在而把州的规则权限全部排除。可是,自从 Gibbons v. Ogden (1824)案以来,州没有权对州与州之间的自由贸易进行实质性的阻碍,而且,因为有全国统一的必要,州的权限即使存在,但是对于要求以单一的权限进行禁止的联邦贸易的局面,州被看作是没有权限制定规则的。"

"根据事实认定,运行长的车辆,即超过 14 节车厢的客运列车、超过 70 节车厢的货运列车的运行,在合众国的主要铁道干线上是标准的惯例行为,如果列车车辆的长短可以规定的话,原本只有联邦议会才可以制定规则,但是,对于讲经济效益的国家的铁道系统的运行来说,制定国家统一性标准实际上是不可能的。"

"在亚利桑那州,大约有 93% 的货运列车和 95% 的客运列车是进行州际贸易的。因为该州有铁道车辆规则法,而 Y 运行的列车的车厢比该法规定的要增加 30%。在横跨该州的两条铁道上,按照该法属于超规列车运行的追加费用,达到一年大约 100 万美元。缩短车辆的长度,需要把长的车厢进行分离,然后再重新连接,由此产生的延迟妨碍了有效的运行。"

"亚利桑那州铁道车辆规则法,给 Y 所进行的州际贸易增加了很大负担的这一无可争辩的事实认定,是无可置疑的。在其他各州没有规定车辆长度,或者是根据各种标准作出规定的场合,由于亚利桑那州强制执行州法,而铁道按照这种不统一的规定,会给有效的铁路运行的统一性带来损害。为了遵守对车辆长度有限制的州的法令,列车每进入一个州,就不得不按照该州对车辆长度的规定,把在其他州是合法长度的列车重新组编。还有一个方法是,铁道公司遵守其列车将要经过的几个州当中要求最严格的车辆规则。这时候,最严格的车辆规则,不论在所规定的州的内外,都控制了该铁道公司的运行。"

"像这样,由于地区对车辆长度的规定,对自由贸易造成了极大的妨碍。很明显,如果要制定类似这样的规定,必须要由对全国具有权限的单一的机构制定。"

"本法院认为,对州际列车的运行试图制定规则的州法,无法确立只有联邦议会才能规定的、维持有效的运输系统时必不可少的对全国的控制,结论是,远远超过了州的权限。"

"以影响贸易的观点对比现在的规则和全车辆乘务员法,以规定对象的性质和州以此获得利益的观点把现在的规则和高速公路的安全规则作同样的对比,在州的规则影响州际贸易的场合,要说明、强调如何考虑州和联邦的相对利益。本案中,如果把有关因素全部考虑进去的话,在合适的、经济而有效的铁道运输服务方面,很明显,州的利益凌驾于联邦的利益之上,因此,必须优先考虑联邦的利益。"

取消原判。

按 语

在否定纽约州州内的水域航行独占权的 Gibbons v. Ogden(1824)(本书第 10 案例)中,曾经遗留下了"对于某一事项,在联邦议会的规则立法不存在的场合,州是否可以对其制定规则"的疑问。而在解决了这一疑问的有名的先例 Cooley v. Board of Wardens of the Port of Philadelphia (1851)中,判决表明"违反联邦议会规则的州的贸易(船舶航行)规则,是无效的"。该案件的起因是宾夕法尼亚州的州法规定,外国籍船舶和其他州的船舶要与菲拉得尔菲亚港签署领港(pilotage)契约,如有违反要科以一定的罚款。因违反了该契约而被起诉的 Y 认为,该州法违反了"联邦议会排他权限"的州际商业条款,所以州法违反了宪法、是无效的。对于以上事实,联邦最高法院柯蒂斯(Curtis)法官作出了如下判断。

"考虑到贸易规则权包含航行规则是已经被确立的,……因此,(有关领港规则的)航行规则,构成了合众国宪法第 1 编第 8 节第 3 项的商业条款中正当意思的贸易内容。"

"为此,有必要考察宾夕法尼亚州的州法作为贸易规则是否有效。……把贸易权限转让给联邦议会,是否把规定领港人的权限也从州那儿全部剥夺了呢?……把贸易权限转让给联邦议会,没有包含明确排除州对贸易行使权限的文字。"

"今天,贸易规则权涉及的范围很广泛,不仅规定对象的数量多,而且种类繁多,性质差异很大。某些规则对象,绝对要求单一的统一标准(single uniform rule),在各个港湾都对合众国的贸易起相同作用。其他的规则对象,和本案中成问题的规则对象一样,绝对要求多样性(diversity),以符合只有航行的地方才有的必要性。"(有选择的排他性 = Selective exclusiveness)"鉴于这一权限的性质,如果要联邦议会进行排他的立法的话,那么会因为绝对的主张或否定,而迷失该权限的规定对象的性质,会对所有的规定对象,提出在港湾以外是否可以适用。且不说该权限的规定对象是什么,只要其性质上是全国性(national)的,是只承认一个统一的系统,即统一的规则计划的话,那么可以说具有必须由联邦议会制定正确的排他的立法的性质了。很明显,有关领港人和领港规则的法律,无法主张这一点。"

　　就这样,Cooley v. Board of Wardens 一案,选择了中间道路,一方面,拒斥了联邦议会的贸易权限是排他的,州议会完全没有规定贸易权限的见解;另一方面,也拒斥了在联邦法律中没有制定商业条款的场合,对州没有任何限制的见解。在被允许的州的规则和不被允许的州的规则之间,很微妙地画了一条线,采取了比 Cooley v. Board of Wardens 一案更准确更复杂的方法作出判断的,是本案的 Southern Pac. Co. v. State of Arizona。从那以后的库利原则,与其说是宪法上的法理,不如说作为推测法理,在无法采取联邦议会的立法措施时被加以运用。

执笔者:北海道大学教授　木下毅

12

Garcia v. San Antonio Metropolitan Transit Authority
469 U.S. 528, 105 S. Ct. 1005, 83 L. Ed. 2d 1016（1985）

州际商业条款和联邦议会的立法权

I　美国公法　2　联邦制

事实梗概

得克萨斯州的圣安东尼奥市周围的交通,是由私人企业开始的,后来成为市营,到了1978年,移交给了圣安东尼奥大都市交通经营管理局(San Antonio Metropolitan Transit Authority)。1964年,联邦议会制定了城市规模运输法案(Urban Mass Transportation Act),通过交通部对各城市交通机构给予联邦的援助(设施费用的75%,运营费用的25%)。另一方面,1934年,联邦议会制定了公平劳动标准法(Fair Labor Standards Act),规定了最低工资和加班费,1961年对私营交通,1966年对所有的州公务员、地方公务员,规定也适用以上标准。这当中,对于接受州的规定的公立医院、公立学校的职工的适用问题,1968年,联邦最高法院作出了符合宪法的判决(Maryland v. Wirtz)。1974年,联邦议会进一步将这些规定的适用范围扩大到公营的城市交通机构的职工,决定逐渐废除曾经允许的例外的加班。

1976年,联邦最高法院作出了公平劳动标准法的规定不能适用属于州和地方自治团体"传统统治"事项的判决(National League of Cities v. Usery),把1968年的先例给废除了。但在1979年,劳动部明确表示,都市交通经营管理局不能免除适用公平劳动标准法,并进一步对以上的解释规则(interpretive regulations)作了修改。同年,圣安东尼奥大都市交通经营管理局(原告)对劳动部(被告)向联邦地方法院提起诉讼,要求法院作出原告不承担该法律义务的确认判决。同交通经营管理局的工作人员格卢西亚(和其他几名工作人员)向法院提出起诉,要求大都市交通经营管理局支付加班费,联邦地方法院在认可了这些人参加对被告的诉讼的同时,认为大都市交通经营管理局的运营是地方自治团体的传统治理功能,可以免除公平劳动标准法所规定的义务,作出了原告胜诉的判决(1981年)。

本案的焦点是,根据州际商业条款,联邦议会是否可以强制州和地方自治团体遵守公平劳动标准法规定的最低工资和加班费的条款?联邦最高法院在口头辩论之后,对于"在 National League of Cities v. Usery 中已经明确的第 10 修正案的原则是否应该进行再次探讨"的这一问题,要求当事人提出书面的准备并进行再次辩论(1984年)。

判决要旨

按照 National League of Cities v. Usery 判决所表示的"传统治理"的这一概念,对州的行政机构划出一条排除适用联邦规则的界线的尝试,不仅不起作用,而且和已经确立的联邦制的原则也有矛盾。

根据该先例,州的活动要免受联邦规则的限制,必须满足以下4个要件:(1)联邦法"把州作为州"来规定;(2)联邦法规定了"属于州主权"的事项;(3)按照联邦规则,会直接阻碍"在传统的治理领域里,州原本的组织活动的"能力;(4)在州的利益和联邦利益的关系中,联邦利益没有让州服从的正当性。本案的论点是,联邦法是否侵犯了(3)中的"传统治理"。

对于该要件,联邦下级法院认为"形容词并不缺少,但是要特定被免除的一定的州的功能是非常困难的"。其他的联邦案件的判决结果显示了这是多么棘手的工作。一方面,像急救服务、驾驶执照的交付、都市机场运营、废物处理、道路管理部门的设立,在 National League of Cities 案判决之后成了被保护的功能。另一方面,像产业开发债的发行、天然气州内交易的规则、道路交通规则、航空管制、电话系统的运营、天然气长期租用/销售、精神病院的运营、住在老人或残疾人家里提供家务服务,要服从联邦的规则。用一条线将这些案例分开,明文规定原则把一个归入第一组、把另一个归入第二组的做法,即使不是不可能,也是非常困难的。

在宪法上划条区分线不仅困难,问题出在更根本的地方。即,为了特定重要的统治功能,法院所作的区别〔很多判例尝试过对治理功能/经营功能的区别(governmental/proprietary distinction)等〕在民主社会的联邦制中不可能是忠实的这样一个问题。根据"传统的"、"必不可少的"或者是"必要的"政府功能决定州免责(state immunity)的规则,是在选举条件下不可能被选上的联邦司法部门以自己的好恶判断了州的政策后而制定的。这样的规则不仅导致矛盾的结果,还会游离民主自治的原则。而游离的结果是妨碍自治的原则,增加矛盾。如果说,联邦政府介入州的功能的权限有限度的话,那么必须在其他地方谋求之。

宪法制定者们限制联邦对州的权限,选择的是让联邦政府在运用联邦制度时依据其中所存在的限制,而不是对个别的联邦权限加以限制。因此,州主权的利益,与其说是在法院限制联邦权限中得到保护,还不如说是由存在于联邦制度结构中的程序的保障而得到适当的保护。在今天的联邦立法中,显示了联邦的政治过程如何有效地保护州的利益。

适用大都市交通经营管理局的公平劳动标准法的加班费和最低工资的要件,既没有破坏州的主权,也没有违反宪法的条款。大都市交通经营管理局只不过承担了和其他公/私企业的几百万雇佣者必须承担的相同的义务。联邦议会并非仅仅让运营大规模运输系统的州和自治团体承担经济负担,还给予了与此相应的经济援助。由于这些援助,大规模运输系统所处的状况要好过联邦议会完全没有介入时的状况。

对于联邦贸易条款权限的主要而基本的限制,存在于所有的联邦议会的行为之中。即,在我们的系统中包括州参加联邦政府的行为。这一政治过程保障了不会制定给州增加不正当负担的法律。在本案的事实关系中,存在于政治过程中的安全装置按照设计起了作用。在 National League of Cities v. Usery 一案中,最高法院作了不必要的修理。取消该先例,案件驳回地方法院。

按 语

本判决以 5 比 4 取消了 1976 年的先例(也是 5 比 4)。反对意见主要就以下几点批判了多数意见。

1. 多数意见错误地解释了先例。先例是根据常用的利益衡量,基于州际商业条款判断联邦立法是否侵犯了州的利益的。这是根据司法审查权法院所起的当然的作用。多数意见放弃了这一作用。对于先例约束性的原则和最近先例的法理如此唐突地表现了无视态度的判决实属少见。

2. 多数意见所说的选举过程,没有充分保护州的剩余主权(residual sovereignty)不受联邦的侵害。联邦议会的议员是从各个州选举出来的,但是一旦当选就成了联邦政府的一员。比如,选举总统时州参加了选举人团(electoral college),但是无法想像总统为此就要联邦政府保护州的利益。

3. 多数意见让联邦议会来判断基于州际商业条款的行使权的限度。其结果是和宪法体制的基本原则产生了矛盾。第10修正案,是为了保障由宪法起草者约束好的州的重要地位而制定的。法院根据宪法均衡联邦和州的利益,保障第10修正案的实现,这是维持联邦制度必不可少的。

4. 州的公民有权理解、评价并且监视对日常生活有影响的州和自治团体的活动。州和自治团体的活动较之联邦政府与公民更密切。与州、自治团体的议员和行政官员相比,庞大的联邦官僚组织的成员非但不是选举出来的,而且对于州和自治团体一向提供的业务几乎一无所知、难得直接面对公民。本案中的州的利益大大超过联邦的规则利益。由于州和自治团体失去对工作人员的工资、劳动时间、加班规定、退休金、劳动关系的规则权而给经济带来的影响,会给州、自治团体的计划、预算、税收造成无法估量的后果。这方面应该委任州进行自治。

本案中多数意见和反对意见的对立,显示了在联邦规则和传统的州的自治相抵触的领域,对联邦宪法里所规定的联邦制度的基本理解的差异。而且,这一见解的不同在其他案件的判决中也出现了很多对立的结果。本案反映了,支持联邦权限的多数意见采取的司法审查消极的立场;尊重州的自治的反对意见采取的司法审查积极的立场。

执笔者:早稻田大学教授　藤仓皓一郎

13

Swift v. Tyson
41 U.S. (16 Pet.) 1, 10 L. Ed. 865 (1842)

联邦法院的适用法 ①——一般普通法

I 美国公法　2 联邦制

事实梗概

本案中引起争执的商业承兑汇票的出票人是诺顿和基思,被告泰森是承兑人,诺顿是收票人,根据背书,持有人是原告斯威夫特。缅因州州民的原告向管辖纽约州的联邦法院提起诉讼,要求纽约州州民的被告对汇票进行兑付。被告抗辩,同意承兑本案汇票是因为购入了与其等价的土地,但是该土地的交易对方(汇票出票人)对该土地没有任何产权,该交易本身是诈骗。而且,被告还主张,由于该对价(consideration)的瑕疵,不仅能够对抗交易对方、也能对抗作为既存债务的偿还而善意受让到汇票的原告。争论的要点在于,被告是否能够对原告举出证据,证明这一架空的土地交易的存在。

对于这一法律问题,因为合众国巡回法院(Circuit Court)的两名法官的意见不一致,所以办了要求合众国最高法院判断的意见确认(certification)手续。(certification,是联邦上诉法院对本院正在审理的未决案件中的某一法律问题需要相关指导时,请求联邦最高法院或州最高法院对该问题予以审查的程序。——译者注)

判决要旨

斯托里法官的法庭意见:善意的有偿流通证券持有人的产权,不受汇票前手的交易瑕疵的影响,这是早已确立的法理。问题是,作为既存债务的对价受让汇票的本案的原告,为了适用该一般法理是否要提供必要的充分对价(valuable consideration)。被告主张,因为本案汇票的承兑是在纽约,所以应该视为纽约州的契约,根据1789年法院法

第34条——"除非合众国的宪法、条约或者是制定法（statutes）另有规定，各州的法（laws of the several states）在被适用的案件中（in cases where they apply），必须成为合众国法院在普通法裁判时的判决准则。"——以及一般原则，纽约州法院所解释的纽约州法是支配性的，而该州法院认为既存债务不构成充分对价。

首先探讨一下纽约州法院的判例，可以看到既有把既存债务认可为充分对价的判决，也有认为其不足以构成充分对价的判决，至少在现阶段是处于没有最终定论的状态。

不过，即使该法理在纽约州已经得到完全的确立，当与一般商事法（general commercial law）已经确立的原则相异时，该法院是否必须遵循就成了另外的问题。纽约州法院没有基于地方法（local statute）或是已经确立的实在法、或是自古以来的地方惯例（positive, fixed, or ancient local usage），而是从商事法的一般原则中引出了判决的法理。那么，法院法第34条是否命令该法院按照州法院的判决呢？问题是该条的"法"是否包括地区的法院判决，按照通常的文字表现，法院的判决不是法，充其量也不过是证明什么是法的证据。判决如果不正确，是由法院自身进行再探讨、作出变更，是能够被限定的。州的法律，通常是指由州的立法部门制定的准则、有法律效果的长期确立的地区习惯。第34条，严格地说只适用于地区的州法、即州的现行制定法，地区法院所采用的解释，有关不动产的权利/产权那样有永恒的地区性的物质的权利/产权，以及其他性质上是不动的但局限于地区（immovable and intratertitorial）的事项。有关通常的契约/证书的解释，特别是有关一般商事法等很一般性的问题，州法院也和联邦法院一样，在如何正确解释契约或证书、针对案件从商事法原则推导出什么正当的准则时，被要求进行一般的论证和法的类推。毫无疑问，第34条只适用地区的制定法或地区的习惯，不适用商事契约及其他的证书，其正确的解释或效果不是根据地区法院的判决而是参照商事法学的一般原则/法理。虽然地区法院的判决受到最大限度的尊重，可并非是束缚该法院的现行准则或者是已经形成的确定判例。有关流通证券的法律不是特定的国家的法律而是商业世界的法律这一理论，由西塞罗所提倡，并由曼斯菲尔德法官（Lord Mansfield，英格兰人）继承下来。

本案的问题，是从适用流通证券的商事法的一般准则中引出了既存债务构成充分对价这一结论的。而有关前手交易，善意的流通证券持有人,如果是在通常的交易中作为充分对价的对价接受该证券的话,不但不影响抗辩(equities)前手当事人,而且,作为既存债务的偿还或者担保而接受证券的这一行为在通常的交易中是被允许的。该结论的理由基于以下4点:(1)不仅是初期购入时的担保,在既存债务的偿还或担保中也可以转让流通证券,这是符合想尽量扩大其信用/流通的商业世界的利益和方便的;(2)对于持有人转让到流通证券的原因,不论是因为既存债务也好,还是因为契约的债务也好,合众国最高法院一贯是命令按照证券支付的;(3)在英格兰,曼斯菲尔德爵士等也是一贯适用该法理的;(4)在美国各个州的法院,(虽不是普遍的)一般也都是适用该法理的。

为此,对于巡回法院要求确认的法律问题,得出的结论是:被告不能对原告提出抗辩,为此而提出的证据无法被采用。

卡特伦(Catron)法官的意见:同意关于流通证券偿还债务这一问题的本案的法庭意见。但是,流通证券被提供作为既存债务的担保也是通常的交易这一问题,不是本案的争论之点,不应该在此论及。

按 语

通过本判决,联邦法院适用的实体法除了合众国宪法、条约、联邦制定法以外,在地方法(local law)领域(典型的不动产的权利关系)中,州法院的判例虽然是占支配地位,但是在一般法(general law)乃至一般普通法(general common law)领域(典型的商事法)中,只要没有州的制定法,联邦法院能够形成自己的判例法的想法得到了确立。但是,这一一般普通法的想法被 Erie Railroad Co. v. Tompkins (1938)(本书的第14案例)全面否定,判例被变更。

并非本判决原来就是错的。值得注意的是,当时,一般普通法没有被理解为联邦法。即,在一般普通法的领域,鉴于联邦法院形成的判例法(1)不能成为联邦法院的联邦问题管辖权(federal question jurisdiction)的根据;(2)不是优越于州法的国家的最高法规(supreme law of the land),不是联邦法,不能束缚州的法官。倒是一般普通法,无论是联邦法官还是州的法官都对其进行共同的探讨研究,被理解为是遍及于整个美国的法。像这样的超主权的一般普通法观,正如本案的判决中得到全体一致的认同那样,显然是当时占主流的想法。1789年法院法第34条,最终也只是"在适用的案件中"作为各州的法的判决准则，并没有否定一般普通法的存在。所以，在当时，本判决既非被看作是划时代的判决，也没有招来州权派的反对。认识到本案是带有一般普通法的明确理论的重要判例，是以后的事了。

只要联邦和各州的法院并存，判例法的不统一是不可避免的，但是在一般普通法的领域，联邦法院的判例，也因为法官素质高，在本案之后也一直指导着州的法院。但是南北战争以后，问题开始表面化。原来一般普通法领域和地方法领域之间的分界线是很暧昧的，随着经济发展而出现的工伤事故案件等诉讼被归入一般普通法领域，对于各个州的想法明显不同且冲突很尖锐的这类案件，联邦法院率先表明立场，对各个州的法院的说服力明显下降。最终，在埃利(Erie)判决中被命名为引起误解的"联邦一般普通法(federal general common law)"，成为判例变更的原因之一。〔详细请参考浅香吉幹"19世纪美国的普通法构造(1)，(2·完)"法协112卷12号1页(1995)，113卷1号1页(1996)〕。

执笔者：东京大学副教授　浅香吉幹

14
Erie Railroad Co. v. Tompkins
304 U.S. 64, 58 S. Ct. 817, 82 L. Ed. 1188 (1938)

联邦法院的适用法 ②——Swift 判例的变更

| Ⅰ 美国公法　2　联邦制 |

事实梗概

　　宾夕法尼亚州的州民原告汤普金斯,沿着该州内的纽约州法人的被告埃利铁路的轨道场地内的线路行走的时候,碰到了正在该铁道运行的货运列车的车门之类的突起物而受伤。原告以诉讼当事人的州籍不同(diversity of citizenship)为根据,向纽约南部地区的合众国地方法院提起越州管辖权诉讼,主张被告有过失,要求损害赔偿。(＊如果案件的当事人分别属于美国不同州的公民,或者一方为美国一个州的公民,而另一方为外国人,且争议金额超过一定数额时,该案件应由联邦法院管辖。——译者注)被告提出,在宾夕法尼亚州的判例上,把原告这样沿着铁道的轨道场地内的线路行走的人定为非法侵入他人土地者(trespasser),只要铁道公司没有故意乃至未必的故意,无须对其伤害负过失责任。

　　第一审根据陪审团的评定,判决原告胜诉。第二审的巡回上诉法院(Circuit Court of Appeals)认为,由铁道引起的伤害责任不是地方法(local law)的问题,是联邦法院可以独立判断的一般法(general law)的问题。且不说宾夕法尼亚州法如何,鉴于长期来人们公然在轨道场地内步行是被默认的,那么,对于步行者,铁道公司在列车运行上就负有注意义务,结论是,本案中认定有过失的陪审团的判断符合一般被认可的法律。

　　被告主张,根据1789年法院法第34条——"除非合众国的宪法、条约或者是制定法(statutes)另有规定,各州的法(laws of the several states)在被适用的案件中(in cases where they apply),必须成为合众国法院在普通法裁判时的判决准则"——必须适用宾夕法尼亚州的准则，向合众国最高法院提出调卷令(certiorari)的请求，得到了最高法院的许可。

判决要旨

布兰代斯法官的法庭意见(卡多佐法官未参加)：本案的问题是Swift v. Tyson (1842)的法理是否应该否定？

1. 根据Swift判决对1789年法院法第34条的解释，在广泛的"一般法"的领域，联邦法院有权宣布连合众国议会也没有立法权限的判决准则。但是根据对原资料进行了研究的法制史学者查尔斯·华伦(Charles Warren)新近认为，最高法院的解释是错误的。该条文的目的仅仅只是确认了：对于所有联邦法支配以外的事项，无论州法是成文法还是普通法，行使越州管辖权的联邦法院都要适用其为判决准则。

2. 在Black & White Taxicab & Transfer Co. v. Brown & Yellow Taxicab & Transfer Co.(1928)一案中，原告公司为了使案件适用对自己有利的联邦法院的实体法，对公司实体不作任何变更，以其他州的法人作了形式上的设立，利用了诉讼当事人州籍不同时由联邦法院管辖的法规，露骨地选择了法院(forum shopping)，因为这一做法得到了允许，结果引起了对Swift法理的尖锐批判。在实际适用中，该法理存在政治和社会的缺陷，无法获得所期待的利益。即，一方面，因为州法院不依据联邦法院的普通法判例导致实现不了法的统一，而一般法和地方法的区分依旧很暧昧；另一方面，联邦法院的越州管辖权本来是为了使州法院对其他州的公民不作出有差别的处置而设立的，但是，因为一般法在州法院和联邦法院有所不同，而只有其他州的公民才可以自由选择法院，于是出现了不平等的问题。本想要促进整个合众国法统一的该法理，结果阻碍了州法执行上的统一。由于一般法领域的扩大以及能够利用联邦法院的当事人(自然人和法人)的范围很广，这样的差别产生了不小的效果。

3. 如果仅仅是制定法的解释问题，将近一个世纪被如此广泛适用的法理是不应该放弃的。但是，现在明确地知道了所采取的方针是违反宪法的，那么就不得不放弃了。除了联邦宪法/制定法的支配事项以外，任何案件所适用的法都是州的法。至于州的法是作为制定法被立法部门宣布，还是作为判决由州高等法院宣布，不是联邦所关心的事情。联邦一般普通法(federal general common law)是不存在的。在合众国议会,宣布州内适用的普通法的实体准则的权限,无论是地方性的、是"一般的"、是商事法、还是不法行为法的一部分,都不存在。在合众国宪法的任何条款中,都看不到将这样的权限赋予联邦法院的意图。菲尔德(Field)法官批判该法理违反了合众国宪法所规定的,除了委托给合众国的事项之外,保持州的立法部门、司法部门的独立。霍姆斯(Holmes)法官指责该法理的基础前提有问题。所谓前提,就是指在特定的州以外存在超越的法体系,只要没有被制定法变更就适用于州内,由联邦法院独立判断普通法准则。霍姆斯法官指出,今天法院所运用的法,不能脱离支持它的确定的权威而存在,在州内实现的普通法不是一般普通法,而是由于州的权威而存在的该州的州法。

4. 法院法第34条本身并不违反宪法,但是由于适用了Swift法理,联邦法院侵害了合众国宪法上保留给州的权利。因为原审(巡回上诉法院)以本案的责任是一般法的支配问题为理由,没有对宾夕法尼亚州的判例法进行判断,这是错误的,所以取消原判,驳回原审,重新继续审理。

巴特勒(Butler)法官的反对意见〔麦克雷诺兹(McReynolds)法官同样〕认为:Swift法理长期维持直到现在,法庭意见认为问题出在对法院法第34条的解释违反了宪法,可这一论点连当事人都没有提出。另外,当出现联邦制定法是否符合宪法的问题时,从法律上来说必须给合众国参加诉讼的机会,但是并没有这么做。违反宪法的判决不能如此轻易地作出。从本案证据来说,宾夕法尼亚州法也好、其他州的法律也好,认定共同过失(contributory negligence)是不可避免的,以此理由就必须取消原判决,宪法问题都没有必要考虑。

里德(Reed)法官部分赞同的意见:对于以错误地解释制定法为根据否定Swift法理的结论,是赞成的。但是对于法庭意见有关宪法的议论持有疑问,本案没有必要对此进行议论。

按　语

由于本判决,联邦法院适用的实体法除了合众国宪法、条约、联邦制定法以外,原则上局限于州的制定法及判例法。作为联邦法院独立的判例法,除了州际河流的沿岸各州的分配等各种形形色色的领域,还存在〔Hinderlider v. La Plata River & Cherry Creek Ditch Co.

(1938)〕以联邦主权为根据的联邦普通法（federal common law），而在 Swift v. Tyson(1842)（本书第13判例）中曾经被认可的超主权的一般普通法(general common law)的存在遭到了全面的否定。自19世纪后期开始，法只以联邦、州的主权为背景存在的法律实证主义（positivism）在美国抬头，且得到了强有力的贯彻。详细可参考浅香吉幹的"19世纪美国的普通法构造(2·完)"法协113卷1号1页(1996)。

联邦地方法院在行使越州管辖权时，根据本判决的法理，要适用和该联邦地方法院所在州的法院相同的实体法。而按照所在州的冲突法准则决定适用哪个州的实体法〔Klaxon Co. v. Stentor Elec. Mfg. Co. (1941)〕。

本判决的法理只适用于实体法，至于程序法，联邦法院没有必要按照州法。不过，如何区分，并非取决一般分类到哪一方。在美国一般分类到程序法的时效消灭问题，因为可以左右诉讼结果，在 Guaranty Trust Co. v. York(1945)中，在适用埃利（Erie）法理时就被分类到实体法，使其按照州法。后来，"是否左右诉讼结果"的分类标准(被称为 outcome determinative test)，在适用该法理时被用来区分实体法和程序法。比如，有时效中断效果的提起诉讼的时间，因为左右诉讼结果，由州法决定〔Walker v. Armco Steel Corp. (1980)〕。

不过，这一分类标准(在本判决中被指出的也有宪法上的考虑)只有联邦制定法的判决准则法（Rules of Decision Act, 28 U. S. C. §1652）（以前的1789年法院法第34条）为根据。因此，别的联邦制定法中规定的联邦法院程序规定、或者是按照规则授权法（Rules Enabling Act, 28 U. S. C. §2072）制定的联邦民事诉讼规则（Federal Rules of Civil Procedure）等联邦法院规则，与州法无关而得到适用〔Hanna v. Plumer(1965)—本书的第15判例〕。

执笔者：东京大学副教授 浅香吉幹

15

Hanna v. Plumer
380 U.S. 460, 85 S. Ct. 1136, 14 L. Ed. 2d 8 (1965)

联邦法院的适用法 ③——Erie 规则的外延

Ⅰ 美国公法　2　联邦制

事实梗概

在南卡罗来纳州内的交通事故中受伤的俄亥俄州的公民原告汉纳,对马萨诸塞州公民的加害人,向位于马萨诸塞州的联邦地方法院提起请求损害赔偿的诉讼。提起诉讼时,因为加害人已经死亡,加害人的遗产管理人作为被告。起诉书和传票的送达,根据联邦民事诉讼规则第 4 条(d)(1)号认可的方法,交到了马萨诸塞州公民的遗产管理人的妻子手上。但是,按照马萨诸塞州的制定法,像这种债权人给遗产管理人的送达,要求 1 年内有效。为此,被告主张,本案的诉讼程序违反了马萨诸塞州的州法。这一主张获得了成功,联邦地方法院没有经过实体审理就驳回了原告的请求(就是送达已经过了 1 年时效),上诉法院也支持以上判决。但是,裁量受理了原告上诉的联邦最高法院,否定了原审的判断。

被提出的问题是,在以州籍不同(diversity of citizenship)为由,没有向州法院而是选择了位于该州的联邦法院提起诉讼的场合,当有关起诉书送达方法的"程序"规定,在联邦规则和州法之间有不同时,联邦法院是否受州法的约束? 在 Erie Railroad Co. v. Tompkins(本书第 14 判例)中,对基于州籍不同而隶属联邦法院的案件,认为是必须适用州法的,因为这是应该适用"实体"法的案件。

另一方面,联邦议会制定的规则授权法(Rules Enabling Act, 28 U.S.C. §2072),虽然把有关联邦法院的实体和程序的规则制定权限赋予了最高法院,但是作为对该权限的限制,规定"这些规则不得侵害、扩张或修正任何实体的权利 (substantive rights)"。本案中成为问题的联邦民事诉讼规则第 4 条(d)(1),也是基于该权限被制定出来的。

支持本案适用州法的联邦地方法院依据了 Erie 判决之后的最高法院的判决 Guaranty Trust Co. v. York (1945) 和 Ragan v. Merchants Transfer Co. (1949)。即,比如英美法中阻止提起超过时效的诉讼的诉讼时效法(statute of limitations),和大陆法的时效消灭有所不同,一般被认为是有关程序的法律,在这点上,是否适用州法能够改变诉讼的结果。因此,在这些判决中,详述了 Erie 判决的宗旨,表示了即便是有关具有程序法特征的诉讼时效的规定,只要能够左右诉讼结果就适用州法的态度。联邦上诉法院也支持地方法院,但同时又指出,本案中讨论的马萨诸塞州的州法,既要求把起诉书交到遗产管理人本人手中又要求应该在该人任职之后的 1 年以内提出遗产请求这样的重叠要求,本案中州与联邦的冲突与其说是在程序方面不如说是在实体方面。

但是,最高法院认为,联邦民事诉讼规则第 4 条(d)(1)的规定没有超越规则授权法(Rules Enabling Act)所授权的范围,而且其内容也没有违反联邦宪法,与实体无关仅仅因为程序上的问题而被提起的本案,在 Erie 判决的射程之外。

判决要旨

1. 在制定联邦民事诉讼规则同一年的 1938 年的 Erie 判决中,审理州籍不同案件的联邦法院,在处理"实体的"法律问题时是受到州法束缚的,这一 Erie 判决的总括宗旨(broad command)和要联邦法院适用州的实体法及联邦程序规则的规则授权法(Rules Enabling Act)的宗旨是相同的。毫无疑问,在很多场合,程序规定的不同会影响诉讼当事人的权利,但是规则授权法(Rules Enabling Act)禁止的实体权利的变更,并没有因为通过程序规定而出现相应的效果。

2. 被上诉人主要依据了 York 判决和 Ragan 判决,认为 Erie 规则的作用是限制联邦民事诉讼规则的适用,主张像本案这样的情况必须适用马萨诸塞州的州法。即,根据由 York 判决得到修正的 Erie 规则,当适用联邦法在很大程度上可能改变诉讼结果时,联邦法院必须适用州法。但是,York 判决本身也不是按照石芯纸的标准自动地决定适用州法的,而是认为应该考虑 Erie 规则所面临的政策。

3. Erie 规则在防止向不同法院提起诉讼会产生实质不同的结果

的同时,又制止了为获得最有利的裁判而选择法院。因此,在判断州的一定的规则的重要性时,有必要从以下两个脉络进行分析。即,在判断"因为适用该规则给诉讼的性质和结果带来很大不同,而如果不适用的话是否会对法庭所在地的公民造成不公平的差别"的同时,还要判断"因为适用州法对诉讼当事人的命运带来很大影响,而如果不适用的话是否会使原告选择联邦法院"。上诉审中,州对成为问题的规定所表示的关心程度只是漫不经心地作了陈述,按理来说,应该判断在上述关系中有无重要性。

4. 从目前来看,适用哪一个规则会给本案的诉讼带来很不同的结果,但是当初上诉人选择法院时,产生争议的不同规则,可以说几乎没有关联性。上诉人选择联邦法院时,如果适用州的程序规定并不妨碍损害赔偿的请求,如果必须按照州的规则的话,只要改变送达程序就可以了。起诉书应该交到被告本人手中还是也可以交给被告家属的这一程序上的差异,不能认为是 Erie 判决所提到的甚至会产生不平等的法的适用的实质性问题。

5. 有关联邦法院制度的宪法上的规定,受到宪法第 1 编第 8 节第 18 项必要而适当的条款(necessary and proper clause)的支持,把规范联邦法院的程序的权限赋予了联邦议会,其中还包括对那些不清楚应该归入实体还是归入程序的事项,而分类到程序上是合理而可能的规范权限。联邦规则的制定,是出于保证联邦法院对法律程序管理(administration of legal proceedings)的统一性的考虑,使其不失去平衡,仅仅以是否左右诉讼结果的单纯的检验标准是不能动摇联邦法院的,Erie 判决也好,York 判决也好,绝没有这样的意图。

哈兰法官写了与结论同一宗旨的意见,认为判决过分强调了联邦规则的优越性,与是否左右结果的标准同样,是否促使选择法院的标准也是过分简单,对于在联邦宪法委任给州制定的行为规范的规定之下的当事人的行动,适用联邦规则是否有实质上的影响,应该有个标准。而不应该像判决理由 3 那样,沃伦(Warren)首席法官写的本案判决,只适用了排斥选择法院的标准。

按　语

1. 在席卷了合众国全国的一般普通法的发展中,显示了联邦法院和州法院互相协作的 Swift v. Tyson(1842) (本书第 13 案例) 的规则所支配的波澜壮阔的时代由 Erie Railroad Co. v. Tompkins(1938)（本书第 14 案例）打上了休止符，而本判决的意义在于，把处理州籍不同案件的联邦法院根据 Erie 规则应该适用有关"实体"的州法的范围，和"程序"之间的关系作了明确的限定。

2．在区别实体和程序时，所论及的法的脉络而有变化。比如在 York 或 Ragan 判决中，即使诉讼时效法是防止提起诉讼的有关程序方面的法律，但是在和 Erie 规则之间的关系上是作为有关实体的法律被把握的，而本判决也没有对此加以否定。但是，本判决明确表明了，在适用 Erie 规则的时候，实体和程序的区别，必须经常根据判决理由 3 所提示的两个检查标准进行判断。Erie 判决之后，在程序规定的相近领域也有过几个最高法院的判决，而这些判决的结论和本判决没有矛盾。

3．因为排斥了是否左右诉讼结果这样单纯的检验标准(outcome-determinative test)，在隶属联邦法院的州籍不同的诉讼中，动摇适用联邦民事诉讼规则的可能性逐渐小了。继 Erie 判决之后，在应该适用的程序规定上，联邦和州的裁判制度的关系很明确。按照本判决，即使像本案中的马萨诸塞州的州法那样，州对某一程序规定具有特别的意思，只要达不到判决理由 3 的标准，就被忽略不计。在本判决以后的案件，最高法院坚持了这一汉纳（Hanna）规则。在联邦法院也制止了适用各州州法的 Erie 规则的扩张，表现了美国要求维持联邦制和保持平衡。

如果想对最高法院的判决中反映的联邦法和州法之间关系的变迁，与各个时代背景的联系作一番有趣的分析，可以阅读浅香吉幹的"19 世纪美国的普通法构造—斯威夫特对泰森判决的再评价——(1)(2·完)"《法协》112 卷 12 号 1 页以下（1995），113 卷 1 号 1 页以下（1996）。另外，也可以参考[1967-1]《美国法》149—152 页中的从稍许不同的角度对本判决的介绍(田尾桃二)。

执笔者：北海道大学教授　曾野和明

16

United States v. Carolene Products Co.
304 U.S. 144, 58 S. Ct. 778, 82 L. Ed. 1234 (1938)
公民权利的限制和司法审查应有的姿态

Ⅰ　美国公法　3　人权的保护

事实梗概

1923年的联邦脱脂牛奶禁止法,禁止州际贸易发送脱脂的、很像牛奶或奶油的,加了乳脂之外的脂肪乃至油脂的脱脂牛奶。被上诉人的卡罗林·普罗达库兹公司因为通过州际贸易发送了名称为"米尔纳特"的脱脂牛奶在联邦地方法院被起诉。因为联邦地方法院支持了对该起诉的抗辩,从而获得了向合众国最高法院提出上诉的许可。

被上诉人主张:(1)该规则超过了联邦议会的州际贸易规则权限,侵害了第10修正案中规定的州所保留的权限;(2)剥夺了法的平等保护;(3)违反了第5修正案,不按照法律上的正当程序剥夺了其财产(特别是,根据立法宣布被上诉人的商品危害公众的健康、对公众构成欺诈,但是作为限制却故意不许提出反证)。

判决要旨

斯通首席法官的法庭意见如下:

1. 联邦议会的州际贸易规则权限,是制定贸易应该遵守的规则的权限,也能够涉及禁止贸易。只要在宪法上不受禁止是在最大限度被认可的。因此,对于合理地认为在发送到的州使用会危害公众健康、道德、福利的商品,或者是违反了发送到的州的政策的商品,联邦议会可以自由地从州际贸易中加以排除。禁止脱脂牛奶由州际贸易发送,只要不违反第5修正案,就可以说是联邦议会对贸易的合法限制。

2. 禁止被上诉人的商品由州际贸易发送,没有违反第5修正案。20年前,本法院在审理 Hebe Co. v. Shaw (1919)案件中,即使加了椰子油的脱脂牛奶是健康的、有营养的，可是本法院仍然判断禁止了制造和贩卖该种牛奶的州法没有违反第14修正案。这是因为本法院考虑到对广泛食用的食品确保最低限度的营养、从欺骗性的代用品中保护公众的议会的权限没有怀疑的余地，应当充分尊重为了防止公众受到危害、认为禁止商品是妥当的议会的判断。在本案中，没有显示出应该脱离这一判断的理由。因此，仅仅依据这一符合宪法的推定本案也可以作出判断。而且，本案所涉的法律也有充分的证据得到支持。从上次案件到现在的20年间，使人体失去了维持健康必不可少的要素的食品在一般消费中给公众健康带来了危险的证据积累了很多。脱脂牛奶禁止法，是联邦议会在委员会的意见听取会上听取了科学工作者和专家的证词之后制定出来的。委员会得出的结论是，用脱脂牛奶代替牛奶一般来说对健康是有害的，引发了对公众的欺骗。无论是联邦或者是州，宪法中不存在强制立法者无视这些证据的条文，被上诉人这样的劣质产品和几乎到处都有出售的有价值的食品难以区别，因此在容易造成欺骗性的贩卖、难以保护消费者的场合，对于充分证明了危险明显增加的联邦议会委员会结论的证据没有必要视而不见。本案的情况是，如果产品不类似于牛奶是不被禁止的，在这样的状况下，以禁止虚伪表示或商品名称来保护公众是否合适，或者，是否有必要禁止被认为会危害公众健康的代用食品，应该是立法部门而不应该是法院所判断的。

即使提出同样的其他商品没有被禁止的异议，也是没有意义的。第5修正案中没有包括平等保护条款，而只适用州的第14修正案也不强制立法者选择是扫除所有同样的危害还是完全不干涉。立法者发现了某一危害时，先只针对该危害进行处理，不触及其他的，这种做法是被允许的。

3. 限于本案来说，因为给被禁止的行为打上有害的烙印，立法者也就可以假定不能阻止有人会对禁止的合宪性进行攻击。而在裁判程序上，排除反证剥夺生命、自由、财产的法律有合理根据事实的法律，也可以假定其是侵害了正当法律程序。

但是，把脱脂牛奶定为有危害健康、欺骗公众特征的法律的目的乃至解释不适合以上情况。本案的场合，该法律是支持合宪行使立法权的行为并使其正当化的立法上认定的宣言，只要明确立法的根据辅助司法审查就可以了。即使没有这样的辅助，支持立法部门判断的事实存在是应该可以推定的。之所以这么说，是因为，影响通常的商业交易的规则立法，对照众所周知的或者是一般被认为是那样的事实，只要是不排除在立法者的知识和经验范围内基于某些合理的根据作出的假定，就不应该宣布其违反宪法(注4)。

对于因是否符合宪法而产生争议的法律，当其合理根据的存在是基于超越司法确实知道的领域的事实的场合，可以由法院审查该事实的存在。以特定状态的存在为前提的法律的合宪性，可以因为该事实被证明不再存在而在法院遭到攻击。同样，字面上有效的法律适用于特定商品时，如果被证明没有理由禁止，那么该法律的合宪性遭到攻击也是被允许的。不过，该证据具有怎样的效果，牵涉到从规则上将该商品排除的行政上的难度等。但是，在探讨立法部门的判断是否有问题时，必须把论点局限在是否知道，或者假定是否得到合理的事实的支持。本案的情况是，抗辩在字面上对法律的合法性有争议，从提示给联邦议会的各种考虑以及允许对其进行司法上的审查来看，脱脂牛奶的贸易是应该让其自由进行呢？还是应该以某种形式加以限制呢？或者是应该完全禁止呢？至少是还有议论的余地。因为该决定是由联邦议会得出的，无论是法院根据证据得出的判断还是陪审团通过的表决，都不能推翻联邦议会的决定。

法律在字面上没有违反宪法，抗辩应当被驳回。取消原审判决。

注4 当立法被认为在字面上符合宪法上特定为禁止的场合，也许合宪性的推定作用的范围很狭窄。比如，像上述的第10修正案，即使在被判断为包含在第14修正案的场合，仍然可以认为是特定的。

因为不希望的立法会被废止，通常被期待的限制政治程序的立法，是否应该根据第14修正案的一般禁止条款，受到比其他种类的几乎所有的立法更为严格的司法审查？对此，现在没有必要进行探讨。

另外，在审查适用于特定宗教的少数信仰者，或者是从出身国家来看的少数国籍者，或者是人种方面的少数人种的法律时是否要作类似考虑？出于对被分离而孤立的少数者(discrete and insular minorities)的偏见，对保护少数者所依赖的政治程序的作用明显带有限制的倾向，因此，是否相应要求更严格的司法审查的特别条件？在此也不存在探讨的必要。

公民权利的限制和司法审查应有的姿态　**67**

按　语

1. 20世纪初期,合众国最高法院把联邦贸易规则权限的范围解释得很狭窄,作出了其不涉及州内事项的判断。并且,以第5修正案、第14修正案的正当程序条款为根据,认为契约自由存在于受正当程序条款保护的"自由"之中,把对其进行了不合理限制的法律判定为违反宪法。被称为实体的正当程序理论〔其象征性的判决是 Lochner v. New York（本书第36案例）〕。因此,很多社会经济规则立法被最高法院判为违反宪法,使得法院和政治程序之间的关系日益紧张。特别是这种紧张关系,因为最高法院推翻了新经济政策的立法而愈演愈烈,最高法院遭到了猛烈的批判。

但是,到了1930年后期,最高法院改变了姿态,广泛认可了联邦议会的贸易规则权限,甚至即使以正当程序条款为根据,也显示了不干预规定社会经济的立法的姿态（参照本书第39案例 West Coast Hotel Co. v. Parrish）。

2. 本判决可以说是再次显示了当时最高法院姿态的判决。特别是正当程序条款在社会经济规则立法中明显地推动了合宪性的推定,接受了议会作出的脱脂牛奶"有害"的判断,肯定了法律是符合宪法的。以该判决为契机,从此,最高法院不再以正当程序为根据干预规定社会经济的立法了。因为规定社会经济的立法应该在政治程序中进行争议,法院应该尊重立法部门的判断。

3. 但是,本判决的重要性,与判决书相比,是在注4上。在认可对规定社会经济的立法进行合宪性推定的同时,最高法院在注4中,保留了合宪性的推定也许不起作用的领域。自此之后,最高法院按照该注4,在法律限制政治程序自身的场合（比如限制表达的自由的场合）,或者是有关被分离而孤立的少数者的场合（比如有关人种差别的场合）,进行的是排除了合宪性推定的严格审查（在日本被称为双重标准论）。因此,在民主主义社会,不是由选举选出来的法官,为保护宪法上的权利应该起怎样的作用,成了一个重要的问题。

而且,自1970年代起,如 Roe v. Wade（本书第40案例）所显示的那样,按照该注4的解释不可能被正当化的司法审查权得到了积极地行使,围绕其正当性展开了广泛而激烈的议论。这当中,正当的司法审查权的行使应该被局限在该注4的场合的见解,法院超越注4积极地拥护宪法权利应该被正当化的见解,该注4的考虑方法是错误的,原本就没有理由应该尊重立法部门判断的见解等等,对立非常尖锐。

  本判决以及其后的展开和市民权利的限制和司法审查应有的姿态可以参照松井茂记的《双重标准论》(有斐阁·1993)。

执笔者:大阪大学教授 松井茂记

17

Palko v. Connecticut
302 U.S. 319, 58 S. Ct. 149, 82 L. Ed. 288 (1937)
人权规定的纳入理论

Ⅰ　美国公法　3　人权的保护

事实梗概

上诉人 Palko 在康涅狄格州的费阿菲尔德县以一级谋杀（first degree murder）嫌疑被起诉，陪审团审理的结果以二级谋杀（second degree murder）定罪，Palko 被宣判为无期徒刑。对此，康涅狄格州认为，由于事实审理的错误，案件没有得到正当的审理，要求按照州法进行再次审理。州的要求得到了认可，案件进行了再次审理（是否进行了错误的审理，是由另外的复审法院（court of errors）作出判断的。康涅狄格州的终审法院（Supreme Court of Errors）认为本案的情况是：在(1) 排除了有关被告人自首的证据，(2) 排除了为责问被告人的可信度所进行的交叉询问的证据，(3) 向陪审团说明了一级谋杀和二级谋杀的不同之处这 3 点上，有法律上的错误，由此给州带来了不利）。Palko 提出了再次审理将使自己处于因为同一个起诉原因而遭受到两次危险的异议，但是被驳回。在再次审理时，陪审团以一级谋杀认定其有罪，Palko 被宣判为死刑。为此，Palko 不服判决，向合众国最高法院提起上诉。

如果案件是由联邦法院进行审理的话，Palko 的"双重危险"（double jeopardy）的主张是应该被接受的。为此，合众国宪法第 5 修正案所保障的有关双重危险的禁止是否只适用联邦？还是通过第 14 修正案的正当程序条款也可以适用于州？就成为问题了。

判决要旨

上诉人主张，被第 5 修正案所禁止的应该也被第 14 修正案禁止，并且还伴随着更广泛的主张。——"凡是违反了原来的权利法案（第 1

到第 8 修正案)的联邦政府的行为,在州作出的场合,根据第 14 修正案,今天全部是违法的。"但是,"这样的一般原则并不存在"。

正如合众国最高法院的先例所显示的那样,为保障诉讼和保障不自证其罪特权,由大陪审团审理的第 5 修正案的规定在由州进行起诉的场合是不妥当的;第 6 修正案的刑事案件中的陪审审理的要求以及第 7 修正案的诉讼金额超过 20 美元的民事案件中的陪审审理的要求,因为州的不同而有所变更,或者可以被废止。

另一方面,对于第 1 修正案保障的不受联邦议会侵害的言论自由(freedom of speech)、出版自由(freedom of the press)、宗教信仰自由(free exercise of religion)、和平集会的权利(right of peaceable assembly),或者是第 6 修正案保障的刑事被告人接受辩护律师援助的权利(right of one accused of crime to the benefit of counsel),州用制定法进行限制的话,按照第 14 修正案的正当程序条款是违法的。在这种场合,依据特定的修正条款——第 1 修正案、第 6 修正案——的明确宣言(specific pledges)可以对联邦政府主张的豁免(immunities),是被默认包含在"有秩序的自由(ordered liberty)"的概念之中的,因此,通过第 14 修正案,也可以对州主张。

接受陪审审理的权利以及不受到正式起诉以外的追究的权利,纵然是重要的,但并非是"有秩序的自由体系中的本质部分(of the very essence of a scheme of ordered liberty)",即使被废止也不违反正义的原理。不自证其罪特权同样也是如此——即使没有,也是可以实现正义的。

联邦宪法的权利法案中规定的各种权利,本来只是对联邦政府才有效。如果第 14 修正案吸收(absorbed)这些权利的话,那么这一吸收(absorption)是基于倘若这些权利被牺牲,自由正义都不复存在的信念。比如,思想和言论的自由就是如此。这一自由,是其他几乎所有形态的自由的母体,可以说是其他自由必不可少的条件。这一道理在美国的法律和政治的历史中,除了极个别的例外,是得到广泛认可的。因此,在以后的时代的判断中,通过第 14 修正案从州的侵害中得到保护的自由的领域,扩大到不仅是行为的自由还包括精神的自由。实际上,扩大到自由使身体免受制约以外的范围,即使是在实体的有关权利义务的领域,当立法者的判断是压制的/任意的时候,只要一旦认可该判断可以被法院推翻,必然引导出符合逻辑的结果。

公审之前不问罪的思想是正当程序和自由概念中的根本。进一步说,审理(hearing)必须是现实的,绝不可以是佯装的(sham)或是虚假的(pretense)。正因为如此,在死刑案件中,不懂法律的被告人虽然在形式上并没有、而事实上被拒绝得到辩护律师的援助时,法院是判决被告人被非法问罪的〔Powell v. Alabama(1932)—本书第55案例〕。该判决,不是依据被告人如果在联邦法院被起诉的话第6修正条款的辩护的利益是被保障的事实,而是依据了在特定情况下,辩护人的援助是实质审理中必不可少的事实。

本案中有争议的"双重危险",是否侵害了"位于我们各种民事法律、政治制度中所有最基础的自由和正义的根本原理(fundamental principles of liberty and justice which lie at the base of all our civil and political institutions)"〔Hebert v. Louisiana (1926)〕?很明显,回答是"不"。州所要求的是没有实质性法律错误的审理。如果审理中有错误,给被告人带来了不利的话,为了被告人是可以进行再审的。本案的情况只是,同样的特权被州认可了。

被告人的有罪决定,没有侵害其作为合众国公民的任何特权、豁免权。

驳回上告。

按 语

1. 对于本来应该只适用于联邦政府的合众国宪法第1到第8修正案的权利法案,通过第14修正案的正当程序条款是否也适用于州的这一问题,本判决作为否定了全面适用(全面纳入理论)的想法,而是以表明了只能选择性地适用(有选择的纳入理论)的想法的判决为众所周知。

执笔法庭意见的卡多佐法官解释,不是全部的权利法案,而是其中的一部分,是"有秩序的自由的体系中的本质部分",是"在美国国民的传统和良心中扎下根的最基本的正义的诸原理",因此,通过第14修正案的正当程序条款,也可以适用于州。该意见,和后来针对布莱克法官所主张的全面纳入理论,以"基本的公正(fundamental fairness)"的概念对选择性纳入理论作了说明的法兰克福特(Frankfurter)法官的见解是相关联的。

2. 本案判决,和合众国最高法院降下了其实体的正当程序理论的旗帜、转变了以判断是否符合宪法来抑制州制定经济自由规则的一贯的姿态的 West Coast Hotel Co. v. Parrish (1937)(本书的第 39 案例)一案,是同一时期开庭作出的判决。在 West Coast Hotel 判决之前的三十多年间,合众国最高法院运用了实体的正当程序理论,对州制定的所有形态的经济规则行使了否决权。为此,同时阅读本判决和 West Coast Hotel 判决,就可以领会到其中的意思,即,不是把第 14 修正案的正当程序条款作为对州法实体的一般限制条款,而是像第 1 修正案保障言论、出版自由或第 6 修正案保障刑事被告人接受辩护律师援助的权利那样,将其作为保障被解释为"有秩序的自由的体系中的本质部分"的权利、自由不受州侵害的条款。

3. 其实,问题在于"有秩序的自由的体系中的本质部分"是什么?本判决解释为不包含第 5 修正案的"双重危险"的禁止的保障,但是,后来在合众国最高法院的 Benton v. Maryland(1969)的判决中,认为"双重危险"的禁止的保障也是"有秩序的自由"的一部分,推翻了本判决。因此,本判决的意义,在今天说来仅仅是表明了有选择的纳入理论。

围绕"纳入"的议论可以参考 Michael Kent Curtis, No State Shall Abridge: The Fourteenth Amendment and the Bill of Rights (1986); William E. Nelson, The fourteenth Amendment: From Political Principle to Judicial Doctrine (1988); Raoul Berger, The Fourteenth Amendment and the Bill of Rights (1989)以及其中所揭示的各个文献。

执笔者:学习院大学教授 野坂泰司

18

The Civil Rights Cases
109 U.S. 3, 3 S. Ct. 18, 27 L. Ed. 835（1883）

个人的歧视行为和州的行为

Ⅰ　美国公法　3　人权的保护

事实梗概

　　围绕奴隶制的存废而爆发的南北战争(1861—1865年)，以联邦(北方)军的胜利宣告结束，其法律上的结论是在合众国宪法里加上了3条修正条款。被称为南北战争修正案(Civil War Amendments)的是，禁止奴隶制(第13修正案)、保障投票权(第15修正案)以及保护法律上的平等和保障正当的法律程序(第14修正案)。从1865年到1875年，联邦议会为了实现南北战争修正案中所规定的保障，制定了一系列的民权法案(Civil Rights Acts)，都是为了保障南部获得解放的黑人享有和白人同样的权利。

　　其中1875年制定的民权法案，是为了保障黑人能够在铁道、船舶等交通工具、旅馆、住宿处、剧场和其他娱乐设施等一般的公开场合，可以和白人同样地利用这些设施享受各种便利，禁止以种族为理由进行差别对待。该法律规定，对于违反者要进行刑事处罚(500美元以上1000美元以下的罚款，或是30天以上1年以下的拘禁)，还给予受到歧视的人以损害赔偿请求权。

　　法律制定之后经过7年，围绕其如何适用，一共有5个案件告到了合众国最高法院。这5个案件是：田纳西州的铁道公司不准黑人女性在餐车用餐的案件，以及加利福尼亚州、堪萨斯州、密苏里州和纽约州不准黑人借宿或进入剧场的案件。

　　因为都是对1875年法是否合宪有争议，所以最高法院将这5个案件汇总到一起作了判决。最高法院在本判决中，第一次根据第14修正案对黑人的权利保障作出了解释。争论点是：依据第14修正案，联邦议会是否有权制定直接禁止私人的歧视行为的法律?

判决要旨

合众国第14修正案,禁止州对合众国公民:(1)侵害其特权和豁免权;(2)不经过正当程序剥夺其生命、自由和财产;(3)拒绝对其进行法律上的平等保护。该条款对于"州"是禁止以上行为的,而私人行为不是禁止对象。为了实施该修正条款,联邦议会被赋予有进行必要且适当的立法(第14修正案第5节)的权限,该权限是为了实行第14修正案的禁止性规定。在州制定的州法或行使公权时触及到第14修正案所禁止的场合,联邦议会可以采取必要而适当的立法措施使其无效,并纠正其效果。不过,联邦议会的权限只限于纠正性的立法,在州的行为没有违反第14修正案的场合,不能制定直接规定私人行为的联邦法。

那么,1875年的民权法案是否可以说是联邦议会权限之内的立法呢?该法律不是纠正违反第14修正案的某一州的法律、行为,而是直接地禁止私人的一定的行为,并对违反者处以惩罚。

由于民权法案,联邦议会涉足了至今为止州所支配的领域,制定了私人之间应该如何行为的社会规范,不管是否有州法或州的行为而强制私人遵守这些规矩。如果说这种立法是为了保障第14修正案的禁止性规定而制定的必要适当的立法的话,那么就不知道联邦议会的立法权限的界限。联邦议会变得可以排除至今为止的州的支配,直接制定规定国民所有权利、义务的联邦法了。

依据第14修正案联邦议会能够行使的权限,是保护公民的权利不受到州的不平等行为的侵犯。私人即使侵害了他人的权利但不能剥夺之。私人不能剥夺他人的投票权、所有权、法的行为能力、作为证人/陪审员的权利。能够剥夺这些权利的是州的立法或者是州行使的公权。由于私人的行为公民权利受到违法侵害的个人,可以依据州法要求救济。这些私人之间的侵害行为即使发生,如果该行为和州没有关系,那么联邦议会就没有插足的余地。只有在州的立法、或是州行使公权时触犯了第14修正案的时候,纠正州的联邦议会的立法措施方才可以被认可。

1875年的民权法案超越了联邦议会的权限是无效的。

(关于第13修正案的说明。依据规定了禁止奴隶制的第13修正案,为了抹去奴隶制的所有痕迹,联邦议会被赋予了制定必要的"优先而且直接的"法律的权限。但是,拒绝黑人利用交通工具、住宿处、娱乐设施,不能说是奴隶制或者是以前的苦役状态的再现。)

哈兰(Harlan)法官的反对意见:

多数意见无视宪法修正案的精神和实体法的意义,狭窄而技巧性的解释自始至终贯穿于字里行间。把第14修正案解释为只是禁止州的条款是不妥当的。其中的第1节,是给予国籍的积极规定,由于这一规定黑人成为美国公民,也成了所居住州的公民。根据这一修正案,保障各州公民享有其他州公民所有的特权和豁免权的宪法第3编第2节也适用于黑人。而且还保障黑人享有同一州内的白人公民享有的同等的公民权利。由于这一宪法修正案,创设了公民权利中不以种族为理由而受到歧视的新的权利。依据第14修正案第5节,为了将该修正条款所揭示的积极、消极的所有的保障具体化,联邦议会能够制定必要的法律。

退一步来说,就算采取多数意见的立场,即,公民的权利没有受到州的行为的侵害时,联邦议会不能行使权限,那么,就本案来说,可以认为州的行为违反了第14修正案。铁道公司、旅馆、一般娱乐设施的负责人可以说是州的机关或者是其代理人。他们负有对一般公众提供方便的义务,在提供方便的同时遵守州的规则。如果这些机关采取种族歧视,妨碍了联邦法保障的公民权利的平等享有,可以认为这是州的歧视行为。如果不是这样,现实中黑人能否享受公民权利,就只能听凭在州的规则下公司和个人的随意所为了。

正如多数意见认为的,任何人都没有权利强求他人进行社会的交往,也不能在拒绝不合心意的交往时,侵害他人的权利。但是,取得州的认可,以向公众提供一般利益、方便为业务的人,以种族或者是曾经服过苦役为理由,有差别地对待公民是不能被允许的。联邦议会在1875年法中规定的,不单单是社会规则,而是所有的公民能够同等地利用一般交通工具、住宿处、娱乐等设施的法律上的权利。该法律不是仅仅为了优待黑人,而是保障所有的公民享有同等的权利。

(在交通工具、旅馆、剧场发生的种族歧视,是奴隶制的残迹,依据第13修正案联邦议会也可以对其禁止。)

按　语

南北战争之后的联邦议会,认为第14修正案是制定一系列民权法案时的宪法上的根据。而且，根据同修正案第 5 节的实施条款，为了实现修正条款中所揭示的保障，认为联邦议会被赋予了制定必要而适当的法律的广泛的立法权限。根据以上见解，为了保障黑人也享有合众国宪法所保障的公民的权利，联邦议会(1) 不仅可以对州的积极的歧视行为，也可以对州的不作为或怠慢执行法律制定规则；(2) 禁止州的行为(state action——州立法、州行使的公权)所产生的歧视，可以纠正由于歧视造成的结果；(3) 直接对私人的歧视行为进行规定，当州容忍、不处理私人的歧视行为时，可以对州采取纠正措施。

当时的联邦议会采取的立场是，联邦政府应该成为被解放的黑人的保护者。为了保障黑人行使作为公民的权利，联邦政府的积极参与是必要的。在这之前，联邦制度被理解为，对州内的活动、州公民的行动制定规则的权限由州政府掌握，联邦政府不能介入州内的事项。但是，可以说是南北战争修正案使得传统的尊重州主权的联邦制度开始了变质。

通过这一判决，合众国最高法院对联邦议会保护黑人的立场作出了加以很大制约的宪法解释。判决照读了第 14 修正案上"州……不可以"的文字，解释了只有州的行为才是禁止的对象。并且，联邦议会的立法权被限于制定纠正违反合众国宪法所禁止的州的行为的立法。恰恰是双重限定。

正如 Harlan 法官的反对意见所指出的那样，把 1875 年法解释为符合宪法也是完全能够成立的。从第 14 修正案的立法意图、审议资料，并且根据合众国宪法的条文解释来看，应该说反对意见不仅仅是预言性的，还带有很强的逻辑性和说服力。那以后的宪法理论，是沿着该法官的立场展开的。1964 年，联邦议会在 1875 年法所要规定的同样的领域，制定了禁止私人的歧视行为的民权法案。作为该法律根据的不是第 14 修正案而是州际贸易条款。最高法院判断 1964 年法是符合宪法的。另外，州行为的概念，在以后的判例中被扩大，在州政府的某一干预被承认的场合，或者是州有不作为或容忍的场合，即使是私人的行为也被看作为州的行为，可以适用联邦的规则得到救济。

执笔者：早稻田大学教授　藤仓皓一郎

19

Lemon v. Kurtzman
403 U.S. 602, 91 S. Ct. 2105, 29 L. Ed. 2d 745 (1971)
政教分离

Ⅰ　美国公法　3　人权的保护

事实梗概

　　本案,是对规定给私立小学、初中的公费援助的州法是否符合联邦宪法而引起争议的两个诉讼案合并审理的案件。成为问题的是宾夕法尼亚州的私立初级中级教育法(Pennsylvania Nonpublic Elementary and Secondary Education Act. 以下简称 PA 法)和罗得岛的工资补充法(Rhode Island Salary Supplement Act. 以下简称 RI 法)。

　　1968 年制定的 PA 法,认定了因为各种经费上升州内的私立学校的财政存在危机,表明了"由于实施了世俗科目(secular subjects)的教育,对孩子的初级中级教育这一公共的福利作出了重大贡献的州内的私立小学、初中学校,承担了州内小学初中学生总数的 20% 以上的孩子的义务教育,支援这些私立学校的世俗教育以达成州的教育目标是州政府的义务"。作为措施,该法许可州教育长和私立学校缔结购入 secular educational services(世俗教育服务)的契约。

　　在 PA 法中,提供"世俗的科目"即"在公立学校的教育课程中,不包括一切有关宗教教育的主题或特定的宗派的伦理/礼拜仪式的科目"的教育,被定义为"世俗的教育服务"。作为教育科目有数学、现代外语、自然科学、体育,作为费用科目包括有教师工资、教科书、教材的费用。以向该私立学校直接支付以上 3 项费用的形式,购入世俗的教育服务。支付条件是,教科书和教材要得到州教育长的认可。希望得到支付的私立学校,要求做到把世俗的教育服务经费分离开来,维持明确的会计手续,会计报告要接受州的监查。为了维持公立学校,在 PA 法中明文规定当时的 PA 法的实施费用不从公费中支出,但是不久,就变更为从香烟的税收中支出。依据本法已经对 1181 所私立学校作了第一次的支付,从学生数量来看,这些私立学校的学生几乎都是天主教教会的私立学校的学生。

原告(该州的公民并且是纳税人以及反对向宗教系列的私立学校提供公费援助的团体)以被告(负责执行本法的州教育长等以及在本法律之下已经和州缔结了契约的 7 个教会私立学校)为诉讼对方,要求"停止违反了(通过第 14 条修正案的正当程序条款而被州适用的)第 1 修正案宗教条款的本法所规定的允许及支付州的公费的分配",而提起了诉讼。该州的东部地区联邦地方法院,认为"本法的目的和效果是世俗的",依据第 1 修正案的政教分离条款(establishment clause),本法是合宪的,以 2 比 1 容许了被告方的主张驳回了原告的申诉。

另一方面,1969 年制定的 RI 法,基于其所认定了"由于教师工资的急剧上升,私立学校日渐难以确保有才能而热心教学的教师,其结果导致私立小学的教育质量濒临危机"这一现状,州的教育长等允许直接支付给担任私立小学世俗科目的教师其年收入的 15%,以补贴这些教师的工资。

根据州的认定,州内小学生的大约 25% 上的是私立小学,几乎都是天主教学校。接受本法援助的教师被要求首先用书面表示同意;在私立学校教授的每一个儿童的平均的世俗教育费,在一定时期不超过公立学校;持有州的教师执照;只教授由公立学校提供的科目;只使用公立学校所采用的教材;在接受本法的工资补贴期间不教授宗教科目。州的教育长要求有资格接受援助的私立学校提出有关总支出的数据,当每一个儿童的教育费超过法定的上限额度时,要调查有关资料确认世俗教育和宗教教育的各项支出比例。至今为止,大约有 250 人左右的教师依据本法提出申请援助,对于他们都是天主教学校的教师这一点,当事人之间没有表示异议。

原告(该州的公民并且是纳税人)以被告(负责执行本法的州教育长等、有资格接受本法援助的教师们、这些有资格的教师所在的私立学校的儿童的家长)为诉讼对方,要求"宣判本法违反宗教条款,停止本法继续执行",而提起了诉讼。该州的联邦地方法院认为"虽然可以认定本法所表明的世俗目的,但是该法有支援宗教事业以及使政府和宗教有过度关联的效果",全体一致判断本法违反了政教分离条款,作出了"限于本法认可对教会私立学校的教师进行援助而违反了第1修正案"的宣判,发布了原告所请求的停止命令。

就这样,围绕"以补贴教师工资为中心,由州向教会私立小学、中学援助公费(state aid to church-related elementary and secondary schools)难道不违反宗教条款吗?"而产生争议的两个案件直接上诉到了联邦最高法院,被合并起来接受审理乃至得到判决的就是本案。最高法院对 PA 法以 8 比 0(马歇尔法官未参加),对 RI 法以 8 比 1(怀特法官反对),作出了违反宗教条款的结论。伯格(Burger)首席法官的法庭意见如下。

判决要旨

因为宗教条款的词句不明确,为了判断政教分离条款和有争议的法律的适用性,采取了在该条款设想的 3 个主要危害(由国家援助宗教、进行经济上的支持及国家积极介入宗教活动)上划出合宪和违宪界线的方法。因此,首先应该做的是探讨判例,根据判例,可以说为了适用政教分离条款,本案所涉及的法律对以下 3 个要件应该全部满足:(1) 要有世俗的立法目的;(2) 其主要效果既不促进宗教也不抑制宗教;(3) 不使政府和宗教产生过度的关联(excessive government entanglement with religion)。

用这 3 个要件标准衡量本案的两个州法,第 1 要件是满足的。各州法都明确地表明了"在所有实施义务教育法的学校,提高世俗教育的质量"这一世俗目的,没有任何可以否定这一目的的证据。对于第 2 要件没有判断的必要,之所以这么说,是因为本案的两个州法没有满足第 3 要件。

关于第 3 要件,在宣布教会财产免征州税是合宪的 Walz 判决〔Walz v. Tax Commission (1970)〕中,揭示了要根据各个具体案例详细探讨政府和宗教相关联的程度而判断是否是合宪的关联。为此,有必要对(a) 接受州援助的团体的性格和目的、(b) 该援助的特别的性质、(c) 援助结果产生的政府和宗教团体的关系,这 3 点进行调查。

关于(a),在原审中已经得到认定,占接受州的援助的学校的全部(RI 法)或者大部分(PA 法)的天主教教会的私立学校,是天主教教会的宗教使命中不可缺少的存在,其特征和目的是极其宗教性的。关于(b),在以教师为焦点的本案的援助措施中,不得不说看不到迄今为止被认为合宪的对教会私立学校的援助措施的世俗性、中立性和非意识形态性。关于(c)，在各州的州法里，规定有为保证援助效果的世俗性的各种各样敏感且综合的连续制约和监督的措施，可以说这种预防接触的本身使得政府和宗教之间产生了连续而过度的关联。RI法要求州在一定场合要认定给世俗教育和宗教教育各项支出的比例，PA法规定由州直接把财政援助拨给学校，这使得各州的州法在有关(c)上的难度变得更大。加之在本案的援助措施中，还牵涉到"各个宗派分裂政治的可能性"的另一种关联性的问题。援助的连续性和有可能出现要求增加金额，极可能使得这一问题变得更为深刻。今天的判决，不能解释为轻视我国的教会私立学校的作用，而是必须在某一个地方划出合宪和违宪的分界线。

结论是，本案的两个州法使政府和宗教之间产生了过度的关联违反了宗教条款。为此，关于 RI 法，肯定了原判决；关于 PA 法，取消原判决驳回重审。

按　语

本判决，是把3个要件组成的所谓雷蒙标准（Lemon Test）作为有关政教分离条款的合宪性判断标准首次定型化的重要判决。在经过了 Schempp 判决〔School District of Abington Township v. Schempp(1963)〕把目的和效果要件定型化、Walz 判决〔Walz v. Tax Commission (1970)〕探讨了效果要件的一个要素"政府和宗教的关联"之后，本判决确立了把政府和宗教的关联作为独立(第三)要件的雷蒙标准。

本判决的焦点，不在于第一(目的)或第二(效果)要件，而是在于探讨包含"政府和宗教的关联"以及"分裂政治的可能性"这两个要素的第三要件。但是，以为了保证援助效果的世俗性而存在着各种各样的制约或监督措施为理由，认定了政府和宗教之间过度的行政上的关联的本判决，在成立雷蒙标准的同时，可以说陷入了第二要件和第三要件相冲突的窘境。

雷蒙标准后来被适用于对政教分离条款有争议的各种案例中，不过逐渐从实现严格分离主义的一般框架演变为技术性的判断标准，上述窘境的存在以及适用结果的非一贯性等开始遭到严厉的批判。1980年代以后，最高法院提倡了新的合宪判断标准〔签名标准（endorsement test）及胁迫标准（coercion test）〕，主张将雷蒙标准全部废除，使得该标准的有效性呈现出一片混沌状态。

  本判决之后,各种各样的教会私立学校援助措施的合宪性遭到质问,可以想像不远的将来,对所谓的教育券(voucher)制度(为了使孩子在选择学校时不因为家庭收入的多少受到影响,从公费中拨出相当于学费的有价证券交给各个家庭的制度)的合宪性有争议的诉讼将要登场。本案中,援助对象几乎都是天主教教会的私立学校。从原来是严格分离主义框架的雷蒙标准在本案中得到确立的这一状况,可以窥视到美国社会漠视天主教教会的传统的一部分。

执笔者:千叶大学副教授 金原恭子

20

Wisconsin v. Yoder
406 U.S. 205, 92 S. Ct. 1526, 32 L. Ed. 2d 15 (1972)
宗教信仰的自由

| Ⅰ 美国公法　3　人权的保护 |

事实梗概

　　本案的联邦最高法院判决的被上诉人 Yoder 等三人,是结合了再洗礼派的 Amish 宗派中特别保守的分派(包括 Yoder 的二人是 Old Order Amish 派,另一人是 Conservative Amish Mennonite Church 派)的信徒。他们和他们的家属是威斯康星州格林县的居民,他们让自己的孩子(Yoder 等二名被上诉人的孩子是 15 岁,另一名被上诉人的孩子是 14 岁)上完第 8 学年之后,就不让再去公立学校上学,违反了家长要把"未满 16 岁的孩子送到公立或私立学校上学"的威斯康星州义务教育法的规定。这三名孩子在公立学校上完了第 8 学年之后,既没有进私立学校,也不属于该州的州法规定的例外。对于这些孩子应该遵循该州州法的这一点,是没有异议的。

　　由此,上述被上诉人因为违反了该州州法而被起诉。成为被告的三人主张,以该州法适用自己,使得自己在(通过联邦宪法第 14 修正案适用于州的第 1 修正案的)自由信教条款(free exercise clause)中得到保障的权利受到了侵害。好几个专家证人也作了证词,证明了强制进行第 9 学年以后的学校教育违反了 Amish 教的宗教的信念,对于这些证词没有任何反驳,州也认定了被告人等人的宗教信仰是"诚挚的(sincere)"。但是,格林县法院在承认上述各点之后,得出了"要求进行到 16 岁为止的义务教育,是合理而合宪地行使州的权利"的结论,认定被告人等人是有罪的,判处其分别罚款 5 美元。该有罪判决,在上诉审的巡回法院(在该州,这是具有一般裁判管辖权的第一审法院,不过在本案中起到了上诉审的作用)也得到了肯定,但是被州的最高法院取消了。

　　作为自由信教条款的合宪性判断标准，州的最高法院采用了在1963年Sherbert判决中确立的平衡标准，首先认定了适用该义务教育法给被告人的联邦宪法上的权利课以了重大负担，然后讨论了州的反驳，结果是，州提不出证据证明州要求被告人等人让其孩子再上1到2年的高中是因为存在有"必要的国家利益（compelling state interest）"，于是州的最高法院得出的结论是，本案的义务教育法适用于Amish教信徒的被告人是违宪的。而且，州的最高法院还认为，本案所包含的不是孩子自身的权利问题，而是作为孩子家长的被告人的（信仰自由的）权利问题，州即使允许被告人免除适用义务教育法也不侵害第1修正案的政教分离条款（establishment clause）。对此判决，威斯康星州向联邦最高法院提起上诉。争论点是，"对Amish教信徒的被告人适用该州的义务教育法（而认定被告人有罪），是否侵害了通过第14修正案被州适用的第1修正案的自由信教条款？"除了鲍威尔（Powell）、伦奎斯特（Rehnquist）两位法官，由7位法官参加审理的联邦最高法院作出了以下判决。

判决要旨

　　首先，看一下伯格（Burger）首席法官发表的法庭意见的总的构成：(1)详细讨论了本案有争议的Amish教的分派、宗教信仰以及有关学校教育的考虑方法；(2)揭示了适用于本案的合宪性判断标准；(3)根据该标准对被告方的主张、举证的肯定的评价；(4)对州提出的主张、举证的否定的评价。下面就按照以上顺序介绍本案的判决理由。

　　1. 本案的Amish共同体，把"救济要求在从尘世及其影响相分离的教会共同体中生活"的基本信念作为信仰的中心，要求教徒在和大自然相协调的主要是农业生产的职业中谋生。该宗教信仰规定了信徒的全部生活模式，第8学年结束之后的正式的学校教育违反了以上的宗教信仰。这么说的理由是，继续上学不仅是让Amish的孩子置身于充满重视理性和竞争的尘世的价值观的反Amish环境中，而且在个人成长中具有极其重大意义的青年时期，从物理上、感情上使Amish的孩子离开共同体，以后将难以使孩子集中统一于教会共同体。不过，对于到第8学年为止的基础教育的必要性，Amish教徒认为基本上没有上述那样的害处，所以一般来说Amish共同体也认可该义务教育。此外通过举证,证明了 Amish 教徒是守法自立的人们。

2. 毫无疑问,对州民的教育负有高度责任的州有权对基础教育制定合理的规则。但是,当普遍教育这一州的利益,侵害了自由信教条款中特别保护的各种权利,以及有关孩子的宗教教育的家长的传统利益这样的基本权利、利益时,不能避开各种对立的利益之间的平衡。Sherbert 判决之后的判例法,形成了只有"最高的以及用其他方法无法实现的州的利益(those interest of the highest order and those not otherwise served)"才可以凌驾于有关自由行使宗教的正当权利主张之上的概念。按照该判决所确立的合宪性判断标准,即平衡标准,首先是主张自由信教条款保护的权利受到侵害的一方,举证州法对诚挚的宗教信仰课以负担。该举证成功的话,举证责任就转换到了州的一方,州必须举证为了实现上述那样的十分重大的利益,统一适用州法是必不可少的。如果州的举证没有成功,那么,宪法上就要求州免除适用该州的州法。

3. 首先探讨一下本案被告人(即被上诉人)方的主张、举证。教育和宗教史专家异口同声的证词所证明的 300 年来一贯的宗教习惯、持续的信念所规定的被告等人的全部生活方式,说明了州所要求的第 9 学年以后的义务教育,即使没有到破坏被告等人的诚挚的宗教信仰自由的程度,但也会使其置于重大危险之中。

4. 接下来探讨一下州(即上诉人)方的主张、举证。虽然州主张,为了使孩子能在社会上自立和有效地参加民主的政治过程,第 9 学年以后的义务教育是必要的,但是证据证明,由 Amish 教的信徒对这一时期的孩子进行非正式的职业教育,也可以达到州所主张的目的。在这样的情况下,需要州提出更具体的证据来证明认可 Amish 教免除适用本案的州法,会给州的义务教育这一大利益带来怎么样的否定的影响,可是,州没有尽到举证的责任。州还主张,"作为监护人(parens patriae)的州",拥有对孩子施行和家长的希望没有关系的中等教育的恩惠这一州的权限,但因为在本案的记录中很强烈地暗示着即使免除被告等人适用本案州法,也不会损害孩子的健康或社会福利等,所以,不能认同州方的这样广泛的主张。

鉴于以上理由,得出的结论是"对 Amish 教信徒的本案被告人适用威斯康星州义务教育法,侵害了第 1 修正案的自由信教条款"。并且,即使认可该豁免权,只不过反映了政府的宗教中立性的义务,所谓本案涉及的豁免是侵害了政教分离条款的主张是不能成立的。

接着该法庭意见之后还有 3 个补充意见。在此简单介绍一下其中一部分表示反对的道格拉斯(Douglas)法官的意见。该法官认为：(1) 虽然本案中也包含有孩子自身的(信教自由的)权利问题，而法庭意见没对其认可；(2) 受到第 1 修正案保护和该宗教团体如何守法之间一般并没有关系，法庭意见在认可本案被告人免除适用州法之际，对 Amish 教信徒的模范公民记录的强调令人难以苟同。围绕以上两点，该法官对法庭意见展开了反驳。

按　语

在由判例确立了第 1 修正案的宗教条款通过第 14 修正案也可以适用州的 1940 年以后到 1980 年前后的这段时期，可以看到判例对政教分离条款的严格分离主义的解释，采取了把自由信教条款善意解释为信教自由的姿态。明显地表示了后者倾向的是 1990 年的 Smith 判决(Employment Division v. Smith)被取消之前、占自由信教条款先例地位的 1963 年的 Sherbert 判决。Sherbert 判决(1) 废止了对宗教的直接负担和间接负担的区别；(2) 把表现自由的领域中一直采用的由"必要的国家利益、为实现该利益的限制最少的抉择(compelling state interest、the least restrictive alternative)"的要素构成的平衡标准，正式采用为判断自由信教条款合宪性的标准，从以上两点清楚地看到政府不能采取所谓的"宗教盲目"的立场。

本案 Yoder 判决的意义在于，再次确认了 Sherbert 判决所揭示的有关"宗教盲目"的上述原则，进一步巩固了作为判断自由信教条款合宪性标准的平衡标准的地位。本案中对 Amish 教的宗教信念、生活方式的详细探讨，可以说显示了想要更具体地评价对被告信徒们适用义务教育法会使他们产生很大的宗教负担的最高法院的姿态。不过，正如道格拉斯法官所指出的那样，因为本判决强调了该宗教团体的(守法性等)值得赞赏的特性，暗示了依据自由信教条款免除适用州法绝不是无限定认可的。

本判决以后，除了因 Sherbert 判决而成为问题的失业保障领域以外，依据自由信教条款的宗教的免除保障开始后退。1990 年 Smith 判决登场，变更了其以前的判例，揭示了"即使是对宗教行使课以实质负担的法律，如果是适用于一般的中立的法律，就不能依据自由信教条款要求免除其适用"的新的规则。但是,该判决立即遭到了猛烈的批判,为了取消该判决和复活平衡标准,1993年联邦议会制定了宗教自由复位法〔Religious Freedom Restoration Act of 1993, 42 U.S.C. § 2000bb (1993)〕。

执笔者:千叶大学副教授　金原恭子

21

Schenck v. United States
249 U. S. 47, 39 S. Ct. 247, 63 L. Ed. 470 (1919)
明显且现实的危险

Ⅰ　美国公法　3　人权的保护

事实梗概

　　1917年联邦议会制定的间谍法(Espionage Act)规定,"在合众国陆军及海军,故意引起或企图引起抗拒命令(insubordination)、不忠诚(disloyalty)、叛变(mutiny)及拒绝执行任务(refusal of duty)并且"故意妨害"合众国的"新兵征募(recruiting)及征募(enlistment)事务的",要受到处罚。

　　被告人Y(Schenck)是当时社会党的总书记,出于社会党的见解认为第一次世界大战及其征兵是为了少数富裕阶级的利益,在合众国和德意志处于交战状态时,给应征入伍的军人寄了应该反对征兵制的传单。

　　在传单第一面,抄写着规定奴隶或被迫的苦役者自由的宪法第13修正案第1节,还写着该条文所显示的思想遭到了征兵法的践踏,作为兵士被征集去的人和囚犯没有什么两样。该传单以激昂的词句写到,征兵制是最可恶的专制政治,是为了聚集于华尔街的少数人利益的非人道的犯罪。并且,还写着"不要屈服"伴随于征兵中的"胁迫",不过,该传单中写着的反对征兵制的手段,只局限于为了废止间谍法的请愿等和平的行动。在传单的第二面写着,拒绝承认公民有主张反对征兵制的权利,是与公民的严肃的义务相违背的,是狡猾的政治家和谋取利益的资本主义报刊制造的舆论,是他们提出要维持征兵制。该传单否定了政府有权将公民派往国外去枪杀其他国家的居民,因为光是用语言无法表现对冷血而毫无慈悲的行为的非难,传单最后写道:"为了维持、支持、拥护我国人民的权利,必须尽到自己的一份力。"

政府认为，Y 寄出传单是有意抗拒命令以及妨害征集新兵的事务，散发传单等一系列行为属于共谋违反间谍法的外在行为，以违反间谍法起诉了 Y。

对此，Y 提出，合众国宪法第 1 修正案禁止联邦议会制定任何剥夺言论及出版自由的法律，所以利用间谍法制约 Y 以传单进行言论活动是违反宪法的。Y 主张自己是无罪的，但是被下级法院裁判为有罪，从而进行了上诉。

判决要旨

霍姆斯法官执笔的全体一致的法庭意见首先认为，Y 之所以寄出传单，是希望成为征兵对象的人们阻挠征兵事务的完成，如果 Y 不是有意地想达到这样的效果，就不会寄出传单。并且，对于这一点，Y 也没有否定陪审团作出的对自己不利的事实认定。

接着，判决对 Y 的所谓即使传单具有有意妨害征兵事务完成的倾向，也是受到合众国宪法第 1 修正案保护的主张进行了探讨。判决首先承认了，宪法第 1 修正案禁止联邦议会制定剥夺言论自由的法律的主要目的是，防止政府对言论进行事先的抑制，问题是在除此之外的场合是否也应该禁止。对此，判决引用 Patterson v. Colorado (1907) 判例作了如下说明："在很多场所、在平时说话时，可以承认 Y 所说的传单中写的所有的一切都是宪法上的权利范围内的内容。但是，一切行为的性质，都依存于该行为当时的情况。即便要最严格地保护言论自由，对于在剧场里无中生有地大声嚷嚷着火了而引起混乱的人是不会保护的吧。（同样的）使用和暴力有相同效果的语言，即使被禁止也不可能以言论自由而获得保护的吧〔Gompers v. Buck's Stove & Range Co. (1991)〕。"

判决指出，在以上列举的案例中，承认了对言论自由的限制，至于是在怎样的场合进行限制，判决提出要以"明显且现实的危险"（clear and present danger）作为判断标准，并对其内容作了如下说明："所有案件的问题在于，所用的语言，是否产生联邦议会有权防止的实质性的危害、是否在产生明显且现实的危险的状况下被使用、是否具有产生明显且现实的危险的性质。这是牵涉到（危险发生的）邻近（proximity）及其程度（degree）的问题。当国家处于战争状态时，很多平时也许可以说的话，因为妨害国家对完成战争所作出的努力，在人们进行战斗的时期就不允许说,而法院也不认为说这些话可以受到宪法上的什么权利的保护。"

　　判决认为,第1修正案对言论自由的保护,并不延伸到战争时期妨害国家完成战争的努力、对国家安全带来重大紧迫危险的言论。至于 Y 的行为实际上是否产生了"明显且现实的危险",判决认为"如果证据证明现实中的确妨害了征集新兵的事务,对于产生这一效果的语言必须追究责任",采取了由陪审团对事实问题进行判断的姿态。

　　判决认为,间谍法第4条把现实的妨害和妨害的共谋一起规定为处罚对象,"如果该行为(说话、传阅文件等)、该行为所具有的倾向以及该行为的意图全都是同一的话,只有(妨害)成功了的行为才可以定为犯罪的根据是不可能被认同的。"

　　鉴于以上理由,法庭意见支持了判 Y 有罪的原判决。

按　语

　　一般认为受到合众国宪法第1修正案保障的表达的自由并非是绝对的,有可能受到其他利益的制约。但是,出于表达的自由的重要性,要求把政府的限制权解释得狭窄一些。为了判断对提倡暴力或违法活动的言论进行限制是否正当,本判决所揭示的"明显且现实的危险"这一标准,成了合众国最高法院的标准。

　　"明显且现实的危险"标准的发展,到现在为止大致可以分为三个时期。第一时期,是在判决违反了第一次世界大战中联邦议会为了应付国内政治上的不安宁而制定的间谍法和反煽动法的案件中,主要是由霍姆斯法官和布兰代斯法官以反对意见和同意意见的形式所表现的时期。霍姆斯法官曾经说及在本案首次提出的"明显且现实的危险"标准,不过,和当时的判例所采用的,如果言论有带来危害倾向的话是要被禁止的"坏的倾向"(bad tendency)的标准并没有明确的区别。但是,在其后的 Abrams v. United States (1919)的案件中,霍姆斯法官认为,只有当紧迫危害产生的危险存在的场合、或者是要使那样的危害产生的意图存在的场合,方才能够允许由政府进行限制,该法官进一步明确了"明显且现实的危险"标准的内容,表现出了非常保护言论的姿态。但是,最高法院的多数意见依然采用的是"坏的倾向"的标准。使这样的判例倾向产生很大变化的是 Whitney v. California (1927)一案判决中的布兰代斯法官的同意意见(霍姆斯法官赞同)。

布兰代斯法官的同意意见认为,政府要限制言论,必须是因为危害即将(imminent)发生,而没有达到煽动的提倡是要受到宪法上的保护的。并且,布兰代斯法官的意见否定了 Gitlow v. New York (1925)案件中最高法院判决表示的政府对危险言论制定法律限制时应该尊重议会判断的想法,认为"明显且现实的危险"标准不应该像本案那样作为判定被告人有罪/无罪的标准,而是应该用来作为判断立法本身是否符合宪法的标准。

第二时期是,随着正式进入冷战,合众国最高法院放宽"明显且现实的危险"标准加以适用的时期。特别是文森(Vinson)首席法官执笔的 Dennis v. United States (1951)判决,很接近著名的下级审的汉德(Hand)法官所表示的言论带来的实质性的危害如果很严重的话即使危险并不明显也不紧迫仍然可以限制的见解,采取了比较衡量实质性的危害和其他利益来判断限制是否符合宪法的立场。

第三时期是,在1960年代后期出现的提倡对政治多加批判的案件中,合众国最高法院给"明显且现实的危险"标准注入了新的气息,对言论给以进一步保护之后,一直到现在的时期。代表性的案例是种族歧视团体3K党的领导人违反了俄亥俄州的工团主义犯罪(criminal syndicalism)法而受到追究的 Brandenburg v. Ohio (1969)案例。最高法院在该案件的判决中表示,允许对鼓吹暴力或犯罪的言论进行限制,是因为该鼓吹行为具备了有意图地煽动或造成紧迫的侵权行为、并且是处于煽动或造成那样的侵权行为的场合的要件,取消了有罪判决。Brandenburg 判决表明的标准,一般被解释为是同时包含着有关"明显且现实的危险"标准的汉德法官和霍姆斯法官、布兰代斯法官的思想的、进一步保护言论的标准。

"明显且现实的危险"标准,尽管到现在仍被指责存在和个别的比较衡量论有差异以及没有充分考虑政府利益等问题,不过,还是作为严格标准为最高法院所适用。

执笔者:庆应义塾大学教授　大泽秀介

22

New York Times Co. v. United States
(The Pentagon Papers Case)
403 U.S. 713, 91 S. Ct. 2140, 29 L. Ed. 2d 822 (1971)
先行的制止

I 美国公法 3 人权的保护

事实梗概

1. 纽约时报案件

《纽约时报》通过秘密渠道获得了题为"有关越南政策的合众国政策决定过程的沿革(History of U. S. Decision-Making Process on Viet Nam Policy)"的文件(47卷)，以及题为"有关东京湾事件的命令和统帅的研究 (Command and Control Study of the Tonkin Gulf Incident)"的文件(1卷)——也被称为"越南秘密文件"及"麦克纳马拉文件"，经过了3个月的慎重讨论和准备，在1971年6月13日星期天的报纸版面开始了将其内容公开的连载报道。该文件是与国防部长麦克纳马拉性命攸关的，基于国防部的秘密文件对越南战争的起因、扩大乃至陷入悲剧性险道的经过进行了分析，包含有不同于公开给议会和国民的内容，被指定为机密的文件。为此，司法部(即政府)于6月14日，向纽约时报提出停止登载报道的要求，却遭到报社的拒绝，于是在第二天的6月15日，司法部以该报社以及该报社社长以下的21名有关人员为对手，向纽约南部地区地方法院提出，要求发出临时禁止令(temporary restraining order)等。对此，该法院的格法因 (Gurfein)法官作出了如下决定。

首先，在6月15日，发出了到6月19日下午为止有效的临时禁止令。接着，经过非公开(in camera)的审理程序决定，在6月19日，不再继续当天失效的临时禁止令，并且驳回了要求预备的禁止命令的政府请求，不过，到政府能够从第2巡回区上诉法院的法官那儿得到中止命令(stay order)（本案的情况是，暂时中止法院解除禁止决定的命令）为止的日子里，继续临时禁止令。法官在决定的理由中提到，要重视报道和言论自由，为了维护国民的知情权利，有权者必须忍耐，结果是政府败北。

对此，政府立即上诉，第 2 巡回区上诉法院的考夫曼(Kaufman)法官命令，到该法院的全体法官得出判断为止继续临时禁止命令。6 月 23 日，该法院的全体法官以 5 比 3 决定把案件发回给格法因法官，命令其决定是否因该文件的公开发表给合众国的安全带来重大而紧迫的危险而值得禁止公开发表。

对此不服的《纽约时报》向合众国最高法院提起调卷令的请求。

2. 华盛顿邮报案件

《华盛顿邮报》也从 6 月 18 日开始登载公布越南秘密文件内容的连载报道。对此，政府也是立即向哥伦比亚特区地方法院提出要求临时禁止命令，却被该法院的格塞尔(Gesell)法官很干脆地驳回。于是政府上诉，6 月 19 日，哥伦比亚巡回区上诉法院决定，到地方法院对要求预备禁止命令的政府的请求作出决定为止停止公开发表，而地方法院的决定日期是 6 月 21 日。

接到以上决定的格塞尔法官，在 6 月 21 日，以其反映了第 1 条修正案意义的自由的宪法思想展开了论述，驳回了政府的请求。对于政府的上诉，因为上诉法院作出了支持地方法院的决定，于是政府在 24 日向合众国最高法院提起了调卷令的请求。

合众国最高法院受理了调卷令的请求，对以上两个案件，以 5 比 4，在 6 月 25 日星期五发出了到审理完毕为止的停止命令。30 日，将这两个案件合并在一起〔以后，被称为"五角大楼文件案件(The Pentagon Papers Case)"〕，作出了以下决定。

判决要旨

"法院意见(per curiam)

对于合众国政府请求禁止《纽约时报》和《华盛顿邮报》公开发表题为'有关越南政策的合众国政策决定过程的沿革'（1971）的保密研究内容的案件，我们接受调卷令的请求。

'事先制止表现的制度，在到达本法院之际，即可被相当肯定地推断为其没有宪法上的有效性'。请参考 Bantam Books, Inc. v. Sullivan

(1963);还要参考 Near v. Minnesota (1931)。政府'因此,对课以那样的制止负有说明正当理由的重大责任'。Organization for a Better Austin v. Keefe (1971)。《纽约时报》案件中的纽约州南部地区地方法院,以及《华盛顿邮报》案件中的哥伦比亚特区地方法院和哥伦比亚巡回区上诉法院判决认为,政府没有尽到举证责任。我们对此表示赞同。

因此,认同哥伦比亚巡回区上诉法院的判断。取消第 2 巡回区上诉法院的命令,将案件驳回重新审理,指示其应该进行认同纽约州南部地区地方法院判决的裁判。本法院取消 1971 年 6 月 25 日下达的停止命令。本决定立即执行。

以上是判决。"

〔个别意见〕9 位法官分别表示了个别意见,将其内容概括为以下 3 组。

A. 布莱克法官、道格拉斯法官和马歇尔法官分别阐述了补充意见,他们的共同点是对第 1 修正案采取了绝对主义的立场。即,对于报道的自由,按照第 1 修正案,无论事前事后,都不允许政府有任何制约,所以本案中政府的请求不可认同。不过,马歇尔法官的论述,具有以权力分立原则为根据的特色。

B. 布伦南法官、斯图尔特法官和怀特法官各自的补充意见,在对报道进行先行的司法制止并非完全没有认同余地为基础的见解上具有共同点。就本案来说,不属于因为文件的发表就立刻会对国家或国民确实带来直接的、难以恢复的损害的例外场合。

C. 伯格首席法官、哈兰法官和布莱克门法官分别论述了反对意见,他们表示了拥护政府主张的立场。

按　语

1. 本案是,被指定为国家机密的情报,同时也是有关国防乃至国家安全的情报被报纸发表,为此政府向法院请求发布停止命令的案件。合众国最高法院的决定在该法院是史无前例的,受到了国内外的强烈关注。不过,该法院的 9 位法官意见分歧,无法形成法庭意见,所以,在上述的判决理由中翻译为"法院意见"的部分是伯格首席法官以宣读的方式,宣布了最高法院的决定。也就是说,所以成为先例的,是"法院意见"里也有的,并因此而明确了的,作为报道机关的报社以及国民的知情权利得到了保护的结果,政府的请求没有被认可。

2. 宪法上的意义在于严格维持从保障表达的自由中引申出来的禁止先行制止的原则和报道(报社)的自由之间的关系。先行制止法理,是在本案中引用的 1931 年的 Near v. Minnesota 案件中登场的。但是,那是对登载了损害名誉报道的报纸,因为法院适用了认可停止的州法而引起争议的案件,最高法院认为其属于审查而作出了违反宪法的判断,并非像本案牵涉到国家,而且是国防上的机密情报。因此,在严格维持禁止先行制止原则上的确是沿袭了 Near 判决,不过在产生争议的关系上可以说本案是首例。但是,是否有允许先行制止的场合?如果有的话其标准是什么?对于这些问题,这一非常简单的决定没有形成法理。其考虑方法正如 9 位法官所表现的个别意见是多种多样的。

3. 在形成裁判法理以外,本案有几个值得注意的地方。首先,是围绕本案,从联邦地方法院到最高法院整个过程所显示的戏剧性的展开。在短时间内得到如此解决的美国裁判制度引人注目。关于这一点可以参考登载在法学セミナ1971 年 9 月号的,山川洋一郎写的"纽约时报案件——越南秘密文件和报道自由"中有关案件的概要和判决的意义。还可以参考连载在法学セミナ1971 年 9 月—1972 年 6 月号的,堀部政男写的"秘密文件报道案件和联邦最高法院的法官/其 1—其 10"中有关参与裁判的 9 位法官和案件的关系。其次,是本案决定的结果,不仅使美国国民,而且使整个世界都能了解到有关越南战争的新的情报。越南战争,在美国内外的激烈批判中,终于在 1973 年 1 月宣告结束。

执笔者:学习院大学教授　户松秀典

23

Miller v. California
413 U.S. 15, 93 S. Ct. 2607, 37 L. Ed. 2d 419 (1973)

猥亵和言论自由

I 美国公法 3 人权的保护

事实梗概

上诉人米勒是经营邮购被委婉称为"成人"照片和有插图的出版物的经营者,在利用邮寄进行大力宣传的时候,因为违反了处罚散发猥亵物行为的加利福尼亚州刑法§311.2(a)而被起诉,在陪审裁判中受到有罪判决,第二审也维持原判。上诉人的有罪,起因于他邮寄的5本宣传小册子,被收到并打开该邮件的餐厅经理和其母亲告到了警察那儿。5本小册子的宣传内容几乎都是露骨地表现了各种各样男女间性行为的照片和插图,而且把性器故意放大的还居多数。上诉人主张对自己的有罪判决违反了合众国宪法第14修正案和第1修正案,向合众国最高法院提起了上诉。

判决要旨

伯格首席法官的法庭意见如下:

1. 本法院在迄今为止的一系列判决中,对于猥亵物的散发乃至陈列伤害了不希望收到这些物品的人的感受,或是采取了放在未成年人容易看见的地方的方式时,都是承认州有禁止这些行为的正当利益的。正因为如此,就要求州确定适用可能的猥亵物判定标准,使得州能够不侵害通过第14修正案适用的第1修正案来进行限制。在先例的 Memoirs v. Massachusetts (1966)案件中,本法院提出了由以下三要素组成的判断标准。即,(1) 该素材的基调,从整体来说在性方面具有好色的趣味;(2) 该素材有关性的内容的描写乃至表现,伤害目前的当地社区的标准并且给人明显的不快感;(3) 该素材明显缺乏可取的社会价值。但是，这一标准只不过得到了多数意见中的 3 位法官的赞同，特别是在(3)要素的关联性上遭到了很多质疑。本法庭的法官谁也不支持 Memoirs 标准。

2. 本法院的判决一直认为猥亵物不受第 1 修正案的保护。但是，因为任何形式的表现都有成为限制对象的危险，所以，限制的容许范围应该局限于描写乃至叙述性行为的作品。为此，对事实的判断者(陪审团)提出基本标准，必须判断：(1) 普通人对照目前的当地社区的标准，是否认为该作品从整体来说具有好色的趣味；(2) 该作品是否以明显给人不快的方式，描写乃至叙述被州法特定的性的行为；(3) 该作品从整体来说，是否缺乏真实的文学、政治乃至科学价值。不采用 Memoirs 标准中的所谓"明显缺乏可取的社会价值"的标准。

对州提示限制纲要，并非是本法院的职责，按理说应该等待州制定具体规则，不过先就这次提出的标准(2)举出州法可以规定为限制内容的若干例子。即，(1) 无论是正常的还是变态的，或者是实在的还是虚拟的，正是明显地令人不快地表现乃至描写性的行为；(2) 明显地令人不快地表现乃至描写自慰、排泄行为，以及性器的淫乱的暴露。这种表现，要值得受到第 1 修正案的保护，至少必须是有真正的文学、政治乃至科学价值的。基于今天的判决理由，只要猥亵物描写乃至叙述的不是被州法特定的明显给人不快感的"核心的"性行为，那么，有好些人都不会因为贩卖乃至陈列猥亵物而被起诉。

3. 合众国宪法第 1 修正案对于州的权限的限制，不会因为地区不同成为多样化。但是，这并不因此就意味着，对什么是"好色的趣味"，什么是"给人明显的不快感"要设定、或者是应该设定、或者是能够设定全国的统一标准。我国面积辽阔并且多样化，就本法院来说，要明确说出覆盖 50 个州的统一标准是不可能的。进行事实认定的陪审团，是根据目前的当地社区的标准判断某素材是否"好色"，要在其中依据某个抽象的公式来寻求答案是不现实的。在一般人组成的陪审团成为事实认定者的当事人主义的刑事裁判中，事实认定者依据自己所在地的社区标准历来是理所当然的。看一下本案，本案适用的是加利福尼亚州的刑法规定，而体现的是 Memoirs 标准，在第一审的审判中向陪审团说明的不是假定的全国标准，而是"加利福尼亚州目前的地域社区的标准"。对于州提不出全国标准的证据也好，或是第一审法院向陪审团说明以州的当地社区的标准进行斟酌也好，本法院结论是,在宪法上没有错误。

4. 反对意见警告说,有可能压抑表达行为。但是,把自由地充分交换意见和进行政治议论,与商业中宣传猥亵物一视同仁的话,那完全是有损第1修正案的伟大概念和为了自由经过历史上的斗争方才得到的其崇高目的。对于从整体上来说,真正具有文学、艺术、政治乃至科学价值的作品,无论政府乃至国民的大多数是否容忍作品所表明的思想,都是受到第1修正案的保护的。

因为是对照本判决提示的标准进行审理,取消原判决,发回重审。

〔有道格拉斯法官的反对意见和布伦南法官的反对意见(斯图尔特、马歇尔法官赞同)〕

按　语

1. 本案是就一系列的猥亵色情描写案件,合众国最高法院对先例的 Memoirs v. Massachusetts 案例中揭示的猥亵判断标准经过再探讨之后作出的判决之一,其中说明的三要素组成的标准,几乎原封不动地维持到今天。

合众国最高法院,对有关合众国宪法第1修正案的保障表达自由作出正式判断的,是1957年的 Roth v. United States 案件。在该判决中明确表示,猥亵物不在受宪法保护的言论或出版范围之内。本案判决再次确认了这一点。问题是,什么是猥亵物?对其作出解答之一的是,1966年的 Memoirs 判决中布伦南等3位法官提出的由三要素组成的标准。本案判决对其进行批判之后,又提出了由新的三要素组成的标准,正如以上判决理由中所说明的那样。应该注意的是,本案中提到的得不到表达自由保护的,是所谓的"核心的"色情描写,从判决理由2所举的限制内容的例子中也可以清楚地看到,最高法院限定了什么是猥亵物。并且作为判断要素之一提出了"目前的当地社区的标准",而把该判断作为事实问题也是值得注目的。正如判决理由中所提到的,这和猥亵案件是由陪审裁判得到处理的也有关系。

2. 和本案同时判决的还有以下4个案件。

首先是,Paris Adult Theater I v. Slaton 案件的判决,这是州对被称为"成人剧场"的上映各种各样描写性行为电影的电影院,要求其停止上映色情电影的民事案件的判决。最高法院在判决理由中表示,在 Miller 判决中,说到在未成年者和不想看的人的关系上,州有限制猥亵的权限。在此案中,考虑到特别是要对猥亵物的商业化倾向也加以限制,所以,不管成人是否同意,州有进行限制猥亵的正当利益。接着,在 Kaplan v. California 一案中,判决表示,不仅是 Miller 案件中提到的有照片和插图的,即使是只有文字的书籍也成为猥亵限制的对象。而在 United States v. 12200 Ft. Reels of Film 一案中,判决承认联邦政府有取缔猥亵物进口的权限,在 United States v. Orito 案件中,判决认为联邦政府有限制一般运输业(common carrier)运送猥亵物的权限。

3. 伯格首席法官撰写了本案和以上 4 个案件的法庭意见,让人感到其非常地想要在这些判决中确立有关猥亵限制的法理。但是,在第二年的 Jenkins v. Georgia 案件中,最高法院在判决中认为,陪审团认定为猥亵的电影胶卷,按照 Miller 标准,不能说是以给人明显的不快感的方式描写性行为。正如这一例所说的,确立猥亵判断标准并非易事。

并且,出于保护青少年的考虑,如 1982 年的 New York v. Ferber 判决所表示的那样,受到第 1 修正案保护的范围变得狭窄了。

执笔者:学习院大学教授　户松秀典

24

New York Times Co. v. Sullivan
376 U.S. 254, 84 S. Ct. 710, 11 L. Ed. 2d 686 (1964)
名誉毁损和言论自由

I　美国公法　3　人权的保护

事实梗概

　　1960年3月29日的《纽约时报》登载了"倾听他们的沸腾之声"为标题的整版广告。该广告以"现在，正如全世界都知道的那样，几千名南部的黑人学生正在进行广泛的非暴力示威运动，要求积极地确认受合众国宪法和权利法案保障的有人类尊严的生存权利"的叙述开始。广告接着谴责到"在想要维持这些保障的努力中，学生们遭遇到了想要否定或否认全世界看做是规定了近代自由类型的该文书的人们所掀起的史无前例的恐怖浪潮的袭击……"在接着的段落，通过描写若干事件，举例说明了"恐怖的浪潮"。文章把支援学生运动、"为了投票箱的战斗"，以及对当时以伪证罪在蒙哥马利（Montgomery）被起诉（perjury indictment）的运动领导人马丁·路德·金博士在法律上进行防卫的这三个目的，以呼吁募捐连接了起来。

　　在该文章的下面，写着包括在公共问题、宗教、劳动工会以及戏剧界广为大众所知的64人的名字。在这些人的名字和写着"为了尊严和自由每天进行斗争的南部的我们，由衷地支持这一呼吁"的下面一行，有该案件中成为被告的4人和其他16人的名字。经确认，除了其中的2人以外，其余的都是南部各个城市的牧师。在广告版面的最下面，刊载着"支援马丁·路德·金及南部为自由而斗争委员会"的名字和委员会委员的名字。

　　以广告文10个段落当中，第3段落和第6段落的一部分诽谤了亚拉巴马州蒙哥马利市的市政府委员（city commissioner）为理由，位于该地位的委员，向纽约时报社和广告中联名的4个黑人牧师提起了民事文书名誉毁损诉讼(civil libel action)。广告的内容,有几处与事实不相吻合(比如,写的是警察"包围"了校园,其实只不过是集合在校园附近;写的是金博士被逮捕了7次,实际上只有4次等)。但是,纽约时报社认为很多著名人物都签了名、没有理由相信事实是虚构的,没有和《纽约时报》最近的报道相对照,没有确认广告的正确性。

在第一审的蒙哥马利县巡回法院,陪审团认定了纽约时报社等支付损害赔偿50万美元(按照当时1美元兑换360日元计算,相当于1.8亿日元),阿拉巴马州的Supreme Court(最高法院)维持该判决。

纽约时报社等提起了请求调卷令的上诉,被合众国最高法院受理。

原判决被取消退回重审。

判决要旨

合众国最高法院的布伦南法官陈述了法庭意见。

1. 布伦南法官表示,"本案是以对公务员的职务行为进行批判为理由,由公务员提起的文书名誉毁损诉讼,第一次要求决定宪法上规定的对言论、报刊自由的保护对州所具有的损害赔偿的权限能够限制的程度",显然,是首次判断联邦宪法上有关表达自由的保障能够在多大程度上限制州对名誉毁损的权限。

2. 对于被上诉人的"因为文书名誉毁损的言词是作为收费的'商业用'广告的一部分被公布的,至少对于纽约时报社来说,本案不适用宪法上规定的对言论、报刊自由的保障的主张",布伦南法官概括为"这是依据本法院在 Valentine v. Chrestensen, 316 U.S. 52 (1942) 案件的判决理由中所提出的,即使把禁止在街头发放商业用广告的市的条例适用于一面登载着商业用的宣传文句、另一面写着抗议公行为的传单上,也不限制第1修正案中的自由",可是,法官认为"本案中所公布的不是 Chrestensen 案件中所指的'商业用'广告。……纽约时报对广告的登载收费,和报纸或书籍被行销的事实一样并不重要",驳斥了其主张。

3. 布伦南法官在表明了"有关公共问题的表达自由得到第1修正案保障的这一一般命题,永远被该法院的判决所确定"的前提之后,"因此,对于有关公共的讨论,本法院是本着不让其受压制、必须使其有力而广泛地进行,并且,该讨论当然包括对政府和公务员激烈而刻薄有时甚至是让人不快的尖锐的攻击的这一原则,在深深依存于国民的背景之下审理该案件",强调了对于公共问题的讨论自由。并且,对于成为焦点的《纽约时报》的广告,认为"本案广告,作为我们这一时代对于主要的公共论点之一的不满和抗议的表现,很明显值得受到宪法上的保护","问题是,是否由于叙述的事实有部分是虚构的,由于被上诉人主张受到名誉毁损,其因此失去该(宪法上的)保护",明确了争论要点。

关于这一点,该法官表示,"有错误的言辞在自由讨论时是难以避免的,而表达的自由如果是'为了生存下去……必要的''呼吸余地'(breathing space)的话,错误的言辞必须受到保护,这是得到认可的……"承认了在自由讨论中谬误的不可避免性。

接着,该法官指出,规定诽谤政府或公务员是犯罪的1789年的反煽动法(Sedition Act)和第1修正案有矛盾,强调了其违宪性,在说明过程中,引用了詹姆斯·麦迪逊的话,"他的前提,是宪法创造出了政治形态,其基础'不是政府,是人民拥有绝对的主权'","我们如果注意到共和政府的本质,可以看到审查政府的权限在于人民,政府对于人民没有该权限",概括为"像这样,根据麦迪逊的看法,对公务员的工作方法进行自由的公开议论的权利,是美国的政治形态的基本原理"。

该思想把对政府和公务员进行讨论、批判的自由作为民主主义的基本原理,布伦南法官立足于此,明确了"(对言论及报刊自由的)宪法上的保障要求联邦的原则是,只要公务员不举例证明言辞所具有的'实际恶意'(actual malice)——即,明知道是虚构的或者是轻率地无视是否是虚构,只要不对所说的进行举证,对于有关自己职务行为上的毁损名誉的虚构,联邦的原则是禁止获取损害赔偿"的判断标准。

4. 布伦南法官在判决理由中表示,"在公务员向批判公务员职务行为的人提起诉讼时,州认定损害赔偿的权限的范围由宪法规定",本案中适用了"实际恶意"。

对于以上的多数意见,布莱克法官和Goldberg法官(道格拉斯法官赞同)作了补充意见,认为像这样的言辞绝对是应该免责的。

按 语

1. 该事件是民事文书名誉毁损诉讼案件,但是鉴于本判决成了名誉毁损法的宪法化(constitutionalization)的契机,所以在判决理由中主要作为宪法上的问题来处理。

2. 本案判决明确宣布的法理,在其后几个案件中明确了适用范围。

(1)"实际恶意"的意思,在 Garrison v. Louisiana(1964)案件中得到了明确说明。布伦南法官把"实际恶意"解释为"对于盖然的谬误的高度认识"。而在 St. Amant v. Thompson(1968)案件中,州的最高法院对"实际恶意"的解释有问题,结果是引用了 Garrison v. Louisiana 案件等的解释,"对自己公布的真实性曾抱有重大怀疑但结论是得到了允许的话,被告必须举出充分的证据。带有这样的疑问进行公布,表示欠考虑而轻率的无视真实性或虚伪性从而证实了实际恶意。"

(2)在纽约时报案件,"公务员"(public official)的范围没有明确,但是在 Rosenblatt v. Baer(1966)案件,布伦南法官指出,"很清楚,'公务员'的名称,至少是对政府行为负有实质性的责任、对其具有控制权或是被公众看作位于政府职员阶层的人",规定了公务员的范围。

(3)在纽约时报案件中,对"公务员"职务行动的批判成为问题,而在侵害个人自由诉讼的 Time, Inc. v. Hill(1967)(本书的第97案件)中,扩大到偶尔有新闻价值的私人范畴,在名誉毁损诉讼的 Curtis Publishing Co. v. Butts(1967)案件中,对于不是公务员的公众人物,一定程度的免责和宪法上所要求的是一致的。在 Rosenbloom v. Metromedia, Inc.(1971)案件中,甚至出现了扩大到受到逮捕/搜索的成为"公共权益"(public interest)对象的出版业者的意见。

(4)以上一系列的判决,使宣传媒介在名誉毁损诉讼中的被免责的范围越来越大,从另一方面来说,名誉、个人自由的保护问题得到了重新考虑。在 Gertz v. Robert Welch, Inc.(1974)案件中,对公众人物的范围理解得窄了,为了在对宣传媒介进行的名誉毁损诉讼中得到损害赔偿,公务员和公众人物必须要有 recklessness(轻率行为)的证明,而该案件的上诉人律师是(长期活跃在社区及专业的,出版过书和论文的)私的个人,像这样的私的个人,只要有 negligence(过失)证明就可以了,保护了个人名誉。该判决,可以说修正了以往判决的轨道。同样的倾向在 Time, Inc. v. Firestone(1976)案件也可以看到。

(5)纽约时报案件是民事名誉毁损问题,该法理是否可以适用于刑事名誉毁损? 在 Garrison v. Louisiana(1964)案件中,论及到这一点,并得到了适用。

3. 关于名誉毁损和表达的自由的问题，在美国一直有很多议论。在考虑日本的问题时可供参考。

执笔者：一桥大学教授　堀部政男

25

Texas v. Johnson
491 U.S. 397, 109 S. Ct. 2533, 105 L. Ed. 2d 342 (1989)
象征的表现

Ⅰ 美国公法　3　人权的保护

事实梗概

　　1984年8月22日,在为对抗得克萨斯州达拉斯市召开的共和党大会而举行的标榜反里根政权、反共和党的有秩序的政治示威游行的终点——市政府前,本案的被告人约翰逊,把在途中得到的星条旗摊开,浇上汽油点上火。在星条旗燃烧的时候,示威游行的参加者反复唱着"美国、红、白、蓝、吐口痰"。示威游行解散之后,目击者把星条旗的残骸收拢,埋到了自己的后院里。这期间,虽然没有人负伤或担心身体受到危害,但是,目击星条旗被烧毁的证人中有好几个人作证认为自己的感情受到严重伤害。对于这件事,只有约翰逊被认为故意弄脏、损坏州旗、国旗,明知非常严重地伤害了旁观者的感情还采取了错误的物理上的行动,构成了得克萨斯州法上的轻罪,而受到追究。事实审是由陪审团裁判的,结果是宣告判处约翰逊监禁1年罚款2 000美元。约翰逊主张该得克萨斯州法是对言论自由权利的违宪的限制,进行了上诉,州的中间上诉法院维持了原审判决,而州的刑事最高法院的全体法官在审理之后得出的结论是,在没有与合众国宪法第1修正案相抵触的情况下,州不能以烧毁星条旗为理由处罚约翰逊,推翻了原审的判断。受理调卷令上诉的合众国最高法院维持了州最高法院的判决。

判决要旨

　　布伦南法官判断认为,约翰逊烧毁星条旗事件适用保障言论、出版自由的合众国宪法第1修正案,限制烧毁星条旗的州的利益是维持治安、保护国家统一的象征，以从事表达活动为理由处罚约翰逊，把得克萨斯州法适用于约翰逊的政治表达是无效的，维持了州最高法院的判决。

烧毁星条旗是表达行为。某一行为作为"言论"有充分的传达要素，是否受到第1修正案的保护，取决于"有意图地传达某一明确的信息"和"被看到该信息的观众理解的盖然性很高"这两个标准。具体的行为是否进入第1修正案的射程，要对其行为的性质、行为状况和事实关系考虑之后方才可以判断。因为约翰逊的行动明摆着是政治的、是表达，所以有争议的限制就成为第1修正案的问题。决定对某表达行为的限制是否有效，并非根据该表现的语言，而是根据进行限制的政府的利益。相对宽松的奥布莱恩（O'Brien）标准被限定适用于"政府利益与压制自由表现没有关系的"场合。由于奥布莱恩标准和适用于时间、场所、方法、状态的标准几乎是同样的，因此是在有争议的政府利益和表现完全没有关联的这一要件很明确的场合，适用奥布莱恩标准。

得克萨斯州把维持治安和保护国家统一的象征作为州的利益。关于前者，约翰逊烧毁星条旗的行为实际上并没有妨害治安，或者说都没有那个危险。挑衅性的思想表现潜伏着暴动诱因因此要加以限制的州的主张，和迄今为止的合众国最高法院的立场是互不容纳的。约翰逊的行为不是招引一般人的报复、成为妨害治安的"攻击性言辞（fighting words）"。得克萨斯州有别的维持治安的规定，没有必要用有关亵渎星条旗的规定来维持治安。关于后者、星条旗作为象征的保护价值，仅就约翰逊烧毁星条旗来说，和表现有直接关系。鉴于约翰逊把反对政府政策的信息，用严重伤害他人感情的方法表现出来而被起诉的这一案件，州的利益只有在传达表示特定立场的信息时才产生，和奥布莱恩标准中说到的压制自由表现有关联。因为得克萨斯州州法的目的，不是保护所有状况的星条旗的物理的一体性，只是在有意图地严重伤害他人感情时才保护，因此，判断是否违反得克萨斯州的州法，就受到行为交流效果的左右。因为这是基于表现内容的限制，州的利益要服从最为严格的审查。从迄今为止的先例中无法引导出区别批判星条旗的言论和行动；否定促进国家统一以外的象征性的利用；并且，只有星条旗在法理上受到特别待遇的根据。把对政治上的表现行为课以刑事处罚正当化的州是没有利益的。

肯尼迪（Kennedy）法官表示，虽然从感情上不能赞同把约翰逊的行为作为言论加以保护，但还是同意受到合众国宪法保护的法庭意见。

伦奎斯特首席法官的反对意见是，从星条旗的独特地位来看，当然要禁止对它的亵渎，立法政府的判断应该受到尊重，对此，怀特法官、奥康纳法官也表示赞同。公然烧毁星条旗，不能说是思想表现上不可替代的方法，因为也没有社会价值，回避有可能出现的妨害治安的公共利益得到优先。约翰逊把星条旗利用为传达的手段了，其实还有其他表示意思的有效手段，得克萨斯州不是因为听众反对他的信息，而是因为烧毁星条旗，是比明确地表现、传达思想更唤起他人痛苦的抗议形态而禁止的。民主社会的立法政府，能够禁止非常损害多数人感情的行为。如果联邦法以外，48个州存在禁止亵渎星条旗的法律，可以说反映了社会上非常多数的人的意向。合众国宪法对立法政府多数派的意思设定了界限，本法院宣布该境界是很微妙的，把宪法上的保护无批判地延伸到烧毁国旗也许会有损组织起来的政府。那么，仅就适用于本案来说，得克萨斯州的州法是有效的。

斯蒂文斯（Stevens）法官的反对意见认为，本案的争论点在于，禁止公然亵渎星条旗的权限不仅得克萨斯州有，联邦政府是否也有？星条旗不仅象征了美国的国家地位和国家的统一，也象征了其社会的性格、价值观。因此，通过其他象征形成的基于第1修正案所解释的象征的言论的法理，不应该被适用于星条旗。因为合众国支持自由的表现，所以没有权限禁止亵渎象征国旗的法庭意见的立场，不能同意。应该利用其他表现手段的所谓对自由表现的略微的负担，也不能补偿遭到践踏的星条旗的价值。禁止亵渎星条旗，不是政府决定有关政治、爱国心、宗教及其他的合法性。检察官对于约翰逊行为的起诉，不是就其表现的内容，而是就其表现的手段，起诉的内容是中立的。出于维持虽是无形却是重要的国家财产的本质这一合法目的，即使禁止烧毁星条旗，也和象征性的言论要传达的信息的内容没有关系。

按　语

象征性的表现成为问题时，最初的步骤是决定被争论的行为是否是进入第1修正案射程的"交流的一种形态"。这时候，行为者有意图地表现某一特定的信息和该信息被视听者理解的盖然性的程度，是从行为和其事实关系、事实状况加以判断的,而受到第1修正案保障的举证责任在于行为者。接下来的步骤,是探讨限制"交流的一种形态"的政府的利益,在政府的限制利益和表现没有直接关系的场合,即,对于表现的内容进行中立的限制时,用奥布莱恩标准对表现内容的限制进行严格的审查。就这样,即使对于象征性的表现也和其他的表现一样,根据政府利益适用不同的合宪性的判断标准。把焦点对准政府利益的这一法理,通过有关烧毁征兵卡的 United States v. O'Brien(1968)案例和有关在教室里佩戴黑色袖章的 Tinker v. Des Moines Independent Community School District (1969) 等案例形成,在加工星条旗的 Spence v. Washington (1974)案例中得到确立,其后,在有关公园内营建帐篷村的 Clark v. Community for Creative Non-Violence (1984) 案例,以及烧毁十字架的煽动行为带来憎恨的 RAV v. City of St. Paul (1994) 案例中也可以看到的,没有什么特别的变化。

当"言论的要素"和"不是言论的要素"在同一行为中成为一体化的时候,根据奥布莱恩标准,限制"不是言论的要素"的重要的政府利益可以附带对第1条修正案的自由的制约,政府的限制权限不脱离合众国宪法,促进重要的或实体的政府利益,政府利益和压制自由表现没有关系,在促进政府利益中附带的对第1修正案的自由的制约与其说是必不可少不如说是在不当的场合,该政府的限制是合宪而有效的公式在1968年登场,1984年被认为和"时间、场所、方法、状态的限制"是同样的。在判断对表现内容进行中立的限制时,可以说明显地采取了对政府利益的重要性和受制约的自由的负担进行比较衡量。

以本案为契机,1989年10月28日颁布了联邦的星条旗保护法(Flag Protection Act),以往的联邦法规定的根据目击者受到"侮辱"的反应这一要件被删除。只要该1989年联邦法被适用于政治的示威游行,合众国最高法院就以和本案相同的理由判断为违宪 United States v. Eichman (1990)。

执笔者:学习院大学教授 纸谷雅子

26

Dred Scott Case〔Scott v. Sandford〕
60 U.S. (19 How.) 393, 15 L. Ed. 691 (1857)
奴隶制和合众国最高法院

Ⅰ 美国公法　3　人权的保护

事实梗概

美国的奴隶制度的历史可以追溯到正式开始殖民地开拓的17世纪。特别是，在以栽培棉花为中心的大农场农业发达的南部各个殖民地，早就进口了大量的黑人奴隶，其廉价的劳动力构成了南部经济的基础。与此相对，在致力发展工业的北部，从独立战争时期就逐渐开始的奴隶解放的趋势日益高涨，到联邦成立时已经有6个殖民地(州)相继禁止拥有奴隶。围绕奴隶制度的存废而产生的南北之间的对立，在其后的每次新的州加入进来时，都出现冲突。但是认可密苏里(奴隶州)和缅因(自由州)以搭配形式加入联邦，同时，在以北纬36度30分以北的地区禁止拥有奴隶的1820年"密苏里妥协案(Missouri Compromise Act)"，也是在这样的对立中通过妥协以后的产物。

Dred Scott案件正是发生于以上所述的时代。上诉人斯科特(Scott)是出生于弗吉尼亚州的黑奴的孩子，1832年卖给了密苏里州圣路易斯的军医埃玛逊，后来随着主人的工作调动辗转于中西部各地。这当中，1834年住在自由州的伊利诺伊州，1836年搬迁到了Upper Louisiana(上路易斯安那州，现在的明尼苏达州)，在该处获得主人的许可和黑人女性结婚有了女儿。1838年军医埃玛逊退役回乡时，斯科特按照自己的意愿回到了圣路易斯。但是，退役后的埃玛逊在1843年病故时，按照其遗嘱，斯科特和妻女一起被遗孀伊莲弩所继承。为此，斯科特提出，在以前居住的Upper Louisiana按照"密苏里妥协案"是禁止拥有奴隶的，自搬迁到那儿开始自己就已经成了自由人，由此以遗孀为诉讼对方向州法院提起确认地位的诉讼。第一审判决是原告胜诉，但是被密苏里州最高法院取消。

　　另一方面，就在州法院进行上述诉讼的1850年，遗孀伊莲弩和马萨诸塞州选出来的联邦下院议员Calvin C. Chaffy再婚，不久就迁居到了再婚丈夫的选举区去了，而把留在密苏里的"包括斯科特及其家属的继承遗产"卖给了住在纽约的亲弟弟John F. A. Sanford（裁判记录错写为Sandford）。这一举出自于热心的奴隶解放论者查非（Chaffy）的提议，其目的是想使在密苏里州最高法院败诉的斯科特的申诉获得联邦法院的判断。

　　根据合众国联邦制度的规定，州法上发生的民事案件，原则上服从州法院的管辖，不过，在原告和被告的州籍不同的场合，允许向联邦法院提起诉讼（合众宪法第3编第2节第1项）。这被称为对不同州籍的管辖权（diversity of citizenship jurisdiction），查非考虑到采取让居住在密苏里的斯科特起诉居住在纽约州的Sanford（桑福德）的方式，就可以利用联邦法院的该管辖权。

　　就这样，1853年11月，斯科特以桑福德对自己和家人进行暴力威胁、不当地束缚了自己和家人，属于暴力侵害为由，向密苏里联邦巡回法院（现在的联邦地方法院）提起要求总金额9000美元的损害赔偿的诉讼。对此，该法院认为，按照密苏里州法原告的地位是奴隶，被告只不过是行使了被认可的奴隶拥有者的当然权利而已，判决不追究其侵权行为责任。对此不服的斯科特向联邦最高法院提起上诉，要求发出纠错令的就是此案。

判决要旨

　　最高法院以7比2斥退了斯科特的上诉。执笔法庭意见的原本是托尼首席法官，但是因为在各个论点上法官的见解有分歧，结果是全体法官各自执笔自己的意见，登载在判例集上的判决记录长达240页。整理一下这冗长的判决，最高法院的判断对象可以概括为以下2点。第一，对于斯科特的诉讼，联邦法院是否有管辖权？第二，北纬36度30分以北的准州的禁止拥有奴隶的"密苏里妥协案"是否符合宪法？

　　黑人的宪法上的地位和联邦法院的管辖权　　关于第一争论点，最高法院从两个侧面进行了探讨，否定了有关本案的联邦法院的管辖权。

法庭意见首先着眼的是,"黑人在宪法上的地位"这一问题。托尼首席法官认为,"向联邦法院提起诉讼的权利,是合众国宪法保障其公民的权利之一",因此,斯科特能否向联邦法院提起诉讼,归结到"祖先是作为奴隶被买卖的黑人,是否能够根据合众国宪法诞生、成为在其规定的地方被组织起来的政治社会的成员……这一问题"。"这些人们,在长达一个世纪以上的时期,被看作是从属于优秀民族支配的劣等民族……除了拥有者或政府的许可,被认为是没有任何权利的",毕竟不能解释为宪法起草者把黑人包含在合众国公民的范畴内。上告人主张,因为在自由区域的 Upper Louisiana 居住过,所以取得了自由人的地位,但是黑人在联邦宪法上具有怎样的地位,应该按照宪法制定时的意思来解释,其地位既不能由各个州的独自判断被变更,也不能因为居住区域而变动。

最高法院否定联邦法院管辖权的又一个根据在于,密苏里州不承认黑人的州民地位。根据法庭意见,上诉人依据的联邦法院的民事管辖权,是以"州籍"不同的公民之间的诉讼为对象的,在居住州没有州籍的上诉人不能援用该管辖权。

鉴于以上理由,法庭意见的结论是,本案在联邦法院的管辖权范围之外,原审受理斯科特的诉讼是错误的。

"密苏里妥协案"的合宪性　法庭意见接着对"密苏里妥协案"自身的合宪性进行了判断,该法禁止北纬 36 度 30 分以北的准州拥有奴隶,是没有经过法律的正当程序(due process of law)侵害了公民的财产权,断定其违反了联邦宪法第 5 修正案。其理由是:"联邦议会,如果依据法律,以进入特定地区、或以把自己的财产带入有关区域为理由……剥夺合众国公民的自由或财产的话,那毕竟够不上是正当的程序"。

联邦法院对本案没有管辖权,因此,取消原判决,命令驳回上诉。

按　语

本案,是 Marbury v. Madison (1803)(本书第 1 案例)之后大约过了半个世纪,联邦最高法院判决联邦议会制定法为违宪的案例,作为围绕废止奴隶制而爆发的南北战争的直接导火索的案件而载入史册。对于黑人是否有向联邦法院提起诉讼的权利这一争论点,本人也是奴隶拥有者的托尼首席法官执笔的法庭意见是,从原旨主义的立场出发对此加以否定，并且，以能够援用联邦法院对不同州籍的诉讼当事人的民事管辖权的，只限于在现居住州被承认有公民权的人为理由，而否定了对本案的联邦法院的管辖权。

像这样确认了不存在管辖权的话，有关"密苏里妥协案"的合宪性的实体判断，本来应该是不需要的。并且，本案是为了求得联邦法院的判断而捏造出来的，串通诉讼（collusive action）的色彩很浓厚，以此为理由被驳回也是有可能的。尽管如此，特意作出实体判断、宣布"密苏里妥协案"的违宪，足以看清法庭意见对此问题的姿态。

最高法院给奴隶制度以宪法上的支持的这一判决，讽刺性地将激进的奴隶解放论者林肯推上了总统的座椅，终于为两种势力间的全面武装冲突（南北战争）拉开了序幕。在这场决战以北军的胜利宣告结束的1865年，通过了宣布合众国整个疆土废除奴隶制的第13修正案，第二年追加了第14修正案，在制定"出生在合众国或入其国籍者……全部是合众国及其居住州的公民"的同时，命令各州"不可拒绝对管辖内的人进行法律上的平等保护（equal protection of the laws）"，完全推翻了Dred Scott判决。不过，对于由一系列的宪法修正案而从奴隶地位获得解放的黑人公民的歧视意识，在那以后仍然根深蒂固，美国社会至今还在为解决这一状况而苦苦思虑是众所周知的。

另外，法庭意见以第5修正案的正当法律程序条款（due process clause）为根据作出"密苏里妥协案"违宪判断的本案，可以说是20世纪初叶最高法院采用的为制约经济规则立法而展开实体正当法律程序（substantive due process）这一想法的先驱案例（参考本书第36, 37, 39案件）。

执笔者：中央大学教授　长内了

27

Plessy v. Ferguson
163 U.S. 537, 16 S. Ct. 1138, 41 L. Ed. 256 (1896)
隔离但平等的原则

Ⅰ　美国公法　3　人权的保护

事实梗概

　　上诉人普莱西(Plessy)是居住在路易斯安那州的合众国公民,有7/8白人血统,1/8非洲血统,但是从外表上一点都看不出来。1892年6月7日,购买了从东路易斯安那铁道公司的新奥尔良到该州的考维克敦的一等车厢的车票,登上了旅客列车,坐到白人旅客车厢里的空位上的普莱西,拒绝了列车员以其是有色人种要其离开白人旅客车厢的要求。从列车里被赶出去的普莱西,被刑事地方法院正式起诉,理由是违反了1890年路易斯安那州议会制定的州法。该1890年州法规定,所有在州内运送旅客的铁道公司,要有将白人和有色人种隔离开来的、具有同等设备的列车,禁止旅客坐到按人种指定以外的座位,授权旅客车厢的列车员按人种指定座位,对于不服从指定的旅客,不执行该法的铁道公司的董事、工作人员要科以刑事处罚。

　　普莱西,在刑事地方法院主张该法违反了合众国宪法,是无效的,而法院没有采用其主张,为了停止审理,向州最高法院提出对刑事地方法院的弗格森(Ferguson)法官发出禁止命令和移送案件命令的要求。州最高法院对有争议的州法判断为合宪,驳回了命令的申请。合众国最高法院依据纠错令(writ of error)进行审理。

　　布朗(Brown)法官执笔的合众国最高法院的法庭意见判断路易斯安那州法是合宪的。哈兰(Harlan)法官表示了反对意见。布鲁尔(Brewer)法官既没有参加审理也没有参加判决。

判决要旨

　　布朗法官的法庭意见,驳回了上诉人提出的有争议的州法是违反了合众国宪法第 13 修正案、第 14 修正案的主张,维持了原判。

第 13 修正案,是禁止奴隶制和违反意愿的苦役,因为认识到当时南部各个州制订的法律对有色人种的保护不充分,所以制定了第 14 修正案。把第 13 修正案适用所有的歧视行为并不适当,把白人和其他人种在法律上加以区别的法律不能说是奴隶制度的再现。

第 14 修正案规定了合众国公民的资格,禁止州制约公民的特权或免责,或者制定施行不经过正当的法律程序剥夺生命、自由、财产的法律,或者在法的领域内否定法的平等保护。不过,并非有意图地要废止所有基于肤色的区别、实现不是政治的而是社会的平等或违反意愿的种族之间的融合。在种族之间有接触的地方允许、要求种族之间的隔离,并不意味着种族的优劣,而是得到承认的州所行使的治安权(police power)。并且,介入政治平等的法律和在教育、剧场、铁道旅客列车要求种族隔离的法律,从来都是被区别开来的。

对于州的立法权范围内的事项,第 14 修正案不是授予联邦议会有直接的立法权限,只不过是承认其对想要推翻修正案条款中规定的基本权利的州的行为有提供救济的权限。在州法要求铁道公司向白人和有色人种提供同等的被隔离的旅客车辆的场合,如果州的最高法院把本案涉及的法律判断为只适用于州内贸易的话,那么,只是州能否在州内进行那样的立法的问题,如果只是对州内贸易产生影响的话,就谈不上侵害联邦议会的州际贸易的权限。路易斯安那州最高法院判断,该法律不适用于州际贸易,限定适用于州内的旅客。东路易斯安那铁道公司是地方铁道,其运营局限于州内,很明显不会干涉州际贸易。规定公共交通机构的种族隔离的法律从来都是合宪的。

治安权的行使必须总是合理的,只能在被诚实地制定的范围内促进公众利益,不允许压制、为难特定的群体。那么,问题是,该法律是否是合理的立法?关于这一点承认立法政府有广泛的裁量权。判断立法是否合理,可以考虑被确立的常规、风俗习惯、传统、人们生活的安宁、促进公共的和平和秩序,但仅仅这些并非起决定性作用。

社会的偏见不可能由立法来克服,政府如果能够改善公民在法律面前的平等权利和保障进步的平等机会,就达到政府的目的了,如果种族之间的公民的政治权利得到同等的保障,即使社会上认为一方种族比另一方种族劣等,合众国宪法是不能将其纠正到对等的立场上来的。

布鲁尔法官没有出席口头辩论,也没有参加判决。

哈兰法官认为,州法和南北战争以后制定的宪法修正案有冲突,应该由维持宪法修正案这一最高法规的法院判断其为无效,阐述了反对法庭意见的见解。

路易斯安那州法把有色人种从白人的车辆排除出去的意图是显而易见的,这制约了公民个人的自由。要求铁道公司向所有应该运送的旅客提供相等的设施,和禁止白人、有色人种在同一设施内旅行、用刑罚处罚不是一回事儿。铁道车辆上可能的事,在公路、路面电车、法院的旁听席或议会上应该也是可能的,而且,不仅是种族,以宗教或出身为标准也应该是可能的。法院积极地判断法律的合理性,就是承认法院介入应该体现民意的立法政府的意思、评价其明智的程度。这和合众国宪法规定的对等权力的分立和协作是不相称的。在立法政府没有权限的场合,采取的手段只能是使法律无效。

白人自认为自己是支配威信、成果、教育、财富、权力的种族,但是,无论是在合众国宪法还是在法律上,都没有支配的种族,宪法不是根据肤色来识别的(Our constitution is color-blind),不承认公民当中存在有阶级。法律把"人"看作为"人",合众国宪法保障的公民权利,不考虑其境遇或种族。肆意地隔离公民是苦役的象征,和合众国宪法规定的公民的自由和法律面前的平等是势不两立的。公民对所享受的自由感到的自豪,和给法律面前平等的公民按上苦役烙印的制定法是势不两立的。路易斯安那州法的目的是侮辱特定的种族,所谓的提供同等设备的冠冕堂皇的措辞蒙混不了任何人。

按　语

南北战争以后于 1865 年通过的第 13 修正案,废止了奴隶制,但是,新解放的往昔的奴隶的地位没有得到实质性的变更,于是,联邦议会又进一步通过了禁止州剥夺限制合众国公民权利的第 14 修正案和特别是保障投票权利的第 15 修正案,并分别使其通过于 1868 年、1870 年,这些被概括为以南北战争为契机的宪法修正案(Civil War Amendments)。但是,合众国最高法院在 Slaughter-House Cases(1872)(本书第 35 案例)中,认为保障公民权利并没有成为联邦政府的任务,驳回了第 14 修正案对公民提供联邦的直接保护的主张,进而,在 United States v. Reese (1875), The Civil Rights Cases (1883)(本书第 18

案例)中,限制性地解释了联邦的权限,限定了联邦法院救济的范围。这种消极姿态被认为来源于保护人权是州的权能的这样一种有关联邦制的认识。南北战争以后的有色人种的地位没有由重建时期的联邦法所确立,在1880年代经济不景气的背景下,以平稳的歧视为前提的保守派,在和通过黑人歧视法在政治经济上积极地实现排除有色人种的激进派争夺领导权的斗争中告以失败、无能为力的结果,使情况明显恶化。

　　本案的合众国最高法院,严格区别公民的政治上的权利和社会上的待遇,援用了先例把按人种分校的规定或禁止人种之间婚姻的规定看作是州行使了福利权能的判断。行使福利权能时的规定,必须是合理的、为促进有利公众而被诚实地制定的,但是,因为同时要考虑历来的常规、风俗习惯、传统,要注意维持公序良俗,于是就认同了公共机关实行种族隔离政策。阐述了反对意见的哈兰法官论及,法庭意见引用的判决先行于以南北战争为契机的宪法修正案,仅此认定州的福利权能让人感到有疑问,与其探讨州法行使福利权能是否合理,不如指出州没有制约公民自由的权限,违反了合众国宪法。不过,该解释和 Slaughter-House Cases 以后的一系列解释如何取得协调还是留有疑问。

　　虽然1890年的路易斯安那州法命令铁道公司提供"同等的,分开的"设施,但是判决本身,并没有对被隔离的设施进行判断,所以一般被理解为"隔离但平等"的原则并不明确,不如说,判决只不过是否定了上诉人的"以种族进行强制隔离"成了利用法律表明种族优劣的主张。实际上,被隔离的车辆设施的同等性有问题的是 McCabe v. Atchison, Topeka & Santa Fe Railway (1914)案件,在那个案件中,实质性的平等待遇的要求得到了认可。尽管如此,即使是要求隔离的设施,如果提供的设施内容是同等的话,就能满足第 14 修正案的平等条款,这一"隔离但平等"的原则,在此得到了确立,并被认为到后来的 Brown v. Board of Education of Topeka (1954)(本书第 30 案例)为止,在合众国一直都占有支配地位。

执笔者:学习院大学教授　纸谷雅子

28

Korematsu v. United States
323 U.S. 214, 65 S. Ct. 193, 89 L. Ed. 194 (1944)
可疑的分类和严格的审查

Ⅰ 美国公法　3　人权的保护

事实梗概

本案是美国史上被称为日裔美国人案件(Japanese American cases)的一系列案件中的一例。所谓日裔美国人案件，是指以1941年12月8日日军向夏威夷珍珠港发动攻击为契机，围绕美国政府对日裔美国人采取的一系列措施的合宪性产生争议的案件。日军对夏威夷的突然袭击，在美国国内，特别是西海岸一带引起了极大的不安。这种不安引起了居住在西海岸的大约11.2万名日本人、日裔美国人帮助日军攻击美国本土的谣传，结果是导致1942年2月14日，西部方面军司令官劝告国防部长，将所有日本人、日裔美国人驱遣出太平洋西海岸地区。接受了该劝告的美国总统，于1942年2月18日发布9066号行政命令，授权国防部长"军事地区"的指定权和可以从该处驱遣任何人数的权限。

军司令官以此命令为根据，在指定加利福尼亚州、俄勒冈州西部、华盛顿州西部、亚利桑那州南部为军事地区的同时，发布了从晚上8点到次日凌晨6点的禁止夜间外出命令。接着，命令所有日裔美国人从以上地区迁移到准备好的集合地点，住进了600人到800人为一个单位的兵营。从5月到6月，全体人员被分别运送、收容到设在犹他州、亚利桑那州等地的13个收容所。后来，在联邦法院，对日裔美国人采取的这些处置的合宪性不断地引起争论。其中，本案的Korematsu案件是有关强制迁移的，其他还有禁止夜间外出命令的 Hirabayashi v. U.S. (1943)案件和被收容所收容的 Ex Parte Mitsuye Endo (1944)案件。

Korematsu 是出生在美国、在旧金山长大的日裔美国公民,因为违反迁移命令被判 5 年徒刑,保释后被收容到犹他州的收容所。

判决要旨

最高法院以 6 比 3 判决对日裔的从居住地强制迁移的命令为合宪。布莱克法官阐述了法庭意见,弗兰克福特(Frankfurter)法官写了同意意见,罗伯特(Roberts)、墨菲(Murphy)、杰克逊(Jackson)各位法官表示了反对意见。

法庭意见的构成如下。

1. 凡是对一个种族群体的人权进行限制的法律上的规则,应该认为全都有违宪的可疑。不过,这并不意味着这样的规则全部都是违反宪法的。对于这些规则,法院应该进行最严格的审查。有时,也会强调公共的必要性,把这些规则正当化,但是基于种族敌对心理的正当化绝对是不允许的。

2. 毫无疑问,与每天晚上 8 点到凌晨 6 点被关在家里相比,从自己家的所在地区被驱遣出去的实际上被剥夺的权利,要远远大得多。军事当局对于不足以构成对国家安全有重大而紧迫危险性所制定的任何规则,在宪法上是得不到正当化的。可是,从受到威胁的地区的驱遣,和外出禁止令一样,与防止间谍和破坏活动具有明确而密切的关系。承担我国沿海地区防卫任务的军事当局,得出了外出禁止令不能达到适当效果的结论,以至发布了驱遣命令。

3. 对于本案,和 Hirabayashi 案件同样,本法庭不能以军事当局和联邦议会作出的该居民中有不忠诚的人(其人数和力量不能马上正确地确定)的判断没有根据为理由,而加以斥退。并且,本法庭认为,在危急之际,对这样的人物不能马上隔离区别对待,就会对国家的防卫和安全造成威胁,为了防止这一威胁必须采取迅速而适当措施的这一政府的负责战争部门的确信,不会没有足够的理由。和外出禁止令同样,驱遣日裔的行为,是因为考虑到该群体内有人数不确定但是不忠于我国的人(不怀疑该群体的大部分人对我国是忠诚的)。本法庭,之所以确认外出禁止令的效力适用于该群体的全体人员,是因为不能否决军事当局的不能把不忠诚的人从忠诚的人当中立刻区分出来的判断。本案中,军事当局也是基于同样的理由,对该集团的人进行暂时性的驱遣。

4. 本法庭,是在考虑了发布命令的时期和上诉人违反命令的时期之后支持驱遣命令的。作出这一判断的本法庭,并非由于该命令使得美国国民的一个大的群体遭受苦难而无动于衷。除了紧急事态和危险迫在眉睫的场合,把占有相当数量的国民从自己家里强制驱遣出去是与我们的政治制度不相容的。但是,在近代战争的条件下当我国的沿海地区受到敌对国威胁时,为了防卫的权限和所受到的危险性必须成比例。

5. Korematsu并非因为本人或本人所属的种族遭受敌视而被从军事地区驱遣出去的。他是因为我国和日本的战争而被驱遣的。是在我国的正式的军事当局觉察到我国西部沿海地区有受到侵略的危险,不得不采取适当的防卫措施的情况下遭到驱遣的。有关几个人的不忠诚的证据的确存在。军事当局认为采取这样的措施的必要性很大而且时间紧迫。本法庭,不能在平定了混乱的现阶段,作出当时的这些行动是不正当的判断。肯定了原判决。

墨菲(Murphy)法官的反对意见。

"法院判断是否允许政府根据军事上的需要剥夺某人宪法上的权利的标准是,该剥夺行为和公共的危险性具有合理的关系,因为紧迫得不容延迟,为了减轻危险甚至无法允许遵循通常的宪法上的手续。"

"但是,暂时性也好、永久性也好,驱遣所有流着日本人的血的人,不具有任何合理的关联性。这么说是因为,为了使该驱遣命令合理,必须假定所有的日裔都进行破坏活动或间谍活动,或是有用其他方法援助敌方的日军的危险倾向。理性地从理论上或经验上考虑,也无法支持这样的假定。"

该法官在指出驱遣命令没有达到合理性标准的同时,严厉地批判了由推定得出的判断的不正确性。

"用个人不忠诚的例子作为该群体不忠诚的证据,推定其为有差别地对待整个群体的正当化根据,就是否定了只有个人的过错才是剥夺权利的惟一理由的我国法律制度的原则。"

按 语

1. 布莱克法官在法庭意见的开头所说的话,后来说明是最高法院首次阐明的在平等保护条款下适用的严格审查(strict scrutiny)的标准。即,"凡是对一个种族群体的人权进行限制的法律上的规则,应该认为全都有违宪的可疑"的这一部分,后来在法律对种族等进行有违宪可疑的分类(suspect classification)被用来作为达到立法目的的手段的场合,法院把该法律作为适用严格审查标准时的要件之一。而后,围绕种族以外有什么事由是可疑的、特别是有关性别方面引起了争论。作为严格审查适用的要件之一,最高法院又附加了制约宪法上的基本权利(fundamental constitutional rights),而围绕什么符合基本权利也引起了争议。

2. 关于严格审查的内容,本判决中没有进行详细说明,而是在以后的判例中得到了确立。第一,立法目的在于实现极为重要的公益(compelling governmental interest);第二,问题的分类、区分和立法目的有密切的关联性(closely related)。为了被认定有"密切的关联性",必须是对宪法上的权利侵害最小;适用对象的范围既不太宽也不太窄;必须正确地适合立法目的。而这一系列的事项的举证责任在政府方面。与此对立的是要求和正当公益的"合理的关联性"的标准,进入1970年代以后,进一步附加了要求和重要公益的"相当的关联性"的第三标准。

3. Korematsu 案件一直被看作是在严格审查标准下作出的合宪判决的案例,但是考虑一下要求目的和手段"密切关联性"的严格审查的内容,可以说让人怀疑果真是依据这一标准作出的判断。倒不如说,该判决是全面尊重了军事当局主张的判决。其意味着也可看作是最消极的、根据最不严格的标准作出的判决。这一点,在战后得到了证明。

到了1980年代,经过议会的调查,判明了对军部的主张没有仔细调查就全面接受的错误,取消了对 Korematsu 的有罪判决。并且对被收容的日裔支付了补偿费。

执笔者:同志社大学教授 釜田泰介

29

Shelley v. Kraemer
334 U. S. 1, 68 S. Ct. 836, 92 L. Ed. 1161 (1948)
种族歧视和州的行为的理论

> I 美国公法 3 人权的保护

事实梗概

本案判例是将密苏里州、密执安州两个州的最高法院判决的上诉案件合并审理的案件。前者的案件事实是，密苏里州的圣路易斯市的某街区的土地所有者39个人当中的30人，在1911年签署了一份契约并进行了登记(record)。该契约写明"……从今天开始的50年间，上述土地的利用、占有服从以下限制，该限制在今后的转让中不论是否有详细地叙述或只是提及还是只字不提，都作为不动产买卖的停止条件(condition precedent)与土地附着在一起(shall attach to the land)。上述土地的任何部分……不得由白色人种以外的人占有，该条件的宗旨是，禁止黑色人种或是黄色人种的人作为所有者或是租借人为了居住或其他目的占有上述土地的任何部分"。该同意对象的区域内共计有57笔土地，在该契约上签名的30人拥有其中的47笔土地。在该契约签署当时，该区域的5笔土地的所有者是黑人，而提起诉讼时，也有4笔土地上居住着黑人。

被告Y是黑人，在不知道有上述限制契约(restrictive covenant)的情况下，购入了在该限制契约上签了名的所有者的带房子的土地，进行了取得所有权的必要的法律行为。服从上述限制契约的街区的土地所有者们(原告X)，向州法院提起诉讼，要求禁止Y取得以上土地的占有，从Y那儿剥夺该土地的所有权，将所有权回归给转让人或法院指定的别的人。第一审法院认为，在该街区的全部土地所有者签名之前，该同意契约不能视为有效，由此，判断上述契约上签了名的土地所有者的同意的意思不具有法律上的效力。密苏里州最高法院推翻了原审的判断，认为应该给予 X 所要求的救济，而把上诉退回原审法院重新审理。并且，当时法院的判决表示，由法院实现本案的限制契约，不侵害合众国宪法上保障的 Y 的任何权利。

和上述案件合起来一起审判获得判决的密执安州底特律市的案件，也是对违反了限制土地的利用、占有只限于白人的契约、购入不动产而居住进去的黑人夫妇，周围的服从该限制契约的不动产所有者提起的诉讼。州法院作出了命令搬出的判决，密执安州最高法院支持了原审的判决。

判决要旨

1. 由州法院执行基于人种、肤色的区别为内容的限制契约，是否违反了第 14 修正案的平等保护条款（equal protection clause）是本案争论的要点，这是本法院首次面临的问题。在有关这样的内容的限制契约的效力的争议被提到合众国最高法院的过去的两个判例中，这一问题没有成为争论要点。在 Corrigan v. Buckley（1926）案件中，因为是哥伦比亚特区内的土地问题，第 14 修正案的适用没有成为争论重点，至于所提到的和第 5 修正案有关的宪法问题，限制契约本身是合宪的。另外一个判例的争论点是有关诉讼法上的问题。

2. 第 14 修正案从州的有差别的行为中所要保护的公民权利里，毫无疑问，包含有取得财产、享受其利益、拥有和处分的权利。第 14 修正案的起草者们考虑到，实现平等地行使财产权，是实现同条要保障的其他的基本的公民权利和自由所必不可少的条件，这在同一时期制定的 Civil Rights Act of 1866（1866 年的有关公民权利的法律）的文句中清楚地反映出来。

3. 在本法院判决过的几个有关取得住宅的有差别的立法是违宪的判例，也是基于这一原则的。在 Buchanan v. Warley（1917）案件的审理中，对于内容为在居住者大多数是白人的地区禁止黑人居住和在居住者大多数是黑人的地区禁止白人居住的市条例，全体法官一致判断为违宪。又如黑人和白人分别在不同人种的社区想要取得住宅的场合，必须取得超过半数的该人种居民同意的条例，被判断为违宪的判例等等。

4. 迄今为止的判例，引起争议的都是州立法部门或者是市议会的立法，而本案有争议的差别内容及其区域，是由私人的同意所决定的。

因此,判断本案时最重要之处,是决定是否将本案列入第14修正案的适用范围之内。在本法院的 The Civil Rights Cases (1883)判例中,明确了适用第14修正案的,只限于存在州的行为的场合。因此,根据种族进行限制的契约,只要是在私人之间自发地被遵守时,不存在州的行为,没有适用第14修正案的问题。可是本案的情况超过了范围。在本案中,私人之间同意的目的,只能通过州法院实现人种限制的同意内容来达到。

5. 州法院及州的司法职员的职务上的行为属于第14修正案规定的州的行为。在州法院的刑事程序上,从陪审员里排除黑人、或者是侵害刑事被告人宪法上的权利的各种案件,都适用第14修正案。州的司法部门行为违反第14修正案,不仅仅局限于司法程序缺乏程序的公正性。实现由州法院形成的普通法上的实体法时,也会与第14修正案所保障的发生冲突。比如,禁止有秩序的罢工纠察队,违反了第14修正案保障的讨论的自由的判例;把出版裁判报道判断为侮辱法院(contempt of court),违反了第14修正案的判例等等。如上所述,州法院的行为,不可能以其是司法部门的行为为理由,而被免除为州的行为。

6. 很清楚,本案存在州的行为。为什么这么说,是因为如果没有州法院的介入,Y是能够不受任何限制占有该财产的。对出于私人之间的同意而存在于社会上的事实上的差别,州没有采取不作为的姿态听之任之。本案是基于人种和肤色,为了否定Y行使财产上的权利,认可了私人利用政府的强制力量。法院的行为左右了Y是否能够像一般公民那样享受财产上的权利。导致了否定Y有享受第14修正案所保障的权利这一结果的州法院的行为,即使实现的是私人间所同意的,也仍然不外乎属于州的行为。由法院执行种族限制的契约是州违反了第14修正案剥夺了Y应该享有的法律上的平等保护,是违宪的。

7. X主张,由黑人排除白人为内容的种族限制契约也是由法院执行的,因此,不存在违反法律上的平等保护。但是,要求法院执行这种内容的限制契约的例子根本就没有。法律上的平等保护,不可能由无差别的强制不平等来达到。X还主张,法院不救济X,就是否定对X的法律上的平等保护,但是,宪法没有授予任何人有权要求州去否定其他公民的法律上的平等保护。取消原判。

按 语

1. 合众国宪法第14修正案规定,"州不可以……"为了适用第14修正案,必须有州的行为〔参考 The Civil Right Cases(本书第18案例)〕。本判决认为,私人之间的契约缔结的本身并不涉及第14修正案,但是,由州法院强制履行契约,则属于州的行为,可以适用法律上的平等保护。不过,在以后的判例中,对于以种族歧视为内容的私人之间的法律行为,州法院承认其法律效果,并非都被视为违反第14修正案,所以可以说本判决的射程是有局限性的。比如,由遗嘱设定的只限于白人利用公园的公益信托,虽然不可能继续种族歧视的信托,但并没有尽可能适用近似规则(cy-pres),将维持没有种族歧视的公园为目的的信托继续下去,而是结束信托,让信托财产回归给继承人的州法院的行为,没有被判断为违宪〔Evans v. Abney (1970)〕。

2. 英美的财产法承认,在一定的要件下,设定、处分不动产的有关权利时,当事人约定了的有关该不动产的权利义务的法律效力,可以越过该当事人到达该不动产的继承人。这一所谓的具有物权效力的约束,被称之为不动产契约(real covenant)或者是和土地一起转移的契约(covenant running with the land)。在普通法上,作为成立要件之一,缔结者之间必须有地产利害关系(privity of estate)。在美国,后来的衡平法缓和了这一要件,像本案的缔结者之间,即使是没有这种关系的不动产所有者,只要互相同意也可能创设具有物权效力的限制。像本案中引起争论的只限于白色人种取得不动产的限制契约,当时在城市为中心的区域很普遍。

3. 该判决是 NAACP(提高有色人种地位全国协会)想通过诉讼废除各种种族歧视而进行的一系列活动中的初期的胜利判决之一。作为这一活动的中心的存在,后来成为第一位黑人合众国最高法院法官的瑟古德·马歇尔(Thurgood Marshall),是本案第二个案件中的被告诉讼代理人。根据在和马歇尔一起通过诉讼进行社会改革活动中起了主要作用的杰克·格林堡(Jack Greenberg)的回忆录,为了对抗 NAACP(提高有色人种地位全国协会)方面提出的所谓"废除种族歧视的"时期尚且太早论,把本案的第一个案件提到最高法院的,是父母双亲生活在奴隶时代的黑人老律师。他在最高法院的辩论中,说到黑人正在敲着美国这一自己家的门,大声疾呼"让我们进去、让我们坐到火炉边。在建造这个家的时候我们也是出过力的"。

执笔者:东京大学教授　寺尾美子

30

Brown v. Board of Education of Topeka (Brown Ⅰ)
347 U.S. 483, 74 S. Ct. 686, 98 L. Ed. 873 (1954)

Brown v. Board of Education of Topeka (Brown Ⅱ)
349 U.S. 294, 75 S. Ct. 753, 99 L. Ed. 1083 (1955)

公立学校的按人种分校制度的违宪性

Ⅰ 美国公法　3　人权的保护

事实梗概

到1954年案件发生时,南部大约一半的州都在法律上规定公立学校实行白人和黑人分校制。在采取人种分校制度的(肯塔基、南卡罗来纳、弗吉尼亚、得克萨斯)州的黑人学生,根据不隔离种族的原则(non-segregated basis)分别向学区的白人学校提出入学要求,均遭到拒绝。黑人(原告)以各个学区的教育委员会(被告)为诉讼对方提起诉讼,主张分校制度剥夺了黑人的第14修正案规定的"法律上的平等保护"。各地联邦地方法院,在认定了白人学校和黑人学校的设备及有关方面几乎都处于同等条件的事实之后,根据联邦最高法院先例中确立的"隔离但平等"(separate but equal)的——如果提供给黑人和白人的设施是同等的话,以种族不同为理由隔离两个种族是合宪的——法理,驳回了原告的请求。

原告主张,按人种分校的公立学校不是"同等"的,也不可能是"同等"的,法律上的平等保护被剥夺了,提起上诉。联邦最高法院合并审理了提出同样法律问题的4件诉讼案件,作出了人种分校是违宪的判决。

判决要旨

Brown I 案件

对于迄今为止的先例中给黑人原告救济的"隔离但平等"的法理，没有进行再次探讨的必要。本案中，对于有争议的黑人学校和白人学校在建筑物、教科书、教师的资格和工资以及其他"有形要素"，下级审已经有了认定。因此，本法庭的判断，并非仅仅停留在比较各个案件中的黑人学校和白人学校的有形要素。而是必须直视公立教育中的种族隔离所产生的效果。

本案所提出的问题是，在公立学校仅仅以种族为理由而隔离儿童，即使物理上的设施和其他"有形"要素都是同等的，是否也是剥夺了少数群体的儿童接受平等教育的机会？我们相信是剥夺了。

在先例中，最高法院认为黑人的法律学院不能提供同等的教育机会的理由是，因为"难以获得客观的评价，并涉及到塑造法律学院伟大性的资质"的重要性。并且，在进了白人的研究生院的黑人必须受到和所有的其他学生同样待遇的先例中，对"他的研究能力、和其他学生进行讨论交换意见的能力，以及一般的学习其专门职业的能力"的无形的要素很重视。像这些方面的考虑，对小学、中学的学生更是非常必要。仅仅以种族不同为理由，把他们与同样年龄和具有同样资格的学生进行隔离，会使他们对自己在当地所处的地位产生劣等感，以致给身心上带来无法挽回的影响。

种族隔离对他们受教育的机会所带来的影响，在肯塔基案件的下级审的认定中叙述得很清楚。

"公立学校对白人和黑人儿童进行的隔离，给黑人儿童带来了有害的影响。当隔离伴随法律上的强制时该影响变得更大。为什么这么说，是因为，种族隔离的政策通常被解释为意味着黑人群体的劣等性。自卑感削弱了儿童的学习欲望。因此，伴随法律上的强制性隔离，妨害了黑人儿童教育上的成长和心理上的发育，有剥夺他们在种族混合的学校制度中本可以享受到的利益的倾向。"

"隔离但平等"的法理在公立学校教育的领域没有适用的余地。分校在本质上是不平等的。因此，原告以及和原告处于同样状况的其他人，正如所申诉的那样，由于种族隔离，被剥夺了第 14 修正案保障的法律上的平等保护。因为得出了这样的结论，就没有必要再论及种族隔离是否也违反了第14修正案的正当法律程序了。

这些案件是集团诉讼,本判决将被广泛适用,而各个地方的情况有很大差异,所以在对这些案件发布救济命令时包含有相当复杂的问题。在现在开庭期间的再次口头辩论中,有关公立教育的种族隔离的合宪性是第一个问题,而有关适当救济的考虑是接下来的问题。本法庭判断上述的种族隔离否定了法律的平等保护。发布救济命令时,为了获得当事人的全面协助,将案件回到审理预定表,对于现在开庭期间的再次辩论所要求的(有关救济方法的)质问事项,本法庭要求各个当事人进一步准备辩论。

Brown II 案件

Brown I 判决宣布了公立学校的种族歧视是违宪的基本原则。强制或许可这种歧视的联邦法、州法、地方法的所有条文都必须按照该原则。

在过渡到没有种族歧视的公立学校制度时会出现复杂的问题。为了完全实施这些宪法原则有必要解决各地学校的多种多样的问题。学校的负责人负有明确、评价、解决这些问题的第一责任。法院必须考虑学校负责人的行为是否称得上是有诚意地实施了所适用的宪法原则。因为接近当地的状况,加之有必要进一步继续审理,最初审理这些案件的法院能够作出最好的司法评价。

在发布、实施救济命令时,法院以衡平法的法理为指针。从传统上来说,衡平的特征是采取调和的手段,调整制定救济时的实际上的灵活性、公的要求和私的要求。在这些案件中,有必要运用衡平权限的这一传统特性。一方面,依据没有差别的原则,考虑和原告的个人利益有关的公立学校实际可能的最早的入学时期;另一方面,衡平的法院必须考虑公益,以有组织并且有效的方法除去障碍。

法院能够考虑到,在有关学校运营的问题上、建筑物的物理状态、上学的交通手段、人员配置上,根据不按照种族入学的原则设立公立学校的入学制度,要重新编排学区和上学区,以及为了解决上述问题有必要修改地方法律法规等问题。法院会审理被告对这些问题是如何处理的,以及为实现过渡到没有种族歧视的学校制度所提出的计划方案的妥当性。在过渡期间,法院对这些案件维持有管辖权。

取消原审判决,案件退回重新审理。依据没有种族歧视的原则,为了使这些案件的当事人尽快地(with all deliberate speed)进入公立学校,地方法院必须按照本判决的意见采取必要的手续,作出判决和命令。

按　语

　　BrownⅠ判决按种族分校制度为违宪，BrownⅡ判决揭示了废除分校制度的框架。对同一案件的判决，分为确认违宪和实施救济的两个判决，而且还是在一年当中作出的，实在是极为特殊。BrownⅠ判决，是南北战争以后攻破了在南部的州实行种族隔离之墙的划时代的判决。以该判决为契机废除了很多制度上的种族歧视。但是，判决把分校制度造成黑人学生心理上的伤害作为违宪判断的理由招来了强烈的批判。另外，在宪法判断中，援用了心理学等社会科学的证据（判决文注解11）也引起了争议。

　　并且，州法规定的分校制度是违反了第14修正案的平等条款，而联邦政府的维持种族分校制度却是违反了第5修正案的"正当法律程序"（第14修正案只适用于州）。联邦政府管辖的哥伦比亚特区（首都华盛顿）的分校制度被判决为违宪（Bolling v. Sharpe）。（和BrownⅠ判决同一天）

　　关于第14修正案的平等条款的制定人是否有意图地将其适用种族分校制度，最高法院要求诉讼当事人调查立法资料作为口头辩论的准备文件提出来。这是为了解释平等条款想知道立法者的原意（original intent）。但是，在判决的前半部分，最高法院认为不能确定立法者是否考虑过把分校制度视为违反平等条款。与历史资料相比，最高法院更注重于现代社会的公立教育的重要性，从而作出了按种族分校违反了平等条款剥夺了黑人学生的平等受教育的机会的这一判断。

　　BrownⅡ判决，使得联邦法院在其后的40年间卷入了要求废除分校制度的为数众多的诉讼之中。尽管联邦法院作出了努力，而难以实现白人和黑人同校的状况依旧持续着。BrownⅡ判决是为了救济因为种族歧视被剥夺了均等受教育机会的原告，而运用了衡平法理的案例。最高法院根据衡平法理，认可分校制度不是立即转换为同校制度，而是"尽快"地，即认同了过渡期间，由此招引了南部各个州的有组织的抵抗，被批判为推迟了实现黑人的权利。传统上法院具有广泛的衡平权限，但是，在依据衡平的救济内容很多的场合，由法官裁量决定。而法官行使衡平权限也有一定的限度（本书第34案例）。

执笔者：早稻田大学教授　藤仓皓一郎

31

Moose Lodge No. 107 v. Irvis
407 U.S. 163, 92 S. Ct. 1965, 32 L. Ed. 2d 627 (1972)
私人之间的歧视

Ⅰ　美国公法　3　人权的保护

事实梗概

　　非营利的全国性兄弟会组织(fraternal organization)、私人俱乐部 Moose Lodge 的上级团体 Supreme Lodge 的章程以及附则中包含有从会员中排除白人男性以外的人的条款。并且根据章程的方针及惯例，会员以及会员带到 Lodge 的建筑物内的客人只限于白人。Lodge 的所有活动都是在自己所有的建筑物内进行，Lodge 没有受到任何公共补助。黑人、被上诉人 Irvis 由白人会员伴同想要利用位于宾夕法尼亚州哈里斯巴古的 Lodge 的一个分部内的酒吧，但是仅仅因为他是黑人被拒绝提供服务。Lodge 是从州的酒饮料管理局获得在俱乐部的建筑物内销售酒类的私人俱乐部执照的。于是，因为是酒饮料管理局发给 Lodge 执照的，被上诉人把 Moose Lodge 及酒饮料管理局作为被告，主张在 Lodge 的建筑物内拒绝为他提供服务属于"州行为"，违反了合众国宪法第 14 修正案，提起了只要 Lodge 还继续歧视性的惯例，管理局就取消其执照的要求救济的诉讼。联邦地方法院认可了被上诉人的请求，作出了只要 Lodge 在资格、运营方针或惯例上还采取种族歧视的方针，管理局发给 Lodge 的酒类执照就是无效的判决。对此，Lodge 提出了上诉。

判决要旨

　　伦奎斯特法官发表的法庭意见首先指出，并非是被上诉人想要成为 Lodge 的会员而遭到拒绝，所以不是争论会员资格的问题，接着作了以下说明否定了存在州的行为。
　　被上诉人主张，州的酒饮料管理局发给 Lodge 销售酒类的执照相当于州和俱乐部的活动有关联,其结果是俱乐部的歧视性的惯例违反了第 14 修正案。综合本案的各种情况得出的结论是,Lodge 以客人是黑人这一事实为理由而拒绝提供服务,没有违反第 14 修正案。

1883 年的 The Civil Rights Cases 案例,在平等保护条款所禁止的州的歧视行为,和再怎么歧视也无法以平等保护条款防御的私的行为之间,明确了本质性的两分法。对于特定的歧视行为是私的行为还是"州行为"的这一问题不能简单回答,只有"详细地调查事实、衡量状况"〔Burton v. Wilmington Parking Authority (1961)〕之后方能决定。

在 Shelley v. Kraemer (1948) 案件的判决中,明确了如果州的行为助长了私的行为,那么被禁止的歧视非得始于州的必要就没有了。而在 Burton 案件中,借用州的机关拥有的建筑物的私营餐厅,以客人的种族为理由拒绝提供服务的场合,被认定为违反了第 14 修正案。因为州的机关和餐厅有互相依存的关系,而被认定为是歧视行为的共同参与者(joint participant)。

可是,在其他方面,即使是私的法主体从州那儿接受到什么利益或服务的场合或者是受到什么限制的场合,私的法主体的歧视行为从来没有被判为违反平等保护条款。因为州提供的服务包含有水、电、受警察保护等生活中必需的内容,要是被判为违反平等保护条款的话,那就混淆了州行为和私的行为的区别。我们的各个判决暗示了在私人之间的歧视行为中如果州本身没有重大相关的话,该歧视行为不受宪法的禁止。在本案记录中不存在规定酒类销售的州法和规则有意图地公然或有默契地助长歧视的主张。

Burton 案件和本案之间有重大的事实差异。本案不存在 Burton 案件中的出租人(州)和租借人(餐厅经营者)之间的共生关系(symbiotic relationship)。Moose Lodge 的建筑物建造在 Lodge 拥有的土地上,Lodge 不是公众利用的设施(public accommodation)。而且 Lodge 也没有起到过州要起的那种作用。总而言之,Burton 案件中的餐厅经营者是在公的建筑物内经营公的餐厅,而 Moose Lodge 是在私的建筑物内的私人社交俱乐部。

至于酒饮料管理局,完全不参与发给执照的俱乐部制定、执行有关会员及客人的方针。州发给 Lodge 执照,对于在 Lodge 以外的地方购入或者被提供酒类的州民有的权利产生惟一的影响是,俱乐部的执照被算入各个自治团体可能发给的执照的上限数。在各个自治团体,每1 500人可以有1个零售酒类的执照。当执照的发放数超过上限时，追加零售店或俱乐部的执照就不再发放。

　　私人俱乐部的执照持有者必须按照管理局的要求对建筑物进行物理上的变更，或者是提出会员及被雇佣者的住址、姓名的清单，或者是留下广泛的财政记录。可是，在特定的场合，这种规则再怎么详细，毕竟不能说是促进或助长种族歧视。也不能把州看作为俱乐部事业上的伙伴或者是共同投资者。考虑到可以从旅馆、餐厅或其他的零售执照持有者那儿购入酒饮料，自治团体分配到的执照数量达到上限时禁止发给追加的俱乐部执照的有限的效果，完全不可能使俱乐部的执照持有者独占供给酒饮料。因此，结论是，州的酒饮料管理局执行的规则内容，没有使州像第14修正案的平等保护领域的"州行为"那样对Lodge的差别对待客人的方针产生关系。

　　但是，在酒类管理局的规则113.09节，规定所有的俱乐部持有执照者有遵守俱乐部章程及附则的义务。在原审记录中的章程的规定下，该规则表示了在Lodge的歧视性的会员规则的背后有州的承认(sanctions)。不过，Lodge的章程中没有具体的对客人的有歧视的规则，所以说，对于客人的惯例的背后不存在州的承认。可是，原审判决之后，Lodge的附则被修改，适用于会员的种族限制也适用于客人了。就算该规则的文句上是中立的，可在俱乐部的章程和附则要求种族歧视的事例中适用该规则带来的结果，是在执行有歧视的私的规则时依据了州的承认。因此，只要Lodge被要求遵守管理局公布的规则113.09节，执行包含种族歧视规定的俱乐部章程及附则时，被上诉人就有权得到禁止该执行的判决，但没有除此以外的权利。

　　地方法院的判决被取消，退回重审。

按　　语

　　1. 在1883年的The Civil Rights Cases(民权法案，本书第18案例)，最高法院指出，第14修正案里有"州行为"的要件，私人之间的歧视如果认定不存在州的行为是得不到平等保护条款的救济的。从1950年代到1960年代的Warren法庭，这一州行为的法理被解释得很宽松，许多私人之间的歧视得到了救济(可参照本书第29案例Shelley v. Kraemer)。但是到了伯格法庭，一旦扩大了的州行为的成立要件被限定。明确地肯定了这一倾向的是均由伦奎斯特法官执笔的本案和

1974年的Jackson v. Metropolitan Edison Co.案件以及1978年的Flagg Bros., Inc. v. Broods案件。

2. 以上3个案件的判决依次指出,案件中的事实关系和承认州行为存在的过去的判例中的事实关系有不同之处,从而否定了州行为的存在。其结果是,对认定州行为标志的"公共的职能(public function)","由州制定规则乃至给予独占的地位","共生关系","州的承认、奖励"等作出了极其有限度的解释,如果私的行为和州之间不存在密切的关系(nexus),和州没有极度关联,州行为不再被认定。这一倾向在现在的伦奎斯特法庭也基本上得到了继承。

3. 救济私人之间歧视行为的有第13修正案和州际贸易条款(第1条第8节)中被授予权限的联邦议会。第13修正案直接禁止私人之间的"奴隶制或违反意愿的苦役",第2节中的执行条款由Jones v. Alfred H. Mayer Co. (1968)等判例作了扩张性的解释,对于被合理地认定为是奴隶制的残渣余孽的私人之间的歧视,联邦议会开辟了救济的道路。而在州际贸易规则权限之下制定的1964年的民权法案(Civil Right Act of 1964)禁止了影响州际贸易的各种各样的公众利用的设施内基于种族、宗教等的歧视。该法在Katzenbach v. McClung (1964)以及Heart of Atlanta Motel, Inc. v. United States (1964)案件中被确认为合宪。

4. 但是1964年的民权法案不适用私人俱乐部的歧视行为,为此,本案中的被上诉人Irvis不得不依据第14修正案。如上所述,因为私人之间的歧视也可以受到联邦法的救济,现在"州行为"的理论,在正当法律程序等平等保护以外的领域的争议增加了。

作为参考文献,有芦部信喜写的"宪法诉讼的现代的展开"第Ⅸ,Ⅹ论文(有斐阁·1981),哈盖特写的(渡边贤翻译成日文的)"美国宪法中的州行为(State Action)法理的展开"北海道大学法学论集35卷6号59页(1985),木下智史写的"私人之间的人权保障和法院——有关州行为论的备忘录——"神户学院法学18卷1·2号79页(1987),藤井树也写的"Civil Rights Acts的诞生——概括的考察——"三重大学法经论丛13卷1号103页(1995),同"Civil Rights Acts的再生——概括的考察——"同13卷2号237页(1996)。

执笔者:同志社大学专任讲师　太田裕之

32

Regents of the University of California v. Bakke
438 U.S. 265, 98 S. Ct. 2733, 57 L. Ed. 2d 750 (1978)

反向歧视

Ⅰ 美国公法 3 人权的保护

事实梗概

本案的原告(被上诉人)Allan Bakke 是白人男性,于 1973 和 1974 年度报考了加利福尼亚大学戴维斯分校的医学院,可是两次都不及格。

该医学院设立了特别入学者选考制度,从学校的 100 个招收名额当中划出了 16 个名额,作为特别入学者的名额,用这些名额在 1973 年度优先招收了"经济上、教育上没有机会的学生",1974 年度优先招生了"少数民族(黑人、墨西哥人、亚洲人、美洲印第安人)的学生"。通常,报考医学院的学生,是根据本科的学习成绩(GPA)、统一考试(MCAT)的成绩、推荐信、课外活动以及其他的数据,由几位选考委员(包括学生委员)进行面试通过综合评分被选上录取。而特别选考制度,设立了另外的选考委员会,不按照规定的本科成绩线,对经济状况和学习成绩的关系进行仔细审查,作了特别的照顾。Bakke 在通常的选考制度下属于不及格,可是不论是哪个年度,他的综合评分数都比通过特别选考制度入了学的学生的平均分数要高。

为此,他以该校的特别入学选考制度是种族配额,违反了合众国宪法第 14 修正案的平等保护条款、同样规定的州宪法的条款以及从联邦获得资金援助的事业(该大学是州立大学,获得联邦的资助金)禁止人种差别的 1964 年的民权法案第 6 编(Civil Rights Act, Title Ⅵ),为理由向州的地方法院提起诉讼,要求(1) 医学院在选考入学者时不可以考虑报考者种族的禁止性禁制令(prohibitory injunction);(2) 应该让原告入学的命令性禁制令(mandatory injunction)。对此，大学方面提起了反诉，要求得到(3)该特别入学者选考制度是合法、合宪的确认判决(declaratory judgment)。

对于(1)(2)(3)全部是 Bakke 胜诉的加利福尼亚州最高法院的判决，大学方面向联邦最高法院提出调卷令(certiorari)请求而被受理的就是本案。

判决要旨

判决为，1(鲍威尔法官，对原判决一部分同意一部分取消)：4(布伦南法官组，取消全部原判决)：4(斯蒂文斯法官组，同意全部原判决)，握有决定性一票(casting vote)的鲍威尔法官写了法庭判决。

鲍威尔法官写道：(1)立法史料早就明确了民权法案第6编的立法目的是，禁止利用公的权力进行违反宪法平等保护条款的种族分类。(2)按照平等保护条款，任何种类的种族分类原本都是可疑的分类(suspect classification)，要服从最严格的审查(strict scrutiny)。并非像上诉人所主张的那样，只有在对分散而孤立的少数群体(discrete and insular minority)进行不利的分类时方才适用严格的审查标准的二分类理论(two-class theory)是严格审查的前提。(3)平等条款当初的目的是解放奴隶，而在以后的历史进程中，成为适用于对公的权力的歧视行为要求保护的所有团体的不问肤色(color-blind)的普遍的条款。(4)为了把"可疑的分类"正当化，必须出示"极其必要的利益(compelling interest)"，①确保学生集团中有一定比例的特定团体的目的，在仅仅以种族为理由的场合，那本身就是违宪的；②取消"社会歧视"对州有实质性的利益，可是没有过在司法、立法、行政上不进行歧视性的认定而承认援助特定团体的种族分类的；③没有证据表明为了达到改善、提高少数民族的医疗服务之目的，本案的特别入学者选考制度是必需的；④确保学生构成的多样性的目的，从第1修正案的学术自由的观点来说是宪法上所允许的，但是种族的多样性只不过是大学可以考虑的一个因素而已，不能无视保障个人权利的平等条款的限制。(5)本案的特别入学者选考制度，不是像哈佛大学那样的(该大学的入学者选考方针文件附属在判决文上)，种族只不过是在选考入学者时应该考虑的一个因素而已，却是仅仅以种族分设了一定的名额，明显地有歧视的意图，有无视平等条款保障的个人权利的致命缺陷。

布伦南法官组的意见：(1) 民权法案第 6 编，从其立法史来看，很清楚当时并没有不问肤色的意图，作为对过去的社会歧视进行救济的手段，并不禁止自发地优先对待少数民族。(2) 本案不是依据严格审查标准的案件，而是必须审查该种族的区分是否有助于政府的重要目的？和达成这些目的是否有实质的关联性？是否给什么团体按上劣等者的烙印(stigmatize)了？(3) 过去的社会歧视的结果，造成医学界少数民族的比例低，想要纠正少数民族的学生很少进入医学院的这一大学方面的目的十分重要，自发地在意识到种族的情况下设立入学者选考制度是正当的。作为积极的纠正歧视行动(affirmative action)的前提，要求认定违反宪法、法律的歧视，阻碍了采用自发的救济措施。(4) 该校的特别选考制度，不是给任何团体或个人按上劣等者的烙印(stigmatize)的制度，和其他的对少数民族有一些特别照顾的制度没有什么不同。

斯蒂文斯法官组的意见：(1) 民权法案第 6 编的直接的立法目的，可以说是在于阻止联邦的资金流入当时进行种族歧视的事业，立法的起源并不是限制其适用范围。(2) 无论是明文规定或立法过程，都不承认，排除某人如果不伴随人种烙印(racial stigma)的话就不违反民权法案第 6 编的这一限定。立法的推进者们反复主张民权法案第 6 编是不问肤色(color-blind)的。(3) 因为法律文句的意思如水晶般明澈(crystal clear)，无需论及民权法案第 6 编和平等条款的关系，本案的特别选考制度是违法的。

鉴于以上结果，得出的结论是，认可了原审判决的(2)命令 Bakke 入学的作为命令，(3)特别入学者选考制度不合法的确认判决，但是取消了(1)的选考入学者时对报考者的种族完全不考虑的禁止命令。

按　语

1. 本案件，是以 Brown 判决(1954)（本书第 30 案例）为起源，加速了民权法案(Civil Rights Act of 1964)立法等，为清算遗留在美国社会的过去的种族歧视而自发的，或是在司法的强制下进行的积极的纠正歧视行动(affirmative action)的潮流被拉回到相反方向，预示着所谓反向歧视诉讼(reverse discrimination cases)开始起伏的案件。宪法的法的平等保护(Equal Protection of the Laws)，是保障"结果的平等"还是保障"机会的平等"？被保护的是"团体的权利"还是"个人的权利"？

判断依据的平等保护条款是否允许适用于"有种族意识（race conscious）"还是应该适用于"不问肤色（color-blind）"？前者是推进积极的纠正歧视行动（affirmative action）的被称为激进派的立场，而后者是提倡异议的传统的自由主义者。这两者的互相争执自本判决之后一直持续到现在，今后还将继续下去。

2. 那么，本判决到底决定了什么？也就是说，判决理由是什么？迄今为止，一般是把鲍威尔法官的结论和其他各4位的法官组的结论合在一起，认为（1）采取种族分配制的入学者选考制度是违法的，（2）为了确保学生构成的多样性（diversity）在选考入学者时考虑种族是合法的〔属于布伦南组的布莱克姆（Blackmun）法官批判到，这么说，戴维斯校公开认可的事，在哈佛那样的制度下悄悄地进行是否就可以了？〕。

可是，在1996年3月的第5巡回区联邦上诉法院的Hopwood v. Texas判决中，认为Texas大学的法律学校在入学者选考时，只对黑人和墨西哥裔美国人的报考者提出的（1）根据本科成绩（GPA）和统一考试（LSAT）的分数线和无条件合格分数、（2）选考委员会、（3）候补合格者名单（waiting list）的要求，与其他报考者不同，违反了平等条款，被判断为违宪。在Bakke判决中说"确保学生构成的多样性"是"compelling interest（极其必要的利益）"的是鲍威尔法官一个人，在后来的最高法院的判例中，暗示了即使出于这样的目的考虑种族也是违反了平等条款。不过，3位法官当中的1位批判说，最高法院没有明确表示过这样的宗旨，这样说是过分了。这一案件，得克萨斯大学方面向最高法院提出了调卷令的请求，但是因为法律学院已经废止了该选考制度也是原因之一，请求被驳回。像这样，问题仍然继续存在。

执笔者：法政大学教授　高桥一修

33

Phillips v. Martin Marietta Corp.
400 U.S. 542, 91 S. Ct. 496, 27 L. Ed. 2d 613 (1971)
雇用中的性别歧视

Ⅰ 美国公法　3　人权的保护

事实梗概

本案原告（上诉人）Ida Phillips，看了报上登载的招工广告，应征了被告（被上诉人）Martin Marietta公司的装配工见习（assembly trainee）的工作，却被公司告知，有学龄前孩子的女性不是招工对象。可是，有学龄前孩子的男性，即使离了婚或者是配偶死亡的父子家庭的人，也被该公司招收为职工了。为此，她根据禁止以个人的种族、肤色、宗教、性别、出生地为理由在雇用上有歧视的1964年的民权法案第7编，向Equal Employment Opportunity Commission（EEOC：平等雇用机会委员会）提出救济的申请，EEOC认定了有相当的理由相信被告公司对性别有歧视，于是向佛罗里达州的中部地区联邦法院提起了集体诉讼（class action）。

地方法院，认同了被告以找工作的70%～75%是女性、而找到工作的75%～80%是女性的这一证据而提出的对一般女性也好对原告本人也好不存在性别歧视的主张，以对重要事实没有争议为理由承认了不经过正式事实审理的简易判决（summary judgment）。

第5巡回区的联邦上诉法院也对此作了认可，不过摩根（Morgan）法官作了以下叙述。

民权法案第7编禁止根据个人的人种、肤色、宗教、性别、出生地进行歧视。只要是仅仅根据以上的范畴进行歧视，那就是当然的违法（per se violation）。在性别的场合，是女性和男性之间的歧视。在以上的范畴内再附加其他的雇用上的标准的场合，仅以人种、肤色、宗教、性别或者出身地的明显的歧视已经变得不存在了。就本案来说，有学龄前孩子的女性不能就职装配工见习的工作。提出来的证据,很有说服力地显示了无论是对全体女性,还是对上诉人个人来说都没有歧视。"其歧视基于双重的要件,即有学龄前孩子的女性。Ida Phillips 被拒绝雇用,并非因为她是女性,也不因为她有学龄前的孩子。否定她就职于她所希望的工作的,是这两个要素结合在一起了"。

不过,摩根法官也承认,对有学龄前孩子的女性和有学龄前孩子的男性进行区别对待,有主张根据性别歧视的余地。其结果,取决于立法者的意图是什么。议会的意图,是要求雇用者对工作的父亲和工作的母亲的各自与学龄前孩子的通常的关系之间的差异不作任何考虑,完全同样地对待两者呢,还是像本案这样的外观上的差别不应该理解为是基于"性别"的歧视呢。法官叙述到"我们毫不踌躇地选择了后者。因为议员们的共通的经验,和一般的人们的经验并不相差得太远,所以我们不能认为制定这一法律的他们会持有那种不合理的目的",认可了地方法院的简易判决。

对于该判决,提出要求全体法官进行再次审理,但是没有得到第 5 巡回区全体法官的多数的赞成被驳回。对此,布朗首席法官写了以下的反对意见。

"案件是单纯的。有学龄前孩子的女性不能被雇用,有学龄前孩子的男性可以被雇用。区别的要素被认为是母性对父性。问题是,这是否与性别有关联?对于这样单纯的问题回答自然也单纯。任何人——其中,无论是所罗门那样的圣贤,或是被任命为终身职务的人,也包括法官——未曾看到过男性的母亲。如果把最单纯的生物学进一步单纯化,那就是母亲必须是女性。对男性敞开的雇用机会对女性加以否定,是因为该人是母亲,也就是说是女性这么一个事实,不是孩子的年龄。"

法院为何脱离如此单纯的命题?布朗法官作了如下说明。即使在有性别歧视构成要件的雇用行为的场合,当其是完成事业必不可少的时候,民权法案第 7 编承认其被正当化——这叫"善意的职业资格限制(*bona fide* occupational qualification/BFOQ)"的抗辩。摩根法官们为了扔掉这个 BFOQ 的解释,被迫要对当然的违法、还是完全免责进行两者选一,而这样的选择是通过(1) 只有在法律规定范畴内的歧视才是违法,(2) 如果在这些范畴上加上别的标准就没有明显的违法了的所谓"性别、加上、标准"进行的。布朗(Brown)法官叙述道,"如果性别、加上(的公式)是有效的话,这个法律就死了。"为什么这么说,是因为,法律不禁止的要件,比如,最低限度的体重、最低限度的肩膀的宽度、举重能力、教育经历、智能测试结果等等,所有一切的非禁止要件,只要附加被禁止的要件,雇用者就可以对女性进行最严重的差别对待。

但是,像布朗法官这样的意见,只不过是第 5 巡回区的全体 13 名法官当中的 3 名法官的意见而已。联邦最高法院受理了调卷令(certiorari)的请求。

判决要旨

最高法院判决是 per curiam 判决(不表明执笔判决文法官的、通常很短、代表了法院意见),在简洁地叙述之后,作出了以下简单的判决。

民权法案第 7 编,要求对处于同样条件的人,不论其性别应该给以雇用的机会。因此,上诉法院,把本条解释为允许对有学龄前孩子的女性和男性分别有另外的采用方针(hiring policy)是错误的。如果有证据证明,在成为负担的家庭生活上的责任和完成工作的关联性上,女性大于男性的话,根据"BFOQ"进行区别还有主张的余地。可问题在于,是否能够证明条件'是在特定业务或事业的通常的活动中的相当程度的必要的真正的职业条件'? 本案的记录不足以解决这些重要的争论点。(引用略)因此,简易判决是不合适的,为了进一步充实记录、进一步审理案件,退回案件。取消原判决退回重新审理。

马歇尔法官的补充意见。判决文给人的印象是广泛地认可了 BFOQ 的例外,不过该例外应该是被狭窄地解释,不能根据父亲、母亲的作用这一固定概念上的两性的特征为理由否定雇用机会的平等。

按 语

1. 本判决,是联邦最高法院首次把 1964 年民权法案第 7 编适用于雇用的性别歧视的判决,和同是 1971 年宪法判决 Reed v. Reed (把处于遗产管理人地位的男性优先的州法违反了平等保护条款)相并列,奠定了 1970 年代初期以后的美国性别歧视判例的流向的基调(10 年后的 1981 年日本的最高法院判决日产汽车的男女不同退休制无效)。

民权法案第 7 编规定,从事州际产业的雇用 15 名以上劳动者的雇用者、类似那样产业的劳动工会、雇用介绍机关、职业训练机关,在招人、录用、雇佣介绍、晋升、附带补贴和其他雇佣上的各种条件和各种利益、工会活动、技能训练程序、惩罚、解雇等有关雇佣的所有场合,以人种、肤色、宗教、性别、出生地为理由进行歧视,或是对反对歧视进行报复,那就是违法。作为救济方法,1964年法规定了禁止歧视行为、恢复工作、发还不当解雇期间的工资等衡平法上的救济,1991年的民权法案(Civil Rights Act),把陪审裁判引用到了民权法案第7编诉讼,规定了包括损害赔偿(不过,是有限度的)的惩罚赔偿。

2. 本判决阐明了"对处于同样状况的人不问性别必须保障其平等的雇用条件"。日本引用的性骚扰也属于这一范畴。性骚扰包括上司以晋升为诱饵强迫发生性关系的等价型和在工作场所频繁地进行性的诱惑、说猥亵的话的环境型,不论哪种都是不课以一方性别的雇佣上的障碍(雇佣条件)被课以另一方的性别歧视。联邦最高法院在1986年的 Meritor Savings Bank v. Vinson 的案件中认为不论哪一种形式的性骚扰都违反了民权法案第7编。

3. 对于性别、宗教、出生地的雇佣歧视,民权法案第7编承认有可能根据上述的 BFOQ 进行免责。但是这一 BFOQ 的例外范围极小。在女性工作人员与蓄电池制造企业的考虑到原料铅对健康有害,禁止有怀孕可能性的女性在对劳动者有一定水平以上的铅的影响的工作场所工作的雇用方针(胎儿保护方针)产生争议的 Internationanl Union, UAW v. Johnson Controls (1991)案件中,联邦最高法院认为,证据证明男性的生殖能力也受到铅的影响,只排除女性是和 Phillips 案件同样的歧视行为,是违背了1978年的 Pregnancy Discrimination Amendment(禁止歧视怀孕法)的立法目的、是违法的。对于公司方面提出的是基于 BFOQ 而考虑到胎儿安全的主张,最高法院认为,BFOQ 必须直接关系到劳动者的完成工作的能力。判决中指出,决定孩子将来幸福的,不是雇佣他们父母的雇佣者或是法院,而是生他们养育他们的父母。

执笔者:法政大学教授　高桥一修

34

Missouri v. Jenkins
—U.S.—, 115 S. Ct. 2038, 132 L. Ed. 2d 63（1995）
由法院采取措施取消种族分校的局限性

Ⅰ　美国公法　3　人权的保护

事实梗概

堪萨斯市学区教育委员会和黑人学生，以密苏里州、联邦政府、邻接的郊外学区还维持着按人种分校的制度为理由提起了诉讼（1977年）。在审理事实前的程序中，联邦地方法院把市学区教育委员会变更为名义被告（nominal defendant），而该被告为了追究共同被告的州不履行取消种族分校制度残余的责任提起了交叉请求（cross-claim）。联邦地方法院认证了该市学区的现在和将来的学生为原告"集团"，确定了州政府和该市学区的教育委员会为被告，经过了7个半月的事实审理之后，驳回了对联邦政府和郊外学区的申诉，判决以上两被告有维持市学区内的违宪的种族分校制度的责任（1984年）。联邦地方法院认定了在1954年的Brown案件（本书第30案例）的判决以前，密苏里州用法律强制公立学校实行白人和黑人分校，并且认定了两被告没有积极履行在市学区内消除分校制度残余（vestige）的义务。

联邦地方法院，根据被告提出的方案，为了"消除州曾经强制的种族隔离（segregation）的所有的残余"，命令实施广泛的救济措施（1985年）。其内容是：充实州教育委员会规定的优良学校的标准，缩小班级的规模，从扩大教育机会（全日制的幼儿园、暑期学校、课外个人补习、早期幼儿教育）开始，采用有吸引力的学校的方式，把预算重点分配到据点学校，改善设施，争取提高教育质量。这些改善措施是想诱发其他学区、私立学校的学生自发地转入学校，促成种族共校。联邦地方法院命令州政府和市学区连带负担改善措施的必要费用，并进一步命令市学区增加超过州法规定的上限额度的税收（不动产税的一部分）。

可是，该判决被联邦最高法院判断为超越了联邦地方法院的救济权限，而被取消(Jenkins Ⅱ(1990))。

本案中州的主张是，作为1992年以后的改善措施的一个环节，联邦地方法院命令的提高市学区教职员工的工资和取消种族分校没有关联性。并且，因为迄今为止的改善措施已经取消了种族分校的制度，所以州没有进一步负担改善费用的义务。联邦最高法院抓住了以下的争论要点。联邦地方法院(1)命令提高学区教职员工的工资是否超越了救济权限的范围？(2)以学生的考试成绩没有提高为理由，而作出州没有取消分校制度的判断是否适当？联邦最高法院以5比4取消了原判决，退回重审。

判决要旨

联邦地方法院的改善命令超过了其救济权限。改善命令不能超越取消公立学校种族歧视的目的。

作为联邦地方法院行使救济权限的指针，迄今为止的先例向我们揭示了以下3点：(1)取消种族分校的措施是根据违反宪法的性质和范围来决定的。救济必须与宪法的违反相对应〔因果关系(限定救济违宪的分校产生的效果)〕；(2)救济的目的，使歧视行为的受害者恢复到尽可能接近如果没有歧视时所处的地位(恢复原状)；(3)计划决定救济措施之际，州政府和学区必须按照宪法考虑进行自主教育的利益(尊重当地支配教育)。

违宪的种族分校，表现在各校学生的人种构成，教员、职员的配置，上学的手段，课外活动以及设施方面。联邦地方法院，根据以上方针，必须消除表现在这些侧面的种族分校制度的残余。

联邦地方法院认定了由法律规定的种族分校制度的残余是：市学区内的全体学生的学力低于全国平均水平和存在很多黑人学校(黑人占90%以上)。但是没有为纠正黑人学校等种族偏见命令学生同校以废除种族隔离。其理由是担心同校命令会促使白人转校，有损学区内种族构成的安定性。联邦地方法院没有为取消黑人学校而命令同校，取而代之的是着手计划建立与邻接的郊外学区同等的，甚至更好的学区。制定大规模的改善措施，强调了"吸引共同上学"(desegregative attractiveness)和"类似郊外"(suburban comparability)。其目的是使整个学区的学生提高学力，并进一步吸引没有在市学区的公立学校上学的非少数民族团体(白人)的学生自发地转校。为此,不仅是黑人学校,整个学区都开始了改善设施,充实学科,扩大课外活动,把高中的全部学校、初中的全部学校以及一半小学校强化为"有吸引力"的学校,促进了市学区全体的"有吸引力"化。

联邦地方法院认可增加教职员工的工资,是因为这和吸引共同上学是相关联的。但是,提高工资与以前的法律强制人种分校毫无关系。既不能被允许作为违宪状况的救济措施,也不能被认可实施。

联邦地方法院的救济计划的目的是把市学区外的非少数民族团体的学生吸引进来。就像联邦地方法院所认定的那样,相邻的郊外学区没有维持违宪分校制度。越过救济学区"内"存在的违宪状态,想要以学区"之间"的学生转校而间接达到目的的救济措施,将救济延伸到了没有违宪的学区,超过了联邦地方法院的权限。没有证据证明,跨学区的救济命令的根据是因为存在种族分校制度而白人转校到市学区以外去了。而且,无法预测做出这一救济命令的联邦地方法院参与学区运营将到何时结束。

同样的,也不能支持为提高教育质量的计划要求州政府继续预算措施的命令。联邦地方法院的命令出于市学区学生的学力水准在很多学年都处于全国平均水准之下的理由,将其作为判断分校制度被取消、部分学区是否被一元化了的标准是不合适的。联邦地方法院的基本任务,是判断因为以前的法律规定的分校制度所引起的少数人种群体的学生学力低下是否在可能的范围里得到了救济。联邦地方法院认定了种族分校制导致了整个学区的学力低下,却没有明确指出少数人种的学生的学力受到了怎样的影响,以及提高教育质量计划的具体目的是什么。

就像和法律制定的种族分校制度没有关系的人口动态的变化,给学生的种族构成带来的影响那样,超越市学区和州政府支配的很多外界因素左右着少数人种的学生的学力。如果各种各样的外界因素不是种族分校制度的结果的话,那就不能纳入救济的范围。与法律强制的种族分校没有关联的谋求提高学力的努力,反倒是推迟了市学区自立地参与教育的进程。

提高教育质量目的的大部分已经达到。有关提高教育质量计划的州政府的作用只限于预算措施,不涉及实施。教育上,其实也是"水涨船高",为了救济的提高教育质量的计划,必须与对受害于以前法律规定的种族分校的被害者的救济综合在一起制定。救济命令的最终目标是,在尽可能救济仍然存在的违宪结果的同时,把公立教育的实权归还给州和学区。

按 语

　　州法规定的种族分校制度被判为违宪、被命令取消种族分校制度以后过了 40 年岁月(Brown I (1954), Brown II (1955)——本书第 30 案例)。本判决,可以说显示了联邦法院今后也许将从取消种族分校的领域退出。迄今为止,联邦法院为了命令具体的救济措施所认可的广泛的衡平权限,在本案判决中受到了很大的限制。

　　这 40 年里发生了什么变化? 多数白人搬迁到了郊区,主要的都市学区黑人占了多数。就算是想要取消种族分校实行共校,可是学区里没有白人。并且,过去的违宪的种族分校制度和现在的结果的因果关系变得暧昧了。现行的公立教育问题的哪一部分可以说是过去的种族分校制度的结果呢? 并且,如果没有歧视而要救济被害者恢复到原来位置的话,指明该位置也变得很困难。

　　进而,还产生了很基本的疑问。为什么黑人和白人必须共校? 不和白人共校黑人的学力就不能提高了? 黑人校是否总是比白人校劣等? 因为种族分校使黑人受到心理上的伤害,妨碍了精神上和教育上的发育这一见解,难道不正是根深蒂固的黑人是劣等的偏见吗(托马斯法官的补充意见)?

　　对联邦法院总是干预学区运营的批判日益尖锐。从联邦制度和三权分立的原则来说,司法救济是有限度的,联邦法院应该把公立教育归还当地学区支配的意见日渐有力。本案的多数意见认为,由于联邦地方法院参与的 7 年期间的大规模改善,对过去的歧视已经给了必要的救济。但是,"与长达两个世纪的盘根错节的公的歧视相比,联邦地方法院的取消种族分校命令的实施期间只不过是转瞬之间"(金斯堡(Ginsburg)法官的反对意见)的看法也有。

　　和本案不同的争论点,联邦最高法院判断过两次(Jenkins I (1989), Jenkins II (1990))。在 Jenkins 判决 II 中,对联邦地方法院命令学区课税的权限持肯定立场(5 人)和否定立场(4 人)是有分歧的,而对联邦地方法院指示特定税额是越权的看法全体一致。本案中,在判断引起争论的具体的改善命令是否适当时,分为应该停止的少数意见和深入整个救济措施的基础部分是能够进行判断的法庭意见。

执笔者：早稻田大学教授　藤仓皓一郎

35

The Slaughter-House Cases
83 U.S. (16 Wall.) 36, 21 L. Ed. 394 (1872)

第 14 修正案条款的意义

Ⅰ 美国公法 3 人权的保护

事实梗概

1869 年 3 月，路易斯安那州的立法部门通过了一个制定法。该法律的目的是：保持新奥尔良市的健康；决定家畜的集中地和屠宰场；设立一个公司。其结果是，在包括新奥尔良市的 3 个县内，该公司（The Crescent City Live-Stock Landing and Slaughter-House Company）以外的人设立家畜的卸货场地、集聚场以及屠宰场是违法的，要被罚款。

给该公司如此特权，使人对制定法的效力产生了疑问，好几处肉店等分别对该公司提起了诉讼。路易斯安那州的最高法院汇总起来进行审理的结果是，不论哪件诉讼案都是 Slaughter-House 公司胜诉。

对此不服的原告向合众国最高法院提起上诉的就是本案。自州的诉讼以来，原告所主张的是，给以被告各种特权是违反了合众国宪法中最重要的条款——第 13 修正案、第 14 修正案。

在本案的上诉理由中，坎贝尔作了以下陈述。该制定法是州为了提高市民的健康和其他福利在制定权限内制定的福利法律。可是，即使是福利法律，也只有在合众国宪法的制约内方才有效。作为人来说，有劳动的权利和完成其技术、事业、职业的权利。在广泛的区域内，承认一个公司独占销售食用动物的营业，不仅仅是对肉店，而且是对所有共同体的制约。因此，不得不说原告们的特权、豁免权、生命、自由、财产和平等的权利遭到了侵害。

判决要旨

对于以上的主张，合众国最高法院以 5 比 4 的多数作出了有争议的制定法是合宪的、驳回上诉的判决。以下是多数意见、少数意见和补充意见的概要。

米勒(Miller)法官发表的多数意见如下：关于基本权利是否受到了侵害，稍后再论，首先要说的是，制定法是否剥夺了肉店业主们的事业。家畜的卸货场地、集聚场的特权，就是被少数人独占，也是可以被认可的。因为，考虑到运送、人们的安全和舒适，将其限制在适当的场所也是理所当然的了。

问题是设置屠宰场的特权。制定法规定了屠宰场所，禁止在其他地方屠宰。不过，没有禁止屠宰者自己屠宰。相反，还要求公司允许人在该屠宰场屠宰。屠宰者被允许屠宰、销售。不过利用其设备是要支付代价的。因此，肉店业主们提出的职业劳动的权利被侵害的主张，很难看出有正当性。

制定这种程度的规则，作为对治安权的行使也是妥当的。

其次，是和合众国宪法的修正条款的关联问题。按照原告方的主张，制定法(1)课以第13修正案禁止的奴隶的苦役；(2)剥夺了第14修正案规定的合众国公民的特权、豁免权(privileges and immunities)；(3)未经法律上的正当程序(due process of law)剥夺财产；(4)否定法律上的平等保护。

本法院第一次被要求解释这些条款。在和第13修正案的关系上，因为制定法并没有制定违反意愿的苦役，所以上诉不能获得同意。

问题是第14修正案，其确立了"合众国的公民"和"州的公民"。这一区别很重要。该条文规定合众国公民的特权、豁免权应该得到保护，而州的公民的特权、豁免权也应该受到保护的意图并没有。就算有例外、限制，州的公民的特权、豁免权在州宪法、立法的权限之内，在合众国政府的范围之外。原告们要求的各项权利，即使存在，也不是第14修正案条款内的合众国公民的特权、豁免权。

第14修正案中的正当程序条款，除了禁止州的这一点，和第5修正案的内容是相同的。路易斯安那州对肉店业主的事业施行的限制，无法想像是该条文意味着的侵夺财产权。法律上的平等条款，是历史上用来禁止对黑人进行歧视行为的，不是以种族为理由对黑人有歧视的州的行为是否可以纳入该条款的范围，非常令人怀疑。

菲尔德法官叙述的少数意见如下：为了把制定法正当化，举出了促进清洁、保护人们健康的理由。但是，该治安权的行使中可以认为是合宪的,仅仅只有检疫等的卫生法规,而把屠宰场等的设置让一个公司独占是不能认同的。

并且,按照第14修正案,属于自由人、自由公民的州公民的各项基本权利、特权、豁免权是所有合众国公民的特权、豁免权。而合众国公民的特权、豁免权中包括用正当的做法进行正当的事业,让一个公司独占的制定法是违宪的。

承认制定法的效力,就是侵害了人类最神圣的权利之一的自由劳动的权利。

布拉德利法官陈述的补充意见如下:首先,无论是哪一个公民从事他所选择的正当职业的权利,是最有价值的权利,州不能对其侵害。

其次,将视线转移到正当程序作了如下说明。独立宣言中所说的生命、自由和追求幸福的权利相当于是生命、自由和对财产的权利。这些均是基本权利,只有通过法律上的正当程序方才可以被剥夺。并且,只有对所有的人的相互利益都是必要而妥当的合法规则的介入,方才可以限制对其的享受。

对于州侵害公民的基本权,设立国家的保障,这是通过修正案时人们就有此打算的。

禁止公民中的广泛的阶层就职于正当的职业,或者是禁止持续到现在的职业的法律,不仅是没有经过法律上的正当程序就剥夺了财产,还剥夺了自由,也剥夺了公民受法律上的平等保护。

斯伟恩(Swayne)法官也站在少数反对论的立场表示了补充意见。斯伟恩法官把第14修正案第1项分成3个部分进行了整理,注意到最后部分所用的单词不是公民,而是"任何人"。对将视线转移到正当程序的布拉德利法官的意见表示赞同。

按　语

1. 众所周知,在美国法的保障人权方面起了特别重要作用的,是第14修正案的正当程序条款和平等保护条款。第14修正案,是南北战争的结果,是与第13、第15修正案同时通过的,不过,正如本案的多数意见所述,在其成立几年之后,本案是首次要求法院对其作出解释的案件,这意味着,在历史上也可以说是极其重要的判决。法院随后将议论重点从具有重要性的正当程序条款移到了特权、豁免权条款。多数意见明确表示了严密解释该条款的立场。

不过，后来把正当程序条款解释为对私有财产的一般保障规定的想法，在本案的少数意见中已经初露端倪。该判决备受瞩目的正是在于此处。

2. 最初正当程序条款仅仅被看作是有关程序方面的。但是，到了1890年代，开始解释为立法不仅在程序方面、在实体方面也要求适合法律。

到了1900年代把契约的自由也包含在内（Lochner v. New York (1905)——本书第36案例），而后，实体方面的各种事项都被引进该条款。不过，1930年代以后，其作用开始衰退。到了新经济政策时期判决不得不变更，正当程序条款作为私有财产保障规定的作用后退了。

不过，少数论所阐明的思想并未轻易地失去其生命力。

3. 最后，介绍一下该案件的社会背景。在当时的南部的各个州，领导人被清洗之后出现的对政治家的反感非常强烈。从其他州迁移过来的人、出身于南部处于高位的人遭到了蔑视。本案中成为问题的制定法，也被指责为是当时握有州政府实权的"外乡人"（Carpet-Baggers）们接受了贿赂而制定的。不可忽视的是，在争论该法律合宪性的背后，有着对州政府的极其不信任感。

有关本案，在田中英夫的"合法程序"（东京大学出版会·1987）143页以下有详述。

执笔者：成城大学教授　浅见公子

36

Lochner v. New York
198 U.S. 45, 25 S. Ct. 539, 49 L. Ed. 937 (1905)
经济自由和正当法律程序条款 ①

Ⅰ 美国公法　3　人权的保护

事实梗概

纽约州1897年制定的劳动法,为了维持面包工厂的清洁及健康的作业环境,不仅对工厂内的排水、换气等设备作了规定,对劳动者的劳动时间也规定了上限。该法的第110条规定"不得要求或准许任何劳动者,在饼干、面包或者是蛋糕的制作及糕点制作设施,一周工作超过60小时或是一天工作超过10小时(No employee shall be required or permitted to work in a biscuit, bread, or cake bakery or confectionery establishment more than sixty hours in any one week, or more then ten hours in any one day.)"。本案上诉人因为让劳动者劳动的时间超过了1周劳动时间的上限,违反了该法而被起诉。上诉人在州的县法院被判为有罪,州的上诉法院(Court of Appeals)和州的最高法院也都支持了对其有罪的判决。

判决要旨

佩克汉姆(Peckham)法官的法庭意见

纽约州劳动法第110条规定的"不得要求或准许任何劳动者,……一周工作超过60小时或是一天工作超过10小时",不是禁止违反劳动者心意的劳动,其实质上的意思是"任何劳动者,不得签约或同意……一周工作超过60小时或是一天工作超过10小时"。尽管劳动者超过法定时间工作,可以获得更多的工资,但是该法还是要禁止。签订有关职业的契约的一般权利,是合众国宪法第14修正案保障的个人自由的一部分,该法干涉了雇用者和劳动者签订契约的权利。第

14修正案规定,任何州不可以不经过法律上的正当程序剥夺任何人的生命、自由、财产。买卖劳动力的权利,只要没有应该排除这一权利的事由,就是第14修正案保障的自由的一部分。

各个州有以保护公众安全、健康、道德以及一般福利为内容的治安权,有不违反第14修正案而对个人契约的自由进行规制的权限。本法院在很多案件中,支持了基于治安权的州法而驳回了称其为侵害了契约自由的主张。比如,把矿山劳动和矿物精炼劳动,除了紧急情况之外限制在一天8小时的犹他州法,是为了从矿山事业者的就业规则中保护劳动者不受到肉体上的残酷驱使进行了合理而适当的介入,得到了本法院的支持。

当然,治安权也有限度,其行使必须是公正的、合理的、适当的、必要的,不可以是恣意的。在雇用契约中无论是劳动力的买方或卖方都具有同等的权利。司法审查不是把法院的判断调换成立法部门的判断。如果法律是在州权的范围之内,法院即使反对该立法,法律仍然是有效的。但是,是否在州的治安权范围之内必须由法院进行判断。

把本案州法看作为"单纯的劳动法(a labor law, pure and simple)",也可以简单地否定其效力。没有人主张面包制造业的劳动者的理智、能力比其他产业劳动者差,没有人主张如果州对他们的独立判断和行动不介入不保护的话,他们就不能行使权利保护自己。在本案的面包制造业的劳动时间规则里,不存在介入人身自由或自由契约权利的合理根据。该法和公众的安全、道德、福利没有任何关联,而公众的利益完全不受该法的影响。清洁而卫生的面包,并非是烘烤面包的工人一天工作10小时或是一周工作60小时才做得出来的。作为有关从事面包制造业的个人健康的法律,也许该法可以得到支持。可是,介入契约自由的法律要获得支持,仅仅主张其和公众的健康稍有关联是不够的,该法律作为达到目的的手段,必须有更直接的关联。并且,目的本身必须是适当而且是正当的。

作为一般常识,无法想像面包制造业有害健康。从统计上也可以看到,面包制造业与一些职业相比是不利于健康的,不过比另一些职业要有益健康。如果某一职业只要不是绝对有利健康,就要接受立法机关的监督和支配的话,那么,不属于治安权对象的职业就没有了。作为立法机关介入雇用契约自由的根据,仅仅有也许该职业稍许有害健康的事实是不够的。遗憾的是,事实上任何领域的劳动都伴随着有害健康的萌芽。那么，是否我们全都要依靠立法机关的多数派的慈悲将其从有害的萌芽中拯救出来呢？那样的话，所有的职业都逃脱不了立法机关的权力了。劳动时间的限制，也许明显地有损劳动者自身和支撑其家属生计的能力。只提及和劳动者的健康有关，劳动时间限制法就变成对所有的雇用都有效了。按照这样的方法进行推论，州民的强壮是州的利益，任何使州民健康的法律在治安权的名下都成为有效的了。如果该论理方法正确的话，合众国宪法所保障的人身自由及契约自由都成了幻想，把治安权当作借口，不仅是契约自由连人的行为都要受到立法机关的支配了。不仅是劳动者的劳动时间，连雇用者的工作时间也要受到限制，医生、律师、科学家、艺术家等等所有从事专门职业的人，都被禁止让其头脑和肉体疲劳。

以公众健康为理由的话，州的介入就能被承认，本案的规则法以此为前提，脱离了保健立法的公正的意思，是对劳动者和雇用者认为最合适而同意的劳动条件下签约的契约当事人权利的违法的介入。本案规则法对工厂内的换气等作业环境的规定，是为了实现面包工厂的清洁和给劳动者提供健康的环境。但是，对为了生计的有理性的成年男性同意了的劳动时间进行限制的规定，完全是对个人权利的多余的干涉。只要提不出不限制劳动时间的话会对公众的健康或劳动者的健康造成重大危险的这一公正而合理的根据，该规则法作为保护健康的治安权的规则是得不到支持的。

本案上诉人违反的本案州法的劳动时间规则法，和劳动者的健康保护没有任何直接关联性也没有实质性的效果，不能正当化为保健法。本规则法的真实目的，仅仅是限制成年男性的劳动者和雇用者双方同意的劳动时间，私营企业的该劳动，从任何程度上来说都不是道德败坏、对劳动者的健康有实质性危险的劳动。鉴于如此情况，禁止或干涉雇用者和劳动者签订契约决定劳动内容的自由，是违反了合众国宪法。取消原判决，退回县法院重新审理。

按　语

1. 本判决在宪法解释中体现了自由放任主义的经济理论，是实体的正当程序论中有名的案例。产生该解释论的社会背景，是南北战争后的资本主义的迅速发展和其弊病的明显化以及纠正弊病的革新主义的动态。1890年代，美国成为世界第一工业国的同时，由于铁道业及仓库业的独占的费用设定压迫了农民的利益,使劳资间的对立日益尖锐。对此,制定了很多规定公益事业费用的经济立法,有关劳动时间或最低工资以及保护工会活动的劳动立法。

2. 合众国宪法第5修正案及第14修正案的正当法律程序条款,禁止联邦或州不经过"法律上的正当程序(due process of law)"剥夺生命、自由或财产。最高法院的支配意见在很长时间里把该条款解释为程序规定。可是从1890年开始该条款成了审查社会经济立法的实体是否适当的根据。最高法院把不可确保独占企业费用一定收益的规则判断为没有经过正当程序的对财产权的侵害,并进一步将该条款的"liberty(自由)"解释为包含有契约的自由,本案把对应该是契约当事人双方同意的劳动时间的限制判决为违宪。

3. 1890年代到1930年代的最高法院,以实体的正当程序论把很多社会经济立法判为违宪。不过,以治安权进行限制而被判断为合宪的也很多。例如1898年以矿山的劳动时间规则法保护了劳动者不受残酷驱使为理由判决其合宪,1908年以保护母性为理由把对女性的劳动时间规则法判为合宪(本书第37案例)。争论要点在于以治安权进行规则的目的包含什么,其目的和规则手段的关联性的必要程度。本案法庭意见表明了,生产面包的劳动没有实质性的害处,劳动时间规则和劳动者的健康没有直接的关联性。对此,霍姆斯法官和哈兰法官的反对意见认可劳动时间规则和劳动者健康之间的合理的关联性,暗示了今天的双重标准论。霍姆斯法官还批判了把特定的经济理论引用到宪法解释。

4. 拥护经济自由的实体正当程序论,在把最低工资法判为合宪的1937年的判决(本书第39案例)中被否定,但是到了1970年代,这一解释论改变了姿态,作为保障宪法中没有明文规定的隐私权的解释论(本书第40案例)又复活了。

执笔者:同志社女子大学副教授　宫川成雄

37

Muller v. Oregon
208 U.S. 412, 28 S. Ct. 324, 52 L. Ed. 551 (1908)
经济自由和正当法律程序条款 ②

Ⅰ 美国公法　3　人权的保护

事实梗概

俄勒冈州于 1903 年制定了限制女性劳动者的劳动时间的法律。按照该规定,"不得雇用任何女性在该州的机器制造企业、工厂或洗衣房 1 天工作超过 10 小时([N]o female [shall] be employed in any mechanical establishment, or factory, or laundry in this state more than ten hours during any one day.)",违反者被处以罚款 10 美元以上到 25 美元以下的轻罪。本案上诉人,是俄勒冈州内的洗衣房的所有者,1905 年让女性劳动者工作的时间超过了该州法的上限,被州的巡回法院宣告罚款 10 美元。原审的州最高法院作出了支持有罪判决的判断,上诉人主张上述州法违反了合众国宪法第 14 修正案,向合众国最高法院提起了上诉。

判决要旨

布鲁尔(Brewer)法官的法庭意见

俄勒冈州法规定,不论是独身的还是已婚的女性有和男性平等的契约上的权利及个人权利。俄勒冈州的最高法院首席法官作了如下叙述:"妻子如同独身女性一样,不仅能够像丈夫处理财产那样处理自己的特有财产,也能够和丈夫同样地签订契约承担债务、付诸执行。不存在私法上的没有丈夫的妻子没有能力的残渣。解放妻子的趋势是扎实而强有力的。"

选举权姑且不论,在契约权利及个人权利上,女性和男性处于平等地位是一清二楚的。女性的这些权利和男性的权利同样不得受到侵害。本法院在 Lochner v. New York 判决(本书第36案例)中,没有把不准面包工厂的男性劳动者一天工作超过10小时或是一周工作超过60小时的法律认可为是对治安权的正当行使,判断其为不合理地不必要地而且是恣意地侵害了宪法所保障的契约自由。上诉人主张该判决是解决本案争论点的判例,但该主张无法正当化,因为前提是不同性别的劳动时间限制。

　　本案在论及宪法问题之前,并非不可以探讨一下司法判断以外的意见和一系列的立法例。路易斯·D·布兰代斯为本案被上诉人提出的上诉辩护状中,记载了很多这一类的资料。在他的上诉辩护状里提及的立法例或意见,对本案不具有法律上的权威性,判决理由应该说明的宪法问题几乎完全没有论及。不过,这些资料从女性的身体构造及女性所起的作用,表现了让限制女性劳动条件的法律正当化的广泛而普遍的想法。原来如此,宪法问题即使得到现在的舆论的同意仍然没有被解决。为什么这么说,是因为成文宪法的特别价值在于宪法有不变的文书,对立法行为加以限制,把人民的政治动辄失去的持久性和稳定性给了政治。但是同时,当事实有议论余地时或者是在该事实影响到宪法的权利保障的界限的场合,对该事实的广泛长久的确实可信的意见有考虑的价值。我们对属于一般知识的事情采取司法认知。

　　正如本法院不止一次所判断的那样的,有关职业的缔结契约的一般权利是个人自由的一部分,受到宪法第14修正案的保障。但是,该自由也不是绝对的,并非及于所有的契约。州可以在不违反第14修正案的情况下,从很多方面制约个人契约的权利。

　　女性在身体构造和起到母亲的作用之外,在获取维持生计所需的斗争中明显地处于不利于男性的地位。比如,就算无需起到母亲的作用,而长时间站着的工作对身体有害是得到很多医学上的证明的。健康的母亲是拥有壮健的子孙所必不可少的,而女性的身体健全,从维持种族的强健和活力上来说成了公共的利益和照顾的对象。

　　并且,从历史上来看女性总是依存于男性。男性正是以其身体能力处于优越的地位,从一开始就确立了支配地位。虽然这一支配在逐渐减弱,不过仍然以各种形式持续到今天。为了保护未成年女子的权利,法院考虑到有必要进行特别照顾。在很长的时间里,教育把女性排除在外。学校教育的大门被敞开,获得知识的机会增加了,由此也提高了女性职业上的能力。但是,为获取生计所需而斗争的女性不是男性的平等竞争的对手。从立法上可以排除对女性个人权利和契约权利的限制，但是妨碍这些权利得到完全行使的障碍，存在于女性的特性和生活习惯之中。为了使女性得到真正的平等权利，依然有必要进行保护女性的立法。当然有例外，也有女性比男性有利的。不过，从确保独立的地位所必要的努力来看，女性没有处于和男性平等的地位。在这些方面女性可以和男性有区别，即使是对男性不必要也不被支持的立法，适当地把女性划分为一个类别，以保护女性为目的的立法是能够得到支持的。对于女性依然依存于男性的事实是不能闭目不见的。即使对政治权利、个人权利以及契约上的权利撤除所有的制约，并且在法律上使女性处于和男性绝对平等的立场，而事实上女性是为依存于男性求得保护而被创造出来的。也就是说，以女性的身体构造和完成作为母亲所起的作用为理由——不单单是女性自身的健康而是出于种族的福利保健的观点——从男性的热情和强烈的欲望中保护女性的法律被正当化。本案州法对女性的契约权利，即有关劳动时间和雇用者双方同意的权利进行限制，不仅仅是为了女性的利益，而是为了整个社会。男女在身体构造上、在各自应该起的作用上、在身体的力量上、在长时间的劳动能力——特别是站着的劳动对将来的种族的福利健康带来的影响——上、在主张完全的权利时的自立性上、在获得生计所需的斗争中都是不同的。因为这些不同而在法律上受到不同待遇也是正当的，作为弥补女性的不利可以获得支持。

我们不论及俄勒冈州的否定女性的选举权。否定选举权表示了女性的政治平等的缺乏，不过这不是本案所决定的。判决理由是更深入的内容，依据了两性的本质的差异和人类生活中男女作用的差异。

鉴于这些理由，并且 Lochner 判决中的任何论点都没有问题，只限于洗衣房的女性劳动，我们认为本案州法没有违反联邦宪法。支持俄勒冈州最高法院的判决。

按　语

1. 本判决是以布兰代斯律师的辩论意见书（Brandeis Brief）而闻名的案件。后来成为最高法院法官的路易斯·D·布兰代斯（1856—1941）在本案中作为被上诉人州的辩护律师，为了拥护劳动时间规则法，提出了很有特征的律师辩论意见书。其特征是，把法律论的篇幅缩短到最小限度，而以极大的篇幅用科学论证和统计资料来证明长时间劳动给女性的健康带来怎样的害处。

2. 布兰戴斯提出这样的辩论意见书的理由,在于 Lochner 判决(本书第 36 案例)表示了宪法第 14 修正案的正当法律程序条款所保障的"自由"中包含了缔结劳动契约的自由。在 Lochner 判决中,最高法院把面包业的劳动时间规则法判决为违宪,不过也暗示了如果劳动时间规则和劳动者的健康有直接关联的话,劳动时间规则法可以被看作在治安权之内而得到支持。为此,布兰代斯在本案中,为了使女性的劳动时间规则法在最高法院的实体正当法律程序论的框架内获得合宪的判断,把焦点集中在洗衣房的长时间劳动给女性的健康带来了怎样的恶劣影响。因此,本判决并没有推翻 Lochner 判决,拥护经济自由的实体的正当法律程序论被明确地否定,还必须等到 1937 年的 West Coast Hotel Co. v. Parrish 判决（本书第 39 案例）。

3. 本案中布兰代斯的尝试,是对当时新登场的社会学法学(Sociological Jurisprudence)的实践。这一想法的代表是罗斯科·庞德（Roscoe Pound, 1870—1964）,注重考察法律和社会背景之间的关联。本案中布兰代斯所获得的成功,对以后很多诉讼活动都产生了影响,不仅仅有法律上的解释论的、充满法律社会功能的社会科学、自然科学数据的准备文件,一般都被称为 Brandeis Brief(布兰代斯辩论意见书)。像这样的辩论意见书获得成功的其他的重要案件里,有 1954 年的 Brown v. Board of Education（本书第 30 案例）。在该案件中,针对公立学校的黑人和白人分校的现状,以社会学、心理学的论证,证明了即使物理上的设施是同等的,仍然给黑人儿童的心灵上埋下了劣等感而阻碍了学习。

执笔者:同志社女子大学副教授　宫川成雄

38

Village of Euclid, Ohio v. Ambler Realty Co.
272 U.S. 365, 47 S. Ct. 114, 71 L. Ed. 303 (1926)
土地利用规则和正当法律程序条款

Ⅰ 美国公法　3　人权的保护

事实梗概

新库立德村是人口大约1万左右、面积31～35平方公里的位于俄亥俄州库立布朗德市东郊的小小的地方自治团体。当时，对于大部分还是农地或未开垦地的该村来说，由经过村里的两条铁路，被迅速发展为工业城市的库立布朗德市的工业利用只是迟早问题。为了防止在该村展开无秩序的工业利用、商业利用，维持村里作为城市郊外住宅的风格，该村在1922年把当时在整个美国得到迅速普及的综合土地利用规则的分区制（zoning）采用为条例了。

新库立德村采用的分区制条例，根据土地的利用规定了6种用途的地区；对建筑物的高度及层数规定了3种高度的地区；对占地的最小面积、从土地的界限到建筑物的距离以及特定用途的最小占地面积规定了4种类型的面积规范地区。既是分区制度的核心，也是本案争论要点的用途规定的内容如下：在规定最严格的U-1地区，只准建造一户一幢的住宅和视为同类的公园、给水塔、农地等；在U-2地区可以作以上用途之外再加上2户用的家用住宅；U-3地区可以在以上用处之外再加上公共住宅、旅馆、教堂、学校、图书馆、医院、村公所等相当于住宅利用的各种用途；U-4地区可以被对周围土地利用侵害度不高的各种商业所利用；U-5地区可以被侵害度高的商业和侵害度不高的轻工业所利用；U-6地区可以用来建造重工业或废物焚烧场、污水处理厂、煤气厂、飞机场等有噪音、恶臭、危险性的对周围侵害度最高的用途。这一用途规则，把土地用途对周围的侵害度按顺序排列，是基于把侵害度高的土地利用从侵害度低的利用区域排除出去的想法构成的，比如在 U-5 地区当然可以认可 U-1 到 U-4 地区的用途，使被认可的用途范围重叠，成为累积的规则构造。

原告 X 所有的 68 英亩土地的大约一半被指定为 U-6 地区，而剩下的土地则被指定为 U-3 及 U-2 地区。从经济上来说，这些土地作为工业利用及商业利用是最理想的。X 提出，本案条例的结果，造成指定为 U-3 及 U-2 地区的土地的市场价格分别减少了 1/4 及 1/3，由此对其合宪性提起了诉讼。而且 X 没有提出对规则的适用除外的申请。第一审的联邦地方法院作出了违宪的判决。

争论要点：本案的土地利用规则的分区制，是否没有经过合众国宪法第 14 修正案规定的法律上的正当程序(due process of law)剥夺了 X 的自由、财产而违宪？具体地说，从 U-3 及 U-2 地区排除工业利用、商业利用以及从 U-2 地区排除公共住宅的利用是合宪的吗？

判决要旨

分区制，是对城市中出现的人口急剧增加、集中的社会问题而由此登场的新的制度。正如伴随着汽车的普及而成为必要的交通规则那样，有在以前的时代曾经被视为违宪的规则，在后来成了合宪的，这并非是宪法保障的意思有了变化，只不过是其适用发生了变化。

能够区别治安权(police power)是正当行使还是不当行使的严格的定义是不可能存在的。即使是同样内容的限制，其正当与否取决于所适用的状况。在区别分区制规则是有效还是无效的时候，"使用自己的东西时，不应该损害他人的东西(sic utere tuo ut alienum non laedas)"这一普通法的侵权法的基础的法格言，以及侵权法法理的类推给我们提供了很好的线索。在判断某种建筑物或某种用途是否应该禁止时，正如某一样东西是否属于妨害的问题一样，应该在考虑了具体的状况和地域性之后加以决定。A nuisance may be merely a right thing in the wrong place, -like a pig in the parlor instead of the barnyard. (就像不在猪圈而在客厅的猪，东西正确但是放错地方了就成了妨害。)

迄今为止，像在住宅地区禁止生产砖那样，本法院判决了几个个别的土地利用规则为合宪。在本案的条例中，因为一般的工业利用是被禁止的，所以即使对周围没有危害的也一律被禁止，为了有效地实现立法目的,有必要在合理的范围内划入界限领域一般被广泛认同,本案的条例可以说没有脱离其范围。

本法院迄今为止没有回答过的、有必要进行充分探讨的问题,是从住宅地区排除商业利用及公共住宅。对分区制度的合宪性作出判断的各个州的法院的结论一分为二,支持其为合宪的判例数大大超过了否定其合宪性的判例数。根据这些合宪判决和对分区制度进行了研究的很多专家的结论,把住宅、商业、工业分别隔离到不同的地区,可以提高消防、防灾活动、交通规则等的效率;使道路建设及其维护管理便宜、方便;减少住宅地区内的交通量,防止交通事故、特别是孩子的事故;减轻噪音;从因为商业利用而或多或少会带来的火灾、传染病、无秩序状态中保护住宅地区和保证养育孩子的良好环境,从而提高公众的健康和安全。至于有关公共住宅的规则,意见如下:一幢型的住宅地区一旦有了公共住宅会受到很大的损害。这么说是因为,公共住宅犹如依附于一幢型的住宅地区宽广的空间和有魅力的环境的寄生物。公共住宅一旦进入一幢型的住宅地区,会招徕朋友,剥夺比其规模小的一幢型家庭的通风和日照,增加的交通量必然增大噪音,增加了事故的危险性,夺去了孩子们游玩的场所,最终把一幢型的住宅地区的良好环境破坏得面目全非。在其他场所没有任何问题、或许是很受欢迎的公共住宅,在以上状况之下完全成了近似于妨害的存在。

鉴于以上理由,即使不能说是很英明的政策判断,但还是完全不能认为本案中有争议的各种限制是违宪的,即是和公众的健康、安全、道德以及一般的福利没有实质性关系的、恣意而不合理的结论。支持分区制度的基本的合宪性的上述判断,不排除特定的分区规则在具体适用中有被判断为违宪的可能性。

判决:取消原审判决。

按　语

1. 所谓分区制度,是原则上把位于自治团体内的所有土地,按照土地的用途、利用密度、建筑物的建筑形态等各个事项,划分到适用不同限制的地区,对土地利用进行适当分配的土地利用综合规则制度。1916年纽约市首次采用。1924年公布的由合众国商务部长胡佛(Hoover,后来的总统)设置的委员会制定的标准州分区授权法(Stan-

dard State Zoning Enablling Act),对普及该制度作出了很大的贡献。Euclid 判决确立了当时迅速遍布整个美国的这一新制度的合宪性,为在今天的美国土地利用规则制度中起主要作用的分区制度的发展奠定了基础。在 1925—1926 年的开庭期间展开口头辩论的合众国最高法院,破例地同意了再次口头辩论的请求,把判断延期到下一年的开庭期间。据斯通法官的调查官说,执笔法庭意见的萨若兰德(Sutherland)法官在这期间变更了判断,其结果是最高法院的判断从违宪转换成了合宪。

2. 最高法院,让议会判断分区制度在哪一个地区进行怎样的土地利用会成为妨害,将其作为排除制度带有法的性格。本案中的分区制度是当时典型的分区制度,本案条例规则的累积性是那个时期的分区制的特征。不过到了后来,不仅用途规则等的划分更细致,通过妨害法理难以说明的非累积的规则(比如从工业利用地区排除住宅利用)被广泛采用。另外,在大规模不动产开发、进一步开发郊外的背景之下,把不同用途有计划地配置在一个空间的 PUD(Planned Unit Development,有计划的一体开发)、事先不特定为适用某规则地区的浮动分区制(floating zone)、缓和规则,在公开空地等提供有公共性的舒适环境的有吸引力的奖励、分区制等等,开发了各种各样有弹性和创造性的分区制度。

3. 从本案判决的法庭意见可以窥视,美国的分区制度具有很强烈的保障良好的一幢型住宅地区的特点。在很多地区完全达到该目的的反面,助长了贫富的地区差,具有排除建设提供给低收入者居住的住宅(几乎都是公共住宅)的效果,造成了市郊外部自治团体的排他分区制(exclusionary zoning)向大城市的贫民街的低收入阶层关闭的结果。这一现状作为种族问题提出来的倾向要大于所得收入差距的问题。

执笔者:东京大学教授 寺尾美子

39

West Coast Hotel Co. v. Parrish
300 U.S. 379, 57 S. Ct. 578, 81 L. Ed. 703 (1937)
Lochner 时代的终结

| I 美国公法 3 人权的保护 |

事实梗概

1890 年以后,持有自由放任经济观的合众国最高法院,基于合众国宪法第 14 修正案的正当法律程序条款,把规定私有财产和私人经济活动的州法一个接着一个地判决为违宪无效,作为企业的保护者起了重要作用,不可忽视的,是在判决理由中指出第 14 修正案的"自由中包含有契约的自由(freedom of contract)"。在 1897 年的 Allgeyer v. Louisiana 案件的判决理由中,最高法院指出,第 14 修正案的"自由","不仅是公民免于物理上的拘束的自由",还包括"住在自己想住的地方,过自己喜欢过的日子,按照自己喜欢的方式谋生,就职于任何职业的权利以及为了顺利达到以上目的缔结自己认为是适当的、必要的且不可少的契约的权利"。这样的判例成了企业雇用方的有力武器。依据该判例,最高法院把限制劳动时间的州法、禁止叫被雇用者不加入劳动工会的"黄狗契约"(yellow dog contact)的联邦法等社会劳动立法统统判为违宪无效。

首先是 1905 年的 Lochner v. New York(本书第 36 案例),最高法院把规定不可以让面包厂劳动者一天工作 10 小时,一周工作 60 小时以上的纽约州法判为违宪无效。该法律的目的是保护面包厂的劳动者和保持公众的健康,可是判决却认为,面包厂劳动者的劳动时间和公众的健康之间没有直接关系,也不认为有特别的紧急性,州以公众卫生为理由限制劳动时间是限制了雇用者的契约自由。判决是 5 比 4。

接着是 1908 年的 Adair v. United States,最高法院把禁止"黄狗契

约"的联邦法判断为违反了第 5 修正案的正当法律程序条款、制约了契约的自由。

就这样,依据刚才的 Lochner 判决,最高法院把限制财产权和契约自由的州法和联邦法接二连三地判决为违反了第 14 修正案或是第 5 修正案。如此不理解时代变化的最高法院的保守的姿态激起了一般大众的愤慨自不待言。当作为 1929 年开始的"大萧条"的对策而制定出来的新经济政策立法的主要内容全部被判为违宪无效时,大众的愤怒上升到极点,在这样的背景下再次当选的罗斯福(Roosevelt)总统向议会提交了被称为"法院重组方案"(Court-packing Plan)的最高法院机构改革法案。虽然该法案被议会葬送,但毫无疑问给了最高法院很大的打击。就在这样的状况中,发生了被称为 Parrish 案件的本案。本案的梗概如下:

华盛顿州的女性最低工资法许可为女性和未成年者设定最低工资。该法的目的是保护女性和未成年者免于有损健康和道德的劳动条件,因此,州内的任何产业及职业在有损其健康和道德的劳动条件下雇用女性和未成年者以及州内的任何产业以不足以维持生活的工资雇用女性劳动者的都是违法的。并且,该法规定了,设定女性和未成年者的工资及劳动条件的标准或者设置决定工资和劳动条件是否妥当的机构"产业福利委员会"(Industrial Welfare Commission),规定了以上决定的程序。

本案的原告(后来的被上诉人)是旅馆打扫客房的工作人员,因为实际被支付的工资低于上述法律规定的最低工资而向州的地方法院提起要求支付其差额的诉讼。顺便提一下,该法规定的最低工资是一周 48 小时为 14 美元 50 美分。诉讼虽被地方法院驳回,但是上诉审的州的最高法院判断该法为合宪,认可了原告的请求,为此旅馆方面向联邦最高法院提起了上诉。

本案上诉人援用了把华盛顿特区的最低工资法判为违反了第 5 修正案的正当法律程序的 Adkins v. Children's Hospital (1923) 一案的判决,主张本案涉及的华盛顿州女性最低工资法违反第 14 修正案的正当法律程序条款而无效。

判决要旨

上诉人说,规定了女性和未成年者最低工资的州法违反了保障契约自由的正当法律程序，但是宪法只是说"自由"，没有说"契约的自由"，只是说禁止不经过正当法律程序剥夺自由。即使是在命令禁止的场合，宪法并非保障绝对的而且是无限制的自由。受保障的自由，是对威胁到人们的健康、安全、道德、福利的危害有必要进行法律保护的共同社会的自由。因此，宪法中的自由必然要受到正当法律程序的制约，和其对象的关系是合理的并且为社会的利益采用的规则可以说是正当的法律程序。

在处理劳动者和雇用者的关系时，为了根据适当地保护健康和安全、保障健全的劳动条件和从压迫中获得自由而制定的规则，促进和平和良好的秩序，立法机关具有广泛的裁量权。

华盛顿州法规定的最低工资，是劳动者、雇用者及公益代表经过充分审议之后决定的。该金额是考虑了特定职业中通常进行的业务而决定的。而对于不能完成全部业务的女性，规定可以支付低于以上金额的特别工资进行雇用。

如果州行使权限的正当目的是保护女性的话，那么要求支付经过公正决定的生存所需要的最低工资可以说是为达到该目的而允许的手段。州的立法机关，对于处于被雇用的女性的立场，即属于只能获得最低工资阶层的女性、只有相对比较弱的谈判能力、而且容易成为乘机利用其窘境的人们的牺牲品的这一事实具有明确的探讨的权限。立法机关有采取措施排除以刚够吃口饭的低工资榨取劳动者的所谓"剥削制度"的弊病的权限。很多州采用同样的要件，正是深信弊病存在的同时为了抑制该弊病而采取了适当手段的证据。对这样的确信作出反应的立法机关的措施不能说是恣意或者是凭着一时的兴趣。

从最近的经验来看，还有一点是必须考虑的。剥削在谈判能力上处于不平等立场并且对拒绝刚够生活的工资都无能为力的这一阶层的劳动者，不仅有害于他们的健康和福利，还直接给抚养他们的社会增加了负担。这些劳动者在工资方面所失去的正在要求纳税者进行补偿。本案中所争议的法律因为不涉及男性所以是恣意歧视的主张也不适用。

我们的结论是，应该取消 Adkins v. Children's Hospital 判决，并且已被取消。

判决是 5 比 4。

按 语

1. Lochner 判决之后,最高法院以实体的正当法律程序原则为根据,把规定财产权和契约自由的州或联邦的社会经济立法判决为违宪无效。即便是这样,主张有必要以这样的立法进行规制的呼声并没有销声匿迹。从 19 世纪后期开始到 20 世纪初的社会经济的变化和要求对此作出响应的大众的要求,不仅反映到州和联邦的议会,甚至持续反映在最高法院的少数意见中。因此,随着最高法院构成的微妙变化,即使是同样类型的案件,曾经是少数的意见到后来的案件中成了多数意见的判决也可看到。

2. 比如,在 Lochner 判决之后才 3 年的 Muller v. Oregon (1908)(本书第 37 案例)中,最高法院把禁止洗衣房的女性劳动者一天工作超过 10 小时,一周超过 60 小时的俄勒冈州法判决为合宪。该法律是有关女性劳动者的劳动时间,含有保护母性的特殊要素,不过判决认可了限制劳动时间是州对治安权的适当行使的意义非常重大。此后,在 1917 年的 Bunting v. Oregon 案件中,对于不问男女适用所有劳动者的俄勒冈州的劳动时间限制法(一天的劳动时间最长为 10 小时),最高法院以 6 比 3 判决其为合宪。不过,该判决没有作为判例得到确立。

3. 比如,在 1923 年的 Adkins v. Children's Hospital 判决中,最高法院以 5 比 3 对规定华盛顿特区的女性、少年劳动者的最低工资的联邦法作出了违宪的判决,其中的多数意见认为,劳动时间的限制限于女性劳动者的场合不违反正当法律程序,无视了 Bunting 判决,援用了较之以前的 Lochner 判决。

4. 总而言之,州或联邦的立法机关想要从强大的资本力量中保护劳动者的努力,屡屡受到最高法院的阻碍,排除这种宪法上的障碍的 1937 年的"宪法革命"是以后的事了,而起了先驱作用的正是本案。由此宣告了把契约自由视为绝对的 Lochner 时代寿终正寝。

执笔者:近畿大学教授 畑博行

40

Roe v. Wade
410 U.S. 113, 93 S. Ct. 705, 35 L. Ed. 2d 147（1973）
人工流产和宪法上的个人自由的权利 ①

I 美国公法 3 人权的保护

事实梗概

原告 Jane Roe 是匿名的未婚女性,当时正怀着孕,为了自己和其他处于同样立场的女性,向得克萨斯州北部地区的联邦地方法院提起了集体诉讼,要求得到确认得克萨斯州的人工流产禁止法违宪无效的判决(declaratory judgment)以及禁止执行该法。被告 Wade 是她居住的该州的达拉斯郡的地区首席检察官。原告希望人工流产,但是因为有该刑罚法规而不能进行合法的人工流产手术,由此主张该法侵害了她的受合众国宪法保护的隐私权。

在原告 Roe 的诉讼中,医生 Hallford 申请参加诉讼被认可。该医生过去因为违反了人工流产法曾被逮捕过,现在依据该法提起的两件刑事案中正被起诉。在和 Roe 诉讼合并审理的另外一件诉讼,是 John Doe 和 Mary Doe 的一对匿名夫妇,担心将来怀孕希望人工流产时,因为存在该刑罚法规而不能进行合法的人工流产手术,也提起了主张该法违宪无效的集体诉讼。

原审的联邦地方法院,认可了 Roe 和 Hallford 的当事人资格,但是 Doe 夫妇,因为其申诉不是因为现实的争议而提起的,所以当事人的资格没有被认可。

对于本案,地方法院认为,怀孕女性决定生不生孩子的权利,是合众国宪法第 9 修正案(承认宪法中列举的权利之外人民还存在受保障的基本权利的宪法修正案)承认的基本权利,州为了使侵害该权利得到正当化,必须表示其是必要的极其重要的公众利益(compelling interest),有争议的人工流产禁止法,在禁止除了为拯救母体生命医生建议的场合的所有的人工流产的这一点上是过分地扩大了范围,并且,在怎样的场合可以有例外很模糊不清,违反了第14修正案的正当法律程序条款,因而是违宪的。

因此,同意确认的判决。至于请求禁止执行的要求,适用联邦裁判权回避(abstention)的对于州的刑事手续联邦法院应该不介入的法理,驳回了该请求。对于地方法院的判决,当事人双方直接向最高法院提起上诉。

判决要旨

布莱克门(Blackmun)法官的法庭意见,首先探讨了当事人的资格。关于Roe,在上诉审理阶段怀孕状态应该是已经消失了,不过因为同一个人有反复怀孕的可能性,所以应该同意原审所认定的当事人资格。可是,医生Hallford应该是在诉讼中的州的刑事裁判中,主张基于联邦宪法上的权利的防御,在本案中认定其当事人资格是错误的,取消原审判决中的这一部分。至于Doe夫妇,因为其主张未免太带有推测性(speculative),可以同意原审对其当事人资格的否定。

接着,进入本案的审理。布莱克门法官首先纵观了人工流产的历史,指出用刑罚禁止人工流产行为的想法,产生于比较晚近的19世纪后半期。

19世纪制定人工流产禁止法的理由:第一,是为了抑制不道德的性行为,不过法律上没有对已婚者和未婚者进行区别,没有人对此进行认真地讨论。第二,是出自医学上的安全起见,对维持母体健康的关心。过去,特别是在消毒法还很落后的时代,人工流产伴随着危险。即使现代医学改变了这一状况,可是和其他的任何医疗行为一样,以最大限度确保患者安全的方法对人工流产进行监视,是州的正当利益。第三,保护诞生前的生命是州的利益。州可以主张这一保护是不同于保护怀孕女性的另一种利益。

宪法没有明文规定私人的权利。可是,在迄今为止的判例中,本法院或者是各个法官,至少在第1、第4、第5修正案,或者是在权利法案的半影(penumbra)中,或者是(像本案原审那样的)在第9修正案中,或者(像我们考虑的那样)在第14修正案的保障自由的概念中,看到了这一权利的基础。这一私人的权利无论是在什么基础上,要包含女性决定是否终止妊娠是绰绰有余的。另一方面,承认私人权利的诸判例，即使是在该权利受到保护的领域，也承认州的某些规则是适当的。私人的权利不是绝对的。

在一定的基本权利有问题的场合，限制这些权利的规则，只有根据"必要的国家利益(compelling state interest)"方才可以正当化。州在维持和保护怀孕女性的健康中有重要而正当的利益，并且在保护人类生命的可能性中有另外的重要而正当的利益。随着出生时间的临近这些利益的各自的重要性也随之增加，在怀孕期间的某个时候，各自的利益变得"极其重要"。

对于母体健康的州的利益，对照现在的医学知识，其重要点大约是在怀孕期间最初的三分之一(the first trimester)的时候。根据医学上确立的事实，这段时期内人工流产的死亡率比通常的生孩子要低。因此，在这段时期内医生和患者在商量之后，没有州的介入，可以自由地决定是否进行人工流产。另一方面，过了这段时期，州可以对人工流产的方法，比如做人工流产手术的人的资格或场所，进行规定。对于潜在生命的州的利益，其重要点是在母体外有生存性(viability)的时候。这是因为从这时候开始胎儿有可能在母亲的子宫外活下去。从这时候开始，除了为保护母体的生命或健康的必要场合，州可以禁止人工流产。

对照以上标准，本案得克萨斯州的人工流产禁止法的适用范围太宽(overbroad)，是违宪的。该法规没有对怀孕初期进行的人工流产和以后的阶段的人工流产进行区别，而且把可以合法人工流产的理由，限定在救母亲生命这单一的理由之内。

对于原审没有认同禁止执行是否错误这一问题，我们认为没有必要进行判断。因为我们认为得克萨斯州的检察当局，对于该州的人工流产禁止法是违宪的这一判决是完全信服的。由此，对原判决一部分同意，一部分取消。

本案判决中，还有伦奎斯特法官提出的，把怀孕期间分割为3个阶段，规定了在各个时期州可以进行的限制的法庭意见不是宪法解释而是司法立法的反对意见。怀特法官提出的反对意见，对于选择怀孕女性的方便还是选择胎儿的生命这样的困难选择，应该委托给人民和政治过程。

按 语

1. 合众国最高法院在1965年Griswold v. Connecticut一案中，把

处罚为了避孕而使用药和器具,以及向夫妇建议、指导避孕方法的州法,判决为侵害了夫妇隐私权利、是违宪的。写了法庭意见的道格拉斯法官提出的,宪法明确规定的人权保障规定,有其放射性的半影部分(penumbra),两者合起来是隐私的范围(zone of privacy)的半影理论,固定了隐私权利的基础。本判决,将这一隐私权利以第14修正案的正当法律程序为根据的同时,把Griswold案件中定为夫妇权利的隐私权利,扩大到怀孕女性个人的权利,开拓了权利一般化的道路。

2. 本判决,虽然承认了怀孕初期的人工流产的自由,但是从怀孕中期开始以后的阶段原则上同意了州的限制,因此,该判决之后,各种各样的人工流产规则法规,一个个对照本判决争论是否合宪。最初的例子是和本案同一天判决的Doe v. Bolton(接受人工流产手术的人只限于州民,限于在被认可的医院,要求得到医院内委员会的同意,要有两名其他医生的诊断的佐治亚州的人工流产规则法被判为违宪)案件,最近的例子是本书第41案例的 Planned Parenthood v. Casey (1992)。

3. 本判决,使美国的对人工流产的舆论分裂为被称为Pro-Life(拥护生命派)的禁止人工流产派和被称为拥护选择派(Pro-Choice)的同意人工流产派,人工流产问题激化到带有很强感情色彩的政治问题。禁止人工流产派,想要通过修改宪法或议会立法推翻 Roe v. Wade 一案的判决,或者是抽掉其重要部分,但是没有成功。另一方面,以I'm Jane Roe的真名出版书籍、曾经作为拥护选择派象征性存在的本案原告 Norma McCorvey,在1995年的夏天据新闻报道转变为拥护生命派。据 NEWSWEEK(8/21/'95)的记载,她为了维持本案第一审的原告资格,错过了人工流产的机会,成了未婚的母亲,生出来的孩子立刻作为养子被人领走了。

执笔者:法政大学教授　高桥一修

41
Planned Parenthood v. Casey
505 U.S. 833, 112 S. Ct. 2791, 120 L. Ed. 2d 674 (1992)
人工流产和宪法上的个人自由的权利 ②

Ⅰ 美国公法 　3　人权的保护

事实梗概

本案的争论点,是1988年、1989年被修改的1982年的宾夕法尼亚州人工流产规则法的几条条款(后述)。原告是5个堕胎诊所和1名医生(代表进行人工流产手术的医生的集体和自己),主张这些条款在字面上是违宪的,要求确认的判决和禁止该法。合众国地方法院把这些全部判为违宪,并发出了永远的禁止命令。合众国上诉法院取消了该判决的一部分,除了通知丈夫的要件,其他判决为合宪。

判决要旨

奥康纳、肯尼迪、苏特(Souter)3位法官的共同意见如下：

1. 从第14修正案的正当法律程序条款中,可以引导出宪法上是保护进行人工流产的女性的决定的。对于人的有关家人的最基本的决定以及对于身体的不可侵犯性(bodily integrity)的州的介入,宪法上规定了界限这一点,现在已经得到了确立(这部分是法庭意见)。

2. 先例拘束性(stare decisis)是司法制度必不可少的,但并非完全不可脱离。说是这么说,Roe v. Wade (1973)(本书第40案例)的中心判断并非难以使用(unworkable)。对于信服Roe判决的人来说,不能无视推翻Roe判决的代价。Roe判决以后的宪法判例的发展也不能取消Roe判决。Roe判决以后,虽然人工流产的安全性增加了,胎儿在母体外的生存可能时间(viability)提早了,但是以在母体外生存可能时间为限,州的利益可以达到禁止为保护母体生命、健康以外的人工流产的这一Roe判决的中心判断没有动摇。鉴于以上考虑,不是推翻

Roe 判决的中心判断，而是倾向于再确认。

比较一下其他的变更先例的案例也可以看到，Lochner v. New York (1905)（本书第 36 案例）的判决，被 West Coast Hotel Co. v. Parrish (1937)（本书第 39 案例）的判决所推翻，是因为明白了前者错误地认识了案件基础的市场事实；Plessy v. Ferguson (1896)（本书第 27 案例）的判决被 Brown v. Board of Education (1954)（本书第 30 案例）的判决所推翻，是因为 1954 年明确了法律上的隔离伴随着劣等的烙印，在本案中，没有这种情况（这部分是法庭意见）。

3．我们支持对胎儿在母体外可能生存的时候画一条线。第一个理由是先例的拘束性。第二是因为，在母体外可能生存的时候，第二生命的存在成了大于女性权利的州的保护对象。在可能生存时以上没有可行(workable)的线。而生存可能之前没有人工流产的女性，可以说同意了为了胎儿的州的介入。

另一方面，Roe 判决所表示的严格的 trimester(3 个月时间。是指怀孕的第 1 期间，在英语圈 3 个月为 1 个期间，把怀孕期间视为 3 个期间。——译者注)框架，轻视了州对胎儿生命的重要而正当的利益，也非该判决的本质部分，我们加以摒弃。对决定人工流产的女性的能力课以不当负担(undue burden)的州的规则，违反了正当法律程序条款所保护的自由。所谓不当的负担，是指对于在母体外不可能生存的胎儿要求人工流产的女性，进行实质性阻碍并有效果的州的规则。让有这样目的的法律无效，是因为必须考虑到，应该促进潜在生命的利益的州所选择的手段不是妨碍女性的自由选择而是加以启发(inform)。而促进潜在生命的利益等具有正当目的的法律，在女性自由选择时实际上起到妨碍作用时，不能说是达到正当目的的可以被允许的手段。

胎儿在母体外可能生存以后，除了为保护母体的生命或健康的必要场合以外，州能够规定禁止人工流产。

4．§3203，虽然规定了免除其他条款中的人工流产规则的医学上的紧急情况，但是并不认为存在有重大到该条款不能应付的症状，本条款不违宪（这部分是法庭意见）。

§3205 规定，医生对孕妇，至少在人工流产的 24 小时之前告知手术的性质、人工流产及生孩子的健康上的危险，告知推定的胎龄，医生或有资格者必须告诉孕妇可以使用州发行的描写胎儿等的印刷物品等等。我们变更先例，认为有义务提供真实而非误导的情报不是不当的负担没有违宪。就是把情报提供者限定为医生也不成为不当负担，所以是合宪的。24 小时的等待要件，是保护胎儿生命的合理手段，不成为不当负担。

§3209 规定，医生没有从孕妇那儿收到丈夫签了名的通知其丈夫人工流产的通知书，不可以进行人工流产。不过，写了胎儿不是丈夫的孩子；不知道丈夫所在的；是通报了当局的由于夫妇之间的性的暴力而怀的孕；或者是可以相信通知丈夫会引起伤害孕妇身体的内容的签了名的书面文件也可以代替。该规定，没有将因为通知丈夫会对孩子施加暴力的场合或是会对妻子进行心理虐待的场合除外，而且把夫妇之间的性的暴行通报给当局实际上很困难，所以，该规定是不当的负担，是违宪的(这部分是法庭意见)。

§3206 规定，未成年者进行人工流产时，必须有一位家长的同意。不过，如果未成年者不希望得到家长的同意或者是不可能得到时，法院的认同可以代替。这一条对照先例，认为是合宪的。

§3214 规定，每进行一次人工流产，都必须申报医生、设施、孕妇的年龄、胎龄、人工流产的方法等（不过，女性的身份不得表明）。§3207 规定，进行人工流产的设施，必须申报自己和有关设施的名称、地址，接受州的资金的场合要被公开。这些规定有益于保护女性健康的州的利益。并且，记录、申报也许需要若干费用，但没有实质性的障碍。不过，有关通知丈夫要件的申报规定是无效的。

结论，对于原判决，一部分支持，一部分取消，退回重新审理。

斯蒂文斯法官的意见(略去)。

布莱克门法官的意见如下：

规定人工流产的州法，除了影响最小的，所有的都应该严格审查。

伦奎斯特首席法官的意见如下：

Roe 判决应该被推翻，先例承认结婚、生育、避孕的自由是受到第 14 修正案的正当法律程序条款的保护，但是人工流产包含有意抹杀潜在生命，和以上不同。

斯卡里亚 (Scalia) 法官的意见如下：

宪法中没有对人工流产提到一个字，而且，美国社会的长期传统都是禁止人工流产的，所以说，人工流产不是宪法保护的自由。

按　语

1. Roe 判决以后，选择堕胎乃至人工流产(abortion)的宪法上的权利,在 Planned Parenthood v. Danforth (1976). Akron v. Akron Center for Reproductive Health (1983) 等判决中也都得到了确认。而 Webster v. Reproductive Health Services (1989) 判决虽然没有明确推翻 Roe 判决,但是开始看到了对该权利的消极姿态。在这种情况下受到瞩目的本案判决,以被反对人工流产的里根、布什两政权任命的奥康纳、肯尼迪、苏特 3 位法官为中心,在狭窄范围内支持了该权利。

2. 3 位法官的共同的意见是,在以胎儿的母体外生存可能时对权利保障的内容大加划分的方面维持了先例。但是,Roe 判决以来到 Webster 的判例,对曾经被称为 "fundamental right(基本权利)" 的人工流产选择的自由单单称为 "liberty",具体的由 trimester(3 个月)框架取代,采用了 "不当的负担" ——Akron 判决中奥康纳(O'Connor)法官所提倡的,本案中内容被修改了——的标准。从适用上来看,本案判断为违宪的只是通知丈夫的要件,可以窥测到是比以往宽松许多的标准。

但是,该标准只不过被 3 位法官所支持。斯蒂文斯、布莱克门二位法官基本上坚持了 Roe 判决以来的原则,对于本案中有争议的规定多数认为是违宪的。另一方面,伦奎斯特、怀特、斯卡里亚、托马斯四位法官全面否定了把人工流产的自由作为宪法上的权利。本判决之后,法官人选有了若干变化,宪法上的人工流产选择自由的去向人们拭目以待。

3. 一般来说,合众国最高法院近年对于第 14 修正案的正当法律程序条款的保障中包含宪法典上没有明确表示的权利,是采取消极态度的。对于 Bowers v. Hardwick (1986) 案件的同性恋行为的自由,对于 Michael H. v. Gerald D. (1989) 案件因为不贞而产生的父子关系,否定了宪法上的保护(可参照本书第 42 案例)。

4. 作为社会背景,拥护生命派一方对堕胎诊所进行设步哨等激烈抗议行动,一部分甚至采取了杀害做人工流产手术的医生之类的恐怖行为。合众国最高法院,近年也作出了几个和限制这些抗议行动有关的法律问题的判决〔Bray v. Alexandria Women's Health Clinic (1993); National Organization for Women v. Scheidler (1994); Madsen v. Women's Health Center (1994)〕。

5. 概观美国的有关人工流产的法律问题,请参照石井美智子 "人工生育的法律学" 117 页以下(有斐阁·1994)。

执笔者:京都产业大学副教授　高井裕之

42

Cruzan v. Director, Missouri Department of Health
497 U.S. 261, 110 S. Ct. 2841, 111 L. Ed. 2d 224 (1990)
死的权利

| I 美国公法 3 人权的保护 |

事实梗概

1983年1月，Nancy Cruzan 在遭遇了交通事故之后处于由于缺氧状态造成的长久的植物状态（persistent vegetative state），即陷入了呼吸·循环功能表示有运动反射，而实质的认识功能的征候没有表示的状态，营养和水分通过连接在胃部的人工孔上的管子进行补充。当明确认识到她的精神能力没有可能恢复时，她的父母亲要求医院停止进行人工的营养、水分的供给（这样做的话 Nancy 就死亡了），可是遭到了医院的反对，为此向密苏里州的事实审法院提起诉讼获得了准许。但是，州的最高法院，以该州的 Living Will（停止维持生命的治疗。在有意思决定能力的时候预先写好的，万一陷入末期状态时要求停止进行维持生命治疗的文件。现在美国的大多数州正在制定规定其要件和效果的自然法。——译者注）重视保护生命为根据，提出像本案这样的停止维持生命的治疗必须有该法所规定的文件或者是有明确的具有说服力的证据，对本案没有这样的证据而停止补充水分、营养判断为不能认可。于是其父母亲向合众国最高法院提起请求调卷令（certioratri），得到了受理。

判决要旨

伦奎斯特首席法官的法庭意见如下：

"有判断能力的（competent）的人拒绝不希望的医疗是被宪法保障的自由的利益（liverty interest）这一原理，我们也许可以从先例中得出推论。"参照 Jacobson v. Massachusetts（1905），Breithaupt v. Abram（1957），Washington v. Harper（1990）等案例。"为了本案,我们假设,合众国宪法赋予有判断能力的人有拒绝补充为了维持生命的水分、营养的宪法上所保护的权利。"

上诉人主张没有判断能力的（incompetent）的人有同样的权利。但是,这样的权利即使有,也必须通过某个代理人（surrogate）方才可能行使。这一点,密苏里州即使在一定情况下认可代理人选择中断水分、营养的补充,为了确保代理人的行为尽可能和患者在有判断能力时表明的希望相一致还是设置了程序上的保护措施（procedural safeguard）。该程序上的保护措施不违反合众国宪法。

州有保障人的生命的利益。但是,因为"生和死之间的选择是极其个人的（personal）、明白而具有压倒性的最终决定",对于该决定是个人的这一要素,州可以用更严格的证据上的要件加以保护。没有判断能力的人并非都有可以成为代理人的亲人,即使有家里人也不见得都能采取保护患者的行动,因此,州可以保护患者免受这些虐待。对于没有判断能力的人的希望进行判断的程序,如果有认定正确事实的保障没有对审程序也可以。而且,考虑到生命的"质",州可以主张保护生命的无条件的利益。

密苏里州为了促进这些利益,可以设定——像驱逐出境或剥夺亲权那样的,比仅仅是金钱上的损害更实质的特别重要的个人利益的时候的——"明确而有说服力的"证明标准。举证责任越重,负有重任的当事人承担错误的危险性就越大。本案中,州可以使要求停止治疗的一方承担更大的错误的危险。不中断治疗的判断即使错了,也就是维持现状。医学的进步、有关患者的希望的新的证据、法律的变更或者是患者的死的可能性,有可能纠正错误的决定或减轻其结果。相反,停止维持生命治疗的决定错了的场合,是没有挽回的余地的。

上诉人主张,即使没有证据证明关系密切的家属的见解反映了患者的想法,州也必须接受家属作出的"代理判断（substituted judgment）"。在 Michael H. v. Gerald D.（1989）一案中,州优待传统的家属被判断为合宪,在 Parham v. J. R.（1979）一案中,把认可家长为患精神病的孩子作出决定的州的制度判断为合宪。但是,这些都不是宪法对州的要求。的确,家属带有强烈的感情,不过并不一定就是没有利害关系的。

结论,支持原判决。

奥康纳法官的同意意见如下:

对照一下关于州侵入身体的先例,合众国宪法的正当法律程序条款保障拒绝医疗行为的自由的利益,而补充水分、营养是对身体的侵入和伴随有拘束性的医疗行为。在必要的情况下,代理人的决定在宪法上也必须承认。关于失去了判断能力时的拒绝医疗的意思,很少有人是事先就明确表明了的。

斯卡里亚法官的同意意见如下:

为了主张实体的正当法律程序,至少必须表明,该权利在历史上、传统上就是从州的侵害中受到保护的。但是,在英国的普通法里,自杀是被处以刑罚的,制定第14修正案时很多州对帮助自杀也是进行处罚的。

本案和自杀无法区别。即使Nancy处于植物状态,为了脱离痛苦的自杀也是违法的。鉴于自杀是有作为的行为,而拒绝治疗是不作为的行为,在此无法进行区别。而且,因为为阻止违法行为接触身体是被允许的,如果拒绝治疗是违法的,那么以身体的不可侵犯性(bodily integrity)为理由受到法律保护也是不可能的。

布伦南法官的反对意见如下:

Nancy Cruzan有从不希望的人工补充营养、水分中被解放出来的基本权利,这优先于任何州的利益。而本案过度的程序上的障碍侵害了这一权利。

州有作出尽可能接近Nancy所希望的决定的监护人(Parens patriae)的利益。但是,州既不能直接推翻她的选择,同样也不能通过设立程序上的障碍来推翻她的选择。法庭意见说,要求明确而有说服力的证据可以提高正确性,其实不然。第一,正确性可以由诉讼上的保护人(guardian an litem)的活动加以提高;第二,法庭意见引用的先例,为了保护个人权利要求很高的证明标准,和本案相反。另外,法庭意见还说,停止治疗的决定如果错误的场合,会导致无法挽回的结果,而不停止治疗的决定错误的场合也是会导致同样的结果的。本人的失去了尊严的持续存在,延长了家属的痛苦,也扭曲了本人的形象。

斯蒂文斯法官的反对意见如下:

本案中,密苏里州不是要保护生命,而是对生命作出定义。Nancy的生命的意义应该根据最有利于她的原则加以判断。

按 语

1. 有节制地或是停止对处于长期植物状态的人的维持生命的治疗,由此导致死亡结果的所谓"尊严死亡(消极的安乐死亡)"的问题,自 *In re* Quinlan (1976) (卡里案件)以来,积累了为数众多的案例〔比如, Superintendent of Belchertown State School v. Saikewicz (1977), *In re* Conroy (1985), *In re* Westchester County Medical Center on behalf of O'Connor (1988)〕。可是,这些案件几乎都是州法院的,可以依据州宪法、州制定法以及普通法进行解决。而本案则是合众国最高法院明显地表示了合众国宪法对此问题是如何回答的。

2. 以往的州法院的判例,大致上是从普通法以及宪法上的先例中引申出身体的不可侵犯性(bodily integrity)(由此派生出 informed consent 基于说明的同意的法理),在承认治疗拒绝权的基础上,衡量对立的州的利益,认可防止自杀的正当利益,以此区别拒绝维持生命的治疗。本案中,反对意见和奥康纳的同意意见都承认宪法上的治疗拒绝权。而斯卡利亚的同意意见中所说的无法区别拒绝治疗和自杀,即使是作为合众国宪法的解释论,也是未曾有过的。

3. 像本案这样,权利主体不能以自己的意思直接行使该权利的场合很多,而各州的法院,在依据某一标准承认该权利的"行使",判断由谁来代理? 标准是本人的意思还是客观的"最有利的"? 举证责任的所在及程度等等问题上形成了各种各样的规则。并且,在立法上制定了对事先表明失去判断能力以后自己希望进行怎么样的治疗措施的 Living Will(停止维持生命治疗的文件)和有关永久权限委任法律的州也很多。本判决,只限于确认了 1 个州的程序的合宪性,很多问题可以说都是由州去进行"实验"。

4. 最近,对于超越了"尊严死亡"、在一定情况下用药物等结束生命的"积极的安乐死亡",有些州法进行禁止,而有些是认可的,分别都作为宪法问题在法院进行争议。

5. 有关美国各州的判例或立法状况,可参考呗孝一的《生命维持治疗的法理和伦理》(有斐阁·1990)。

执笔者:京都产业大学副教授 高井裕之

43

Bate's Case (An Information Against Bate)

(1606) Lane 22, 2 St. Tr. 371, 145 Eng. Rep. 267 (Ex.)

国王的课税权和议会制定法

Ⅱ 英国公法

事实梗概

本案件的有关事实很单纯,但是由此提出的宪法问题非常大,作为英国宪法案例的主要判例之一登载在宪法教科书及其他书籍上。该案件,是从孟加拉进口商品的贸易商人 Bate 拒绝支付一部分进口税,对其正当性产生争议的案件。具体地说,Bate 支付了根据议会制定法规定的税金(法定手续利益税),但是拒绝支付基于君主权被课征的进口间接税。并且,对于财政部提起的违反诉讼,Bate 抗辩,该课税与爱德华三世的立法(45Ed.3,c.4)相抵触,该间接税是无效的。该法律规定,对于羊毛、毛线、羊皮不能进行习惯法或法律认可以外的课税。

判决要旨

本判决的准确记录没有留下(当时没有编纂判例集的习惯)。这里主要是依靠收录了和国家有关的最重要判例的判例集 State Trials 为典据说明判决要旨。顺便提一句,一般的判例集 English Reports 也以其为典据登载了本案件。

记录里只留有克拉克(Clarke)法官及弗莱明(Fleming)首席法官的意见。首先是克拉克法官对上述的爱德华三世的法律等作了解释,认为"对于整个国土课以关税的权限只有国王才有"。贸易上的交易,是有关外国的物品能否进入到国王领土的行为,对其进行规制是君主权的一部分。

弗莱明法官认为,"根据获得财政收入的大权或是规定商品移动的大权,国王不经过议会的同意,是否能够对进口商品课以关税,是本案的核心问题"。而"没有议会的同意,国王不能对其臣民课税"是宪法所规定的(参照大宪章(Magna Charta)第 12 条)。但是,Bate 案件中的课税,是对外国的出口商人的所有物(商品的所有权还没有移到进口商人 Bate 手中时)进行的课税,不是对臣民的课税。因此,和克拉克法官同样,作出了贸易上的交易规则是包含在国王规则权内的有关国际外交问题的判决。

按 语

本判决在后来的英国的判决中被援引的程度怎样,通过通常的调查系统(电脑上的数据库)的调查,了解到在 20 世纪的判决中完全没有被引用过。在今天,关税是包含在外交政策里的君主权以及有关课税的"租税法律主义",作为宪法原理可以说已经成为常识。该判决即使堪称是确立了这一原理的具有历史意义的重要判决,却没有实务上的意义。不过,在如何说明关税论据或租税法律主义时,对我们极有帮助,从这一角度来说,该判决即使是在今天仍然没有失去其重要性。

在 Bate 案件中可以看到君主权和议会法律制定权的冲突,主要论点是课税权属于国王还是议会。(详细内容可以参考田岛的《议会主权和法的支配》〔复刻版〕(有斐阁·1991) 13 页。)上述判决的核心在于,关税是外交政策的一部分(君主权),不过在行使一般课税权时,必须要有国会的同意。在关于英国的议会主权的原则是什么时候确立的问题上,意见有分歧,就算是 1688 年的光荣革命(Glorious Revolution)时的话,在 Bate 案件判决当时该原则还没有明确为是主要的宪法原理。不过,在该案件发生时,"没有议会的同意不能课税"的宪法原理已经得到说明,成为美国独立战争起因的波士顿茶叶事件(﹡1773 年英国为了让东印度公司独占茶叶的销售,把在当时殖民地的波士顿装了船的茶叶扔到海里的事件。——译者注),也为产生"如果没有代表就不课税"的理论提供了基础。

因为该案件是英国宪法史上的重要案件之一,对其历史背景略微加上一点说明。1602 年伊丽莎白女王去世,王位由詹姆士一世继承。当时王室的财政已经捉襟见肘,而物价飞涨,必须要以某种形式确保财源。为此,詹姆士一世想要行使封建时代承认的作为君主权之一的紧急时期的筹备权。如果该课税被承认的话，贸易商人们将不可能获得收益，不得不歇业倒闭。为此，1607年3月，对于议会(平民院)为Bate等废止课税的请愿，詹姆士一世在财务法院提起诉讼进行对抗，要求确认其合法性。但是，当时的法官，因为没有明确表示成为判决基础的理论，导致了判决以后国王和议会之间围绕解释的纠纷以各种各样的形式一直持续着。国王的课税权一次也没有被否定过，可是通过争议，产生了"议会中的国王"这一概念。即该案件使封建时代的特权被废止，由此奠定了近代议会制的基础。

执笔者：筑波大学教授　田岛裕

44

Prohibitions del Roy
(1607) 12 Co. Rep. 63, 77 Eng. Rep. 1342（K.B.）

法的支配——国王的禁止令状事件

Ⅱ 英国公法

事实梗概

在普通法法院和教会法院围绕管辖权的争议中，常常发出以国王名义的禁止令状（writ of prohibition），以该案件属于世俗法院管辖为由，否定在教会法院的裁判。为此，康塔贝利大主教邦库罗夫特，向詹姆士一世作了如下请愿。即有关什一税及关系到其他教会的纠纷应该由国王自己裁决。普通法院的法官只不过是国王的代理人，国王应该可以按其所好把案件从法官决定改为由自己裁决。

在詹姆士一世正要同意这一见解的时候，1606年就任于普通法法院之一的皇家民事法庭（Court of Common Pleas）首席法官爱德华·柯克（Edward Coke），在普通法法院的全体法官出席的情况下，并且是在获得他们的明确同意之后，向国王提出这样做是错误的。

柯克法官的意见

国王不能由自己进行一切裁判。不论是叛逆罪或重罪及其他刑事案件，还是有关继承或财产的两当事人之间的民事案件。这些案件必须是在司法法院，根据英格兰的法律和习惯进行裁判。

国王可以出席裁判。因此，国王总是存在于进行法律判断的法院。不过，判决必须总是由法院（per curiam）作出。

自从诺曼征服以来，在王国内的司法运作上，没有哪一位国王考虑过对任何案件都要由自己来决定。

（于是詹姆士一世说道，按照朕的想法，法是基于理性的，不仅是法官，朕或其他人也都有理性。对此，柯克法官作了如下回答。）

的确，神赋予了陛下卓越的学识和非凡的天赋，这是事实。不过，陛下并不精通英格兰的法律。有关臣民生命、继承、财产等等的案件,不是能够按照自然的理性加以判断的,而是应该由人为的理性和法的判断来决定的。并且,所谓法律,到精通其为止,是需要长期研究和经验的技术。

(对此,詹姆斯一世大大地坏了情绪,责问道,那么作为王的朕不也成了在法律之下了吗?如此说法该当叛逆罪。柯克法官作了如下回答。)

Bracton〔亨利·布拉克顿(Henry de Bracton,？—1268〕英国的圣职人员,法律家)也说过,国王不应服从臣民,但应服从上帝和法律。
(*quod Rex non debet esse sub homine, sed sub Deo et lege.*)

按　语

1. 爱德华·柯克是英格兰具有代表性的法律家、政治家。16世纪后半期历任了平民院议长、检察总长等,曾经支持国王大权的他,在朝廷更换成了斯图亚特(Stuart)王朝时,成了法官,与国王对立陈述普通法的优越性,被称为普通法的第一人。

爱德华·柯克对大宪章进行了再解释,称其为人民的自由宪章。本案中,在振振有词地阐述了从历史上看来是明显错误的,所谓诺曼征服以来不存在要把裁判权捏为己有的国王〔参考ダイシー(伊藤正己·田岛裕翻译)《宪法序说》17页(学阳书房·1983)〕的同时,在政治上也取得了很大的成功。〔在高柳贤三的《英美法基础》160—162页(有斐阁·1954)中对该案件有所介绍〕对于怀疑这一案件是否真的有过的,可参考松平光央的"英美法官的司法哲学的实践"法哲学会年报"实践理性和法"60页(1992)。

关于17世纪中,国王和法院的抗争,可参考接下来的第45案例和第46案例。

2. 英美法中的法的支配,首推法院的支配,其特色是由普通法法院运用一般法的支配。本案在其后的法的支配的发展过程中,成了必定被引用的重要先例。

不过,在英格兰,对抗国王意义上的法的支配,在市民革命之后由议会占了优势,又被迫和议会主权的原则进行了调整。对此,可以参考本书的第47案例。

本案标题的 del Roy 的诺曼法语的意思是 of the king。

执笔者:东京大学教授　樋口范雄

45

Dr. Bonham's Case
(1610) 8 Co. Rep. 113b, 77 Eng. Rep. 646 (K.B.)
司法审查的起源

Ⅱ 英国公法

事实梗概

本案原告的 Bonham 医生,因为不经皇家医学会(Royal College of Physicians)的许可在伦敦进行医疗行为,1606 年 4 月受到该医学会的会长及监察董事传唤,被命令支付罚款和停止医疗行为。尽管如此原告仍然继续诊疗活动,在 11 月受到第 3 次传唤。原告主张,对于获得剑桥大学医学博士学位的原告皇家医学会没有裁判权,却被监察董事送到了监狱。原告以皇家医学会董事为被告提起了受到非法监禁的诉讼。

根据亨利八世赋予皇家医学会法人资格的特许证书,该医学会对于没有得到其许可在伦敦进行医疗行为的人有罚款的权限,对伦敦市内的所有医生有进行一般监督的权限。这些权限被后来的制定法所确认。本案的主要争论点是,皇家医学会是否有权将原告送进监狱。

判决要旨

针对这一争论点来看一下特许证书的规定,该特许证书首先规定"没有得到该医学会的许可任何人不准在伦敦市内进行医疗行为。对于没有得到许可而在该地区进行医疗行为者,1 个月罚款 100 先令"。在接下来的条款中规定,该医学会对该地区的所有医生有监督、调查、纠正、统一管理的权限以及有以罚款、送进监狱等合理而适当的方法,对不适当的医疗行为加以制裁的权限。

鉴于以下理由,判断为医学会没有把原告送进监狱的权限:(1)第 1 条款明确地写清楚了罚款的金额而第 2 条款却没有,两条条款是分别独立的规定。因此,第 2 条款的送进监狱权限的规定不及于第 1 条款;(2) 因为不适当的医疗行为伤害了人体,规定对其进行制裁送进监狱的规定是合理的,而不经许可却是合适的医疗行为不至于对人体造成伤害;(3) 第 1 条款设定了 1 个月的期间,而第 2 条款对不到 1 个月的行为也可以进行制裁;(4) 因为罚款的一半是医学会的收入,医学会也成了案件的当事人,任何人不能在自己的案件中担任法官。在"年鉴中也明确表示,普通法在很多场合都驾驭于议会制定法,有时甚至裁定其为无效。这是因为,当议会制定法违反了普遍的普通法上的权利和理性(common right and reason),或者是〔与其规定相〕矛盾,或者是按规定行不通的时候,是普通法对其进行了审查,裁定了该立法为无效的";(5) 如果两项条款不是分别规定的话,不经许可诊疗可以受到罚款和进监狱的双重的处罚,不过对 1 个违法行为加以 2 个处罚的解释是不合理的。第 2 条款的以送进监狱进行制裁的规定,妥当的解释是只限于用于不适当的医疗行为。

按 语

1. 作出这一判决的是爱德华·柯克爵士,他是活跃于英国绝对主义时代的著名法律家、政治家。在历任了平民院议员、议长、检察总长等之后,他当了普通法法院皇家民事法庭(Court of common Pleas 是 1170 年左右到 12 世纪末之间,通过虚拟等手段渐渐扩大了管辖权,对普通法上的几乎所有的民事案件和王座法院、财务法院竞争行使裁判权的法院。从 1875 年开始和其他的普通法法院一起合并为 High Court 高等法院。——译者注)的首席法官。柯克成了法官之后,竭力主张普通法的至高无上,因为和国王的对立被免除法官之职后,作为平民院反政府、反国王的领袖投身于拥护人民自由的活动中。是著名的权利请愿书(Petition of Right)的起草者。

在英格兰的资产阶级革命时期,对王权主张各种人权、自由权,很多是以普通法上很早就被承认的主张权利的形式展开的。本案,一般是作为有上述思想背景的柯克,主张普通法优越于议会制定法,即普通法是位阶高于人定法、具有自然法优越性的判例而存在的。

2. 相对于普拉克内特(Plucknett)所代表的以上的通说的理解(日本也是同样),也有以下的不同见解。中世纪的立法观和认为制定法的文字应该有很强拘束力的近代的概念不同。在中世纪,立法被视为表示事务处理的一般方针,对于立法的解释采取的是比较自由的态度。因此,本判决中最有名的(4)所引用的部分,并非通说所理解的那样的一般论,只不过是相当于立法解释的原则而已。在英国,对于该判决表示了有违宪立法审查权的想法的通说的理解,认为应该以近代立法观为前提进行再探讨。对于这一见解,可以参考田中英夫的"Coke 和 法的支配"法律时报 33 卷 4 号 447 页(1961)〔同《正当法律程序》204 页(东京大学出版会·1987)〕。

执笔者:东京大学教授　寺尾美子

46

The Five Knights' Case (Darnel's Case)
(1627) 3 St. Tr. 1 (K.B.)
君主权的独断专行和人身保护令

Ⅱ 英国公法

事实梗概

1627年,国王查理一世,为了与法国交战需要筹备战争费用,因为不可能从处于对立关系的国会(特别是平民院)那儿获得赞助,于是对全国有权势之人士强行要求贷款。可是不乏拒绝贷款者,于是对其中处于高位的命令去枢密院报到,甚至被送进监狱的也有。被送进监狱的人当中,Thomas Darnel 等 5 人向王座法庭(King's Bench)提出发给人身保护令(writ of habeas corpus)——是把被监禁者提交给法院,并要求监禁者出示监禁理由的令状,监禁理由不合法时释放被监禁者——的请求,该法院发出了保护令。

本案的争论点在于,监狱长回答的送进监狱的理由是否合法。即,监狱长回答,是依据国王特别命令的枢密院命令书的指示将 5 人送进监狱的。而要求释放被监禁者的律师(John Selden 等),首先举出了该回答的形式上的 4 点瑕疵:(1) 监狱长仅仅引用枢密院指示的监禁理由是不够的,监狱长自己必须出示理由;(2) 回答没有直接出示监禁的理由,只不过是出示了监禁理由(枢密院的指示)的理由(国王的命令);(3) 仅仅出示现在的监禁理由是不够的,必须出示当初送进监狱的理由;(4) 在回答中把国王的命令和枢密院的指示作为理由同时提出,命令书本身存在矛盾。接着,对于回答内容的实体问题,律师主张,仅仅有国王的命令是不能把臣民送进监狱的,该命令必须有法律上的理由。按照国王的命令监禁还不如说是必须按照王国的法律,这在大宪章——任何人不依据国家的法律(law of the land)不准被监禁——或者是爱德华三世时代的法律——任何人不经过法律上的正当程序(due process of law)不准被监禁——都表明,迄今为止,在人身保护令手续中,对于提不出有关监禁的法律上的具体理由的人们都是被释放了的。

另一方面,拥护监禁的检察总长(Attorney General) 罗伯特·希思(Robert Heath,不久成为王座法庭首席法官)提出,本案中监狱长的回答是应人身保护令的要求作出的,不存在律师所主张的形式上的瑕疵。至于回答的实体,说监禁是根据国王的特别命令就是很正统的了,法官不能进行更多的审查。国王是上帝手中的正义的源泉,君主权(prerogative)是绝对的,在"国王不能为非(King can do no wrong)"的这一普通法原则中也显示了这一点。

判决要旨

海德(Hyde)王座法庭首席法官发表的法院(由 4 位法官组成的)意见如下:

本案中监狱长的回答,充分满足了人身保护令的要求,在形式上不存在瑕疵。根据国王命令被监禁时,因为人身保护令手续中的监禁理由没有具体提示而被命令释放的先例没有。律师援用的先例的案情全部不同。国王命令监禁时,作为法院,相信这是按照法律作出的命令。因此被监禁者,仍旧回监狱。

按 语

再次被监禁的 5 人在两个月后得到了释放。不久的 1628 年 3 月,查理一世因为财政发生了困难不得不召开国会,抵抗强行贷款的人们也在各地被选为平民院的议员。在这次国会中,权利请愿书(Petition of Right)被通过,国王也不得不同意。在权利请愿书中,对本案中的人身保护令的手续及其结果,如律师所主张的那样批判其是违背了英格兰诸法,还宣布了没有国会的同意国王不能强行要求贷款,不提示具体的法律上的理由的监禁是违法的。

不过,17 世纪处于资产阶级革命刚刚开始的时期,以君权乃天赋之权学说为基础的君主权主张远远没有被埋葬,各种人权的确立还需要抗争和时间。即使是从违法的监禁中解放人们的人身保护令的权利,最终得到充分确保还是到了 1679 年的人身保护法(Habeas Corpus Act)和 1689 年的权利法案(Bill of Rights)被制定之后。有关权利请愿书、人身保护法、权利法案的翻译文本,可参照高木八尺＝末延三次＝宫泽俊义编的《人权宣言集》(岩波书店·1957)。

执笔者:东京大学副教授　浅香吉幹

47

British Railways Board v. Pickin (Pickin v. British Railways Board)

[1974] A.C. 765, [1974] 2 W.L.R. 208,
[1974] 1 All E.R. 609 (H.L.)

议会主权的原则

Ⅱ 英国公法

事实梗概

Bristol Exeter 铁道公司(Bristol and Exeter Railway Co.)，是为了铺设从布里斯托尔（Bristol，英国英格兰西南部港口城市）到埃克塞特(Exeter)的铁道，于 1836 年根据 Bristol Exeter 铁道公司法(Bristol and Exeter Railway Company Act 1836)而设立的。1836 年法的第 259 条规定，在公司废弃或是放弃或者是 3 年后铁道不再利用的场合，为了该法律的目的由公司取得的土地归还给位于铁道旁的该土地所有者。1845 年 Bristol Exeter 铁道公司法(Bristol and Exeter Railway company Act 1845)，赋予该公司铺设包括从马赛特县的亚通和克林布顿之间的线路的一定支线的权限。1845 年法的第 2 条编入了 1836 年法的第 259 条。

上诉人 British 铁道委员会(以下称"铁道委员会")在权限方面是该公司的继承者。1960 年代该铁道不再使用，1966 年 10 月以后列车不再运行，到 1969 年 10 月为止线路是可以利用的。

原告(被上诉人)George William Leonard Pickin，对铁道很感兴趣，1969 年 10 月 20 日从邻接线路的土地及铁道线路的权利者那儿转让到了不动产上的权益(estate and interest)。

一方面，根据 1967 年 11 月 24 日提交给议会的请愿，铁道委员会催促议会通过私法律案(private bill)。1968 年 5 月 27 日，该法案在平民院的委员会被审议，为铁道委员会正式证明了全文是真实的。该法案在 1968 年 7 月 26 日,作为 1968 年 British 铁道法(British Railways Act 1968)被女王批准,当天施行。该法的第 18 条(1)项规定,"该法律制定之后,适用本条的规定不能适用属于铁道委员会的任何土地"。根据第 18 条(2)项,该规定适用 1836 年法的第 259 条(即 1836 年法的归还条款不适用被告公司还没有归还的土地)。

在 1969 年 10 月 23 日提起的诉讼中,原告(被上诉人)Pickin,要求确认判决曾经是铁道委员会的土地的一半,是自己所有或者自己是衡平法上的共同租借人(equitable tenant in common),还要求确认判决自己有占有权限。对于铁道委员会,原告提出了其他的主张。

1971 年 12 月 8 日根据非公开手续的申请,原告提出,要求决定铁道委员会在 14 天之内公开:(1) 为了议会制定私法律(即 1968 年法)铁道委员会及其被雇用者或代理人向议会提出的所有资料;(2) 对有关同法或被提案的法律进行照会时送出的文件及其有关的所有文件。

在 1972 年 2 月 21 日的决定中,艾尔顿(Elton)辅助法官驳回了原告在非公开手续中的一部分反诉,命令认可反诉其他部分的修正。艾尔顿辅助法官驳回了原告申请公开证据的请求。

1972 年 6 月 1 日,查普曼(Chapman)法官,维持了在非公开手续上的辅助法官的决定,驳回了原告的申请。原告以反诉的一部分值得进行事实审理的理由,提起了上诉。

1972 年 10 月 3 日,由丹宁(Denning)记录长官、戴维斯(Davies)法官及斯蒂芬逊(Stephenson)法官组成的上诉法院,认可了原告(被上诉人)的上诉,取消了查普曼法官及艾尔顿辅助法官的决定,命令认可反诉的一部分,并且命令铁道委员会应该在 28 天之内公开原告(被上诉人)申请的文件([1972]3 All E.R.923, [1973]Q.B.219)。

判决要旨

取消原判决,维持第一审的决定。

里德法官的意见要旨如下:

1. 我们的铁道网是在 19 世纪一点点建立起来的。一般来讲,铁道的建设者是从议会那儿获得承认铺设铁道的比较短的区间和征用必要土地的带有强制权的私法律的。1845 年以前这些法律规定没有统一性,很多法律(听说大约 100 条)规定,被计划的铁道停止或废止时,为了该铁道取得的土地归还给邻接的土地所有者。铁道两侧的土地属于不同所有者时,各所有者分别取得各自财产之间的铁道用地的一半。很清楚,这样的规定在1845年以后不再写入私法律案了。

铁道委员会的铁道用地,有相当部分的产权出自1845年以前的老的法律。几年前,当明确了很多铁道区间不得不封闭时,从议会那儿知道只要没有取得新的权利,这些老的归还条款的一部分是有效的。为此,制定了1968年的British铁道法。

2. 对于1968年法第18条,估计被上诉人认为,该条对铁道委员会有利,如果被上述人能够证明议会是被欺骗地错误制定了这一带有利益的条款的话,法院能够无视或必须无视该规定,而提出自己的主张。

因为什么理由法院能够无视议会制定法中的规定的这一想法,对于知道我们宪法的历史和法律的人来说,无疑感到奇怪、惊讶。

必须明确,对议会的一般的至高无上性(general supremacy of Parliament)从未有人尝试过提出异议。在过去的时代,很多有学识的法律家似曾相信议会制定法只要违反上帝之法(law of God)或者是自然法或自然的正义(law of nature or natural justice)就能够归于无效,但是议会的至高无上性自从1688年革命显示了结果以后,那样的想法已经陈旧。

3. 法院的权能是解释、适用议会制定法。对于议会或者是执行议事规则(standing orders)的干事行使其职权的状况,法院并不关心。

议会和法院,双方注意不要采取发生冲突的行动,已经度过了1个多世纪。被上诉人所要求的调查很可能轻易地导致这样的冲突,根据明确的先例也只有在万不得已的时候方可获得支持。不过,纵观横跨1个多世纪的先例的整个倾向是不认可那样的调查。

按 语

1. 本案因为涉及英国宪法的重要原则的议会主权(Sovereignty of Parliament)而受到注目。关于议会主权在Albert Venn Dicey的名著宪法研究序说(Introduction to the Study of the Law of the Constitution)〔初版,1885年〕中有所论及,而其论述常常被引用。从意味上来说,被整理为(1)议会是最高的立法机关;(2)议会的立法权限是无制约的;(3)其他任何机关都没有判断其制定法有效性的权能〔Michael J. Allen, Brian Thompson, and Bernadette Walsh, Cases and Materials on

Constitutional and Administrative Law (1990), p.53）。按照以上整理，本案属于(3)。

2. 本案中有争议的是，在法律制定过程中议会被欺骗而造成错误的原告(被上诉人)的主张，在怀疑有其他利害关系人没有被告知的瑕疵的场合，法院能否介入的问题，对此以前也有过争论。

比如，向议会提出对铁道公司有权利者带来不利的私法律，在为没有进行议会的议事规则中要求的对利害关系人的告知的瑕疵而进行争论的 Edinburgh and Dalkeith Ry. Co. v. Wauchope (1842)的案件，坎贝尔(Campbell)法官在旁论(*obiter dictum*)中论及"司法法院能够做的是看议会的记录，法案在议会的两院通过，如果明显得到国王批准的话，法院不能调查该法律向议会提出的状态、提出前的情况、在议会两院审议过程的各个阶段是如何通过的"。

又如，在因为同样问题而有争议的 Lee v. Bude & Torrington Railway Co. (1871) 案件中，威尔斯(Willes)法官指出"如果议会制定法是被不正当地制定出来的话，将其废止加以纠正的是立法部门。只要其作为法存在，法院就受到依据该法的制约"。

这样的原则，在本案中得到了再次确认。

在立法的司法审查上，有必要注意，英国和美国有很大的不同之处。

执笔者：一桥大学教授　堀部政男

48

Regina v. Secretary of State for Transport, *ex parte* Factortame Ltd.

[1990]2 A.C. 85(H.L. 1989), [1990]E.C.R.I-2433 (ECJ),
[1991]1 A.C. 603(H.L. 1990), [1991]E.C.R.I-3905 (ECJ)

欧洲共同体法带来的"议会主权原则"的改观

Ⅱ 英国公法

事实梗概

X等(原告；上诉人)，是根据联合王国(United Kingdom of Great Britain and Northern Ireland)的法律设立的 U.K.公司的董事和股东，也是按照商船法(Merchant Shipping Act 1984)在船舶登记簿上作了登记的远洋渔船的所有者。1980年，以西班牙人为首的外国人设立了U.K.公司，用该公司的名称把属于自己的船舶作为英国船登记，在欧洲共同体海域捕获分配给英国的一定额度的鱼(quota hopping)。为了制止这种掠夺行为，联合王国制定了商船法(Merchant Shipping Act 1988)及商船(渔船)登记法〔Merchant Shipping (Registration of Fishing Vessels) Regulations 1988〕，把英国船舶的登记资格，限定在常住联合王国的联合王国的公民乃至常住联合王国公民拥有75%以上的股份的公司。反过来说，从立法上采取措施不承认定居在联合王国的联合王国公民以外的渔船登记资格。其结果是，X等船舶缺乏1988法的要件，自1989年4月1日以后不能再从事捕鱼了，于是X等以1988年法与EEC(欧洲经济共同体——译注)条约规定的禁止国籍歧视及设立公司自由的规定相抵触的理由，向运输大臣Y提起了诉讼。

第1争论点，是有关是否违反 Merchant Shipping Act 1988〔特别是第Ⅱ章第14条第1项——A fishing vessel shall only be eligible to be registered as a British fishing vessel if(只有在以下条件下，一艘渔船才可以被登记为英国渔船)——(a) the vessel is British-owned(船为英国人所

有)；(b) the vessel is managed, and its operations are directed and controlled, from within the United Kingdom(船的管理和运营由英国国内指导和控制)；and (c) any charterer, manager or operator of the vessel is a qualified person or company(以及,船的租赁者、管理人或运营人是具有资格的个人或公司)]，EEC条约(EC设立条约)第7条(国籍歧视条款)、第52条、第58条(在其他成员国设立公司等的权利)、第221条(加入资本的自由)等。换言之,成员国在国内法中决定的可以给什么船舶国籍的条件,是否影响EC法。第一审的高等法院在1989年3月10日的判决中,对于这一争论点,依据EEC条约第177条请求EC法院(Court of Justice of the European Communities)作先决裁定。

第2争论点,在以上先决裁定作出之前,是否可以对X暂停适用1988年法。因为第一审高等法院认可了暂停请求,运输大臣Y向上诉法院提起诉讼。上诉法院判决,法院没有暂停适用国会制定法的权限。为此,X向联合王国最高法院的上议院(House of Lords)提起上诉。上议院在1989年5月18日判决,在英国法上,国内法院没有作出暂停的权限,关于EC法是否赋予联合王国的法院作出暂停命令的权限,依据EEC条约第177条,请求EC法院作先决裁定。

判决要旨

关于第1争论点,EC法院在1991年7月25日作出如下判决(Case 221/89,[1991] E.C.R. I-3905):"按照现行的EC法,根据国际法的一般准则,由成员国决定船舶在登录簿登录、挂国旗应该具备什么条件。不过,在行使该权限时,作为成员国,必须服从EC法的法律准则(rules)。"

"各成员国,把渔船在本国的船舶登记簿上的登记条件作如下规定(1988年法第14条第1项),违反了EC法的规定以及特别是EEC条约第52条：(a)该船舶的普通法上的所有者及股份上的所有者和该租船契约者、管理者和驾驶者,必须是成员国的国民或者是在该成员国设立的公司。后者的场合,公司股份的75%以上必须是该成员国的国民或满足同一要件的公司所有,并且,该公司董事的75%必须是成员国的国民。(b)普通法上的所有者及股份上的所有者和租船契约者、管理者、驾驶者及股东,必须各自具有该成员国的住址(residence)和户籍(domicile)。"

关于第 2 争论点,上议院 Bridge 法官在 1989 年 5 月 18 日作了如下判决:"根据(联合王国的国内法)European Communities Act 1972 的第 2 条第 4 项的规定,必须把可能直接执行的 EC(欧洲共同体)法上的权利(directly enforceable Community rights)作为前提,解释、施行 Merchant Shipping Act 1988 第 2 章。根据 1972 年法第 2 条第 1 项,这些 EC 法上的权利,必须'作为法得到承认,可以援用,可以被执行、被承认、被遵守'。如同 1988 年法第 2 编中插入(incorporate)以下规定一样具有完全相同的效果。即,有关 U.K. 英国船舶的登记规定,不损害 EEC 各成员国公民在 EC 法上可能直接执行的权利这一规定。"

可是,"英国法上的问题,是法院没有发布暂停命令的权限。因此,本上诉必须被驳回,不过 X 所主张的,从 EC 法院的先例推论出来的优越的原理在有的场合除外。即,一旦 EC 法上的推定的权利(putative rights)被主张,被视为构成了重大争论点的话,会对该权利的存在引起争议,在法律准则化之前 EC 法院即使不确定其存在,成员国的法院,不论国内法如何规定,都要假设有保护 EC 法上的推定权利给以有效的临时救济的权限,在适当的场合必须行使该权限。"

"本案有关给予暂定的法律上保护,不应该由上议院来判断 EC 法优先适用于英国法,决定英国法院是否有权限或有义务发布 X 所主张的对推定的权利给以法律保护的暂定命令(interim order)。因此,作为上议院,按照 EEC 条约第 177 条,必须要求 EC 法院进行先决裁定。"

另一方面,EC 委员会(Commission)于 1989 年 8 月 4 日向 EC 法院申请发出停止适用联合王国的国籍要件的暂定命令,EC 法院于 1989 年 10 月 10 日认同了(Case 246/89 R, E. C. Commission v. United Kingdom, [1989] E. C. R. 3125)该申请。联合王国根据该命令,发布了修正 1988 年法第 14 条的枢密院命令(Order in Council)。在此背景之下,EC 法院于 1990 年 6 月 19 日,作出了以下先决裁定:"必须把 EC 法解释为意味着以下的意思:即,当妨碍暂定救济的惟一障碍是国内法的法律准则时,国内法院必须使该法律准则无效。"鉴于该 EC 法院的先决裁定,上议院于同年 10 月 11 日给以暂定的救济。

按　语

1. 联合王国于 1973 年加入 EC,由此产生了新的法律问题。即,联合王国的国内法和 EC 法发生冲突的场合,哪个法优先? 换言之,

"议会主权的原则"(Parliamentary Sovereignty)和"EC 法优先的原则"相抵触的场合,两者的关系应该如何调整?

2.根据众所周知的英国宪法学的经典 A. V. Dicey, Introduction to the Study of Law of the Constitution(A. V. 戴雪,《宪法研究绪论》)39—40 (1885 10th ed. 1961), "Parliament means(议会意味着)...the Queen, the House of Lords, and the House of Commons(女王、上议院和下议院); these three bodies acting together may be aptly described as the 'Queen in Parliament', and constitute Parliament(三者一体可被称为'女王在议会中',构成议会)." "The principle of Parliamentary sovereignty means neither more nor less than this, namely, that Parliament thus defined has, under the English constitution, the right to make or unmake any law whatever(议会主权至上的全部含义在于,根据英国宪法,议会有权制定或撤销任何法律); and, further, that no person or body is recognized by the law of England as having a right to override or set aside the legislation of Parliament.(而且,英国法不承认任何人有逾越撤销议会立法的权利)"并且,因为各会期的议会,有无限制的立法权,"议会是不能拘束以后的议会的"。

3.有关"EC 法的优先性",请参考 Costa v. ENEL, [1964] E.C.R. 585。

4.到了 1960 年代后半期,浮现了 EC 加盟的问题,依据 1930—1950 年代的国会主权论争,对传统理论开始产生了疑问。1972 年,联合王国在 EC 加盟条约上签字,作为国内实施法制定了欧共体法案(European Communities Act)。由此,不得不对议会主权的原则进行了修改,在判例上,由 1974 年 British Railways Board v. Pickin 案的上诉院判决(本书第 47 案例)的丹宁法官所代表的新理论开始登场。在这样的潮流中,1990 年 6 月 19 日 EC 法院的先决裁定,从正面承认了议会主权原则的改观。在第二天的晨刊上,题为"欧共体'改写'了英国宪法(EC 'rewrites' British Constitution)"及"里程碑的判决:欧共体的权力超越英国法(Landmark ruling gives EC power over UK law)"的头条新闻占据了版面。后来,在 R. v. Secretary of State for Employment, *ex parte* Equal Opportunity Commission (1994) 案中,上议院把对全日制雇员和非全日制雇员加以区别规定了不正当解雇等的 1978 年法,间接地适用了 EEC 条约第 119 条的禁止性差别,作出宣布无效的判决。

执笔者:北海道大学教授　木下毅

49

Anisminic, Ltd. v. Foreign Compensation Commission

[1969] 2 A.C. 147, [1969] 1 All E.R. 208, [1969] 2 W.L.R. 163 (H.L. 1968)

普通法院进行的司法审查

Ⅱ 英国公法

事实梗概

本案的主要争论点是,在议会制定法明文规定禁止普通法院进行司法审查的场合,普通法院对和法律有关的决定进行司法审查是否被允许。虽然也包含时效问题等其他很多争论点,这儿仅注目于主要争论点,进行评论和解释。

原告 Anisminic 是在埃及经营矿山业的英国公司。1956 年发生了苏伊士之乱,因为当时的各种情况原告不得不把公司卖掉。埃及的新政府机关 TEOD 作为当事人,签订了买卖契约,以很便宜价格(时价是 400 万英镑以上的公司只花了 50 万英镑)全部买下来。该契约书上写有"将来进行在外财产补偿时,Anisminic 保留该请求权"的规定。

政局稳定后,埃及政府向英国政府支付了巨额赔偿。根据 1950 年制定的在外财产补偿法,该赔偿作为在外财产的补偿,由该法设立的在外财产补偿委员会决定赔偿金额。并且,该法第 4 条第 4 项明文规定,禁止向普通法院提起对以上决定的诉讼。1962 年开始受理申请,Anisminic 的请求也在该委员会被审查,决定结果是该请求权属于"事业的继承人",不属于卖了公司的原告。原告依据 1958 年有关法庭及调查的法律(Tribunals and Inquiries Act)第 14 条第 1 项对决定提出异议,上诉至高等法院,布朗(Brown)法官认为,从法律上解释同项规定的受裁判的固有权利,原告的请求权从法律上解释是应该被承认的。

上诉法院(Sellers, L.J.; Diplock, L.J.; Russel, L.J.)取消了原判决。在此,法律上的争论点是有关法庭及调查的法律解释,问题是,在这样的案件中,certiorari(调卷令,上级法院向下级法院或准司法机构调取案卷的令状。——译注)或者 mandamus(执行职务令,上级法院向下级法院等发布的命令。——译注)的诉讼是否被承认。并且同法第 11 条第 3 项明文规定,对于在外财产补偿委员会的决定不能争辩,像本案这样要求起诉状(declaration)的诉讼,是否也应该作出驳回判决,由此产生了争论(因为时效关系,只认可该救济)。根据上诉法院〔特别是迪普洛克(Diplock)〕的意见,有关裁判管辖权的错误(jurisdictional error),尽管有上述制定法的规定,司法审查仍然是可能的,不过本案的情况不是那样错误。但是,鉴于宪法上的重要性,本案件被上诉到上议院,在经过重复多次审理之后,上议院对该问题作出了最终判决。

判决要旨

审理本案的 5 位上议院法官是:里德法官、莫里斯(Morris)法官、皮尔斯(Pearce)法官、威尔伯福斯(Wilberforce)法官和皮尔逊(Pearson)法官。里德、皮尔斯和威尔伯福斯等法官支持高等法院的判决。其他两位法官和上诉法院的意见相同,以裁判管辖被制定法否定为主要理由,否定了原告的主张。该 5 位法官的意见中包含着宪法上的重要问题,如下面按语中所说明的那样,在学术界引起了很大的争论。

1. 首先是里德法官的意见。本案是在外财产补偿委员会对有关其管辖权的法令进行了错误解释的案件。就是说,有关条文规定了(1) 所有者或者是(2) 其权利继承人,而把该规定解释为排除原来的事业者是错误的。的确,原告在卖却该事业时已经失去了全部的所有权,但是,对将来的补偿保留着一种期待权,不能把该条文解释为连今后发生的权利的行使都被禁止。

第 3、第 4 叙述了意见的皮尔斯法官和威尔伯福斯法官,在后面提到的 Smith 判决及其他的判例、法令的解释上分别表明了不同的意见,不过从结论上来说是赞成里德法官的意见的。

接着里德法官发表意见的莫里斯法官和最后的皮尔逊法官认为本案包含的法律问题,是所谓的逾越权限(ultra vires)——委员会是否是无权限或者是逾越权限作出了决定——的问题,对此,可以承认普通法院有作为固有权限的司法审查权,而本案有争议的委员会的决定是没有手续上瑕疵的完全的决定,普通法院即使持有和该决定的内容不同的意见,也不能推翻该决定。

2. 用先例拘束性原理的英国,如何看待和该判决有关联的 Smith v. East Elloe Rural District Council (1956)一案很重要。该案件是对根据 1946 年的土地取得(认可)法(Acquisition of Land [Authorisation] Act)强制征用土地的决定的效力产生争议的案件,因为同法中有和本案规定同样的"不能在普通法院争辩"的规定,上议院没有认可该决定的司法审查。有 3 位法官提及对于该先例的看法,简单说明如下。

开始是里德法官,该法官认为,Smith 判决的决定也许不是市当局恶意(in mala fide)作出的,因此不拘束本案。第 2 位是皮尔斯法官,认为"那一案件,是有关行政或执行的决定,不是有关司法决定的,因此也许可以作出若干与其不同的考虑吧"。最后是威尔伯福斯法官,对 Smith 判决的解释,"赞成里德法官和皮尔斯法官的意见"。就这样,上议院对该判决与本案的判决作了区别(distinguish)对待。

3. 作为结论,正如上面已经说过的那样,上议院以 3 比 2 宣布委员会的决定是无效(nullity)的。

按 语

1. Anisminic 判决是非常长而且是极其难以理解的判决。

进入 20 世纪以后,英国的有实质意义的行政法迅速发展。在个别立法上,有关该法律的纠纷委任特别法院的很多。并且,从特别法院到普通法院的上诉或是请求司法审查的渠道,以明文规定加以封闭的为数不少。像在外财产补偿法或国籍法(Nationality Act)那样制定了绝对禁止规定的法律是不多,但是像 Smith 判决中产生争议的规定短期提出取消诉讼的期间的法律,或是有关劳动、社会保障的法律中可以看到的对事实问题的"终结条款(finality clause)"相当多。尽管禁止或者是有限制的规定仍然可以进行司法审查的本案判决的重要性,如皮尔斯法官在其意见的开始部分所叙述的那样,使普通法院具有监督司法的一般权限得到了再次确认。

2. 关于管辖权的错误,可以认为本判决的任何法律上的文字都是认可司法审查的。但是,即使是能够这么理解,司法审查的范围并不明确。如果采取像 Reid(里德)法官那样的、即使是完全的决定如果有管辖权的错误就可以排斥的立场的话，至少理论上在所有的场合都可以进行司法审查。像 H.W.R. Wade 教授那样，因为本判决，"开辟了与所有种类的都市计划、住宅行政、强制征用及其他一切决定进行争论的道路"的解释并非是没有余地的。不过通说，像迪普洛克法官那样，认为司法审查的范围非常有限。

不过，像 S.A. de Smith 教授带批判性的说明那样，本案去掉了调卷令诉讼时的要件"错误必须表现在记录上"，这是事实。通过对于"记录"这一文字的解释，丹宁法官已经扩大了司法审查的范围，本判决进一步越过了其框架承认了固有的裁判权（包括一定的事实问题的审理）。该见解得到了政治上的支持，成为 1981 年的最高法院法（Supreme Court Act）的第 31 条规定。

3. 关于该原则在其他案例中如何被适用，在先例 Smith 判决中的位置很重要。判决要旨中进行了说明的 3 位法官的意见都是旁论，不具有决定性的意义。像 H.W.R. Wade 教授那样，认为在 Smith 判决中实质上被废弃的看法未尝不可能。不过，在本判决以后的重要案件中，上诉法院表现了坚决支持 Smith 判决的立场，暗示了否定上述看法的立场（关于这一点，可以参考田岛的"最近英国法的动向"《比较法研究》39 号 92 页）。

4. 1981 年最高法院法第 31 条，对普通法院的司法审查权作了一般的规定。不过，最近出现了很多严厉的政治上的批判（包括废止论），为避免批判，法院趋向严格申诉利益的要件。另外，对该条文有进行广泛解释的余地，Anisminic 判决在今天仍旧作为先例被参考。实际上，到 1996 年 3 月 15 日为止，一共被 156 个案件所提及，至今仍然维持着其作为重要判例的意义。比如，在 R. v. Secretary of State for Employment, *ex parte* Equal Opportunity Commission (1994) 一案，对于非全日制雇员在停工补贴中受到不利待遇是否违反了禁止歧视法的争论，法院判断根据欧洲共同体指令的解释进行司法审查。即使是在欧盟成立的今天，有关各成员国的国家主权、与欧盟法的约束力相关的司法审查案件可以说越来越多。

5. 最后的问题是，司法审查的结果，认为是无效（nullity）的决定是绝对无效（void）还是可以取消（voidable）的？这一问题起因于 Ridge v. Baldwin (1964) 案件中把无效（nullity）理解为可以取消（voidable），这一混同在本判决中也可以看到。这一混同,虽然在 1974 年的上议院的判决中受到迪普洛克法官的严厉批判,不过时至今日仍然未曾得到解决。

执笔者:筑波大学教授　田岛裕

50

O'Reilly v. Mackman
[1983] 2 A.C. 237, [1982] 3 W.L.R. 1096,
[1982] 3 All E.R. 1124 (H.L. 1982)
排他性的司法审查的管辖权

Ⅱ 英国公法

事实梗概

在本案发生时的英格兰,长期服刑者在整个刑期的三分之二的期间,如果服刑态度良好的话,经过监狱管理委员会(Board of Visitors)的判断,剩下的三分之一的刑期的一部分可以被免除。长期服刑者的原告 O'Reilly 等 4 人的服刑期间已经超过了三分之二。可是,Hull 监狱管理委员会,认为原告中的 3 人参加了 1976 年的、1 人参加了 1979 年的 Hull 监狱的暴动,按照监狱规则作出了剥夺原告刑期减免特别恩典的惩戒处分。原告主张该惩戒处分出自对事实的错误的认定,是违法的。据原告声称,受到该处分的原告 3 人没有获得适当听证的机会,1 人受到担任听取意见者的偏见(bias),该处分违反了普通法上的自然正义(natural justice)的法理是违法无效的。原告把监狱委员会的 Mackman 等 5 名委员作为被告,在 1980 年提起了要求确认(declaration)该处分无效的判决的民事诉讼(每一个取消处分的诉讼都是在对原告处分 3 个月之后提起的)。对此,被告认为本案的确认判决应该按照请求司法审查的程序(application for judicial review),而按照民事诉讼程序是滥用程序,要求驳回原告的申诉。高等法院斥退了被告的主张,因为上诉法院认同了被告的主张,原告向上议院提起上诉。争论点在于,自 1977 年最高法院规则(Rules of the Supreme Court)修改之后,在对刑期减免特别恩典的剥夺处分的违法要求确认判决的场合,是应该全部按照请求司法审查的程序呢,还是也可以按照民事诉讼程序。迪普洛克法官发表了上议院全体法官的一致意见,认为应该是全部按照请求司法审查的程序。

判决要旨

本案,第一,是要求法院通过裁量给以救济的确认判决的诉讼。第二,不干预原告私法上的权利。本案的惩戒处分没有侵害原告私法上的权利。因为监狱规则中的刑期减免不是权利而是宽容的问题,原告所有的只不过是能够受到刑期减免的合法期待的利益(legitimate expectation),对于原告不存在私法(private law)上的救济。第三,不过,在对原告不利的惩戒处分的合法性的争论中,这一正当的期待利益在公法(public law)上也会成为充分的利益。作为争论合法性的理由,该委员会对自然正义的准则——该委员会在决定意思的过程中公平对待原告的准则——有可能没有遵守。因此,如果原告能够用证据证明所受到的不公平待遇的事实,有可能给以原告公法上的救济。

要求确认判决的诉讼,根据最高法院规则自 1883 年以来就得到承认,现在的该规则第 15、16 条(R.S.C. Ord. 15, r. 16)就是认同确认判决的规定,不过要求确认判决的适当的诉讼程序没有规定。而且该条规定没有对公法上的权利和私法上的权利在实体法上进行区别。事实上,英国法的实体法对公法和私法进行区别,是行政行为的司法审查请求程序出现后最近 30 年来的事情。以 1950 年代初期的 Shaw 案件(R. v. Northumberland Compensation Appeal Tribunal, *ex parte* Shaw (1952)〔对个人权利产生影响的书面决定上明显有法律过错时要求由转送命令书(certiorari)取消决定〕为契机,迅速地恢复了由行政法院统一管理。1958 年第一次制定了法庭及调查法(Tribunals and Inquiries Act)(现行法是同样名称的 1971 年法),规定了行政法庭的理由提示义务、对行政法庭的判断进行救济的调卷令(certiorari)或执行职务令(mandamus)。并且,因为 Anisminic 案件〔Anisminic Ltd. v. Foreign Compensation Commission (1968)——本书第 49 案例〕例外留下的司法审查得到了强化。

的确,该 Anisminic 案件是通过民事诉讼程序要求确认判决的。但是,这是 1977 年规则修改之前的案件。1977 年以前,因为由司法审查程序给予的救济在程序上对原告方不利,所以由民事诉讼程序要求确认判决也不可以说是滥用程序。审查仅仅根据宣誓供词(affidavit),既没有出示证据的程序,也不允许对行政机构进行有关宣誓供词内容的交叉询问(cross-examination)。并且当时,在司法审查程序中请求取消行政机构的违法决定时,不能同时要求损害赔偿或停止执行。与此相对的是,无论是1977年修改之前也好修改之后也好,对行政机构都给以程序上的保护。首先是原告方有必要得到提出诉讼的许可(leave)。这是保护行政机构。"出于健全的行政这一公益上的要求,对于行使意思决定权之后作出的决定的法律上的效力,行政机构和第三者,不应该使受到该决定影响的当事人处于超过公平的绝对必要的期间的、长期的争执状态"。出于同样的要求,只给原告3个月的提出取消处分或裁决的诉讼期间。

可是,经过1977年的修改,原告方原来有的程序上的不利全部取消了。无论是出示证据或是交叉询问全都被认可,也能同时要求损害赔偿,在司法审查程序中也可以请求确认或是停止。并且,在司法审查请求程序的过程中,原告的公法上的权利没有受到侵害而私法上的权利很明显有可能受到侵害的场合,可以转换为民事诉讼程序。不过相反的把民事诉讼转换为司法审查请求是不被认可的,也没有认可的必要。

最高法院规则第53条没有明文规定司法审查程序的排他性。但是,由于1977年的修改,取消了程序上的不利,充实了救济,考虑到健全行政的公益,主张行政机构的决定侵害了公法上的权利时,作为一般原则应该是根据司法审查程序。像原告要求对私法上的权利侵害进行救济的同时附带主张行政机构的决定无效的场合,或者是当事人对进行民事诉讼没有争议的场合,作为例外也可以进行民事诉讼程序。不过本案,是要求法院通过裁量给以确认判决,加之是1977年修改之后的有关原告公法上的权利的案件,因此应该是根据司法审查请求程序的案件。因此,驳回原告的上诉。

按 语

1. 本案是第一次表明了为保护个人公法上的权利、利益要求司法救济时,原则上应该按照司法审查请求程序的判决。所谓司法审查程序,是主张行政机构的决定等的违法性而有充分利益的人要求救济的行政诉讼程序。与通常的民事诉讼不同,原告受到各种各样的程序上的、实体上的制约(实体上的制约可参考本书第51案例)。本判决指出,因为"公法"中有早期确定行政合法性可以稳定完成"健全的行政"

的公益。本案如果认可民事诉讼程序的话，原告就能回避程序上的制约，违背了"公法"的目的。可是，从原告看来，服刑者的程序上的权利首次表明可以得到保护的是 1979 年的 Germain(R. v. Board of Visitors of Hull Prison, *ex parte* St. Germain) 案件。时间太晚，每一个原告都已经过了 3 个月的提起取消处分或裁决的诉讼期间，只能提起民事诉讼。

2. 对于区别"公法上的权利"和"私法上的权利"，决定应该请求司法审查的本案的判决要旨，有很多批判。像这样的区别到 1950 年为止的普通法上是没有的。而且，还有包括第三者的争执事项是否有必要早期确定之类的政策上的考虑。因此，在其后的判例中，极其难以判断应该什么时候进行司法审查请求程序。一方面，即使是公的机构的决定也有应该进行民事诉讼的场合(警察的人事安排等)，或者是相反，对于即使不是公的机构而是按照制定法或国王大权的、起到公共作用的机构的决定，当没有其他的救济之路时也有采用司法审查请求程序的 (R. v. Panel on Take-Over and Mergers, *ex parte* Datafin (1987))。另一方面，在公法上的权利和私法上的权利同时存在的案件中，O'Reilly 案件中的例外被解释得很宽，认为也可以采取民事诉讼程序〔Roy v. Kensington, Chelsea and Westminster F. P. C. (1992)〕。为此，在提议法律改革的法律委员会(Law Commission)的 1994 年的报告书中，建议从民事诉讼程序转换到司法审查程序也予以承认。那样的话，越来越没有理由区别"公法上的权利"和"私法上的权利"了。并且，和欧共体法之间的关系，可以直接援用到欧共体成员国公民的欧共体法上的权利应该分到哪一类也成为难题〔参考中村民雄的《英国宪法和欧共体法》第 2 章(东京大学出版社·1993)〕。

3. 对于难以区别的硬是加以区别来维持司法审查的排他性的管辖权的目的在于，使采取该程序的普通法法院，在功能上特别转化为行政法院，发展统一管理现代行政的新的普通法的法理。而现在英国法正朝着这一目标不断取得扎实的成果。

执笔者：成蹊大学副教授　中村民雄

51

Council of Civil Service Unions v. Minister for the Civil Service

[1985] A.C. 374, [1984] 3 W.L.R 1174, [1984] 3 All E.R. 935 (H.L. 1984)

对于行政行为的司法审查的一般原则

Ⅱ 英国公法

事实梗概

英国政府通讯总部(Government Communications Head Quarters)是政府接收军事、外交通讯及外国政府通讯的部门。4 000多职员的大部分属于全国公务员组织的劳动工会。自1947年以来,通讯总部的劳动条件,是由全国公务员诸工会与政府之间进行交涉的。从1979年2月到1981年4月,在通讯总部有过7次罢工。特别是1981年3月的全天罢工有25%的职员参加,给日常业务带来了障碍。这些罢工不是为了通讯总部的劳动条件,而是根据全国公务员诸工会的指示反对政府的削减公务员政策。对这样的援助罢工带来的业务障碍看得很重的公务员大臣(首相兼任),根据统一管理公务员的君主特权(prerogative power),于1982年发布了枢密院令(Order in Council),规定可以随时发布有关公务员劳动条件的指令(instruction)等。1983年12月,对通讯总部的职员发出了禁止参加全国性组织的劳动工会的指令。原告(公务员诸工会理事会)提起了诉讼,要求确认(declaration)该指令无效。原告的主张如下:君主特权也要服从法律的支配,是否合法行使可以由法院进行审查。本案的情况,因为有关通讯总部的劳动条件一贯是通过团体进行交涉的,原告对此惯例有期待的正当利益,被告(公务员大臣)有结合原告的期待进行公平行动的公法上的义务。本案所争议的指令违反了该义务,是违法、无效的。对此,被告抗辩,本案的指令,不仅仅是统一管理公务员的大权,还以有关国家防卫

(national security)的君主特权为根据,国家防卫大权的行使必须有政治、军事上的判断,其是否适当,不适合通过裁判进行判断。为此,主要争论点在于,对于国家防卫大权的具体行使的合法性是否可以进行司法审查?可以的话,如何进行?本案所争议的指令是否合法?高等法院认可了原告的请求,可是被上诉法院驳回。于是原告上诉到上议院。

判决要旨

对君主权进行司法审查的可能性　君主特权是自 Sir Edward Coke 时代以来,就被认为是服从法律支配的。而且现在的司法审查(judicial review)一般及于行政机关的行为。无论行政行为的根据是制定法也好还是普通法(包括君主特权)也好,个人的权利或是正当的期待都要受到该行为的影响。因此,根据君主特权产生的行政行为,其内容只要适合司法判断(justiciable),就可以进行司法审查。

对行政行为进行司法审查的一般原则〔迪普洛克(Diplock)法官〕"司法审查的对象,如果把一定人物(或者是团体)称之为'决策者'的话,就是该决策者的决定或者是决定拒绝。要成为司法审查的对象,该决定,必须对决策者以外的一定的人(或者是团体)产生有影响的效果……所谓影响决策者以外的人,(1) 在私法上此人援用、或者是被援用,影响到变更此人的权利或者是义务,或者(2) 影响到此人被剥夺某些利益。所谓有某些利益的场合,(1) 此人过去被允许从决策者那儿享受利益,该利益被撤回之际此人被告知某些合理的根据,到有机会对此陈述意见为止能够正当期待继续享受该利益的场合;或是(2) 因为此人从决策者那儿得到享受利益的保证,事前不给机会陈述反对撤回该利益的理由的话,该利益不会被撤回的场合,两者必具其一"。成为司法审查对象的决定,限于有公法上决定权限的决策者的决定。

"今天要达到司法审查的阶段,从行政行为的审查事由来说可以分为3类。第1事由'违法性(illegality)',第2事由'不合理性(irrationality)',第3事由'违背手续(procedural impropriety)'。不过,这是由各个案件积累而成的,不否定今后被追加其他的事由。将来特别有可能被采用的可以说是'比例(proportionality)'原则。该原则在欧洲经济共同体的几个成员国的行政法里被承认。……把'违法性'作为司法审查事由的宗旨是,对于规定其决策权限的法律,决策者必须确切地理解实施。……所谓'不合理性',……是指极其违反常理或社会伦理水准的决定,属于那种任何有辨别能力的人都不可能会想到的决定。……第3事由是'违背程序'。不把这表现为不遵守自然正义(natural justice)的基本准则,或者对由于决定而受到影响的人在程序上采取不公平的行动,是因为该事由引起的司法审查,也会发生在行政法庭违反了赋予行政法庭管辖权的法律上所规定的程序规范的场合,而这时候的自然正义并没有被否定。"

本案中有争议的指令的合法性 对照1947年以来已经确立了的劳动惯例,本案原告有期待事前通知的正当利益。不过本案牵涉到国家防卫的利益,和原告的期待比较,优先哪一方由行政机关判断。有关国家防卫的情报是由行政机关掌握的,判断哪种行动在国家防卫上是必须的,不适宜由司法来判断(non-justiciable)。法院所要做的,是用证据对照、监视有问题的行政行为作为国家防卫的行为是否可以说是合理的。本案的指令,是针对1979年到1982年的劳动争议的,通过解决劳动争议排除妨碍国家防卫业务的这一目的可以得到承认。该业务的妨碍也影响到NATO(北大西洋公约组织)的运作,并且,被告有关事前通知原告反而会促使劳动争议进一步激化的考虑不能说是不合理的。因此,本案的指令不违法,驳回原告的上诉。

按 语

1. 本案一般被称为GCHQ(Government Communications Head Quarters英国政府通讯总部)案件。本案件在英国行政法上的意义在于,根据普通法上的君主特权采取的行政行为,只要其内容适合裁判,就可以进行司法审查,而且显示了司法审查的实体上的一般原则。君主特权也服从法律支配的17世纪的先例(本书第44、46案例)和本案的重要的不同之一,是现代司法审查不仅仅停留在行政权限是否在其范围内行使〔有没有逾越权限(ultra vires)、"违法性"〕的边界上的监视,对于边界内的权限行使,也可以监视是否有"不合理性"或是"违背程序"。而根据"比例原则"的审查判例上还没有被承认。

2. "不合理性"审查来源于Wednesbury案件〔Associated Provincial Picture Houses Ltd. v. Wednesbury Corporation (1948)〕(是争论准许电影院星期日营业的条件是不准青少年星期日入场的自治团体规定是否违法而败诉的案件)。在此案件中,上诉法院提出了,不考虑有关联的事项,而考虑无关联的事项作出的决定,或者是没有常识违反条例的决定是不合理的(unreasonable)、无效的法理。在此,关联性和没有条理都成了判断标准,不过 GCHQ(Government Communications Head Quarters 英国政府通讯总部)案件的"不合理性"审查集中在没有条理的标准上〔狭义的不合理(Wednesbury unreasonableness)〕。因为"不合理性"的审查进入了行政判断的内容(merit),法院以权力分立的理由,对该事由的介入是慎重的。GCHQ(Government Communications Head Quarters 英国政府通讯总部)案件也是出于同样的考虑,对指令的不合理性作了宽大的审理。不过事前不通知的程序上的瑕疵牵涉到保护原告的结社自由(《欧洲人权公约》第 11 条),抬出国家防卫上的判断"不适宜司法判断"的宏大理论给个闭门羹是否妥当?对此评价是有分歧的(有关该条约在英国法上的效力可参考本书的第 52、53、54 案例)。

3."违背程序"的审查,主要是通过监视自然正义规则(给受到不利决定的人表明意见的机会,决策者不能有偏见)或法定程序的实行情况进行的。可是 GCHQ 案件之后,也出现了对于应该把 Wednesbury 案件的关联性标准对照制定法目的的有关事项,行政机构没有探讨就构成手续加以使用的判例〔R. v. Secretary of State for Foreign and Commonwealth Affairs, ex patre World Devolopment Movement (1995)(外务大臣无视委员会提出的有更便宜的建设方式的报告而决定向外国政府提供高价的水库建设资金的行为,对照"节俭的健全的开发"这一制定法的目的,该行为无视了应该考虑的事项,因而是违法的案件)等等〕。不过这样的构成可以不仅仅通过实体审查去接近。

4. GCHQ 案件,出现于欧共体法开始影响英国法的时期〔参考本书第 48 案例以及中村民雄《英国宪法和欧共体法》(东京大学出版社·1993)〕。迪普洛克意见能够成为指导性判例,是因为他巧妙地利用了捕捉这一潮流的大陆行政法的概念,把分散在普通法中的行政法理归纳到(本书第 50 案例亦是如此)"公法"的体系,并且又留下了普通法发展的空间。

执笔者:成蹊大学副教授　中村民雄

52

Regina v. Secretary of State for the Home Department, *ex parte* Brind
[1991] 1 A.C. 696, [1991] 2 W.L.R. 588,
[1991] 1 All. E.R. 720 (H.L.)

政府对报道自由的规制和可否援引欧洲人权公约

Ⅱ 英国公法

事实梗概

从 1905 年左右开始,以格利菲斯为首的爱尔兰民族主义的共和主义者们,为了创造体现凯尔特文化的爱尔兰,结成了"Sinn Fein"(盖吕语意思为"我们自身")的组织。这是在帕内尔(爱尔兰全国土地同盟的领导人,后作为国民党党首领导爱尔兰独立运动)下台之后的爱尔兰独立运动中起了重要作用的政治组织。Sinn Fein 在 1916 年的达布令起义之后,于 1921 年在德·瓦雷拉,贾利菲斯等人的带领下参与了爱尔兰岛南部的爱尔兰自由国(后来的爱尔兰共和国)的建国,其后虽然分裂,还是在留在了联合王国的北爱尔兰,为实现和南部共和国的统一继续进行运动。现在,不仅在北爱尔兰甚至在英格兰的城市都在反复进行无差别的恐怖行动的爱尔兰共和派义勇军(IRA),就是从该 Sinn Fein 后来的分裂中产生出来的天主教(Catholic)的过激派组织。对此,自 1972 年以来,作为北爱尔兰的基督教新教徒(Protestant)地区的自卫组织、迅速地增加了势力的,是"北爱尔兰(Ulster)防卫组织"(UDA;Ulster Defence Association)。现在,保守党占多数的政府为解决爱尔兰问题而进行的谈判进入了新的阶段,而 Sinn Fein 以自己被排除于该谈判为理由,在曼彻斯特、伦敦的港口地区等相继进行了 IRA 所犯下的无差别恐怖行动、爆炸行动,使解决爱尔兰问题的难度明显增大。

1988年10月19日,内务大臣依据广播法案(Broadcasting Act 1981年)的第29条第3项对独立广播协会(IBA),依据英国广播协会(BBC)和该大臣之间于1981年交换的广播许可协定的第13项第4号对BBC分别发出指令:停止播送根据防范恐怖主义(临时)法案〔Prevention of Terrorism (Temporary Provisions) Act 1984〕及北爱尔兰紧急状态法案〔Northern Ireland (Emergency Provisions) Act 1978〕被认定为容忍暴力的团体Sinn Fein、Republican Sinn Fein (IRA)和UDA的代表通过电视屏幕向视听者直接进行政治宣传。对此,Brind及其他的新闻记者们,认为内务大臣的该指令,超越了这些条款所赋予大臣行使的权限,属于权限逾越(ultra vires),侵害了欧洲人权公约第10条所保障的言论自由,并且,大臣所行使的权限,不仅违反了先例、是没有必要的、违背了比例原则、偏离了正道(without necessity, disproportionately and perversely),还违反了广播法案(Broadcasting Act)的第4条第1项等,违背了大臣应保证IBA(独立广播协会)和BBC不偏不倚无党派性的职责,为了使该指令无效,提出了要求调取案卷的令状(certiorari)进行司法审查。对此,高等法院女王王座分庭(Divisional Court)、上诉法院都驳回了原告的申诉,于是原告向上议院提起了上诉。鉴于上诉人Donald Malcolm Brind, Fred Albert Emery等是新闻工作者从业人员全国联盟(National Union of Journalists Employee)的劳动工会的会员而不是IBA和BBC的成员,而且,上诉人的代理人,是在提倡应该以欧洲人权公约为基础制定成文宪法典运动中起领导作用的皇家大律师(Q. C.)Anthony Lester,本案的背景很值得注意。

判决要旨

在上议院进行实质性争论的第一点是,欧洲人权保护和基本自由公约(*Convention for the Protection on Human Rights and Fundamental Freedoms*)的第10条第1项规定:"所有的人有言论自由的权利。该权利包括,不受公的机构的干涉,并且,不问国界,有持有意见的自由及接受和传达信息和思想的自由。但本条规定,不妨碍要求国家对广播、电视或电影各个企业实行许可制。"第2项规定"第1项中诸自由的行使,伴随义务和责任,为了国家安全、领土完整及公众安全,为了防止混乱及犯罪,为了保护健康和道德,为了保护他人的信用及权利,为了防止秘密的公开,为了维持司法机关的权威和公平,可以根据民主社会必要的法律上所规定的手续、条件、限制或刑罚使其服从"(请参考田畑茂二郎及其他编著《国际人权公约·宣言集》〔第2版〕(东信堂·1994)352页),大臣在介入本案有争议的广播之际,是否必须服从该条文的制约。关于这一点,Bridge 上议员认为,关于联合王国的议会制定法的解释,可以允许在文字上暧昧的场合参照该条约、以联合王国的议会不可能制定违反该条约宗旨的规定为前提进行解释。在议会制定法的规定很明确时,却优先按照公约规定进行解释的话,就成了议会还没有进入把该公约作为国内法的程序,而法院已经把该公约作为国内法的一部分、无视了议会的意思。该案件的场合是,该公约第10条第2项中的言论自由这一权利不是绝对的、要受到一定的制约,而联合王国的法律,如1981年的广播法中所规定的限制恐怖主义分子通过电视向人们直接诉说,即使对照该条约来看也是符合公益的、是正当的,因此,大臣根据广播法等作出的指示没有逾越权限的违法性。在不直接适用人权公约这一点上,上议院议员罗斯基尔(Roskill)、上议院议员坦普尔曼(Templeman)、上议院议员阿克纳(Ackner)、上议院议员洛厄里(Lowry)各位法官的判断,尽管有微妙差异,结论是一致的。

第二,作为法院固有权能的司法审查,并非来源于议会制定法,其由来可以追溯到中世纪的普通法法院的监督管辖权,至于应该启动它的场合,是否应该限定在形式上判断议会制定法授权给大臣等的权限是否被逾越,换言之,司法审查不涉及实体判断大臣等的决定是否合适的这一传统立场,即使是在考虑到欧洲共同体成员国的行政法发展动向时,是否仍旧应该维持?尽管法官之间的意见有分歧,仍然应该注目。特别是阿克纳(Ackner)法官,提及了 Associated Provincial Picture Houses Ltd. v. Wednesbury Corp. (1947)一案,所谓的 Wednesbury 标准再次定型化。

即该案件的记录长官(MR)上议院议员格林内(Greene)认为,关于应该进行司法审查的场合,是该行政机关的决定,so unreasonable that no reasonable authority could ever have come to it(太不合理,正常理性的行政机关决不可能得出如此结论的场合),把这一"Wednesbury 标准"或是"不合理性的标准"(irrationality test)作为应该发动司法审查时的固有标准——因此和是否应该用制定法认可有关决定的上诉是没有关系的——详细地论述了定型化的可否。与此有关的,是在1980

年欧洲理事会部长委员会(Committee of Ministers of the Council of Europe)上,通过了有关在行政机关行使裁量权之际,应该对其想要实现的目的,和个人的诸权利、自由和利益因此受到减小的影响进行比较衡量的"比例原则"(principle of proportionality)的劝告〔No. R (80) 2〕。不过,对于迪普洛克法官在 CCSU v. Minister for the Civil Service (1984)案中暗示了该"比例原则"确立的可能性这一点,阿克纳法官和有相同意见的洛厄里法官认为,如果把该原则作为基于 Wednesbury 标准之上的标准引进的话,司法审查就变得不得不超越其界限对实体事项进行判断。因此,"比例原则"即使适用于欧洲法院,目前的联合王国没有采用这一原则的基础。与此相对的是布里奇,罗斯基尔以及坦普尔曼法官,在赞成驳回上诉人上诉的结论的同时,表示了应该采用该原则的积极的姿态。即,布里奇法官认为"对言论自由的权利进行限制之所以正当,是因为有充分的、特定的公益的这一第 1 次判断,是由国会赋予了裁量权的大臣所作出的。而法院,对于有正常理性的大臣对照眼前的资料作出的这第 1 次判断是否合理,应该有权进行第 2 次判断吧"。

按　语

　　本案件和"成文宪法"的制定运动也有关联,但是其最大的意义在于,对于直接适用欧洲人权条约的申诉人的主张,法官尽管采取了当然否定的姿态,但是,作为解释的标准,法官在参照该条约时表示了积极认可的姿态。布里奇法官在判决中说到,推测议会的"立法意图"不可能制定出和"条约"相矛盾的制定法的解释也是可能的,这样的解释论出自以传统的文字解释为基本的英国法官,意味着其态度发生了很大的变化。可以说,对于执行部门的自由裁量缩小了市民的自由,法官感到了强烈的危机,不过还没有到越过议会主权原理、对这一状况进行纠正的地步。

　　该判例具有的意义在于,发展了提出司法审查根据的著名的"迪普洛斯标准"。该法官在 GCHQ 案即 Council of the Civil Service Unions and others v. Minister for the Civil Service (本书第 51 案例)中提出,对于定型化的大臣的裁量应该进行司法审查的限定标准是,该行政决定(1) 有"违法性"(illegality),(2) "是不合理的"(irrationality),并且(3) 有"程序上的错误"(procedural impropriety)。这当中的(2) 是作为

"Wednesbury 的不合理性"提到的,在该判例中,因为行政机关行使的权限太不合理而适合进行司法审查,即,在上述 GCHQ 案中,罗斯基尔法官想要把"应该公正行为的义务"(due to act fairly)这样的相当于"Diplock test"(2)的内容定型化,以便发展"Wednesbury test",这是向以欧洲水平"统一"行政法的方向之一的"比例原则"接近了一步,有必要受到特别的关注。不过,严格区别司法审查和上诉的英国行政法将在构造上发生怎样的变化不容忽视。

执笔者:名古屋大学教授　戒能通厚

53

Derbyshire County Council v. Times Newspapers Ltd.
[1993] A.C. 534, [1993] 2 W.L.R. 449,
[1993] 1 All E.R. 1011 (H.L.)
言论自由

Ⅱ 英国公法

事实梗概

星期日时报(The Sunday Times Newspaper)在1989年9月17日和24日的版面,登载了得比夏(Derbyshire)县委员会(Derbyshire County Council)的老年退休金基金有关股票交易的报道。9月17日的报道标题为"曝光:社会主义者要人和劳动党议长的交易(REVEALED: SOCIALIST TYCOON'S DEALS WITH A LABOUR SHIEF)"以及"委员会议长和媒体大亨的奇怪交易(BIZZARRE DEALS OF A COUNCIL LEADER AND THE MEDIA TYCOON)"。而9月24日的报道标题为"委员会的股票交易正在调查中(COUNCIL SHARE DEALS UNDER SCRUTINY)",(这儿所说的委员会议长是 Mr. David Melvyn Bookbinder,媒体大亨是 Mr. Owen Oyster)。

得比夏县委员会,主张报道损坏了该自治团体的名誉,以星期日时报的发行人、总编以及两个记者为被告方,提起了要求损害赔偿的诉讼。其他有关者也提起了诉讼。在这些诉讼中,也有以道歉和支付损害赔偿得到了解决的。

高等法院女王王座法庭的莫兰(Morland)法官,审理了预备的法律上的争论点,作出了原告(上诉人)得比夏县委员会胜诉的判决。可是上诉法院的巴尔科牧(Balcombe)法官、拉尔夫·吉布森(Ralph Gibson)法官以及巴特勒·斯劳斯(Butler Sloss)法官,取消了第一审的判决。

上诉法院的巴尔科牧法官的判断是，为了本案的判决没有必要详细出示这些报道的内容，只要指出这些说县用老年退休金基金的资金去投资的报道是否妥当就足够了。

判决要旨

基思（Keith of Kinkel）法官的意见如下（其他 4 位法官也表示赞同）：

1. 英格兰的地方公共团体以文书损害名誉为理由提起诉讼的案件，在判例集中只登载了两例。第 1 案例是 Manchester v. Williams (1891)。被告向新闻界投稿"在我们的曼彻斯特市委员会，不说是 3 个部也有 2 个部，贪污、受贿，工作简直不像样"。

王座法院合议庭(Divisional Court)的戴（Day）法官在判决中指出，地方公共团体可以因为书面诽谤使财产受到影响而提起诉讼，而对于仅仅影响个人名誉的书面诽谤不能提起诉讼。

第 2 案例是 Bognor Regis U.D.C. v. Campion (1972)。被告在地方税纳税者同盟的会议中散发了猛烈抨击委员会的传单，受到书面诽谤的指控。布朗法官判断委员会胜诉，认同了 2 000 英镑的损害赔偿。关于地方公共团体或者是行使管理职能的其他团体采取损害名誉程序的权利是否处于特别地位的这一问题，布朗法官没有考虑。

2. 地方公共团体有区别于其他类型法人（无论是营利法人或是非营利法人）的特征。其中最重要的特征是，它是政府组织（a governmental body）。进一步说，是民主选举出来的团体，选举过程在今天来说几乎都是在排他性的政党的政治系统中进行的。民主选举出来的领导组织，或者是任何的领导组织，在甘愿接受不受抑制的公众的批判时，都具有最高度的公共重要性。以损害名义为理由的民事诉讼的担心是，毫无疑问地必将带来抑制言论自由的效果。在 City of Chicago v. Tribune Co. (1923) 一案中，伊利诺伊州的最高法院在判决中指出，市以书面诽谤为理由请求损害赔偿的诉讼不能得到维持。汤普森（Thompson）首席法官说过"不仅仅是报社报道的自由的权利，本案诉讼包含有关言论自由的基本权利。如果本案对报社的诉讼能够维持的话，那么对所有敢于批判现在进行统治事务的大臣的公民也能维持。……""因此，任何公民都有对没有效率或者是腐败的政府进行批判的权利，而无需顾虑会有刑事或民事诉讼"。

以上命题,在 New York Times Co. v. Sullivan (1964) 案中,得到了合众国最高法院的承认。

这些判决和确保言论自由的美国宪法上的规定有最直接的关系,而对其基础的公共利益的考虑在该国也同样有效。担心以书面诽谤为理由的民事诉讼而诱发的"激冷效应"(chilling effect),是极其重要的。

3. 联合王国中央政府的很多部厅级机关,是包括国防、教育、科学、能源、环境及社会服务大臣的根据制定法创设的法人。如果地方公共团体可以书面诽谤为理由提起诉讼的话,那么,这些政府机关均没有提起诉讼的权限的判决理由似乎在理论上就不存在。可是,在 A-G v. Guardian Newspapers Ltd.(No 2)(1988)案中,判决指出,只要中央政府的机关不能证明那样做是公共利益就没有行使的立场,而市民有能够利用的权利。我的意见是,这同样适用于地方公共团体。我认为,上议院确定以下命题是正当的,即,不论是中央还是地方,以书面诽谤为理由提起诉讼的政府机关的权利不仅对公共利益不利,持有这些权利就是违反公共利益。

4. 依据我的意见,结论是,根据英格兰的普通法原理地方公共团体没有权利以诽谤为由提起损害赔偿诉讼。上诉法院主要是参照了欧洲人权公约第10条作出了同样的结论。

我,没有依据欧洲人权公约,而是基于英格兰的普通法得出了结论。英格兰的普通法,在这一特定的领域中,完全能够得出和根据条约国王应该负有的义务一致的结论。

5. 鉴于以上理由驳回上诉。Bognor Regis U.D.C. v. Campion 一案的判决是错误的,必须推翻。

按　语

1. 本案因为是地方公共团体提起的名誉损害诉讼,言论自由占了优先的地位。在和有统治权能的机关的关系中,值得注意的是上议院判决强调了言论自由的重要性。

2. 这是在强调统治团体甘愿忍受不受抑制的公众的批判有最高度的重要性上显示出来的。作为根据,基思法官引用了美国的判例。这也是值得注意的。特别是有关批判公务员职务上的行为的美国的 New York Times Co. v. Sullivan 案件,在该领域中,起到了言论自由的金字塔的作用（参考本书第 24 案例）。

基思法官还引用了南非最高法院的判决。在判决要旨中没有提及，但是基思法官介绍了在 Die Spoorbond v. South African Railways (1946) 案件中，南非最高法院判决，南非共和国政府机关的南非铁道及港口部没有权限主张对铁道经营负有责任的机关的名誉受到伤害而维持名誉损害诉讼。像这样引用南非最高法院的判决也很注目。

3. 欧洲人权公约，正如判决要旨所明确的，不是由上议院而是由上诉法院所依据，该公约的第 10 条，作了如下规定：

"(1) 任何人都有言论自由的权利。该权利不受公共机关的干涉，并且，不论国界，包括持有意见的自由及接受、传达信息和思想的自由。……

(2) 这些自由的行使，因为伴随义务和责任，由法律所规定，而且，为了国家的安全、领土完整或公共的安全，为了防止混乱或犯罪，为了保护健康或道德，为了保护他人的名誉或权利，为了防止秘密信息的公开，或者为了维持司法部门的权威及公平，能够使其服从民主社会中必要的程序、条件、制约或刑罚。"

执笔者：一桥大学教授　堀部政男

54

Malone v. Metropolitan Police Commissioner
[1979] Ch. 344, [1979] 2 W.L.R. 700, [1979] 2 All E.R. 620

窃听和隐私权

Ⅱ 英国公法

事实梗概

原告 Malone 是古董商,因为购买赃物的犯罪行为被起诉,于 1978 年 7 月在 Newington Causeway 刑事法院和其他 4 人同时接受审理,在审理中,发觉他以前使用的自家电话被窃听,其内容在警察搜查中被利用,并且窃听是根据内务大臣发布的许可证进行的,现在自家电话同样被窃听。为此,Malone 最初是想要求停止窃听,后来决定先确认窃听行为的违法性,于是向高等法院提出要求确认判决(declaration)的就是本案件。Malone 要求在确认判决中得到确认的主要是以下 3 点：(1) 电话中的通话内容没有得到本人同意被窃听记录,还将其内容向第三者公开或利用等,就算是根据内务大臣的许可证进行的也是违法的。同样的在没有本人同意的情况下把窃听到的内容向管辖首都的警察、内务大臣或内务省职员公开也是违法的。(2) 原告对通过自己的电话说的话具有财产权、隐私权、通讯保密权,因此采取像(1)那样的行为进行电话窃听等是侵害了这些权利。(3) 电话窃听违反了欧洲人权保护和基本自由公约第 8 条的"尊重个人或家人的生活,居住或通讯"。可是联合王国在这样的场合完全没有救济方法。

判决要旨

高等法院的梅加里(Megarry)副大法官作出了判决。判决的前半部分论述了作出确认判决之际法院的权限,指出最高法院规则(Rules of Supreme Court; R.S.C.)第 15 条第 16 项中规定,且不说有约束力的确认判决结果是否给以救济,法院能够认可的必须是作为普通法或衡平法上的权利,仅对道德、社会、政治事项进行判断是不行的。并且,对于要求把欧洲人权公约作为直接根据确认其权利的原告的主张,认为是超过了确认判决的限制,不予认可。

就这样否定了原告要求的确认判决的根据之后,梅加里副大法官对于原告要求确认判决的上述各个事项作出了 7 点判断。主要判断如下:(1) 原告说根据许可证进行的这一电话窃听没有先例,并非完全没有,仅以治安审判官发出的许可证允许搜查住宅的赃物搜查的场合来说,有关于"一般许可证"(general warrant)的 Entick v. Carrington (1765) 案件。不过那以后,很多制定法为了各种各样的目的规定根据搜查许可证授权搜查。而不管是否要求许可证授权窃听电话的制定法是不存在的。但因此就立刻说电话窃听是违法的未免"极端肤浅"。法律上没有授权的搜查住宅行为之所以违法是因为包含了对住宅的非法入侵(trespass)的不法行为。而邮政部进行的电话窃听不包含任何非法入侵。电话窃听说到底也就是邮政部使用邮政部所有的器具,而且使用其所有的电话线并且在其建筑物内部的行为,"所有的一切行为都是在邮政部的支配领域内进行的",对申诉人住宅没有进行任何非法入侵。如果借用 Entick v. Carrington 案件中"在英格兰法律上,眼睛自身不会进行非法侵害"这一王座法院卡姆登(Camden)首席法官的话来说,那么"耳朵自身也是同样的"。(2) 关于隐私权,原告指出"偷听"(eavesdropping)属于普通法上的犯罪,援引了美国法上著名的沃伦和布兰代斯的"隐私权"一文和给了其支持的合众国宪法第 4 修正案等,但是梅加里副大法官说,"英国法里不存在保障隐私权的一般权利"。即,梅加里副大法官认为,即使是在英国法上,"有不抱厌恶的感情自己在自己的家里通过电话会话的这种特定的隐私权",但原告要求的不是那种有特定性的权利,"而是要求法院在新的领域立法,要求法院功能中所没有的东西",因此不认可原告的请求。(3) 关于通讯的保密权,如果电话业务是基于使用者和邮政部之间的契约而被提供的话,可以解释该契约默认条款中含有不受窃听自由的条件,但从 1969 年的邮政部法等来看,电话业务不是那么一回事儿,因此,通讯的保密权和契约上的权利必须分开考虑。但在电话中叙述应该保密的情报的人,有时候必须甘愿忍受这一通讯手段中固有的未知的被偷听的可能性。"电话使用者的权利或自由固然重要,但是大多数人的愿望是,不要成为暴力、盗窃或其他犯罪的牺牲品",因此,对于"窃听及利用窃听得来的情报是否有正当理由,或是否有辩解的可能"这一问题,履行保护公众职能的警察以搜查犯罪目的的窃听是被允许的。(4)作为欧洲人权公约成员国的联合王国负有的义务,是公约上的而不是国内法院能够强制执行的。不过,梅加里副大法官提到了人权法院的先例 Klass 案件〔Klass and Others v. Germany (European Court of Human Rights, July 4, 1978)〕,和德意志联邦共和国的窃听等相比较,为保护通信秘密的防护系统"因为限定为行政上的程序事项没有作为法律问题,可以在任何时候没有预告就被变更",对于滥用不可能起到充分而有效防护的英国法的这一点,甚至都不能说比西德强,"英国法里没有什么值得自豪的地方"。无论怎样复杂的隐私权,和通讯秘密权同样,有关电话窃听,应该是由立法解决而不应在个别判决中任其缓慢地进化,作为法官的"我,所能做的最多也只能是提出这一希望而已"。(5)最后提到原告主张的内务大臣没有权限允许窃听,没有法律规定政府进行窃听是违法的,因此,"因为电话窃听不违反任何法律是可以被实行的,没有必要根据制定法或者是普通法进行任何的授权。电话窃听没有任何违法的只是合法的可以进行的"。关于这一点,在下面要说到的英国公民的自由保障中,作为任何没有被法律禁止的都可以自由行使的传统公式被逆转运用,意味着反其意运用到政府可以自由行使任何没有被法律禁止的事情,对 Megarry 判决的批判也正是集中在此。

正如梅加里副大法官所"期待"的,该案件在国内不能办理上诉手续(其理由请参照参考文献),原告 Malone 向欧洲人权委员会提出申诉,人权委员会经过规定程序把案件委托给了欧洲人权法院。在人权法院探讨了是否违反了上述的人权公约第 8 条,因为在该条第 2 项中规定,电话窃听这样的侵犯第 1 项的"个人生活"及"尊重通讯"的公共权力的干涉在"符合法律"而且"是民主社会中必要"的场合是正当的,主要围绕是否有那样的事由而产生了争论,人权法院认为是否"符合法律"并非在形式上符合法律就可以了,而是要从质的层次来看该法律是否符合上述人权公约所明确表示的法律的支配,鉴于 1969 年制定的邮政部法规定的,内务大臣能够要求邮政部为警察提供电话窃听得来的情报的这一公权力的干涉不符合法律,判决联合王国败诉。人权法院认为，把记录通话对方的电话号码、通话时间的测定（metering）记录提供给警察也是违反人权公约第 8 条的〔Malone v. United Kingdom (1984)〕。

该判决影响很大，1985 年制定了通讯窃听法案（Interception of Communication Act），窃听等行为在有一定限制的情况下被规定为犯罪，对于政府恣意的情报收集活动的限制虽还并不充分但毕竟是有了。

按　语

梅加里副大法官的判断，至少可以说在客观上显示了英国的人权保障实际上是很脆弱的，只不过是由行政机关的裁量可任意缩减的公民自由的"残余部分"，具有强烈地表现了现状的意义。实际上，梅加里"解释论"是很"完整的"，在贯穿如此论理的英国国内的法院，很难得到救济，完全没有可以进行上诉的程序，上述案件直接提到欧洲人权法院，要说这是破例也真是破例，仅此一举可见梅加里对行政机关的"不信任"有多强烈（不过从相反的角度也可以看作是梅加里只是自始至终为行政机关辩护）。不管怎么说，该判例在 A. V. 戴雪的宪法研究绪论（An Introduction to the Studies of the Law of the Constitution）中被理解为，"我们所说的宪法（law of the constitution），在其他各个国家当然是构成宪法法典的一部分的各个准则；结果是由法院对其赋予定义并且强行实现的各个个人的各种权利"；绝不是其源泉（10th ed., 1969, p.203）。很清楚，以处于这种思想背景的公民自由的司法保障方式考虑英国的人权保障方式（戴雪把这表现为"宪法是国家通常法律的结果" the constitution is the result of the ordinary law of the land）的"传统的观点"，其功能已经消失。梅加里明确地提到这一点可以说是暗示了在议会主权的原理之下对于行政机关恣意地滥用权力不能有效对应的不是国内法院，倒不如说是人权法院。现在司法高层中，支持制定把欧洲人权公约国内法化为要点的"成文宪法典"运动的人似乎不断增加，不过如果赋予以议会主权原理为背景的行政机关限制国民权利、自由裁量权的议会制定法集聚起来的话，英国人"任何法律没有禁止的事都有行使的自由"这一公民自由的公式，只是变成了法律禁止的间隙中所剩无几的"残余自由"，可以说是值得注目的状况。不管怎么说，英国政府在欧洲人权法院的败诉具有决定性意义，现在的该领域的法律状况已经不同于该判例当时了。如果想对于该判例前后时期的公民自由危机状况进行正式分析的,首推仓持孝司的"对于英国的通讯旁听和公民自由的法的观点"(1)—(3)(名古屋大学法政论集 No. 102, 112, 115; 1984—1987)。或者参照戒能等的"成文宪法典制定论议和其周边"(比较法研究 No. 57, 1995)。

执笔者:名古屋大学教授　戒能通厚

55

Powell v. Alabama
287 U.S. 45, 53 S. Ct. 55, 77 L. Ed. 158 (1932)
接受辩护人辩护的权利 ①

Ⅲ 刑事法

事实梗概

被告人(Powell；上诉人)等人，是在搭乘通过亚拉巴马州的货运列车时，与乘坐同一列车的白人青年打架并将他们扔出列车后，又强奸了乘坐同一列车的白人少女而遭到逮捕，被亚拉巴马州法院起诉的黑人青年。被告等人受困于南部敌对的公众之中，传讯(arraignment)、初审(trial)、宣判(sentencing)等全部是在民兵(militia)的警备下进行的。他们没有文化、是文盲，不是亚拉巴马的居民，在该州既没有亲人也没有朋友。限定对罪状的承认与否的目的，法官选任了当地辩护律师会的全体会员为辩护人。在罪状的承认与否的询问中，被告等人的回答是"无罪(not guilty)"，起诉6天之后开始了公判审理。当法官问当事人是否做好进入审理的准备时，检察官方面的回答是"Yes"，而被告人方面没有辩护人。不过，田纳西州的1名律师和当地的2名律师在法庭上，田纳西州的律师说，是从关心案件的人那儿听到了有关案件的事，但是没有被选任为辩护人，没有对案件进行准备的机会，对田纳西州的手续也不清楚，为了被告人想和法院选任的辩护人一起出庭，当地的律师说，在可能的范围内帮助田纳西州的律师。在辩护人的选任如此草率的情况下，法官当即开始公判审理，当天结案。全体陪审员作出了死刑的判决。被告人上诉。亚拉巴马州的最高法院维持原判决。被告人向联邦最高法院提出请求调卷令(certiorari)的上诉，被受理，成为了本案判决。

本案的争论点是，接受辩护人辩护的权利是否受到侵害？如果是的话，是否属于违反了联邦宪法第14修正案？

判决要旨

萨若兰德(Sutherland)法官发表法庭意见,在概括了上述事实关系之后,作了如下叙述。

1. 作为接受辩护人辩护的权利,首先是必须确保被告人有自己选择辩护人的机会,本案中,没有这样的机会。本案辩护人的选任计划太不确定(当地辩护律师会的全体成员18名都是),又是公判审理即将开始(田纳西州的律师),等于是否定了有效的、实质性的援助。任命当地辩护律师会的全体成员为辩护人,就和表示一下姿态没什么两样,可以说没有赋予律师像个别选任时所伴随的明确的个人责任感。并且,从是否承认罪状而需要进行的商量、调查、准备等重要的辩护活动到公判审理开始这一最重要的时期,被告人没有得到辩护人任何实质性的援助(这一时期接受辩护人援助的权利和公判中接受辩护的权利同样是被保障的)。

而且,公判马上就要开始时选任的辩护律师没有调查和准备的时间,即使是公判时在场,在审理中做了能够做的事,并不能说进行了有实质性意义的辩护活动。本案中辩护人的在场,不是热心而活跃的辩护,是形式,不能说被告人得到了接受辩护人有实质性意义辩护的权利。

2. 否定接受辩护人辩护的权利是否违反了第14修正案所保障的正当法律程序(due process of law)?

按照美国独立时的英国的普通法,以轻罪(petty offense)被起诉的被告人接受辩护人辩护的权利是被认可的,但是以重罪(felony)被起诉的被告人的这一权利是不被认可的。但是,这一惯例在殖民地被否决。在合众国宪法制定之前的马里兰、马萨诸塞、新罕布什尔等13个殖民地当中至少有12个殖民地,明确否定了英国普通法的惯例,除了只有死刑或重大犯罪才有辩护权的一、二个的场合,在所有的刑事案件中都承认有接受辩护人辩护的权利。

在 Hurtado v. California (1884) 案中,该法院判决,由州起诉杀人罪时,第14修正案规定的正当法律程序不要求由大陪审团起诉,理由是,在第5修正案里有和正当法律程序条款不同的条款其明确规定,"只要不是由大陪审团起诉或告发,任何人不能被处以死罪或其他重罪",在解释宪法条文时不应该解释出多余的内容,所以正当法律程序条款不包含大陪审的程序上的保障。而和第 14 修正案中用来规定州行为的正当法律程序相同的表达,应该解释为用于同样的意思,即,没有包含大陪审团的程序上的保障。

第 6 修正案规定,"在所有的刑事诉讼案件中,为了辩护,被告人有接受辩护人帮助的权利"。从 Hurtado 案件来看,要得出第 6 修正案明确规定的受到保障的权利包含在合法程序条款里的这一结论,是很困难的。不过,在其后的判例中,当有更强烈的考虑时,承认 Hurtado 案件的概括的规则里也有例外。

某一权利在联邦宪法的其他条款得到保障,决定是否包含在第 14 修正案保障的正当法律程序里的一个重要因素是,如果该权利被否定的话,处于我们社会、政治制度基础的自由和正义的根本原则是否被侵害。

回顾一下权利的性质和本法院及其他法院的表现,很明显,接受辩护人援助的权利,是这一根本性质的权利。

给以告知和听取意见的机会,以及由有管辖权的有资格的法院进行审判,毫无疑问是宪法上要求的构成正当法律程序的基本要素。而听取意见的权利,在很多场合,如果没有辩护人的援助,几乎毫无意义。法律上的外行,即使是受过教育的,要在审判手续上为自己进行合适的辩护都是谈何容易,没有文化连字都不识的人就更是别提了。无论是民事或是刑事案件,如果辩护人的辩护被法院恣意地否定的话,这一否定就是否定了听取意见,因此就是否定了宪法上的正当法律程序,这是不容置疑的吧。很多先例都是支持这一结论的。

如果考虑到本案的事实关系,即,被告人的没有文化、是文盲、年轻、存在有敌意的公众、受到民兵的拘留和监视、亲人和朋友全部不在州内难以联络、特别是面对死刑,本法院认为,事实审没有给予确保辩护人的合理的时间和机会,是对正当法律程序的明显的否定。

不仅如此,就是给了选任辩护人的机会,如果想到被告人是不能选任辩护人的话,处于本案的事实关系,辩护人是绝对必要的,而事实审没有进行有实效的选任辩护人,等于是否定了第 14 修正案。

类似本案的案件,无论本人是否有要求,或者是,无论法律上是否有规定,作为正当法律程序的要求选任辩护人是法院的义务。

取消原判决,发回重审。

按 语

　　1. 合众国宪法第 1—8 修正案是保护合众国国民不受联邦政府侵害行为的规定。另一方面，作为免受到州的侵害行为的保障，只有第 14 修正案的"州不得不经正当法律程序(due process of law)，剥夺任何人的生命、自由、财产"。因此，对于州政府的侵害行为有哪些权利是可以根据第 14 修正案得到保障的这一问题，从 19 世纪末就开始在联邦最高法院展开了争论。开始，联邦最高法院把第 5 修正案规定的正当法律程序的保障，和保障言论、出版自由等其他具体的条款并存，以联邦宪法的条文中不可能有多余的解释为理由，对其进行了狭义的解释，对于第 14 修正案中的同一文字的正当法律程序也是作了狭义解释，在判决中引用的 Hurtado 案件，认为第 14 修正案的保障中不包括第 5 修正案的由大陪审团进行起诉的保障。可是，后来，联邦最高法院的想法转变为，某一权利是否包含在第 14 修正案规定的正当法律程序里，取决于该权利的性质，即，其是否会侵害美国社会、政治制度基础的自由和正义的根本原则，在 Hurtado 案件的判决要旨中作出了例外，把不进行正当的补偿不能把私有财产征用为公用的第 5 修正案的权利，第 1 修正案的言论出版自由等，判断为包含在第 14 修正案的正当法律程序里。

　　2. 本判决指出第 6 修正案规定的接受辩护人辩护的权利，在美国殖民地历史上，就已经是构成自由和正义的根本原则，明确宣布其包含在第 14 修正案所保障的内容之中。

　　并且，本判决提出，当年轻、没有文化、是文盲的被告人在敌对的环境下被定为死罪，因为贫困自己不能选任辩护人时，无论法律上是否有规定，法院有义务以公费选任辩护人，并给以辩护人时间使其能够事前充分准备和法庭上进行辩护活动。

执笔者：律师　山川洋一郎

56

Gideon v. Wainwright
372 U.S. 335, 83 S. Ct. 792, 9 L. Ed. 2d 859（1963）
接受辩护人辩护的权利 ②

Ⅲ　刑事法

事实梗概

被告人（Gideon；上诉人），以犯轻罪（misdemeanor）的目的入侵了台球场被佛罗里达州法院起诉。该罪在佛罗里达州法上是重罪（felony）。没有钱请辩护人、在没有辩护人的情况下出庭的被告人，主张根据联邦最高法院的判决，自己有由法院选任辩护人的权利，但是，法院以佛罗里达州法规定，只有以该当死刑的犯罪被起诉的时候，法院才能够为被告人选任辩护人为由，拒绝选任辩护人。在公判审理中，被告人自己向陪审团作了案情的陈述、对检察官的证人进行了交叉询问、自己拒绝作供词、对起诉书记载的事实进行了强调自己无罪的短短的辩论等，作为外行尽可能的为自己作了辩护，陪审团的裁断是有罪，结果是被判处 5 年徒刑。被告人以事实审拒绝被告人要求选任辩护人是违反了合众国宪法为理由，要求佛罗里达州最高法院发布人身保护许可令采取救济措施，没有得到州最高法院的认可。

被告人提出了要求调卷令（certiorari）的上诉。联邦最高法院受理了该请求，为被告人选任了辩护人之后，就 Betts v. Brady（1942）案件中的联邦最高法院的判决要旨是否应该重新考虑这一问题，向检察官、辩护人双方征求了意见。

判决要旨

Black（布莱克）法官的法庭意见如下。

1. 本案的事实关系，酷似 Betts 案件，在那个案件中，被告以强盗罪被马里兰州法院起诉，没有钱请辩护人的被告人，要求法院选任辩护人,遭到拒绝,被判为有罪,被告主张法院没有选任辩护人是违反了第 14 修正案。在该案件中,联邦最高法院认为,"违反法律正当程序(due process)的主张由案件的整个事实关系加以判断。在一定状况之下,使正义的普遍的观念受到震动的、否定了基本公正性的事物,在其他状况之下,作别的考虑时,也有可能不否定那样的公正性"。正当法律程序是权利法案(Bill of Right)中的"比其他特定条款宽松、流动的概念",在该案件的事实关系中法院没有选任辩护人,并非就是强烈反对有关公正的一般基本概念、否定正当法律程序。因为本案的事实关系和 Betts 案件几乎没有区别,如果维持 Betts 案件的判决要旨的话,本案的 Gideon 的主张就不得不被否定。本法院在作了充分的考虑之后,得出的结论是应该变更 Betts v. Brady 案件的判决要旨。

2. 本法院认为,第 6 修正案意味着,在联邦法院,对于(只要是被告人充分理解该权利而不放弃的)自己不能委托辩护人的被告人,必须要选任辩护人。对于 Betts 的该权利通过第 14 修正案也可以扩张到州法院的主张,联邦最高法院认为,第 6 修正案不是规定州行为的规则,该条是否可以通过第 14 修正案也适用于州法院,取决于该条对于公正的裁判,即,正当法律程序,是否被看作是极其根本的不可缺少的规则,考虑到联邦宪法加上权利法案之前的殖民地及州存在着的宪法或法律条文,以及各州至今为止的宪法上、立法上、裁判上的历史等有关资料,结论是,辩护人选任对于公正的裁判不是本质的基本权利。如果在 Betts 案件,联邦最高法院得出的结论是,为贫穷的被告人选任辩护人对于公正的裁判是本质的基本权利的话,和第 6 修正案要求联邦法院选任辩护人那样,可以判断第 14 修正案,也要求州的法院选任辩护人吧。

在 Betts 案件中,对于联邦最高法院来说,不受联邦政府限制的、自由的根本保障的权利法案(Bill of Right),通过第 14 修正案的正当法律程序条款,承认对于州的限制也有保障的先例很充足。在 Powell v. Alabama(1932)案件以及 Betts 案件和其他许多案件中,本法院考虑到当初由权利法案得到的保障,是否通过第 14 修正案也可以适用于州,取决于该权利是否有根本的性质。

具有这种根本性格的、通过第 14 修正案也可以从州的限制中获得保护的、明确被承认的权利有:受第 1 修正案保护的言论、出版、宗教、集会、结社及请愿的自由。基于同样的理由,联邦最高法院认为,没有正当补偿禁止将私有财产征用为公用的第 5 修正案,禁止不合理的没收、搜查的第 4 修正案以及禁止残酷而异常处罚的第 8 修正案,都可以适用于州。

本法院,接受基于先例的 Betts v. Brady 的假设,即,对于公正的审判来说是根本而必须的权利法案中的条款通过第 14 修正案也可以适用于州的假设。但是,我们认为,判断第 6 修正案的辩护人的保障不是根本权利的 Betts 案件的判决是错误的。Betts v. Brady 案件的 10 年前,本法院在 Powell v. Alabama 案件,经过充分考虑所有的历史事实,明确宣布接受辩护人帮助的权利是具有根本性质的权利。

并且这一结论在以后的判决中(Grosjean v. American Press Co. (1936), Johnson v. Zerbst (1938) 等) 得到了多次确认。Betts v. Brady 案件是突然偏离了深思熟虑的先例的案件。从理性上来看,很显然,在我们这一与当事人处于对立构造的审判制度中,只要不给贫穷而不能委托辩护人的被告人以公费选任辩护人,就不能保障公正的审判。政府为了公诉雇用律师,有财力的被告人委托辩护人的这一事实,无与伦比地强烈证明了法律家在法庭上不是奢侈品,而是必需的。对于公正的审判来说,接受辩护人的辩护,是必需的根本的权利,也有国家并不这么认为。但是在我国就是这么认为的。关于这一点,正如 Sutherland(萨若兰德)法官在 Powell v. Alabama 案件所叙述的那样。

在 Betts 案件中,本法院脱离了 Powell 案件的健全睿智的思路。佛罗里达州得到了其他 2 个州的支持,想要维持 Betts 案件的判决,但是有 22 个州的法院之友(amicus curiae),论述到 Betts 案件在判决当时就是时代的错误,应该被变更。本法院对此予以同意。

取消原判决,驳回重审。

按 语

1. 1932 年的 Powell v. Alabama(本书的第 55 案件)以后,1942 年联邦最高法院在本案判决文中被引用的 Betts 案件的判决中指出,以强盗罪被起诉的贫穷的被告人即使没有法院选任的辩护人,因为接受辩护人辩护的权利对公正的审判来说并非是具有根本性质的,所以没有违反正当法律程序。后来,在很多案件中,对于第 6 修正案中的接受辩护人辩护的的权利,在多大程度上也可以在州法院受到保护的这一问题进行过争论。本案判决认为,Betts 案件是偏离先例的案件,要将其进行变更。接受辩护人辩护的权利,是达到公正的刑事审判所必不可少的根本的权利,是包含在第 14 修正案的正当法律程序中的。

2. 联邦政府的判断是,通过第 1—8 修正案可以从联邦那儿得到保障的权利当中,那些"是民主主义政体必须的、不可缺少的权利","是保障自由的程序",或者"是自由和正义的根本原则"等,正如在判决要旨中先后所指出的那样,包含在第 14 修正案的正当程序中,也可以从州政府那儿得到保障。

这样的考虑方法被称为选择性吸收理论(selective absorption theory)或编入理论(incorporation theory)。与此相对的是,也有在本案判决中发表了附议意见的 Douglas(道格拉斯)法官所提出的,通过第 14 修正案的正当法律程序条款,第 1—8 修正案的所有内容当然适用于州的想法(绝对编入理论),不过这一考虑方法没有成为最高法院的多数意见。但是,实际运用选择性吸收理论的结果是,很接近绝对编入理论。

3. 本案在最高法院审判时的国选辩护人阿贝·福塔斯(Abe Fortas)律师是首都华盛顿的著名律师。在本案获得出色的胜诉之后的 1965 年,受约翰逊总统任命,成为联邦最高法院的大法官,参与了许多自由主义的判决。纽约时报的优秀记者 Anthony Lewis 的名著《Gideon's Trumpet》(日文版《美国司法的英知》(世界思想社·1972))对本案进行了描述。

执笔者:律师　山川洋一郎

57

Mapp v. Ohio
367 U.S. 643, 81 S. Ct. 1684, 6 L. Ed. 2d 1081 (1961)

违法搜查、扣押和证据排除法则

Ⅲ 刑事法

事实梗概

在俄亥俄州库里佛兰得市，基于爆炸案件的重要嫌疑人躲藏着，以及很多赌博用具被秘密地保管着的情报，3名警察到了Mapp家的门前，在门口提出要进家门的要求。Mapp通过电话和律师商量的结果，拒绝了这一要求，警察在继续监视，等待增援的3个小时以后再次敲Mapp家的门，看到Mapp没有马上回答，用力推开门侵入其房间内。这期间律师已经赶到了，而警察们不准律师进入室内，不让律师与Mapp见面。Mapp对侵入进门来的警察提出要看许可证，在警察出示了许可证时一把抢了过来，结果和为了夺回许可证的警察扭成了一团，警察们给Mapp带上了手铐压制了其反抗，对其家的每个角落进行了彻底搜查。结果是，发现了本案证据物品的色情书籍、图画，将其扣押。

Mapp因为以俄亥俄州刑法规定的持有猥亵物的罪名被起诉，受到了有罪判决，而对本案采用的证据物品表示异议提起了上诉，俄亥俄州的最高法院认为，本案的证据物品虽然是"违法搜查过程中违法扣押的物品"，但是作为证据是可以的，因此维持了有罪的判决。对此提出申请调卷令（certiorari）上诉的就是本案件。

判决要旨

1. 克拉克（Clark）法官的法庭意见，起始于回顾有关使用违法收集来的证据的先例而展开。

在1886年的Boyd v. United States案件中，联邦最高法院认为，法院容许把通过被理解为违宪、无效的手续而强制提出的物件作为证据,是违反宪法的。在 1914 年的 Weeks v. United States 案件中,最高法院明确表示,把违反合众国宪法第 4 修正案从被告人那儿扣押来的物件在公审中作为证据使用,是否认了该被告人的宪法上的权利,因此在联邦的刑事手续中,使用通过违法搜查、扣押而收集来的证据是受到第 4 修正案的禁止的,其后,这成了联邦法领域中得到确立的准则。1949 年的 Wolf v. Colorado 案件,在判断通过第 14 修正案的正当法律程序条款把第 4 修正案适用于州的时候,说到保护隐私权免于警察恣意干涉的第 4 修正案,包含在通过正当法律程序条款可以强制州的"有秩序的自由(ordered liverty)概念"中。可是,认为 Weeks 判决中确立的联邦的排除法则(exclusionary rule),作为第 4 修正案保障的权利的本质的构成部分,不可以说能够强制州适用。

2. 接着,法庭意见通过以下要点的说明,作出了变更 Wolf 判决结论的判断。

Weeks 判决中的排除法则不仅仅是证据法则。应该说是"宪法的起源(of constitutional origin)"。是构成"第 4 修正案的本质部分(essential part)",在 Wolf 判决中表明了第 4 修正案的私人权利通过第 14 修正案也可以适用州,那么,对于州来说,也可以通过对联邦政府同样的排除证据的制裁而实现该权利。Wolf 判决考虑的前提是,很多州没有采用排除法则,以及可以利用其他的抑制违法搜查的手段,现在,这样的前提发生了动摇。自 Wolf 判决以后,已经有超过半数的州通过立法或者是判例,全面或部分地采用了排除法则。并且,值得注意的是,这些州之一的加利福尼亚州的判例在说到之所以决定采用排除法则,是因为其他的抑制违法搜查的手段没有起到作用。

本法院曾经在判决中指出过,被强制的自供,即使值得相信,也不能在州的程序里使用,同样的原理,运用在与强制招供同样的以违宪的没收的方法得到的证据,应该是妥当的。废除迄今为止的联邦和州之间的二元标准的本判决的结论是,促进执法双方所希望的协助。的确,适用排除法则的结果也会产生犯人免受处罚的情况。但是,这是法律自身所指示的,有必要考虑到"司法必须完整的训诫(imperative of judicial integrity)"。在州的刑事手续中也不容许违反第 4 修正案得来的证据的本案判决的结论,对于个人,没有给以超过宪法规定的保障,对于警察,不允许有悖于诚实的执法,而对于法院来说,赋予了运作真正的司法时所必不可少的完整性。

取消原判决,发回重审。

按 语

1. 本判决,和米兰达判决(本书第 58 案例)并列,是由沃伦法庭(1953 年—1969 年,沃伦任首席法官时期的合众国最高法院。当时的最高法院采取了"司法行动主义"(judicial activism)的立场,积极地行使了违宪立法审查权。特别是在废除公立学校的白人和黑人分校、实现人种之间的平等、政教分离、保护言论思想的自由等问题上,通过司法手段进行纠正,在保护刑事被告人、嫌疑人的权利等方面,给美国的宪法解释带来了很大的变革——译注)作出的代表了"刑事法革命(Criminal Law Revolution)"的著名判决。法庭意见,说明了,以前,停留为联邦法规则的所谓违法收集证据的"排除法则(exclusionary rule)"——违背了第 4 修正案规定的对于搜查、扣押的保障而得到的证据不被认可的准则——作为第 14 修正案的正当法律程序条款的内容,可以适用于所有的法律领域。其结果是,不仅使没有采用排除法则的相当数量的州也开始适用该法则,更重要的是在于,有关如何把排除法则直接适用于搜查、扣押的合法与否的联邦最高法院的宪法解释,作为统一法规则,既开辟了在整个美国的犯罪搜查活动发挥作用的道路,也给美国的刑事司法带来了极大的影响。

2. 不过,因为排除法则有使得搜查官违反手续得来的证明有罪的证据不容许采用,而使明摆着的犯人得不到处罚的强力作用,从其形成初期开始,就被批判为明显损害了应该判定被告人罪责的刑事审判的目的。本判决的联邦最高法院的决断,正面临 1960 年代中期以后美国社会犯罪剧增、治安恶化的现状,和 Miranda 判决一起,被指责为是过分地制约了搜查机关的活动,对犯罪者有利,受到了来自高唱"法和秩序(law and order)"立场上的政治、社会上的激烈的非难。

3. 从本判决来看,排除法则根据的核心是"司法必须完整",但是在其后的围绕排除法则的议论,主要是以政策面为中心对排除法则的抑制违法搜查效果的另一个论据而展开的。Warren 法官的卸任,和对排除法则持批判态度的伯格(Burger)长官的就任,伴随提倡"法和秩序"的尼克松总统任命新的法官而引起的法官构成的变化,联邦最高法院自身在 1970 年代,明确表示排除法则不是第 4 修正案的直接的要求,完全是为了抑制违法搜查在司法上创造出来的手段(United States v. Calandra (1974))。这样的对于排除法则的理解,使得对排除证据产生的不利和对将来的违法搜查的抑制效果进行比较衡量,产生了只有在可以预期有抑制效果的场合方才应该适用其的观点。

根据这样的理论出现的限定排除法则的适用范围的倾向,在1970年代中期先是表现在对公审程序以外的手续上否定适用排除法则(United States v. Calandra (1974), Stone v. Powell (1976))。为弹劾被告人的证词允许使用违法收集的证据的判例的出现,也证明了抑制排除证据几乎没有奏效(United States v. Havens (1980))。而且,对于公审程序中的举证的核心部分,进行搜查、扣押的搜查官合理地相信法官的许可证是合法时,即使后来知道是违法的,因为无法预期和有意图的违法行为的场合所不同的证据排除所产生的抑制效果,以至形成了无法适用排除法则的"善意的例外(good faith exception)"(United States v. Leon (1984), Massachusetts v. Sheppard (1984))。就这样,现状是本判决的射程渐渐趋向被限定。

关于美国的排除法则对日本的影响,可以参考井上正仁的《刑事诉讼中的证据排除》(弘文堂·1985)。

执笔者:神户大学教授 酒卷匡

58

Miranda v. Arizona
384 U.S. 436, 86 S. Ct. 1602, 16 L. Ed. 2d 694 (1966)
嫌疑人的审讯和辩护人在场权

Ⅲ 刑事法

事实梗概

在位于费尼库斯市的商业街的电影院小吃店里工作的当时18岁的A女在1963年3月2日晚上，工作结束之后和同事一起坐了一段公共汽车，然后下车，在走回家的途中，遭到从停在附近车上下来的被告人米兰达（Miranda）的突然袭击，被拖到了车里。米兰达用绳子将A女的手脚捆住，把车子开到了沙漠地带强奸了A女之后，又送到她自己家附近。接到通报的警察P等人在同年3月13日，从A女哥哥通报的可疑车的车号查到了犯人的住址，以诱拐、强奸的嫌疑逮捕了和带着孩子的女性F女同居中的墨西哥裔美国人米兰达。米兰达在一排人中间被A女识别出来以后，被带到了审讯室，不多久就自供了强奸A女一事。受到有罪判决的米兰达主张，在没有辩护人在场的情况下把自供作为证据是错误的，而提起了上诉。

亚利桑那州最高法院在1965年4月22日认为，从前科等以前的经历中应该很清楚司法程序的被告人是自己没有行使辩护人委托权，即使P等人进行审讯时没有告知辩护人委托权，辩护人没有在场，综合一切情况进行考虑，对自供的自主性没有怀疑，认为可以将其作为证据。对此，合众国最高法院在1965年11月22日受理了包括米兰达在内的4个争论点相似的案件的上诉，于第2年的1966年6月13日，在出示了单一的判断标准后，认为所有的自供都不符合合众国宪法第5修正案保护的不自证其罪特权的标准而作出了将其排除的判决。

判决要旨

沃伦首席大法官执笔的法庭意见,首先指出,自 2 年前的 Escobedo v. Illinois 判决以来,围绕该判决的解释,判例与对立学说之间的争论也非常激烈,现状是在搜查的实际操作中也很困惑,有必要"对于拘留中的审讯适用不自证其罪特权进行稍许解释,提供执法机关和法院具体的宪法上的指导",接着提出了以下的判断。

1. 要旨 "提起公诉一方,无论是无罪还是有罪(whether exculpatory or inculpatory),非经证据证明有效地采取了保障不自证其罪特权的程序上的保护措施(procedural safeguards),不能采用拘留中通过审讯获得的被告人的供述。所谓拘留中的供述,意味着人身受到拘束,或者是以什么重要的方法被剥夺了行动自由以后,由执法官开始的询问。关于应该采取的程序上的保护手段,除了告知刑事被告人(accused persons)沉默权、不断保障该权利的行使机会而采取充分有效的方法,还要求采取以下的方法。即,在问任何问题之前,必须先告知该人具有沉默权;其所有的供述都可以作为对其不利的证据;有要求自己聘用或由国家任命(retained or appointed)的辩护人在场的权利。在被告人自主自愿地、明白而理性地(knowingly and intelligently)表示放弃的场合,能够有效地放弃所拥有的权利。可是,如果他以什么方法,在审讯的任何阶段,表示想在供述之前和辩护人商量的话,就不可以再进行询问。同样地,该个人如果以什么方法表示不愿意在没有他人在场的时候被审讯,警察就不能询问他。"

2. 拘留中的审讯 现在实际上进行着的与外界隔离(incommunicado)的"拘留中的审讯这一事实本身,就是给个人的自由加上了沉重的桎梏,利用了其弱点",因此,强制的可能性是很明显的。这样的审讯,是为了"让个人服从审讯官的意思这样一个目的"而进行的,"这种气氛本身,就意味着胁迫(intimidation)。诚然,这不是肉体的胁迫,但是它同样摧毁了人类的尊严。与外界隔离进行审讯的这一目前的实务上的习惯做法,和不能强迫个人自证其罪的我国最重要的法理之一互不相容。除了为消除审讯中内在的胁迫而采用了充分保护装置的场合,从被告人那儿获得的供词,不能说是其自由选择的产物"。

3. 不自证其罪特权的保障 只要没有采取适当的保护手段(without proper safeguards),"在犯罪的嫌疑人的拘留中的审讯过程中,个人的抵抗意志减弱,对个人有强迫供述的内在胁迫的压力"。为了对抗这样的压力给以充分行使特权的机会,嫌疑人必须被适当而有效地告知自己的权利,其权利的行使必须受到充分尊重。"告知嫌疑人沉默权,在确保其行使机会时,只要没有显示同等效果的其他手段,必须遵守以下的保护手段。"

"首先第一,被拘留的人在受到审讯时,一开始就必须以明确清楚的语言,告知其有沉默的权利。必须明确告知供述的任何供词都会在审判中作为不利的证据被采用;有权和辩护人商量在审讯中要求辩护人在场;贫困者可以由国家选任辩护人。如果个人以何种方式在审讯前乃至审讯中表示想要沉默,审讯必须中止。如果个人提出想要见辩护人,在辩护人列席之前必须停止审讯。如果没有辩护人在场继续审讯而口供被采用的话,公诉方负有重大的举证责任,要以证据证明是被告人在充分理解了自己的不自证其罪的特权,以及选任或要求辩护人的权利之后理性地作出了放弃的决定。"

4. 结论 "归纳以上,我们认为,个人被当局拘留,或者是以其他的重要方法被剥夺自由受到审讯时,不自证其罪的特权变得危险。为了保障该特权必须采取程序上的保护手段,向该人告知沉默权,只要没有采用为了保障该权利的行使得到诚实尊重的其他的充分有效的方法,有必要采取以下措施。即,在任何审讯之前,他必须被告知,他有沉默权;他的任何供述都可以在公审法庭作为不利证据被采用;他有权要求辩护人在场;如果他经济上无力负担聘用辩护人,而他又希望有辩护人的话,在进行任何审讯之前必须先为他选任辩护人。在进行审讯的全过程中必须给他行使这些权利的机会。在给了他这些警告,并且给了他这些权利之后,该个人,充分地理解了这些权利而理性地作了放弃,可以同意回答乃至供述。但是,只要在公审中公诉方没有对这些警告以及权利放弃进行举证,审讯结果获得的证据不能被采用作为不利的证据。"

5. 本案的适用 上述的宪法原理适用于本案的4个案件,任何一个供述都是在没有符合宪法标准的情况下获得的。亚利桑那州最高法院"大大地强调了米兰达没有要求辩护人的事实",但是,"从任何意义上来说,很明显,米兰达没有被告知有权和辩护人商量、可以在审讯中要求辩护人在场,并且,自己自身的负罪不被强行要求的权利没有采用什么方法受到有效的保护。仅仅以他在打印了包括'充分理解了''法律上的诸权利'的文字的供述文件上签了字的事实,不能认为他为了放弃宪法上的权利作了必要的有意识而且理性地放弃"。因此,取消判米兰达有罪的原判决。

按 语

1. 本判决的最大的意义在于,明确了前面提到的 Escobedo 判决中的模棱两可之处,以合众国宪法第 5 修正案的不自证其罪的特权为根据肯定了嫌疑人审讯中的辩护人在场权。即,在与外界隔离的密室内的状况下对嫌疑人的审讯,事实上是在内在的强行要求供述的强制的气氛中进行的,与保障特权是不相容的,因此,为了有效地保障不被强行要求自己负罪的特权,沉默权等之外的审讯中辩护人在场权的权利告知是必不可少的。

2. 本判决认为,"自主自愿作出的任何供述,不是第 5 条修正案禁止的,其容许性不受本判决的影响",特别果断地指出了并非是要禁止一切拘留中的审讯、把这当中获得的自供全部排除。但是,作为沃伦法庭(1953—1969)的司法行动主义的代表判例,被称为树立了符合"刑事司法革命"的,只是所谓的米兰达的权利告知(Miranda warnings)作为审讯的绝对的前提条件,承认嫌疑人的审讯中止权及辩护人在场权等,这以后,褒贬的激烈论战一直沸腾不休。不过,虽然伯格法庭(1969—1986)在 Harris v. New York (1971)案件中肯定了弹劾例外,在 New York v. Quarles (1984)案件中肯定了公共安全的例外等限定了米兰达的适用范围,但是,在 Rhode Island v. Innis (1980)案件中,出现了 Burger 首席法官表明支持米兰达的新动向,米兰达判决大约就在这一阶段作为判例得到了确立。现在的伦奎斯特法庭(Rehnquist Court)(1986—),一方面限定米兰达,而在 Minnick v. Mississippi (1990)及 Withrow v. Williams (1993)案件中,强化了米兰达乃至有了新的成长,肯定审讯中的辩护人在场权的米兰达(Miranda)判决的核心部分得到了贯彻强化。顺便提一句,虽然自供材料是被排除了,但是被告人米兰达在发回重审中,以前与其同居的 F 女所作的米兰达告诉过她强奸之事的证词起了决定性作用,而受到有罪的判决而入狱服刑。

3. 美国法的动向对日本国的围绕嫌疑人审讯的议论不可能不产生影响。作为对米兰达有关判例的总括研究,可以参考小早川义则的

《米兰达和嫌疑人审讯》(成文堂·1995),以及同人的"米兰达和泰利的交错"名城法学45卷1号27页(1995)。

执笔者:名城大学教授 小早川义则

59

In re Gault
387 U. S. 1, 87 S. Ct. 1428, 18 L. Ed. 2d 527 (1967)
少年审判程序和正当法律程序

Ⅲ　刑事法

事实梗概

1964年6月8日上午10点,杰拉德·高特,以那天早上给附近的库克夫人打了猥亵的电话的嫌疑,和朋友罗纳德一起被逮捕,收容到少年观察保护所。因为和做扒手的少年交朋友,杰拉德从2月份开始了接受6个月的保护观察(probation),事情发生的当时还在保护观察期间。

杰拉德的父母都有工作,逮捕当时都不在家。傍晚回到家的母亲知道了杰拉德被逮捕立即赶到了观察保护所,见到了保护观察官(相当于日本的家庭法院的调查官,权限还要大一点。这儿还兼任观察保护所的所长。以下略称P.O.)弗拉格听说了事情经过,知道了第二天就要审判。9日,弗拉格向法院提出了审判请求书,但是没有把该副本发送到高特家。而该请求书里面没有具体记载嫌疑事实,只写着"本少年未满18岁有必要受到贵法院的保护。本少年是不良少年"。

审判由麦吉(McGhee)法官担任,出席者有弗拉格和另一位P.O.、杰拉德、其母亲和哥哥,被害人库克夫人没有出庭。因为没有审判记录,审判庭的情况只能在后来的人身保护手续中的证词中知道,据说,母亲的证词是杰拉德只是拨了电话号码,然后就把电话听筒交给了罗纳德,而法官们的证词是杰拉德承认自己也说了猥亵的话。审判结束之后,杰拉德再次被收容,两三天之后被释放。那天,杰拉德的母亲从弗拉格递过来的条子中知道下一次审判日期定为15日。在第二次审判中,杰拉德的父亲出席了,哥哥没有去,因为库克夫人这次又不在,杰拉德的母亲提出为了证明是"哪一个孩子说了猥亵的话"应该让库克夫人出庭作证，法官驳回了这一要求，"认同杰拉德是不良少年"，作出了"在不适用法律上的正当程序时，未成年期间（到 21 岁为止）收容在少年院"的决定。

因为在本案案发地的亚利桑那州，少年案件是不可以上诉的，于是高特家向州的最高法院提出请求人身保护令。州的最高法院把案件送到了地方法院让地方法院审理。地方法院传讯麦吉法官要求其作证词。该法官在被问到认定杰拉德为不良少年的法律根据时，举出了对于"使用——妇女——听得见的猥亵语言"者处罚 5～50 美元的罚金或者是 2 个月以下的徒刑的刑法规定。人身保护令的请求被驳回。

对此，高特家以有关杰拉德的程序违反了正当程序的理由向州最高法院提起了上诉。上诉中提到了缺少对有关嫌疑事实和审判日期的适当的通知，没有告知辩护人委托权、和证人的见面权、沉默权等，认可没有宣誓的传闻证据，对诉讼不进行记录等等。还主张不允许上诉的州法是违反宪法的。州最高法院，承认了少年审判程序也必须按照正当法律程序，判断本案没有违反正当法律程序。对此，向联邦最高法院提出特别上诉的就是本案。

判决要旨

取消原判决。不能同意原审的本案没有违反正当法律程序的判断。判决理由详细且很长，要旨如下。

少年法院自创设以来，长时期都容许不把给以成人的程序上的权利赋予少年。这是因为不是处罚犯罪者，而是在寻找最适合于个人的方法把少年从堕落的邪道上拯救出来。而且还必须让少年感到自己成了国家的保护和关心的对象，由刑法和刑事诉讼法进行的严格的技术上的制约应该被排除。这一切都不违宪的根据是，父母不进行适当监护的场合可以由国家代替父母监护的所谓国家监护人（parens patriae）法理的存在。

但是，这一法理，本来是说明保护少年财产和身份的理论，在给以少年的程序上的权利要少于给以成人的时候使用该法理未免让人产生疑问。不仅如此，不根据正当法律程序的少年审判不可能带来所期待的适当的关心，差别对待或不正确的事实认定更会带来没有成效的结果。原以为会减少的少年不良行为反而增加。最近的研究表明，正是公正、中立、有规则这一正当法律程序的本质要素给了少年更多的感化，而得到了有成效的结果。作为少年审判的优点可以列举的和成人分开、不公开、不问前科等等，在正当法律程序下也能维持。正当法律程序的要求，会在认定不良事实的程序中引进一些秩序和规则性，在特别有争议的案件中引进一部分当事人主义的要素，而亲近的少年法院法官的想法完全没有必要更改。

本案的情况，如果是18岁以上的话，罚款5到50美元或者是2个月以下的自由刑应该就结束了。没有理由认为，因为是少年，没有成人那样的被保障的正当法律程序，就可以被允许在收容所里待6年到21岁。

各个问题点是，(1) 告知：原审以高特一方没有异议出席审判等为理由主张没有违法，但是，告知，如果没有给为了准备的相当的时间，并且没有具体特定请求事实的话就不符合适当的手续。(2) 辩护人：原审提出父母和P.O.可以保护少年利益，但是亚利桑那州的P.O.又是逮捕官，主张了本案的不良事实，还作了证词。本案的P.O.还是观察保护所的所长。处于这种立场的人不可能作为少年的辩护人采取行动。如果没有辩护人的援助，就不能推敲反对询问，以上诉争辩等手段进行适当的防御。在认定有可能带来束缚自由送到收容所去这样重大后果的不良事实的手续中，必须告诉少年和其父母，有受自己选任的辩护人为自己辩护的权利，以及告知不能选任时可以由公费任命。(3) 沉默权：认为少年程序不是刑事程序所以不适用沉默权的见解，只要供述的结果有可能被送到收容所，或者是被转送到刑事法院，那就是不妥当的。还有一种见解认为，自供是治疗的开始，为了本人不应该告诉少年有沉默权，但是从最近的研究中得知，以父母那样的态度引导出自供然后给以严厉处分会引起少年的反抗。还得知少年的自供中有很多虚伪的内容。因此，少年也应该受到沉默权的保护，有必要告知该权利的存在。(4) 传闻证据、交叉询问：本案的自供是违法的被排除的话，证据就只剩下库克夫人的传闻了。因为少年也有见面权、交叉询问权，所以该传闻不可以使用，结果是没有证据。

按　语

自1899年创始以来的大约半个世纪，少年审判顺利地广泛获得支持。少年审判中也应该要有适当程序的主张，并非完全没有但也不强烈。但是，20世纪三四十年代，对一般的刑事案件严格要求正当法律程序的联邦最高法院的判例接二连三，不久，少年审判中正当法律程序也是必要的主张日渐强烈。在本判决的前一年，在 Kent v. United States (1966)案件中判决，当案件从少年法院转送到刑事法院时，必须满足正当法律程序和公正审理的基本要件，辩护人在场的审理、记录的阅览、决定理由的宣布等都是必要的。本判决是将其旨意涉及到整个审判程序，与详细的理由相辅相成，成了该领域最受注目的判例，在其延长线上的，是认为不良事实也有"排除合理怀疑程度"的证明必要的1970年的 *In re* Winship 判决。

不过本判决，也并不认为对少年案件的特殊性就不要照顾了。比如认为少年审判的不公开不违反正当法律程序。对于在认定了不良事实以后的决定处分的阶段是否也必须像通常那样遵守正当法律程序的问题上，现在是非判断不可的了。对于接受陪审审判的权利，本案没有触及。关于这一点，不久以后的1971年的 McKeiver v. Pennsylvania 判决指出，不纳入适用少年审判的正当法律程序。举出的理由是陪审审判中审判成了完全的对审手续，亲切的、非形式的程序的理念完全崩溃，法院对少年的未来的家长式的照顾被无视等等。1984年的 Schall v. Martin 案件判决，在审判之前有犯罪的重大危险的场合，只有经过可以充分防御的程序才能够拘禁少年的州法是合宪的。这一类的拘禁在少年案件中特别得到许可的，也是因为注重了家长式的照顾。

本案判决当时，正值日本围绕准备把少年审判部分刑事程序化的法务省的设想进行着激烈论战。虽然有人认为设想和本判决如出一辙的，但是，也有人觉得是有意图地增加检察官的参与等刑罚化，和完全为了加强少年一方的防御为目的的本判决不同。结果是法务省的设想受到了顿挫，其背景是，以本判决为契机增加了对正当法律程序的关心。正当法律程序下的健全的培养是本判决的宗旨，这也是今天日本少年审判的课题。

执笔者：立教大学教授　所一彦

60

Gregg v. Georgia
428 U.S. 153, 96 S. Ct. 2909, 49 L. Ed. 2d 859 (1976)
死刑的合宪性

Ⅲ 刑事法

事实梗概

在佛罗里达州和同伴一起免费搭乘车的被告人 Gregg, 搭乘上了两个男性乘坐的车, 一行 4 个人往佐治亚州方向驶去。进入该州之后, 为了休息这两个男性下了车, 在回到车上的时候被被告人击毙。3 天后, 被告人和其同伴被逮捕时, 被告人持有枪杀两个男性时使用的 25mm 口径的手枪, 还持有被害人的车和钱。被告人以持凶器强盗罪 (armed robbery) 和谋杀罪 (murder) 被起诉。

佐治亚州的事实审法院, 采用把有罪认定阶段 (guilty stage) 和宣告徒刑阶段 (sentence stage) 明确分离为 2 个阶段的制度 (bifurcated system), 首先在前者的阶段, 陪审认定了被告人的两个罪都是有罪的。接着在后者的阶段, 法官对陪审说明"对于各个诉因能够回答死刑或者是无期徒刑; 当事人如果提出有减轻责任的事由或加重责任的事由可以加以考虑; 宣告死刑必须对 (1) 谋杀是在持凶器强盗罪完成中进行的; (2) 为了盗窃被害人的金钱和车而进行了谋杀; (3) 谋杀是被告人精神颓废而导致的恶劣得出奇的极其冷酷, 3 点中的 1 点作出排除合理怀疑 (beyond a reasonable doubt) 的认定"。陪审肯定了其中的 (1) (2) 的责任加重事由的存在, 回答是死刑。

佐治亚州最高法院肯定了有罪的决定, 但是在审查了事实审的记录等探讨了同样案件的证据及量刑之后, 结果是只同意了对谋杀罪宣告死刑, 取消了对持凶器强盗罪宣告死刑。州最高法院认为, 对于前者的死刑宣告没有出于偏见或是其他的恣意的要素, 而且和其他同样的案件所适用的刑罚相比较既不过分 (excessive) 也不失平衡 (disproportionate),但是因为对后者的持凶器强盗罪宣告死刑,在该州极为少见,应该取消其理由。对于该州最高法院的判决,认为对谋杀罪宣告死刑,是违反了禁止科以"残酷而异常的刑罚(cruel and unusual punishments)"的联邦宪法第 8 修正案及(对州适用该条款时所必要的)第 14 修正案,被告人向联邦最高法院提起上诉的就是本案。

联邦最高法院以 7 比 2 肯定了原判决。有斯图尔特,鲍威尔,斯蒂文斯 3 位法官的多数意见,和怀特法官的结果同意意见(伯格首席法官和伦奎斯特法官赞同。内容和多数意见几乎同样),布莱克门法官的结果同意意见,以及布伦南,马歇尔 2 位法官的反对意见。以下是 3 位法官的多数意见的要旨,以及 2 位法官的反对意见的要点。

判决要旨

本案争论要点是,"佐治亚州法规定的谋杀罪的死刑宣告制度,是否符合联邦宪法第 8 修正案及第 14 修正案?"将此问题分为 2 个阶段(1、2)进行探讨。

1. 首先,对于谋杀罪的死刑,无论任何情况下都属于第 8 修正案及第 14 修正案禁止的残酷而异常的刑罚吗?回答是否定的。判例对第 8 修正案作了机动灵活的解释,并没有把它看作为是静态的内容的规定。判例认为第 8 修正案所要求的是,刑罚与"作为成熟的社会的进步标志与发展的正当标准(the evolving standards of decency that mark the progress of a maturing society)"是相一致,而且和第 8 条修正案的基础(人类的尊严(the dignity of man))的概念相调和。在后者的要件中,包含有要求刑罚至少是不过分的,给以不必要不合理的痛苦,和犯罪的程度失去很大平衡的刑罚,是过分的。并且司法部,要推定立法部规定的刑罚的合宪性。

对照以上(有关第 8 修正案的)一般原理,纵观历史或判例等的实际状态,可以明白"对谋杀罪处以死刑"不能说总是违反该条款的。首先是对谋杀罪处以死刑,无论宪法或判例上都是承认的。而且由陪审作出的死刑的回答一直持续着,1972 年的 Furman 判决后 35 个州及联邦接连制定了认可死刑的新的法律,这表明了社会也是容忍死刑的。可以说,死刑和现在的社会的"正当标准"是一致的。一方面关于和"人类的尊严"这一观念的调和,因为不能完全否定死刑的报应性或抑制犯罪的效果,不能说谋杀罪和死刑不平衡,可以说死刑也是满足这

死刑的合宪性　**247**

一要件的。鉴于以上情况,我们不认为"不论犯罪的状况或犯罪者的性格或处以死刑之际的程序如何,绝对不允许处以死刑这一刑罚"。

2. 接下来的问题是,成为本案死刑宣告的根据的佐治亚州法是否违反了第 8 修正案及第 14 修正案？该回答也是否定的。作为一般论,在 Furman 判决中表明的"对死刑宣告时的恣意性的担心"是可以通过建立制度来解决的。作为这样的制度,最有效的是把有罪认定阶段和徒刑的宣告阶段明确分离开来的制度,在手续上,有必要把有关决定是否处以死刑的情报及利用该情报的指南告诉徒刑的宣告机构。对照这一要求,来研究一下佐治亚州法的死刑宣告程序。

Furman 判决之后,佐治亚州修改了死刑宣告规定,不过有关谋杀罪的成立范围没有变动。在修改之后的州法中,由于法定了 10 个责任加重事由,使可以宣告死刑的谋杀犯的范围狭窄了,其中规定了如果有 1 个是由陪审认定有合理的怀疑余地就不能宣告死刑。由此,要求陪审研讨该犯罪和被告人的个别的状况。其结果是,陪审的裁量受到了客观而明确的标准的控制。而为了排除恣意性还有一个安全装置,那就是规定了所有的死刑判决都自动地到州最高法院的上诉制度。州最高法院必须以下面 3 点作出决定,即,(1) 对死刑宣告是否是基于一时的感情或者偏见？(2) 陪审认定的法定的责任加重事由是否基于充分的证据？(3) 和同样案件被判的刑及争执的刑罚是否取得平衡？简而言之,可以认为佐治亚州的新的宣告徒刑的程序,是响应了 Furman 判决中的排除恣意性的要求。

被告人(＝上诉人),提出了在起诉或有罪答辩中的检察官的裁量,减刑程序中的知事的裁量等有问题,但是这些左右不了本案争论的解决。并且本案州法规定的全部死刑判决的自动上诉制度,州最高法院在很认真地运用着,就本案来说,考虑到和同样案件之间的平衡,州最高法院取消了对持凶器强盗罪的死刑宣告,显示了该制度在排除死刑宣告恣意性中起到了作用。像本案州法这样,规定了认定犯罪和被告人的个别状况和自动上诉制度的死刑宣告制度,响应了 Furman 判决的要求,适合第 8 修正案及第 14 修正案。由此肯定原判决。

与此相对的布伦南法官的反对意见,主要强调了现在的"正当标准"和死刑不合宪,展开了死刑的绝对违宪说。马歇尔法官的反对意见认为,Furman 判决以后各个州的有关死刑的法律制定,表明了该判决没有反映美国国民的真意,死刑所期待的抑制犯罪和报应的效果是否存在于死刑上让人感到怀疑,结论是死刑是过分的刑罚是违宪的,展开了和 Furman 判决时同样的绝对违宪说。

按　语

在 1972 年的 Furman 判决(Furman v. Georgia)中,以 5 比 4 的一票之差作出了联邦最高法院最初的死刑违宪的判决,其后,作为响应该判决的对应政策,很多州制定了有关死刑的新的法律。本案判决,对这些新立法之一的佐治亚州法(规定的死刑宣告制度)判断为适合第 8 修正案及第 14 修正案。可以说本判决的意义在于,自 Furman 判决以后,"在怎样的条件下宣告谋杀犯死刑的制度是合宪的?"这一问题被特别放大,通过对有争议的佐治亚州法的具体特色(即,对徒刑宣告机构的指导,和死刑判决的自动上诉的规定)的研讨,明确了那样的条件。

本判决,对 Furman 判决没有解决而留下来的"对谋杀罪处以死刑的合宪性"的这一争论点给予肯定的回答,并且研讨了该州法的具体的死刑宣告程序的合宪性。本判决中的两位法官的绝对违宪说,也暗示了在美国围绕死刑制度有长期论争的历史,随着时代的变化有关死刑的实务、立法、舆论分别有了引人注目的变化。在西方国家中像美国这样维持死刑制度的很少见,最高法院也没有从正面承认死刑本身的违宪性。不过,美国的死刑制度中,存在着人种差别上的适用死刑的可能性这一极其深刻的问题,如果这方面的差别性不能排除的话,现实中的制度就不能充分响应 Furman 判决以后的判例所要求的"排除死刑宣告手续时的恣意性"。因为联邦最高法院对调卷令上诉(certiorari)的认可率非常低,通过人身保护令程序对每个具体的案件审核死刑宣告的合宪性的重大任务由联邦下级法院承担的可能性越来越大。不过,从联邦最高法院判例的趋向来看,可以窥测到有限制利用 habeas corpus 的倾向。

执笔者:千叶大学副教授　金原恭子

61

M'Naghten's Case
(1843) 10 Cl. & F. 200, 8 Eng. Rep. 718,
[1843—1860] All E. R. Rep, 229 (H.L. 1843)
责任能力

Ⅲ　刑事法

事实梗概

1843年1月20日,受到托利党(Tory,英国保守党)迫害而得了妄想症的 Daniel M'Naghten,想要杀害托利党党员、当时的首相罗伯特·皮尔,不料却错误地击毙了皮尔首相的秘书爱德华·德尔蒙得。以谋杀罪被起诉的 M'Naghten 的辩护律师,基于精神异常的抗辩主张无罪。

公审中精神科医生的证词的主要内容大致如下。即使是病理上的妄想症的人,也能识别道德上的正确和邪恶。可是,被告人的妄想,剥夺了其控制能力,被告人不能控制与妄想相连接的行为。他的病的性质,是属于不断发展到突然难以抵抗的强烈的爆发,而引起出奇的暴力的激烈发作。

和其他两位法官一起进行审判的廷德尔(Tindal)的首席法官,在审判的最后,对陪审说,医学上的证据全部都是对被告有利的,接着作了如下的说明。"应该作出决定的是,在进行该行为时,被告人是否有知道自己做的事是邪恶行为的理解能力?如果陪审员认为,被告人在犯罪行为时,没有认识到触犯了上帝和人类的法律的话,被告人有权接受无罪的裁断"。

陪审,以精神异常为理由作出了无罪(not guilty on the ground of insanity)的裁断。无罪判决之后,M'Naghten 被送到精神病院,在那儿度过了二十多年一直到死亡。

M'Naghten 的无罪判决,引起了很大的议论。媒体和议员们批评了裁断,维多利亚女王(她在该案之前的两年中有过三次差点儿被暗杀,第三次的被告以精神异常被判无罪)也表示了"关注"。对这些批评的反应是,上议院把最高法院(Supreme Court of Judicature)的 15 位法官请到议会,要求对精神异常提出抗辩的问题作出回答。对于上议院提出的问题,廷德尔(Tindal)首席法官代表 14 位法官作了如下回答。

判决要旨

为了回答上议院的问题,有必要先陈述以下意见。每个案件的事实具有无限的多样性和微妙的差异,法官的任务在于,基于被证明的事实,在听了双方律师的辩论之后,对各个案件宣布法律。因此,回答上议院问题中我们说到的原则,想要严格地加以适用,实际上是不可能的,如果实行的话,对司法运作来说是危险的。因此,对于抽象的问题,我们的回答只停留在我们认为的法律上。

问题 1:有关不正常的得了妄想症的人犯了罪的法律,是怎么样的法律?

回答:"被告人在不正常的妄想的影响下,为了消除某一想像中的不满或损害,对此进行报复,或者是,为了带来什么公共利益,做出了被起诉的行为,如果在实施犯罪的时候,知道自己是在进行违法(意味着国家的法的)行为的话,要受到处罚。"

问题 2:"当对特定的客体或者是人抱有不正常的妄想的人犯了罪、以精神异常提出抗辩时,对陪审应该提示的适当的问题是怎么样的问题?"

问题 3:"向陪审提出的有关被告人行为实行时的心理状态的问题,应该是怎么样的问题?"

回答:that the jurors ought to be told in all cases that every man is to be presumed to be sane and to possess a sufficient degree of reason to be responsible for his crimes until the contrary be proved to their satisfaction, and that, to establish a defence on the ground of insanity it must be clearly proved that, at the time of the committing of the act the party accused was labouring under such a defect of reason, from disease of the mind, as not to know the nature and quality of the act he was doing, or, if he did know it, that he did not know he was doing what was wrong. The mode of putting

责任能力 251

the latter part of the question to the jury on these occasions has generally been, whether the accused at the time of doing the act, knew the difference between right and wrong.(在所有的案件中,陪审员都应该被告知以下的内容。在反对的证明能够说服陪审员之前,推定所有的人,在精神上是正常的,至少拥有足以对所犯罪行负责的理性。以精神异常为理由进行抗辩,必须要有明确的证据证明,被告人在行为实行时,因为精神上的病而欠缺理性,其欠缺的程度,到了不知道自己行为的性质,或者是,即使知道,也不明白做的事是坏事。在这样的场合,把问题的后半部分提示给陪审员的模式,一般是,看被告人在行为实行时,是否能够区别正确和邪恶。)

问题4:某一个人,基于对事实的不正常的妄想而犯了罪的话,是否可以被免责?

回答:该人的责任,被看作与真实的妄想相同。比如,由于妄想的影响,认为别人要剥夺自己的生命要进行正当防卫,而杀了对方的,是能够免受处罚的。基于被害人严重地侵害了自己的人格或财产的妄想,为了对这想像中的侵害进行复仇而杀了被害人的,那是要受到处罚的。

问题5:一直出席审判的精神科的医生,即使没有诊断过被告人,对于被告人犯罪行为时的心理状态,或者是被告人行为时知不知道自己的行为是犯法的,受怎样的妄想的驱使,可以表示意见吗?

回答:严格地说,医生处于上述情况是不能表示意见的。为什么这么说,是因为各种问题包含着对事实真实性的判断,而那是由陪审团决定的。

按 语

1. 对于问题2和3的回答,后来成了有名的M'Naghten规则,作为责任能力的标准,在英国一直使用到现在。

M'Naghten规则(也被称为正确—邪恶标准),具有只研究被告人认识能力的特征。不过,当时不断发展的精神医学领域的专家们,对只从认识能力这一点判断刑事责任能力是持批判态度的,在M'Naghten审判中的精神科医生的证词,也是有关缺乏控制能力的问题。可以认为M'Naghten的无罪,也是受到这样的精神医学者的见解的影响。不过,回答上议院问题的法官们,没有采用这种新的立场,而是采用了传统的标准。判决给予社会的冲击,也许影响了他们的判断。

2. M'Naghten 规则,也被美国的大多数州和联邦采用,也有的州再加上不能抵抗的冲动(irresistible impulse)标准。采用了把认识能力和控制能力综合起来的责任能力标准的是 1961 年的模范刑法典(Model Penal Code),被超过半数的州和联邦所采用。

在这样的情况下,带来了变化的是 1981 年的 Hinckley 案件(United States v. Hinckley)。Hinckley 想要杀害里根总统,使总统和周围的 3 人都负了重伤,但是被以没有责任能力为理由被联邦法院判决无罪。以该判决为契机,对无责任能力制度的批判非常激烈,联邦议会在 1984 年,把联邦的责任能力标准,变更为只有认识能力的问题。很多州也修改了法律限制了无责任能力的范围。这一案件,从各种意义上来说,可以称之为现代版的 M'Naghten 案件。

3. 专家证人,在审判中是不能对应该由陪审决定的事实(比如被告人有没有责任能力)叙述意见的。但是,精神医学者的证词对陪审具有很大影响,常常因此成为问题,在 Hinckley 案件中也有这一问题。围绕责任能力的问题,无论在实体方面还是在程序方面,法学和精神医学之间存在着紧张关系,M'Naghten 案件标志着这一关系的开始。

4. 关于英美法的责任能力标准,在墨谷葵的《责任能力标准的研究》(庆应义塾大学出版会·1980)、林美月子的《情动行为责任能力》(弘文堂·1991)中有详细叙述。关于在英国的历史,可以参考 Nigel Walker 的, Crime and Insanity in England Vol. 1 (1968),有关 Hinckley 案件之后的美国的状况,可以参考 Rita J. Simon & David E. Asronson 的, The Insanity Defense (1988)。

执笔者:东京大学教授　佐伯仁志

62

Bates v. State Bar of Arizona
433 U.S. 350, 97 S. Ct. 2691, 53 L. Ed. 2d 810 (1977)
辩护律师广告规则和表达的自由

Ⅳ 审判程序

事实梗概

原告 John R. Bates 和 Van O'Steen 是亚利桑那州辩护律师会的会员。经营"Bates & O'Steen Legal Clinic"事务所,以低廉的报酬限于定型(routine)案件(没有争议的离婚、没有争议的过继、个人破产、更改姓名等)向不至于贫困到接受援助协会援助但也不是很富裕的阶层(persons of moderate income)提供法律服务。不接手复杂的案件,利用法律家辅助人员、打字机、定型的格式等降低报酬,考虑到用登载报酬金额的广告获得顾客是必不可少的,于是在报纸上登载了广告。该广告以"律师必须吗?"的标题,和"非常低廉的报酬(Very Reasonable Fees)"的小标题,以及定型案件的种类和报酬的记载等组成。

州辩护律师会认为,该广告的登载违反了禁止律师进行一般广告的执业纪律规则(Disciplinary Rule),对各原告作出了停止1星期业务的处分。原告们主张,该执业纪律规则有限制竞争的效果违反了Sherman法(Sherman Antitrust Act 反垄断法的简称。*是 John Sherman(约翰·谢尔曼,1823—1900)立案的,所以被称为 Sherman 法。——译注)第1条及第2条,也违反了宪法第1修正案(表达的自由),向州最高法院提起了要求重新评价处分的诉讼。

亚利桑那州最高法院,在判决中首先说明,州认为执业纪律规则是 sovereign(至高无上)的,根据 state action(州行为)法理 Sherman 法的适用被除外。关于违反第1修正案的主张,承认商业言论(commercial speech)也受到第1修正案的保护,作为知识性的专门职业(profession)有必要进行特别考虑而斥退了该主张。作为结论,认同原告们是善意(good faith)的以上述规则的合宪性为标准线登载的广告,把辩护律师会的处分减轻为告诫处分。对此结论不满的原告们向联邦最高法院提出请求调卷令的就是本案。

判决要旨

布莱克门法官执笔法庭意见,鲍威尔长官及伦奎斯特法官分别执笔少数意见。斯图尔特法官赞同长官的意见。

关于 Sherman 法的论点,州最高法院判决的结论得到了维持,因为该论点是本稿的题外之物在此就不作详细叙述了。

关于第 1 修正案的论点,法庭意见首先叙述到(1) 有关法律服务质量的广告容易带有欺骗性(deceptive)或者让人误解(misleading),不过本案的广告不是有关质量的,所以对有关质量的广告不作判断;(2)在事故现场、医院等向顾客进行面对面的劝诱(in-person solicitation of clients)容易做得过火(overreaching)或者是有不真实的表现(misrepresentation),但这不是本案的问题所以也不作判断;(3) 对于广告中的律师的姓名、住址、电话号码、办公时间等单纯的事实情报,州辩护律师会的批判无效,ABA(American Bar Association 美国律师协会)1976 年修订的执业纪律规则,也允许附加该情报的广告登载在按职业分类的电话簿上,于是,就把本案的争论点,限定在按照第 1 修正案的规定辩护律师是否有把一定的定型服务报酬以广告的形式登载在报纸上的权利。

反对论的第 1 论据是,给职业特性(professionalism)带来了不良影响。广告玷污品行,有伤为社会服务的风气,给人留下唯利是图的印象而失去委托人的信任,掩盖了律师也有挣钱必要的这一现实。ABA 执业纪律规则,要求律师有义务在接手案件之后迅速地与委托人对报酬达成明确的协议,那么,对于把委托人来访到律师事务所时应该宣布的情报事先以广告的形式坦率地宣布的做法应该没有理由进行批判。无法想像知识型专业的银行家或工程师的品行因为广告会被玷污,医生在一定范围也可以做广告。不相信律师,与其说是在禁止广告上,还不如说反映了潜在的认为律师利用社交上的、公共的立场企图与委托人接触的这样一种态度上。法是超越商业(trade)的存在的这种传统观念是时代的错误(anachronism)。

反对论者的第 2 论点是,广告不可避免地让人误解。论据是 3

点,(1)法律服务对各个案件有其独特性(unique),不可能在广告上进行有意义的比较;(2)在和律师商量之前,公众缺乏判断怎样的法律服务是必要的判断能力;(3)广告强调不必要的情报而不提供有关解决问题的情报。关于(1),原告的定型服务可以做到收取定额报酬。广告中的服务只要是以广告的报酬金额进行提供的话就没有让人误解的问题。被告本身,就在主办同样的对定型服务收取定额报酬的法律服务计划。在 Goldfarb v. Virginia State Bar (1975)判决之前,弗吉尼亚州马里库帕郡律师会对定型案件规定了最低报酬额(该判决认为该规定违反了 Sherman 法)。关于(2),潜在的委托人不是为了知道怎样的服务是必要的而拜访律师,在来访律师事务所之际,已经通过像本案广告所登载的内容知道了自己所希望的服务一般是属于怎样的范畴。关于(3),的确,广告并不把选择律师的必要情报全部公布于众,但是禁止公开所有的情报就很奇怪。使公开的情报量多一些,使整个广告不要让人误解,这正是律师会的职责。

广告反对论的第3点理由是,广告导致滥诉,妨碍司法功能。可以说,这是由权利者的起诉而无可奈何的人所希望的。对照占人口70%的中间阶层感到没有充分享受到法律服务的 ABA 的调查结果的话,正是许可被抑制的广告(restrained advertising)方才有助于 ABA 想要达到的"促进能够明智地选择律师的程序,使法律服务能够普遍得到利用"的目的。

广告反对论提出的第4点是,(1)广告费用作为报酬额的增额部分被转嫁给委托人;(2)由于广告增加了律师经费从而挫伤了年轻律师钻研业务的积极性,这些并非是律师所特有的,和第1修正案也毫无关系。关于(1),对报酬额产生的影响难以预测,不过广告的解禁完全有可能导致廉价化(重视好几个消费者团体要求广告解禁的 amicus(法庭之友)意见书)。至于(2),现状是开拓委托人不得不依靠人缘关系,年纪大的律师处于有利的立场,市场被固定化,而广告有助于年轻的律师进入市场。

广告反对论者提出的第5点是,广告产生了以定额报酬统一处理案件的倾向,导致服务质量的低下,但是,提供恶劣服务的律师,不管是否登载广告总是照样提供恶劣服务的吧,而被告的法律服务计划也是提供定型的服务。广告的解禁可以增加"法律诊所(Legal Clinic)",有可能提高处理定型案件的质量。

广告反对论者提出的第 6 个理由是,规则的实施难度。因为法律的有关事项容易让公众产生误解,所以广告有必要受到律师会的充分的监督,而事实上对律师会不能有过高的期望,结果是现实中只能对广告进行全面禁止。反对论者一方面强调了律师的品行,另一方面又表示如果广告解禁的话会产生很多让人误解的广告实属矛盾。大多数的律师即使广告被解禁还是会一如既往、光明磊落地为人辩护的吧。

击破了以上各个论点的法庭意见,接着研究了是否适用第 1 修正案的过宽限制 (overbreadth) 理论。鉴于首先该理论是应该被慎重地适用的,而商业言论又只受到比其他言论更弱的保护,再则登载广告的律师因为该广告是否真实能够很容易地加以判断而没有把广告禁止规定作为过宽限制使其无效,可以认为压制言论的效果很小等等,否定该理论适用于本案。

在此,有必要研究本案广告的内容。作为让人误解而不被许可的理由,被告提出了以下 3 点,(1) 没有"法律诊所"的定义;(2) 说是"非常低廉的"报酬,而没有争议的离婚的报酬额并非廉价(a bargain);(3) 没有提到不是律师也可以变更姓名。(1)的"诊所"的意思得到公众的正确理解。而被告自身也有研究"诊所"概念的发展方案的委员会。关于(2),该地区的没有争议的离婚案件的律师报酬额是 150～300 美元,被告的法律服务一览表上的报酬额是 250 美元。原告们广告上的 175 美元可以说是"非常低廉的"。关于(3),其他的几乎所有的法律服务委托人也都是可以自己去处理的。当姓名变更很简单就可以办成的场合,原告是让委托人本人去办理的。结论是,本案广告的具体内容不是让人误解、带有欺骗性的,禁止该广告是违反了第 1 修正案。

最后,在判决主文的前面作了补充说明:虚伪的、欺骗性的、让人误解的广告能够被限制。公众的有关司法的知识水准并不高,在其他领域的广告中被忽略的错误也有酿成重大后果的。容易让人误解应该得到限制的是,有关质量的广告和面对面的劝诱。就连和本案同一类型的广告,为了不让公众产生误解要求追加警告文等的限制是可以被允许的。让人误解的广告和不会让人误解的广告很难划线区分,但是,确保律师广告能够自由并且没有问题(cleanly)的登载是律师会的职责。和其他的言论同样,广告的日期、场所及形式可以限制。通过电波广播媒介的广告有必要进行特别的关照。

　　判决主文：维持原判决的一部分（Sherman（反垄断）法的说明部分），取消一部分。

按　语

　　1. 这是第一次把禁止律师广告的律师会执业纪律规则判为违宪的联邦最高法院的判决。对射程距离作了严加注意的限定，也论及了广告规则可以被允许的条件，作为"解禁广告"的判决给实际业务带来了很大的影响。

　　2. 1975年的 Goldfarb 判决，把律师会的最低报酬额规定判断为违反了 Sherman 法。在同一年的 Bigelow v. Virginia 案件的判决中，明确了医生的有关堕胎广告的商业言论原则上受到宪法第1修正案的保护，在1976年的 Virginia Pharmacy Board v. Virginia Consumer Council 案件的判决中，禁止处方药店的药剂价格广告被判断为违反了第1修正案。对于广告自由化并不积极的 ABA，也在1976年修订了执业纪律规则，认可了将传统的律师名簿等以广告形式登载在按职业分类的电话簿上。本案判决，是在以上的时代背景之下作出的。

　　3. 本案判决之后，判例进一步趋向自由化，在1995年 Florida Bar v. Went For It, Inc. and John T. Blakeny 案件中作出了引人注目的判决。1988年，在 Shapero v. Kentucky Bar Association 案件中，最高法院把禁止向特定的潜在的顾客层直接邮寄广告（targeted direct mail advertising）判断为违反第1修正案，而在 Florida Bar 案件中，对于禁止在事故以后30天之内向事故的被害者和其家属直接邮寄广告的州律师会的规则，判断为合宪。是否以案件的差异而把和 Shapero 案件判决的不同结论加以正当化显得很微妙（现实中的判决是5比4），可以说自 Bates 案件以来的判例的趋势开始有了变化。

执笔者：律师　大武和夫

63

Bushell's Case
(1670) Vaughan 135, 124 Eng. Rep. 1006（C.P.）
不按照说明的陪审的责任

Ⅳ 审判程序

事实梗概

　　William Penn 和 William Mead 在伦敦举行了 Quaker(the Society of Friends(基督教公谊会)信徒的俗称,该会的创始人英国人 George Fox (17 世纪)说过"to quake at the word of the Lord"（主的话让我们震动),某位审判官就此话给起了这一称呼。——译注)教徒的集会。因为该集会被认为是非法集会是骚扰性的等等理由,2 人被正式起诉。在伦敦市刑事巡回法院的审理中 Edward Bushell 等陪审员经过讨论对被告作出了无罪的裁决。法院以该裁决违背了充分而明白的证据并且违背了法院对有关法律问题所作的说明的理由,对 Bushell 等陪审员科以罚款。Bushell 等拒绝支付罚款而被拘留到了 New Gete 监狱。根据 Bushell 的请求皇家民事法庭(Court of Common Pleas)向拘留 Bushell 等人的伦敦的执行官发出了人身保护令,命令其提出逮捕及拘留 Bushell 理由的答辩书。执行官方面的答辩是,因为 Bushell"违背了充分而明白的证据而且违背了法院对有关法律问题的说明"所以被拘留。沃恩 (Vaughan)首席法官审理了答辩,判断逮捕 Bushell 没有根据命令将其释放。首先,执行官在答辩中说拘留 Bushell 的理由是因为其违背了被提交到法庭上的充分而明白的证据释放了 Penn 和 Mead,沃恩首席法官认为,这太不确定。答辩中没有出示公审 Penn 等时被提交出来的任何证据。因此,本法院不能判断该答辩所说的证据是否是充分而明白的。接着,答辩以如果 Bushell 违背充分而明白的证据并且违背法院对有关法律问题的说明进行裁决的话就要受到处罚作为前提,关于这一点,在以下的判决要旨中介绍沃恩首席法官表示的意见。再则,陪审这一词是用来表示陪审员审理制度的意思,在这儿,作为一体的陪审员,即在各个案件中宣誓作为一体进行审理作出裁决的陪审员,表示全体陪审员的意思。

判决要旨

沃恩首席法官认为,本案答辩的其他的缺点,是没有提到陪审员违背了充分而明白的证据,知道证据充分而明白地证明了被告人(Penn 和 Mead)而渎职作出了无罪的判断。无论证据是如何的明白,如果陪审员们认为不明白,陪审员们相信是不明白的话,这不是可以罚款或投入监狱受到处罚的行为。和陪审作出虚伪的说明的场合不同。对于同一证词 2 个人得出不同的结论是极为普通的事。正如众所周知的,同样著作的一部分会得到完全不同的解释,哪一方正确很难判断。宗教争论中,同样的原著被解释为完全相反的教义的情形比比皆是、司空见惯。对于证人的陈述一个人理解为这样而另一人理解得完全相反,是否就能说这两个人的理解是不合理不诚实的呢?是否就能说其中的一人没有按照宣誓诚实行事,而应该受到罚款或投入监狱的处罚?法官和陪审员常常会遇到这样的情况。答辩没有提到被拘留者(Bushell 等人)知道而且相信证据充分明白地证明了正式被起诉者(Penn 和 Mead),而是主张 Bushell 等人违反充分而明白的证据裁决 Penn 和 Mead 无罪构成了犯罪,这不能成为罚款和投入监狱的根据。附带说一句,陪审员的裁决和证人的证词的真假是完全不同的。证人宣誓的对象是自己的见闻,其全部或者大部分是通过自己的五官感受到的。陪审员所宣誓的,仅仅是从证人的证词当中通过自己的理解和能力对要求认定的事实进行推论而得出结论。这一过程和法官发现法律的过程没有不同。

接下来对答辩中提到的陪审员违背了公审法庭上法院对法律问题的说明而进行了无罪裁决的部分,谈一下自己的想法。陪审员并不被要求只对法律问题作出判断。因此,上述答辩中的违背了法院有关法律问题的说明作了认定的意思是,法官告诉陪审员,审理提交给法庭的证据,如果依据证据原告有法律上的根据或者是被告有法律上的根据,而陪审员不按照其进行认定的话是要被罚款或被投入监狱的,陪审员负有上述的认定义务。如果这样的话,谁都会认为,陪审员花费了时间添了麻烦,承受了莫大的负担,对善恶的决定丝毫不起作用,由陪审员进行审理与其继续不如废止为好。这真是对几百年来享有盛誉的陪审审理第一次出现的奇谈怪论。如果法官命令陪审员依据证据进行审理、自己判断决定什么是事实,知道了事实接着是决定按照什么法律,如果不按照这些决定进行认定的话就要受到刑罚的话,怎么能够想像陪审审理的使用或者是陪审审理的继续是必要而又很方便的呢?即使在正式起诉或私人起诉(private prosecution,在英国知道犯罪和嫌疑人并有证据的话,自己可以委托律师提起刑事诉讼——译注)的刑事案件等审理以外陪审员不承担这种按照法官说明的义务,但是因为刑事案件的审理中陪审没有起到重要作用,自然会得出不使用其或者是应该将其废止的结论吧。由此给人民带来的重大灾难要大于在民事案件中废止陪审。

审理时,在陪审裁决之前法官问,陪审认定法官自己提出的特定的事物呢,还是认定证人证词的事实?陪审回答认定事实。这时法官宣布,因为事实如陪审所认定的那样原告有法律上的根据,因此陪审要作出对原告有利的评定。尽管如此,如果陪审还是作出有利于被告的裁决,这就是违背了法院的说明对法律问题进行了裁决。这时候,陪审首先要宣布自己认定的事实,而根据该事实法院曾经宣布法律是这样的。认定事实的是陪审而不是法官。

法官的说明是,如果陪审认定事实是这样、这样的那就对原告作出有利的裁决,如果认定别的事实就对被告作出有利的裁决,这是一种假定而不是断定的、强制性的。法官不知道事实对有争议的事项不能说明运用什么法律。正因为,事先不知道事实的法官不能说明运用什么法律,那么陪审也无从违背法官的说明。

在特定裁决(special verdict——对于有争议的各个事实陪审进行认定)时,陪审只认定事实,法官宣判法律。与此相对,在侵权行为诉讼中的被告有责性的否定或者是金钱债务诉讼中的被告金钱债务的否定之类的一般的争论场合,法律问题是被告是否实施侵权行为或者是否是债务人。但是陪审,不是自己认定案件的事实(像特别裁决的场合),把法律上的判断委任给法院。而是对于应该审理的争论点不仅仅认定事实,还要把法律和事实连在一起认定。陪审不仅仅回答什么是法律的问题,还要在公审中审理所有的事项决定符合争论点的法律。

陪审员职务中的大部分,比如不可取得宣誓后没有提出给法庭的证据、在裁决之前不可进餐、不可拒绝裁决之类的都是应该只按照法律进行行动。不过裁决本身是司法行为是陪审员作出的最好的判断,以裁决为理由被处罚是没有的。

按　语

1. 本判决,是确立了不以裁决为理由让陪审负刑事责任这一原则的著名判例。而且,沃恩(Vaughan)首席法官,对陪审的职务、法官和陪审的关系等作了详尽的叙述明确了陪审审理的基本性格。诉讼程序中的陪审,如有名的亨利二世的土地恢复裁判方法(grand assize),对有争议的事实作出判断的是回答法院的证人。在民事案件中,由于侵权行为诉讼(action of trespass)的扩大该审理程序的陪审审理也扩大了。在刑事案件中,亨利二世规定了告发陪审(jury of presentment)的制度,确立了决定嫌疑人以后是否正式被起诉的大陪审(又称起诉陪审 grand jury)制度。刑事诉讼手续经过迂回曲折,由不同于大陪审的另外的小陪审(又称审理陪审 petty jury)决定被告人是否有罪。本案的陪审是小陪审。

2. 陪审没有停留于原本是证人而后成了当事人主张的举证手段,所以具有审判者的性格。陪审以自己的知识进行判断,在进一步诉讼程序中的证人的证词,使得陪审和证人被明确地加以区分,陪审成为根据证人的证词以及其他被提交到法庭上的证据判断事实的审判者。一般裁决(general verdict),是陪审对认定的事实,适用法官提示的法律以后得出的结论。

3. 陪审审理的扩大产生了有必要对其加以规范的想法。因为陪审曾经是证人,虚伪的裁决被认为类似伪证罪(perjury),于是在民事诉讼中通过撤销陪审团裁决令状(writ of attaint)的手续可以处罚陪审。不过如果陪审的事实判断者的特征很强有力的话不需要以该令状进行查问,在1825年的立法中该手续被废止。在刑事诉讼中,法院科以刑罚对陪审进行很严格的规定,有以无罪裁决为理由而处罚陪审的。加之中世纪末英国社会的混乱使陪审接受贿赂或者是受到胁迫而出现了不正当的裁决,星室法庭(Court of Star Chamber,* 在威斯敏斯特宫的星室(Star Chamber)开庭而得名。星室法庭在审理时不采用陪审团。其管辖权从原则和程序上与衡平法庭类似,主要处理普通法法庭无法审理的刑事案件或特殊性质的案件。星室法庭以其快捷有效的审理活动增强了王权。在斯图亚特王朝时期,星室法庭被用作镇压清教徒的工具,以其专断暴虐出名,1641年废止,此后成了专断司法的同义词——译注)对陪审作了规定。星室法庭,一旦判断裁决违反了证据的证明就认为陪审渎职进行处罚。即使在星室法庭废止之后,普通法法院的以裁决为理由的处罚陪审权还是处于无限定的状态。但是,在本判决中,沃恩首席法官表示了,陪审是认定事实的审判者,根据证据认定事实即便作出和法官不同的判断也不受到处罚的意见。并且,沃恩首席法官,以陪审员对于案件的事实有可能比法官更有知识作为对陪审的认定不问刑事责任的理由之一,不过,陪审不是根据自己的知识而是根据被提出给法庭的证据作出事实认定现在已经得到确立,所以该法官的上述意见被省略了。而陪审对其裁决也不负民事上的责任。

4. 约翰·沃恩爵士(Sir John Vaughan,1603—1674)在1630年左右成了法庭律师,因为是保皇派,在英格兰革命时期和共和制时期离开了法律和政治业务。1668年成为皇家民事法庭的首席法官,站在排除恣意行使权力、广泛承认人的权利的立场,以学识为坚实基础作出了判决。使沃恩扬名至今的正是Bushell's Case。该案件起因的威廉·佩恩(William Penn,1644—1718)是虔诚的Quaker教徒,在北美取得土地,移居到以其名字命名的殖民地Pennsylvania(宾夕法尼亚)。因为和詹姆斯二世关系密切,在名誉革命之后失去了对于殖民地的权力。

5. 关于陪审制度的历史,可以参考 Sir William Holdsworth, A History of English Law, vol. 1, 7th ed. p. 312 以下(1956)。

执笔者:专修大学教授　佐藤正滋

64

Williams v. Florida
399 U.S. 78, 90 S. Ct. 1893, 26 L. Ed. 2d 446 (1970)
6人制的刑事陪审

Ⅳ 审判程序

判决要旨

在佛罗里达州审理强盗案件之前,Williams(被告人;上诉人),提出了免除审理前告知关于不在现场证人的情报,以及要求把佛罗里达州法规定的除了科以死刑犯罪的所有刑事案件的6人制陪审,改为由12人构成陪审。以上要求均被驳回。受到有罪判决的被告人被宣告无期徒刑。被告人以由12个陪审员进行审理的要求被斥退,使合众国宪法上规定的接受陪审审理(trial by jury)的权利受到侵害为理由而提起的上诉,被认为根据佛罗里达州法被告人有受到6个陪审员审理的权利而被驳回。合众国最高法院接受了对判决请求调卷令的上诉,作出了6人制刑事陪审是合宪的判断。

判决要旨

怀特法官的法庭意见,首先,先根据1968年Duncan v. Louisiana案的最高法院的判决,合众国宪法第6修正案规定的接受陪审审理的权利,通过第14修正案在州的刑事案件中也受到保障。因此本案的焦点是,有关陪审审理的合众国宪法上的保障,不是本案的6个人之类的少人数,而是12个人的陪审是否是理所当然的要求(399. U. S. at 86)。

刑事陪审的发展历史表明,作为对法的恣意行使的防护措施,由自己的同辈决定有罪或无罪的重要性已为人们所认识。但是,对于陪审的规模一般被规定为12个人的原委,是发展到小陪审(petit jury)的告发陪审(presentment jury)原来的构成人数的百人演变过来的人数呢，还是只不过"12"这一个数字具有的重要性被作了神秘说明？结论是，大约是从14世纪的某个时候开始，普通法的陪审一般是12个人的规模被固定下来了，不过陪审制的这一特征，是和陪审生来具有的伟大目的没有关系的"历史的偶然"。因此，"陪审由12个人构成的这一点，并非是陪审审理必需的构成要素"（第86—91页）。

接着，是有关12人制陪审的这一普通法的特征在合众国宪法中是否也得到维持的问题，在联邦的刑事陪审中，肯定了这一点的以Thompson v. Utah 判决(1898)为先例的迄今为止的最高法院判决，假定了制定宪法之际存在于普通法上的陪审的特征也包含在宪法里，这是让人存疑的。概观第6修正案的制定过程可以看到，(1) 和12人制同样也是普通法上的特征的"由邻居进行陪审"的要件，没有被认为包含在宪法第3条的陪审审理中，是否要包括在第6修正案里意见也不统一；(2) 在制定有关陪审时"成为惯例的要件"的词句被删除；(3) 明确规定不要让人怀疑带有普通法上的陪审的特征。考察历史，没有发现在"起草者的意图"中，曾经有过关于陪审的普通法上的特征和宪法上的特征显然是相同的考虑（第91—99页）。

如果是这样的话，在判断普通法上存在的陪审制的特征在宪法上是否也得到维持之际，必须对特定的陪审具有的特征所起到的功能，以及对陪审审理的目的和其功能的关系作一番研究。根据这一标准的话，"12个人的要件，不是第6修正案必不可少的构成要素"即，陪审审理的目的，在于阻止政府的压制，"'赋予被告人接受同辈陪审的权利，是让被告人，在面对腐败或热心过度的起诉者，或者是唯命是从、有偏向的或古怪的法官时，得到最大的保护。'……如果这是目的的话，那么很明显，陪审的基本特征是，在被告人和起诉者之间介入外行的集体的常识性判断，并进一步由同一地区的全体居民参加、分担该外行的集体决定有罪还是无罪之后产生的责任。起到这样的作用的，不是构成陪审的特定人数的集体的功能。恐怕充分的人数，的确是不受外部的胁迫由集体进行审议，能够在相当程度上确保社会的横断面的代表性(representative cross-section of the community)，所必需的。但是，当陪审由6个人构成时，与12个人构成的陪审相比在重要点上这些目的不能达成的理由几乎没有，特别是如果全体陪审员意见一致的要件得到维持的话。而作为事实认定者的陪审的可信性，并非受其规模的左右"（第99—101页）。

12 人制陪审,一方面也许会多一些机会发现支持被告人无罪的陪审员,但另一方面对只要有 1 个人支持有罪也好的起诉方来说也是有利的。从为数不多的对 12 个人和 6 个人的不同规模的陪审的实验中,得出的结论表明了"没有感到任何不同",无论是根据证据或根据理论,对被告人来说 12 人制的陪审并不一定就比人数少的陪审有利。从理论上来说,也许由于加大陪审的规模使经过随意抽出的陪审员代表了各种见解,不过 12 人制陪审和 6 人制陪审,在社会的横断面代表性这一点上没有实际上的差异。特别是如果采用了不要理由的回避(peremptory challenge)的话,就连 12 人制的陪审都不见得能够保证代表社会的各种各样的意见。在禁止从陪审中恣意排除特定等级的人们的情况下,陪审规模从 12 人减少到 6 人会明显损害社会横断面代表性的担心是不现实的(第 101—102 页)。

本判决,不是说在很多州和联邦采用的 12 人制陪审没有充分的理由。只不过是在判决中指出了,联邦议会以及州,不受第 6 修正案显示了构成陪审的正确人数的这一解释的限制,能够按照自己的见解讨论陪审的规模。因此,根据采用了不是 12 人制而是 6 人制的佛罗里达州的决定,上诉人的有关第 6 修正案的权利没有受到侵害,维持了原审判决(第 103 页)。

按　语

1. 接受陪审审理的权利,在刑事案件中受到合众国宪法第 6 修正案的保障,在民事案件中受到第 7 修正案的保障。在普通法中,陪审由 12 人构成,其裁断(verdict)必须全体一致。最高法院,在联邦的陪审中采用的也是以上修正案成立当时被认可的历史标准。但是到了 1970 年代,陪审的构成在要求有社会的横断面代表性的同时,还出现了为使审判迅速有效而缩小陪审规模的倾向。本案判决认为,第 6 修正案并没有要求州的刑事陪审非由 12 人构成不可,修正了以往的历史标准,作出了 6 人制刑事陪审合宪的判断。

2. 最高法院,接着对联邦的民事陪审,在 1973 年的 Colgrove v. Battin 案的判决中也承认了 6 人制陪审的合宪性。由这两个判决带来的陪审制度的改革,去除了宪法上的制约,在科以死刑的刑事案件中不采用 12 人制陪审的州虽然没有,而对轻罪案件以及民事案件,规定由少于 12 人的人数构成陪审的州超过了一半以上。而在 1972 年相继作出的 Johnson v. Louisiana 判决和 Apodaca v. Oregon 判决(本书第 65 案例)中,连非全体一致的裁决都得到了认可,1970 年代前半期陪审制的基本原则不得不进行了重大的变更。

3. 本判决,只说到,构成陪审的人数只要是进行集体审议横断性地代表了社会就够了,而对少于 6 人人数构成的陪审的合宪性的判断作了保留。以本案以及 Colgrove 判决为开端,有很多站在批判 6 人制陪审和 12 人制陪审具有同样功能的立场上的,有关陪审规模的研究得到了发表。对佐治亚州的 5 人制刑事陪审的合宪性作出判断的 1978 年的 Ballew v. Georgia 判决,根据这些比较了 12 人制和 6 人制陪审经验的科学成果,尽管再次确认了本案及 Colgrove 判决,还是认为,把陪审员减少到少于 6 人,有损于刑事案件中的陪审的目的和功能,而州作为正当化理由提出来的审理时间和经费的节约实际上并没有看到。之所以没有推翻本案和 Colgrove 判决,可以说是考虑到采用 6 人制或 8 人制陪审的州为数不少的状况。那以后,围绕陪审规模的议论一直持续不断,对于 1991 年被修订为以追认现状的形式,联邦民事陪审由 6 人以上 12 人以下构成的民事诉讼规则,再次提出了应该以 12 人为原则的修订案(1994 年)。

执笔者:东洋大学副教授　今井雅子

65

Apodaca v. Oregon
406 U.S. 404, 92 S. Ct. 1628, 32 L. Ed. 2d 184 (1972)
陪审裁断的非全体一致的原则

Ⅳ 审判程序

事实梗概

根据俄勒冈州宪法(Ore. Const., Art Ⅰ, s. 11)规定,除了一级谋杀罪(first degree murder)的有罪裁断的场合以外,刑事陪审裁断,在12名陪审员当中10名的意见一致就可以了。本案上诉人的被告人Apodaca(以持凶器动武(assault with a deadly weapon)被起诉)、Cooper(以非法入侵住宅(burglary in a dwelling)被起诉)以及Madden(以重大盗窃(grand larceny)被起诉),分别受到陪审审理,前2人是以11比1,后者是以10比2受到有罪的裁断。

被告人3人主张,非全体一致的陪审得出的有罪的裁断,侵害了联邦宪法第6修正案保障的在刑事审判中接受陪审审理的权利,而联邦宪法第6修正案通过同法的第14修正案对各个州也必须适用,为此提出了上诉。

对此,俄勒冈州上诉法院(Oregon Court of Appeals)肯定了原判决,俄勒冈州最高法院(Supreme Court of Oregon)驳回(deny)了再审理(review)的请求,联邦最高法院同意了调卷令的请求(certiorari),于是进入了本案的审理。

判决要旨

联邦最高法院,以5(怀特、伯格、布莱克门、伦奎斯特和鲍威尔几位法官)比4(道格拉斯、布伦南、马歇尔和斯图尔特几位法官)肯定了俄勒冈州宪法的合宪性。

而本判决,是与Johnson v. Louisiana案同一天作出的判决。在该案件中,对路易斯安那州宪法的刑事陪审裁断中 12 名陪审员有 9 名一致就可以的规定的合宪性产生了争执。关于结论及个别意见,和本案判决的构成是同样的,主判决对各个案件分别作了陈述,在该案件判决中叙述的各个意见,原封不动地被引用到本案判决。

1. 法庭意见

(1) 第 6 修正案的接受联邦刑事陪审审判的权利,是否把全体一致的裁断作为要件?

在 Williams v. Florida 案件(1970)(本书第 64 案例)的判决中,对于"功能的同质性",已经研讨过是否必须要 12 人制的陪审了,在研讨了 12 人制要件的历史及其在今天的社会中起的作用之后,得出的结论是,这不是宪法上必需的人数。关于全体陪审员一致的要件今天也得出了同样的结论(多数意见中的 4 名法官,鲍威尔法官的个别意见将在下面叙说)。因此,根据第 14 修正案的正当法律程序条款(due process clause)的效果,即使以强制(mandatory)各个州为前提,对各个州来说,全体一致的裁断不是要件。

(2) 为了使"合理怀疑的标准(reasonable-doubt standard)"有实效性,在第 14 修正案的正当法律程序条款之外,第 6 修正案是否把全体一致的裁断作为要件?

"没有判决认为,第 6 修正案要求刑事审判把超越合理怀疑的证明作为要件。合理怀疑的标准,在陪审审判及全体一致的裁断的两方面分别得到发展。正如 Winship 案件(1970)的判决中本法院所关注的那样,在通过联邦宪法之前,并没有在合众国形成需要超过合理怀疑的证据证明犯罪的准则。"

(3) 既然第 14 修正案把反映社会横断面(cross section of the community)的候选陪审员名单(jury panel)作为要件,那么全体一致的裁断就是该要件有效适用的前提,而承认非全体一致的裁断不是抛弃了少数派吗?

"但是,联邦宪法禁止的,是从候选陪审员名单以及从候选陪审员名单中最终选出的陪审员当中,有组织地排除可以特定的社会的一部分(identifiable segments of the community)。比如,被告人不能仅仅以陪审员中没有自己所属种族的构成人员,就对陪审团的构成提出异议,必须以证据证明自己所属的种族受到了有组织的排除。总而言之,任何团体都没有权利妨碍有罪的决定,而只有全体参加刑事上的决定有罪及无罪的法律程序的权利。""以少数团体即使代表了陪审,最终也许要输给多数票的理由,从那些团体的角度出发,认为没有被合适地代表的这种前提是不可取的。陪审的多数派推翻大量的证据,以不合理的理由作出判断的前提不可取,而少数派赞成无罪提出合理的主张时,多数派基于偏见,剥夺了人的自由的前提也不可取。多数派无视说明,不根据证据而是基于偏见就有罪无罪投票的想法是没有根据的。"

2. 鲍威尔法官的个别意见

(1) 第6修正案的接受联邦刑事陪审审判的权利,是否把全体一致裁断作为要件?

追溯到1800年代末期的一系列判决,联邦最高法院的法官没有实质上的异议地认为全

体一致是联邦陪审审判必不可少的特征之一,其理由,与其说是陪审所起到的功能必不可少,不如说是历史的结果。因此,在第6修正案的联邦刑事陪审裁断中,全体一致是要件。

(2) 根据第14修正案的适当手续条款的效果,州的刑事陪审裁断也要全体一致吗?

对于各州,不要求和联邦刑事陪审适用完全一样的正当法律程序条款,只不过是课以第6修正案中基本的和必需的规定(fundamental or essential)。全体一致的裁断不是基本的必需要件。俄勒冈州宪法的规定,充分满足了基本的有公正性的标准,没有损害代表了社会横断面的陪审员的审理权利。

3. 反对意见

(1) 第6修正案的接受联邦刑事陪审审判的权利,把全体一致的裁断作为要件。

(2) 通过第14修正案,权利法案的保障适用于各个州的,其结果是各个州受到和联邦政府同一的宪法上的标准的束缚。

(3) 承认非全体一致的裁断,减少了陪审裁断陷入僵局的可能性,在不需要进行像全体一致的裁断时所必须进行的尽量议论的方面是有利于州的利益的。

(4) 全体一致的裁断,是实现超过合理怀疑的证明的标准所必须的。

(5) 即使第6修正案和第14修正案的根据各不相同,联邦的犯罪

起诉程序中全体一致的裁断是必需的,而州没有此必要,这是不规范的。

(6) 非全体一致的裁断有可能使少数派参与陪审失去意义。

按　语

1. 有关英美法的陪审制度,大家熟知的原则一般是由 12 名陪审得出全体一致的裁断。本案判决中,法官们对历史的认识和对先例的评价出现了分歧,关于全体一致裁断的必要性,联邦刑事陪审和州的刑事陪审各不相同,首先在理论上联邦宪法第 6 修正案成为问题,接着是通过第 14 修正案人权规定适用于州时成为问题(关于人权规定的编入理论请参照本书 17 案例)。由于这两个论点重叠存在,判决意见呈现了多样并且是尖锐的对立。

2. 本判决要旨 1 的(3)的翻译部分,看上去是把全体一致裁断和非全体一致裁断的"功能的同质性(functional equivalence)"作为根据,实际上是针对所谓缺乏科学根据的指责。今天,在合众国,有关陪审制,社会上进一步意识到的是围绕种族和其他少数派的反映社会横断面的陪审员的选任、构成的问题。本判决的反对意见,一方面指出了非全体一致的裁断减少了陪审陷入僵局(hung jury),而意见分歧的僵局陪审团体现了合理的怀疑,从人权的观点来看是后退。另一方面,在指出具有代表性的少数派被抛弃的同时提出,考虑到在通常的案件中积极运用少数派问题的法庭战术很显著的这一现象,有必要对本来应该是以公正审判为目的的陪审制的意义本身进行再研讨吧。

关于合众国的陪审制可参照田中英夫的"合众国宪法中的接受陪审审理的权利的保障"(due process)《英美法研究》2 所收(东京大学出版会·1987),以及丸田隆的《美国陪审制度研究——以 jury nullification(译者注:陪审的无视法律。陪审认定一定事实的同时,不按照法官的说明,作出了与适用法律结果相反的裁决)为主》(法律文化社·1988)。

执笔者:清和大学专任讲师　吉田一雄

66
J.E.B. v. Alabama *ex rel*. T.B.
511 U.S. 127, 114 S. Ct. 1419, 128 L. Ed. 2d 89 (1994)
陪审员的选定和性别歧视

Ⅳ 审判程序

事实梗概

　　本案的被上诉人亚拉巴马州,作为未成年的母亲,T.B.的关系人,向该州的地方法院提起了以本案上诉人 J.E.B.为诉讼对方的,要求确定父子关系和抚养该孩子的诉讼。1991年10月,进入了陪审审判的程序,有男性12人,女性24人共计36人陪审候选人被传唤到法院。其中男性2人,女性1人根据法定事由(for cause)受到免除。州(由州的检察官担任),行使无因回避权从陪审候选人中排除了10人,其中9人是男性。而 J.E.B.排除了男性1人和女性9人。结果是,被选上的12名陪审员全部是女性。

　　进入由陪审进行的审理之前,上诉人提出,州利用无因回避权(peremptory challenge)只排除了男性,是违反了合众国宪法第14修正案的平等条款的异议。上诉人认为,州检察官以种族为理由有意图地对陪审候选人行使无因回避权,违反了宪法的平等条款,主张 Batson v. Kentucky (1986)判决的论理和理由,也适合性别的场合。州地方法院,驳回了该异议,审理之后,由全体女性组成的陪审,认定了上诉人 J.E.B.是该未成年孩子的父亲(在本案预审中,孩子和父亲的血液鉴定结果表明,是上诉人的孩子的概率达99.92％)。根据此认定,该地方法院,命令上诉人每个月支付415.71美元的养育费。

　　判决之后,上诉人提出,要求无视裁断的判决(judgment n. o. v.),其根据是,地方法院错误地解释了 Batson 判决。但是,该地方法院认为,Batson 判决不适用以性别为理由的无因回避权的行使。亚拉巴马州的民事高等法院对此也作了肯定,亚拉巴马州的最高法院,没有认可上诉人提出的调卷令的请求。但是,合众国最高法院同意了调卷令(certiorari),进入了本案的审理。

这儿的争论点是,宪法的平等保护条款(equal protection clause),是否不仅适用于基于种族的无因回避陪审,也适用于以性别为理由的无因回避陪审?就是说,基于性别的固定观念的无因回避陪审,是否公正地确保了不偏袒的陪审,实质性地促进了诉讼当事人的正当利益?

判决要旨

执笔 6 比 3 的多数意见的布莱克门法官的意见如下:

"今天我们对下面应该成为公理的内容再次确认一下。即,州的行为者(state actors)以性别为根据的有意图的歧视,违反了平等条款。特别是,像本案这样的有关男女的相对能力的歧视,承认了令人不快的、陈旧的、且极端的固定观念,并且还要让其永远继续下去。"布莱克门法官详细考察了女性从陪审任务中被排除的美国陪审制度的历史,"选定陪审时的歧视,无论是基于种族,还是基于性别,都会危害到诉讼当事人、区域性社会、或者是参加审判过程的被有意图地排除了的陪审候选人。诉讼当事人,会因为歧视性地选定陪审时的根深蒂固的偏见有可能给审理的全过程带来的坏影响而受到危害;区域性社会,会因为州与对某个群体不带好感的固定观念一直有关联,以及因为在法庭上产生了州承认的歧视而必然引起的对我们的司法制度失去了信任而受到危害。"

"如果所有的人都有被赋予陪审任务的机会,那么,作为陪审员的权利,是不能因为历史上持续到现在的歧视,且被强化的歧视性的固定观念的推测为理由,被轻易排除的。某个人,仅仅以性别为理由带有特别看法进行推测,而排除个别陪审员,会给该陪审员所属的群体打上受到法律支持的断定其劣等的烙印。"

关于 Batson 判决的意义,该法官说到"对于性别的歧视,如果陪审员没有受到和种族歧视时同样的保护,那么就有损于 Batson 判决的目的。这是因为,性别和种族处于交叉的范畴,性别被用作进行种族歧视的借口。允许当事人不是以种族为理由,而是以性别为理由从陪审员中排除少数种族者,是违背了已经完全确立的平等保护的原则,是从司法审查上有效地隔离了种族歧视。"

另外,奥康纳法官对多数意见作了补充,本案判决的效果,强调了由政府行使的以性别为根据的无因回避应该得到限定。因为平等条款只禁止了州行为者的歧视,所以,本案效果不应该波及到以私人之间的性别为理由的回避权的行使,以及刑事被告人。

肯尼迪法官对多数意见的补充是,以性别为理由从陪审员中被排除出去,不仅是对个人尊严还是对参与政治过程的个人权利的侵害。

代表了3人反对意见的伦奎斯特首席法官的少数意见如下:

"Batson 判决,不应该被扩大到以性别为根据的无因回避权的行使。……之所以这么说,是因为以种族为理由的歧视,是对本质有怀疑(inherently suspect),而引起了'严格的审查'(strict scrutiny),而以性别为理由的歧视,虽然是用很高的标准进行审查,但并不是像种族歧视那样的严格的审查。"这是因为,在社会构成上,种族少数者是少数,而男女几乎是各占一半。而且,把 Batson 判决作为先例的有争执的有关陪审选定的案件,全部是以种族为理由的。进一步说,"男女的性别,无论是从生物学上或者从经验上来说都是不同的。不能把这样的不同也许会产生带到陪审室里的不同的想法,单单指责为固定观念。……以性别为根据行使的无因回避,一般不能说成犹如非洲裔美国人所受到轻蔑的、令人不快的行为。"Batson 判决的扩大,为各种各样的判断带到上级法院开辟了道路,对经费方面产生了很大的影响。

别的少数意见的斯卡里亚法官,批判了多数意见把女性从陪审制度中被排除的历史和以无因回避权排除男性相提并论,"女性,因为其能力受到怀疑而无条件地从陪审中被排除出来,而且因为让人怀疑是否能承受令人震惊的案件,所以她们受到了无因回避",前者是歧视,后者不是歧视。该法官还警告说,把 Batson 判决扩大到像本案这样的性别或其他方面,在广范围的有关诉讼中开辟了类似挑战的途径。

亚拉巴马州民事高等法院的判决被取消,驳回原审重新审理。

按 语

1. 本案,是有关陪审选定的判决。陪审选定,根据陪审候选人预先填写好姓名、年龄、职业、家庭成员等内容的问答表格,在被告人出庭的公开法庭上,由诉讼当事人直接提问、陪审候选人回答的方式进行(被称为 voir dire)。对于陪审候选人的提问,也有些州是由法官直接进行的。通过直接的提问,当事人如判断候选人缺乏作为该审理陪审员的公正性,会将此表明,然后在法官的判断下该候选人不参加该案件的陪审任务。这叫做有因回避请求(challenge for cause)。接下来,在有理由的回避中没有被免除的陪审候选人,按抽签号就座于陪审席,在保证 12 名(因案而异,也有 6 名)的前提下,允许当事人按照预先从法官那儿分到的人数不出示理由地排除候选人,这叫做无因回避。分到的人数,会因为不同的州不同的案件而有所不同。一般民事案件大约是 5~6 人,刑事案件是 7~8 人,重罪的话,分到的人数更多一些。因为陪审员候选人的原始人数也是很多的。这样的手续被认可的理由,是为了选定公正而没有偏见的陪审员。

2. 合众国最高法院,在 1986 年的 Batson 案件中,把和被告人同一种族的候选人从陪审中一个接着一个地排除掉的州检察官的无因回避权的行使判断为违反了平等保护条款。其后,最高法院,扩大了Batson 判决,把和被告人不同种族的排除(Powers v. Ohio (1991)),在民事诉讼中当事人对特定种族的排除(Edmonson v. Leesville Concrete Co. (1991)),以及刑事被告人对特定种族的排除(Georgia v. McCollum (1992)),都判断为违反了平等条款。奥康纳法官在本案判决中认为,今后,在经常受到丈夫暴力的妻子对丈夫进行反击的案件中,妻子方,在与性别歧视斗争的名义下,为了使尽可能多的女性候选人留在陪审团里而使用无因回避权的案件会出现吧。奥康纳法官说,"法院会对其进行阻止的吧。不过,我觉得是不应该的。"

3. 问题是,对于种族、性别以外的特别的群体,即一定年龄层的人,职业团体,居民等,是否适用 Batson 判决? 斯卡里亚法官担心,Batson 判决恐怕会无限制地扩大到这些群体。但是,从确保公正的陪审员的观点来看,这样的扩大是避免不了的。关于这一点,和奥康纳法官的预言同样值得注意。

执笔者:关西学院大学教授　丸田隆

67

Curtis v. Loether
415 U.S. 189, 94 S. Ct. 1005, 39 L. Ed. 2d 260 (1974)
接受陪审裁判的权利

Ⅳ 审判程序

事实梗概

　　合众国宪法第7修正案规定"在普通法的诉讼中……接受陪审进行事实审理的权利被维持",保障了在民事诉讼中接受陪审审理的权利。在本案中,对于违反了禁止以种族、肤色等为理由拒绝租借住宅等的1968年的民权法案第8编的所谓公正住宅法而提起的民事诉讼,接受陪审审理的权利是否被认可成为争论的焦点。

　　原告是黑人女性,向白人被告提出要租借被告所有的公寓,而遭到拒绝。原告认为,被告拒绝出租公寓是因为自己是黑人,于是主张被告违反了1968年的民权法案第804条规定的禁止以种族为理由拒绝出租住宅。原告,依据违反了该条时的救济规定第812条,要求禁止将公寓出租给第三者,支付填补损害赔偿、惩罚性的损害赔偿等。合众国地方法院,发出了(该命令,在原告找到其他住宅之后,在原告的同意下解除)暂定的禁止向第三者出租公寓的预防性禁制令(preliminary injunction)。被告要求陪审审理,而原告提出异议。地方法院不认可被告的要求,案件由法官进行了审理。地方法院提出,该案件不受第7修正案保护的理由是,有关公民权利的民权法案第8编的诉讼原因,是根据制定法被创造出来的,是普通法里没有的诉讼原因。关于损害赔偿的请求,地方法院,认定了被告以种族为理由的歧视行为,不过因为原告没有受到实际损害不认可补偿性损害赔偿,只认可了惩罚性的损害赔偿,命令被告支付250美元。被告,向合众国上诉法院提起了上诉。

上诉法院认为,地方法院拒绝被告要求陪审审理的要求是错误的,作出了取消原判驳回重审的判决。上诉法院的判决理由是,接受陪审审理的宪法上的权利在有关制定法上的权利的程序中也有被认可的,并且指出,类似本案的诉讼在英国也有,是作为普通法诉讼采用陪审审理的,本案诉讼中所要求的损害赔偿,是具有普通法性质的救济。于是,原告向合众国最高法院提出了上诉。

判决要旨

第7修正案,维持了在普通法诉讼中的接受陪审进行事实审理的权利。该条款中的普通法这一词语,是用以区别衡平法、海事法的管辖的。也可以理解,第7修正案,把接受陪审审理的权利,只维持在该条款制定的1791年当时存在的普通法的诉讼方式(forms of action)中。但是,接受陪审审理的权利,超出以上的诉讼方式得到保障是早已确立的。第7修正案的起草者们,采用的普通法这一词语,并不单单只意味着很久以前确立的程序中所承认的诉讼,对照区别只承认衡平法的权利进行衡平法救济的诉讼,也意味着普通法的权利应该被确定的诉讼。因此,无论确定普通法权利的诉讼方式是怎么样的,凡是不属于衡平法或海事法管辖的所有的诉讼,可以解释为,都包含在第7修正案里。

上诉人主张,第7修正案不适用由合众国议会立法创设的新的诉讼原因。但是,本法庭认为,在实现制定法上的权利的诉讼中,承认接受陪审审理这一宪法上的权利是太明白不过而且是不容怀疑的,并且常常在判决中表明根据制定法第7修正案适用诉讼原因。到此为止抱有的所有的疑问,应该一扫而空了吧。第7修正案,也适用于实现制定法上的权利的诉讼。因此,在制定法,创设了,通常的审判中通过损害赔偿请求诉讼可以实现的普通法上的权利和救济的场合,第7修正案要求陪审进行审理。

上诉人,为了证明自己所主张的制定法上的权利中不承认陪审审理,而引用支持了联邦劳动关系局和破产法院的手续不通过陪审审理进行的先例。但是,这些先例,是对能够把制定法上的权利的实现委托给不受第7修正案制约的行政手续或是专门的衡平法法院的合众国议会的权能表示支持。合众国议会规定,在合众国地方法院通过通常的民事诉讼可以实现制定法上的权利,如果诉讼伴随有普通法诉讼中的典型的被实现的各种权利和救济,该诉讼必须由陪审进行审理。

本法庭认为,根据1968年的民权法案第812条的损害赔偿请求诉讼,在本法庭的有关第7修正案的先例中,明确意味着是实现"普通法上的权利"(legal rights)的诉讼。依据该法律的损害赔偿请求诉讼,基本上来源于侵权行为法。该法律,以其为前提,设定了不得以种族为理由拒绝出租住宅的新的法律义务,对于被告因为违反义务而产生的侵害法院有认可补偿原告的权限。该诉讼原因,类似于对没有正当理由拒绝客人住宿的旅馆营业者的诉讼中普通法承认的很多侵权行为诉讼。更重要的是,本案中所要求的救济,即填补性损害赔偿和惩罚性损害赔偿是普通法法院进行救济的传统形态。

本法庭,没有忽视上诉人基于法政策根据的有说服力的主张。由陪审进行审理,也许会在一定程度上延迟民权法案第8编的损害赔偿请求诉讼的处理。但是,只要求禁止命令等衡平法上救济的第8编的诉讼不受影响,预防性禁制令,在损害赔偿请求诉讼中也能够不受陪审审理而利用。并且,本法庭,也认识到由于陪审的偏见,受到歧视的被害者有可能得不到理所当然的裁断。当然,事实审法官,有命令指示裁断(directed verdict),作出与陪审团裁断相反的判决(judgment non obstante veredicto),再审等权能,这些是防范陪审的偏见带来的危险的安全装置。但是,更为本质的是,上诉人所指出的政策上的考虑事项,够不上凌驾于第7修正案的明确的命令。维持上诉法院的判决。

按　语

1. 合众国最高法院,把第7修正案在民事诉讼中保障接受陪审审理的权利的"普通法上的诉讼",解释为是该条款制定当时的1791年的英国的普通法。该解释被称为历史标准(historical test)。因此,比如,有关侵权行为的诉讼,在当时的英国是作为普通法诉讼的,所以由陪审审理,有关信托的诉讼,被视为衡平法诉讼而不设陪审。根据制定法等,1791年的英国没有的新的诉讼原因被创设的场合,该诉讼中是否适用第7修正案的保障就成了问题。本判决的意义在于明确了,由制定法创设的新的权利,或者是为实现该权利的救济方法,如果是普通法诉讼中典型的被强制的种类,请求这些权利的诉讼必须由陪审审理。

2. 英国在1873年,合并(merge)了普通法和衡平法,两者基本上是在同样的法院适用同样的程序。美国,在联邦法院,由1938年的联邦民事诉讼规则进行了合并。考察一下历史,合并被制定法等其后的法的展开所无视。在本判决之前,合众国最高法院认为,应该与合并相对应,在同一诉讼中提出普通法和衡平法的两方的请求的两者之间的争论点是共同的场合,该争论点必须由陪审进行审理(Beacon Theatres, Inc. v. Westover (1959))。

3. 决定某一案件是否由陪审审理,并非出自该案件委托陪审这样的外行的群体进行判断是否合适的这一功能上的考虑。这是来源于普通法和衡平法在法律上的历史渊源的区别而形成的。另一方面,当事人要求乃至回避陪审审理,是因为设想到由于种族、大企业等陪审带有的偏见会左右诉讼的结果。在日本家电厂商作为被告的违反垄断禁止法诉讼中,案件复杂得超过了陪审的理解,合众国上诉法院把该案件交由陪审审理,被判决为违反了第5修正案的正当法律程序条款(In re Japanese Electronic Products Antitrust Litigation (1980))。

执笔者:姬路独协大学副教授　石田裕敏

68

Regina v. Ford
[1989] Q.B. 868, [1989] 3 W.L.R. 762,
[1989] 3 All E.R. 445 (C.A.)

英国的陪审裁判——陪审员的种族构成

Ⅳ 审判程序

事实梗概

上诉人(被告人)是黑人,因为鲁莽驾驶和无权驾驶汽车被起诉。在刑事法院要进行陪审审理时,被告人的律师提出了选任由多种族组成的陪审团(multiracial jury),而法官没有同意这一请求。并且,法官还不同意律师对追踪、逮捕被告人的警察进行交叉询问其动机的要求。被告人受到了有罪的判决,但是就以下2点提出了上诉。(1)法官不同意由多种族组成陪审团的请求是错误的;(2)法官不允许律师对于警察的动机和对黑人抱有偏见的性格进行交叉询问是错误的。

上诉审对于(1),支持了事实审法官的判断,对于(2),认可了上诉人的主张,取消了有罪的判决。以下的判决要旨是对有关(1),即,被告人有没有要求由多种族组成陪审团的权利,事实审法官是否有组成多种族陪审团的裁量权这些争论点作出判断的部分。

判决要旨

对于事实审法官斥退被告人提出的由多种族组成陪审团的要求,表示同意。

这一个问题最近不止一次地被提出,今后也是会成为问题的吧。因此,法官对于处理这一问题的方法,有必要进行慎重的考虑。

在普通法中,对于无法起到陪审作用的陪审员,法官有将其免职的剩余裁量权(residual discretion)。法官的这一义务,是为了保障能够公正地进行审判。据说这是"防止丑闻和曲解正义"的义务。比如,法官绝对不能让完全看不见、听不见，或出于其他原因缺乏裁断能力的人成为陪审员。

但是，该义务，说到底也就是排除缺乏能力的陪审员。为了要在社区的特定范围抽取陪审员而免职有能力的陪审员、或者是采取其他方法影响整个陪审团的裁量权，法官并没有。为了达到后者的目的，法律规定以任意选出的原理达到"公正"(fairness)。

任意抽取陪审的方法不属于审判的法官而是属于大法官管辖。1974年的陪审法(Juries Act)s. 5（Ⅰ）对此作出了以下规定。

"按照本法律，大法官采取的措施有，准备作为陪审员要被传唤的人的陪审员名单、陪审员名单中应该包括的内容、准备陪审员名单的法院开庭日期、（根据第一次出庭日以及其他日期）把陪审员分成一部分或是小组，扩大或者修改陪审员名单，以及有关陪审员名单的内容和形式及其他所有事项的大法官的适当的指示。"

关于法官具有的剩余裁量权，有过几个先例。即使当事人没有提出异议也可以行使。在有因回避请求(challenge for cause)的场合，法官能够免职陪审员是基本立场。对于无意适当地完成义务，或者是不能完成义务的陪审员，法官也能够将其免职。

法官的裁量权明确体现在1974年的陪审法s. 10和施行注释中(Practice Note [1988])。即，根据裁量权，法官可以个人的困难(personal hardship)或者是良心上反对(conscientious objection)陪审义务为理由，免职陪审员。但是，法律没有提到关于种族、宗教或者是政治信仰等更为一般理由的免职。

在一些案件中，不仅要求事实审法官行使免职个人陪审员的裁量权，并且进一步，为了变更陪审员名单或者是构成特定的陪审团要求行使裁量的免职权(discretionary discharge)。在有关民族(ethnic)群体的案件中，该问题经常被提出来，主张陪审团应该部分或全部由同一民族群体的成员构成。这样的要求对于法官来说是一个极大的难题，本案正是其中的一例。本案中，这些主张是在没有预告、没有根据的情况下被提了出来。

特定的陪审员名单或者是陪审员名单的一部分的种族构成，无法成为对陪审候选人全体人员组成提出异议的根据。以担任传唤陪审的官员违反了规定的理由，可以对全体陪审候选人的组成提出异议。在西印度群岛出身的被告人的审判中，因为陪审员名单中的全体成员都是白人,所以对陪审候选人全体人员组成提出了异议。其理由是,陪审员名单没有反映该社区的民族构成,并且全体白人陪审员不能理解黑人家庭生活中心理上、感情上的气氛,因此,黑人被告无法全面信赖全部都是白人的陪审。虽然说不上惊讶,不过,因为该异议没有主张是因为担任传唤职务的官员的偏见、抑或是不适当行为而造成陪审员全都是白人的结果,所以没有被认可。判决认为,陪审或者是陪审员名单中包括黑人成员不是法律上的要件。

没有提出异议的有效根据,法官就没有免职全体陪审员或者部分陪审员的裁量权。同样没有提出表示特定偏见的证据,民族出身不能成为对个人陪审员有异议的正当理由。因此,所主张的介入陪审选任的法官的裁量权,无法纳入司法权或者是裁量权所承认的范畴。

并且,所要求的裁量之所以不应该被认可有其充分的理由。陪审制度的基本全部来源于任意抽出。"Our philosophy is that the jury should be selected at random(我们的哲学是陪审团应是任意选择的), from a panel of persons who are nominated at random(陪审员的任命是任意的). We believe that 12 persons selected at random are likely to be a cross-section of the people as a whole and thus represent the views of the common man(我们相信任意选择的 12 个人是全体人民的一个横断面,因此代表了普通人的观点)... The parties must take them as they come(当事人必须认同他们)."(Lord Denning MR's judgment in *R. v. Crown Court at Sheffield, ex parte Brownlow* [1980])。

第二,过去曾经有过几次,在认为法院应该有此权限的场合,根据制定法明确地授予了权限,同样地又根据制定法将其废止了。

第三,这样的要求,如同要求法官对陪审员名单的构成提出指令,或者是不明确理由,即,以无因回避(peremptory challenge)命令更换个别的陪审员。

刑事法院和高等法院传唤行使任务的陪审员的责任,根据制定法明确由大法官承担。变更陪审员名单、对抽出陪审员名单的地区作出指示,不是法官的任务。传唤全体陪审员不是司法方面的任务,根据制定法专门授予了行政官员。

而且,仅仅以陪审员属于某一特定的种族,或者是持有特定的宗教信仰的事实,即使举出偏见或其他的理由,也不能成为有因回避请求的根据。因此,如果法官以以上的某一个理由行使更换陪审的裁量权,就成了没有任何证明而推测偏见的存在。这种做法不仅在法律上是不适当的,还会严重损害陪审员自身的名誉。并且,基于这些根据改变陪审员的构成,与参加审判审理的陪审是从被传唤的陪审员名单中在公开的法庭上根据抽签(ballot)被选出来的法律要件相抵触(1974年陪审法 s. 11)。

作为结论,无论法官的动机有多善良,法官无权影响陪审的构成,而如果那样做的话,就是错误的。如果说希望变更任意抽出的原则的话,那必须由制定法进行,不能由法院判决。

按 语

在英国,登录在有权者名单上的 18 岁到 65 岁的联合王国的居民,有成为陪审员的资格。根据有权者名单作出陪审员候选人名单(panels),将传唤状发送给各个候选人。从该陪审员名单中选出审理特定案件的陪审员。12 人的陪审员排列在陪审席上的阶段,诉讼当事人能够提出回避。提出回避有两种,一种是对陪审候选人全体人员的回避请求。这是以担任传唤陪审的官员有偏见或者是违反手续为理由的时候。如果没有这样的理由,像本案判决文所叙述的那样,以陪审员名单或者是陪审员的种族构成太集中的理由,是不能提出的。提出这一回避请求是极为少见的。另一种是对陪审员个人的回避请求(challenge to the polls)。被告人一方和检察官一方都能够提出这一回避请求,不过提出时必须要有理由。有因回避请求被认可的理由有,陪审员是外国人;缺乏陪审资格;有个人障碍难以完成义务;或者是缺乏中立性等。以前曾经被认可的无因回避请求被废止了(Criminal Justice Act 1988 s. 118 (Ⅰ))。

如果没有违反任意抽出的选出手续,哪怕被选任的全体陪审员都是同一个种族也被看作是"公正中立的陪审"。少数种族的被告人没有权利要求有同种族的陪审员参加的陪审团进行审理。而法官也没有考虑种族决定陪审构成的裁量权。但是,手续被严格地遵守,被选出的陪审员名单、或者从陪审员名单中被选任的陪审员,反映了该地区的种族构成的保证并没有。少数群体的被告人如何能够完全信赖没有自己所属人种的陪审的裁决,是现实中存在的问题。

关于美国的问题状况可以参考藤仓皓一郎的"美国的陪审审判和人种偏见"ジュリスト1033 号 22 页(1993)。

执笔者:早稻田大学教授　藤仓皓一郎

69

Hickman v. Taylor
329 U.S. 495, 67 S. Ct. 385, 91 L. Ed. 451 (1947)
披露程序的范围和工作成果的法理

IV 审判程序

事实梗概

1943年,"J. M. Taylor"号拖船,原因不明地沉没于费拉迪尔菲阿市的迪拉维尔河,9个乘务员中有5人死亡。船的所有人,为防备死亡乘务员方进行诉讼,委托了Fortenbaugh律师(以下简称F律师)所属的法律事务所。F律师为了将来的诉讼,面会了生存的乘务员等,作了陈述及记录。

原告Hickman,是死亡乘务员之一的代理人,把船主作为被告向联邦地方法院提起了诉讼,以询问书的方式询问有无乘务员的陈述或记录,如果是口头的话详情如何,并且要求提出陈述和记录。被告方通过F律师,回答了询问书上其他的38个问题及补充问题,而对于上述问题,虽然承认有陈述,但对于内容及陈述的提出,主张是"为了诉讼准备而得到的秘密事项(privileged matter)","不仅仅是辩护的文件几乎是所有的构思"。

宾夕法尼亚东部地区联邦地方法院,认为不属于隐私特权的内容而命令提出,把不作反应的被告方判决为藐视法庭(contempt)。

对此,第3巡回区联邦上诉法院取消了联邦地方法院的判决,认为有争论的内容是"律师的工作成果(work product)",作出了应该从披露(discovery)中受到保护的判决。(披露,是一种审前程序,是指在正式事实审理(trial)之前,为了进行准备,在法庭外当事人互相披露、收集案件的有关事实和信息的程序。在美国的民事手续中,不仅是有关证据,还广泛包括为了明确争论点的信息等与诉讼物有关的任何事项,因此把discovery仅仅理解为"披露证据",意思上未免太狭窄。在英国，discovery 的意思没有美国那么广泛，通常是指文件的披露和阅览（discovery and inspection of documents）。在美国的刑事手续中，discovery 的范围没有民事手续中那么广泛，通常指"披露证据"。——译注

判决要旨

联邦最高法院受理了原告的调卷令的请求，结论是支持了联邦上诉法院的立场。

1. 披露的意义和功能。在联邦民事诉讼规则颁布以前的联邦法院的实务中，发布通知、形成争论点、陈述事实等审判前的功能，虽然不适当主要还是通过诉答程序（pleading）进行的（诉答程序，是指民事诉讼中，在正式事实审理之前，为了预先明确争论点当事人之间交换书面主张的诉讼程序，或者是诉讼状。在以前的普通法诉答（common-law-pleading）中，根据严格的格式，以诉状、答辩、原告第二诉答、被告第二诉答、原告第三诉答、被告第三诉答、原告第四诉答这样的形式在原告和被告之间交换书面一直到争论点形成。诉答的修改和变更是不允许的。时至今日，已经被大大地简化。无论是英国还是美国，原则上都到原告的第二诉答为止。并且 pleading 的修改也被允许了——译注）。在联邦民事诉讼规则中，诉答的任务被限定在给予一般性的通知，为准备审判的主要任务被委任给了披露。披露规则，应该被广泛而有弹性地加以解释。

"也许远距离求证（fishing expedition）时代可以大喊赢了，而当事人不能妨碍探索对方所主张的某一事实。双方当事人收集的所有与事实有关联的相互知识，对于适当的诉讼是必须的。当事人可以叫对方吐出凡是有的任何事实。"（＊远距离求证，是美国的法庭俗语。是指利用法庭审讯获取超出案件合理范围的信息；向证人提出松散、含糊、不明确的问题，或在法庭调查阶段过分扩大调查范围；试图以含糊、松散的辩解或以怀疑、猜测来查明事实；仅仅为了寻找证据和证人而请求法庭命令对方当事人提供书籍、文件、著作等做法。联邦立法对此已作出限制。——译注）

"联邦法院的民事案件，已经没有必要在暗地里进行。今天，隐私特权被承认，当事人在审判前对争论点和事实能够获得完全知识的方法变得很清楚。"

2. 披露的界限。当然,作为诉讼程序的披露也有界限。比如,在有恶意或是采取让对方困惑的方法的场合,和在没有关联性的场合或者是属于隐私特权领域的场合。

本法院,同意本案的陈述、记录或者是(律师的)精神上的印象,不包含在律师—委托人之间的隐私特权里。但是,原告方所要求的,是提出明显具有同一性而且原告也可以利用的证人的口头或者是书面的陈述。根据询问书等原告方已经获得了有关信息,本案中成为问题的,是并没有显示出不同意提出会使原告难以准备案件的F.律师的文件和其大脑中有关陈述和精神上的印象。

3. 工作成果的法理。联邦民事诉讼规则第26条及其他的有关披露的规定,都没有设想本案这样的情况。这儿的问题是,在没有举证必要性的情况下,要对方律师提出在其通常业务中作成的陈述、记录或者是个人的记忆。即使是最自由的披露,都不能把对律师的文件乃至精神上的印象的调查加以正当化。

历史上也一贯认为,律师有一定范围的隐私,能够在没有不正当的干涉下准备委托人的案件,是律师在我们的司法系统中为了增进正义、维护委托人利益所必要的。这儿所说的案件的准备,包括本案中有争议的面谈、陈述、记录和精神上的印象,几乎就是第3巡回区联邦上诉法院所说的"律师的工作成果"这一词汇所能表现的。如果仅仅因为对方的请求就能够将其公开的话,书面的东西不会再有人写了,律师的道德观念也会降低。

本法院,并不打算说,诉讼准备中当事人的律师获得的或者是准备好的所有资料,在所有的案件中都必须从披露中被免除。如果这些资料的提出是准备案件时所必须的话,披露可以被认为是适当的。比如说,该证人很难乃至不能利用的场合。如果在这样的情况下陈述等都不能提出的话,联邦民事诉讼规则的自由的披露的思想就失去了意义。但是,侵入律师的准备诉讼的隐私违反了一般的政策,并且,如果认为律师的工作是我们司法系统中必不可少的话,那么,举证说明提出资料有其正当化的适当的理由应该在于想要侵入隐私的一方。

本案中,并没有任何证据证明为什么要强制F律师提交陈述等的理由。和隐私特权没有关系,仅仅主张有权利要求提出这些资料,不足以在本案使披露正当化,作为法院来说,应该支持所有人和F律师拒绝提出。

原告方的律师,坦率地承认,只是为了有助于询问证人的准备和确认没有遗漏点而必须有资料。在政策上允许例外公开 F 律师活动的隐私,像本案这样的情况的理由是不充分的。允许提出这些资料的例外是有可能的,不过原告的主张不属于这一类型。

按　语

1. 本案判决,作为高度颂扬了披露的意义和功能的联邦最高法院判决常常被引用。特别是加了括号的部分很有名,在教科书上经常被引用(小林秀之《新版美国民事诉讼法》第 151 页(弘文堂·1996))。

2. 作为披露的例外,联邦民事诉讼规则承认隐私特权(典型的有律师和委托人之间或者是医生和患者之间的信息交换),该内容基本上由州法规定。为了允许披露,关联性被作为要件。但是,像本案这样的有关律师的诉讼准备资料,并没有特别考虑过,要求由判例解决。

3. 工作成果(work product)法理,通过本案得到了确立,处于其根底的想法是,应该保障律师在不用担心对方要求披露的情况下无论对有利点或不利点都能够进行充分的准备,是不能利用对方律师所准备的当事人对抗制(adversary system)。为了使当事人对抗制这一美国民事诉讼的基本结构有效地运转,保障诉讼准备资料不披露给对方被认为非常重要(美国的所有的教科书都强调了这一点,但是日本因为证据收集的手续很落后,所以围绕工作成果的议论也就很少)。

不过,如本案判决中所指出的那样,工作成果也并非完全不能成为公开手续的对象,如果请求方能够举证特别的必要性是能够成为公开手续的对象的(这点和隐私特权不同)。1970 年新设定的第 26 条(b)(3)(4)项,从立法上承认了工作成果,根据对象设定了不同的要件(精神印象的要件最严格)。

4. 本判决当时,披露的利用刚刚开始固定下来,由本判决确定了隐私特权和工作成果以外的基本上是披露对象的方向,在 1970 年的联邦民事诉讼规则修改时,公开手续的利用被承认到极限。但是,随着披露的滥用和肥大化的弊端逐渐明显,在 1980 年和 1983 年的部分修改中承认了法院对这一审前程序的滥用进行介入,不过认为还不够的批判仍然很强烈。在 1993 年的修改中,正如"从披露到告知"这一标语上所写的,对于基本的信息,要求无需申请披露自动地向对方公开,书面证词(deposition),各当事人到 10 名为止,提问事项到 25 项目为止,在数量上有了限制。不过,对照该修改的联邦地方法院也很多,美国的披露如何发展将拭目以待(围绕 1993 年修改的动向,可参考小林秀之编的《日美知识产权诉讼》第 86 页以下(弘文堂·1994))。

作为参考文献,有竹下守夫《英美判例百选》(第 1 版)254 页(1964),住吉博"Hickman 原则的成立和展开"《法学新报》73 卷 1 号 35 页,2·3 号 95 页(1966)。

执笔者:上智大学教授　小林秀之

70

Eisen v. Carlisle & Jacquelin
417 U.S. 156, 94 S. Ct. 2140, 40 L. Ed. 2d 732 (1974)
集体诉讼和是否要个别通知

Ⅳ 审判程序

事实梗概

本案甚至被评价为"装扮成集体诉讼的作法自毙（Frankenstein, ＊英国作家 Mary Wollstonecraft Shelley 于 1818 年所著小说中的生理学研究者，他创造了一个怪物而自己被它毁灭，由此被引用比喻为自己所创造而无法控制的事物。——译者注）的怪物"，是很复杂的案件。分 3 次作出了联邦上诉审的判决，仅仅围绕集体诉讼的可否下级审就耗费了 6 年半的时间，结果是，联邦最高法院作出了和最初的联邦地方法院命令同样的，照此不能维持集体诉讼的判决（从提起诉讼到联邦最高法院判决花费了 8 年）。

原告，是从 1962 年 5 月 1 日到 1966 年 6 月 30 日为止的这段时间，在纽约股票交易所进行零星股(odd lots)交易的 600 多万个人和法人，如果作一下合理的努力的话 225 万人是能够特定的集体，代表原告是即便赔偿 3 倍都只受到 70 美元损害的个人。被告，是占有零星股交易市场 99％的 2 个股份中介公司和股票交易所，原告对于前者，以违反了禁止垄断法(Sherman Act)为理由请求 3 倍的赔偿，对于后者，以违反证券交易法为理由请求损害赔偿和律师报酬以及停止不正当的手续费。

纽约南部地区联邦地方法院，以进行零星股票交易的人的利害多种多样，原告不能作为适当的代表为理由，判决集体诉讼不能维持。

第 2 巡回区联邦上诉法院，对原告上诉的合法性判断为合法(被称为 Eisen Ⅰ)。

接着，联邦上诉法院认为，集体诉讼的要件虽然理由不一致，但是有可能满足,于是退回联邦地方法院重新审理(被称为 Eisen Ⅱ)。

联邦地方法院,得出了集体诉讼能够维持的结论,但是因为集体中的成员如上所述人数很多而且1个人的平均损害金额就是3倍之后也只有3.9美元,想了种种办法。决定第一,因为向能够特定的225万人全体分别发出个人通知的话不仅工作量大得出奇,1个人10美分的寄费,全体人员就需要22.5万美元的费用,所以,分4个集体进行通知,而不向全体人员分别进行通知。即(1)对交易所的会员和有大信托部门的银行进行个别通知;(2)对进行了10次以上零星股交易的大约2 000人进行个别通知;(3)对通过任意抽出的5 000人进行个别通知;(4)剩下的成员通过华尔街日报及纽约和加利福尼亚的地方报纸的广告,全部费用是21 720美元。第二,关于费用负担,因为代表原告的请求是70美元拒绝负担是可以理解的,本案进行了预备审理,原告胜诉率很高,于是命令被告负担90%的费用。第三,因为把赔偿金直接分配给集体成员很困难,采取了"流动的集体诉讼",把赔偿金作为基金通过减少将来的零星股交易的手续费进行还原。

但是,决定了这些果断方法的地方法院的判决,也被联邦上诉法院取消(被称为 Eisen Ⅲ)。理由是,地方法院判决中有一部分是通过广告通知的,而根据联邦民诉规则第23条(c)(2)项,要求给全体成员进行个别通知;联邦地方法院没有权限对本案进行预备审理决定代表原告应该负担的通知费用;"流动的集体诉讼"的方便不予承认,集体诉讼应该被驳回。

联邦最高法院受理了原告方提出的调卷令的请求,对于是否要个别通知和可否进行预备审理作出了以下判断,实质上支持了上诉判决(对于"流动的集体诉讼"没有作判断)。

判决要旨

1. 是否要给集体成员个别通知

联邦民诉规则第23条(c)(2)项规定,在(b)(3)项下的任何集体诉讼,各集体成员必须被告知从诉讼中被除外或者是实际上有出庭的权利,如果不提出除外不管有利与否都受到判决的束缚。为了这一目的,对于集体成员,包括经过合理的努力能够认定的所有的成员的个别通知,法院必须指示在该状况下可能实行的最好的通知方法(强调是根据判决要旨)。本法院认为,该句子的意思很明白,对于经过合理的努力姓名和住址能够认定的所有的集团成员，必须进行个别通知。

联邦民诉规则第 23 条的咨询委员会（Advisory Committee）的注释中，也进一步肯定了这一结论。本案中，225 万人的集团成员的姓名和住址能够容易地进行确认，没有任何证据能够证明不能进行个别通知。

上诉人方主张，第一，对 225 万人进行个别通知费用太大，结束本案集团诉讼，有碍实现禁止垄断法等政策的目的；第二，因为本案没有进行个别诉讼的利益，所以不要个别通知。

但是，对此的简短回答是，联邦民诉规则第 23 条的对于集团成员的个别通知不是裁量上的要件，是不允许暧昧性的绝对要件。

上诉人进一步主张，集团诉讼中正当法律程序的试金石不是通知而是适当的代表性。但是，第 23 条，不仅要求适当的代表性还要求通知。

2. 通知的费用负担

本法院，也同意通知的费用应该由上诉人负担的联邦上诉法院的意见。无论是从第 23 条的词句中，还是从历史上，都看不到法院有对本案进行预备审理的权限，以决定集团诉讼是否应该维持。在集团诉讼被维持的保证都没有的情况下，却事先允许原告代表集团得到本案判决。本法院留意到，对本案的预备判断也许会在今后的程序中带来偏见让被告承担不公平的负担。通常的原则是，原告从一开始就必须负担通知集团的费用。在股东代表诉讼的场合，之所以有例外，是因为原告和被告之间存在信用义务（fiduciary duty），而本案已经成为完全的当事人对立的关系，所以应该由原告负担。本是原告的上诉人坚持不负担通知费用的立场的话，本案的集团诉讼应该就此驳回。

上诉审判决被取消，必须按照本意见进行。

〔在注释中说到，第 23 条(c)(2)项的通知要件只适用于(b)(3)的集团诉讼，在分割成为可以通知的小集团的场合，不适用本案的驳回判决。〕

按　语

1. 集团诉讼，是有共同利害关系的集团（class）的代表者，为了集团的全体人员能够在不个别授权的情况下进行诉讼，而判决对集团的全体成员都生效的一种诉讼形态，有使集团纠纷一下子得到完全解决的优点,特别适用于现代型纠纷。联邦民诉规则第 23 条,承认 3 种类型的集团诉讼,因为(b)项规定了该类型,所以常常被称为 b1、b2、b3 集团诉讼。b1 集团诉讼,是因为法律关系上需要统一处理而有必要进行共同诉讼的类型。b2 集团诉讼,因为是要求对所有集团成员产生影响的停止和确认判决(declaratory judgment),据说主要运用于公民权诉讼。b3 集团诉讼,是共通于全体成员的法律上、事实上的问题压倒了各个成员的问题,为了公正而有效地解决纠纷与其他方法相比利用集团诉讼更优越的场合被认可。

2. 利用得最多的是 b3 型,本案也属于此类型,不过以个别通知的问题为首的问题也很多(如判决要旨的注释中所说的,个别通知在其他类型中是裁量性的不是必要的)。集团诉讼,能够没有各个成员的授权而代表集团进行诉讼,并且因为判决无论有利与否都束缚成员,特别是,与其他方法相比,对成员来说是可能的要求救济的 b3 型诉讼,规定必须个别通知,赋予成员行使自己权利的机会。

3. 判决要旨强调了联邦民诉规则的词句和历史,不过可以肯定其背景是有上述的观点。但是,在类似本案这样的金额非常小而人数很多的被害案件中,实际上通常是没有成员希望行使权利的(像如此有名的本案也没有一个人想要行使权利),而个别通知因为费用、代表的适当性或者集团性格的关系,像地方法院曾经作出的有关通知的决定也可以被允许,如果不允许是可以提出难以实现该政策目的的反论的。

4. 也有把集团诉讼批判为"合法的恐吓(legalized blackmail)"的,不过大多数学说都认为代表当事人作为"私的司法长官(private attorney general)"在实现法的政策目的中作出了贡献,抑制了违法行为,把很多诉讼集中为 1 个提高了诉讼的效率,从而对其表示支持(关于"法和经济学"的实证分析,可以参考下面提到的小林和薮口的论文)。

不过,大多数的集团诉讼,本案也是同样的,实际上完成诉讼的是集团方的律师,因为律师和集团成员的利害关系相反会产生和解等情况,为此法院的监护性的参与成了适当运用的重要关键。

作为参考文献,有高桥宏志的《英美判例百选Ⅱ》私法(1978)第 80 案例,薮口康夫的"现代型诉讼中当事人的扩大(1)"《上智法学论集》37 卷 1=2 合并号 275 页以下(1993),上原敏夫的"集团的救济制度的基础研究"《一桥大学研究年报法学研究》11 号 206 页以下(1979),小林秀之的"美国民事诉讼的新展开①——民事诉讼的经济分析(上)"判例タイムズ501号14页以下(1983)、"美国民事诉讼的'法和经济学'"〔1986-1〕《美国法》第27页以下,等等。

执笔者:上智大学教授 小林秀之

71

Flast v. Cohen
392 U.S. 83, 88 S. Ct. 1942, 20 L. Ed. 2d 947（1968）
纳税人诉讼

Ⅳ 审判程序

事实梗概

　　1965年联邦初等中等教育法，制定了对低收入家庭进行教育补助的财政援助计划，其框架是，联邦政府给州教育委员会补助金，希望获得补助金的地方教育委员会制定出适合联邦教育委员会规定的标准的教育计划获得州教育委员会的认可，而联邦教育委员会制定了"设立经济上没有条件上私立学校的学生能够利用的视听教育设施等的教育设施"的认可标准。并且，还在法律上要求希望参加该联邦财政援助计划的州，向联邦提出申请而获得承认之际，附上"在不违反本法的限度之内，用本补助金购入的备品和教材，是被私立学校的教师和就学的经济条件不好的学生平等利用的"确认书。对此，Flast 等 7 名公民认为，根据该法的规定，在联邦的同意和认可之下从联邦税收中支出的联邦补助金被用在宗教学校的教育设施和教材的购入的做法，违反了合众国宪法第 1 修正案政教分离条款，于是，以联邦纳税人的立场，将联邦保健教育福利省长官 Cohen（科恩）和联邦教育委员会作为被告，提起了联邦纳税人诉讼，要求宣布长官和教育委员会认可用联邦补助金给宗教学校建立教育设施和购入教材的行为超过了本法的权限是违法的；要求宣布该法律是违宪无效的；要求停止许可补助金的支出。联邦纳税人对联邦的一般会计年度支出提起诉讼的原告资格，在 Frothingham 判决（1923 年）中被否定，以后这一判例得到了确立，不过该判决没有明确否定原告资格的根据。

　　审理本案的 1 审 3 人合议法庭限定在原告资格问题进行了审理，以 2 比 1 否认了原告资格驳回了申诉，于是原告进行了越级上诉。

判决要旨

沃伦法官的法庭意见如下

Frothingham 判决,以联邦纳税人没有受到联邦一般会计年度支出的"直接侵害"的理由,对主张联邦的会计年度支出所根据的法律是违宪的联邦纳税人诉讼的原告资格作了否定,在以后的 45 年间作为联邦纳税人诉讼的铜墙铁壁高高耸立,不过,该判决,导致了以后的议论的对立,即,纳税人诉讼是在宪法上被禁止的? 或者,只不过是法院进行了限制? 在本案中,原告和被告也展开了不同的解释。不过,从联邦纳税人在整个联邦税收中占有的比例相对很小而且不能确定的判断来看,该判决中原告资格被否定的理由,并不是因为原告是纳税人而是因为纳税金额太少。并且,纯粹是出于政策上的担心因此产生滥诉的想法也在起作用,这种担心,随着以后的联邦纳税人的地位的变化以及在集团诉讼(本书第 70 案例)制度化的今天,已经没有必要。总之,"只要围绕该判决还有争论,本法院认为,对于联邦法院的原告资格的一般法理和联邦纳税人诉讼中的原告资格的限制应该从正面加以研讨"。

根据宪法第 3 编联邦法院的审判权被限定在案件和争议(case or controversy)上。为了排除对不明确的争论点或假定的、抽象的争论点的审判,"要求当事人对纠纷的结果有个别的利害关系,原告资格是决定适当的当事人的法理。这么说,决定适当的当事人的原告资格问题和三权分立问题没有关系。纳税人也是根据情况与诉讼结果有个别的利害关系,宪法第 3 编不是联邦纳税人诉讼的绝对障碍"。

"联邦纳税人诉讼的原告资格的认可,和实体法上的争论点的司法判断适当性没有关系,倒是提出主张的原告的地位和请求之间有逻辑上的连结(logical nexus)的必要。……本案中的原告资格能否被认可,取决于能否论证在诉讼结果纳税人有满足宪法第 3 编要件的足够的利害关系。……联邦纳税人被要求的逻辑上的连结有 2 点。第一,是作为联邦纳税人的地位和争论的法律之间的逻辑上的连结,联邦纳税人,只能在宪法第 1 编 8 节规定的课税年度支出权限由议会行使的这一点上主张其违宪性,仅仅说伴随规则立法的执行中的支出的违宪是不够的。第二,是作为联邦纳税人的地位和违反宪法的连结。这儿,纳税人仅仅说,争论的法律一般超过了宪法第 1 编 8 节授予的议会的立法权限是不够的,必须要论证议会违反了宪法对该权限设定的制约。作为纳税人以诉讼结果有利害关系而向联邦法院提起诉讼时,能够论证以上的2点连结,刚刚能够被认可为适当的当事人。"

"本案中,因为提到,该法律是议会为了一般福利行使了宪法第1编8节的权限而制定的;在有争议的补助金计划中,联邦税收支出了相当金额,所以,第1编的连结可以得到认可。原告主张,基于计划的支出,违反了宪法第1修正案的政教分离条款和宗教活动自由条款。如果回顾一下我国的历史就可以知道,为制定政教分离条款而努力的人们,正是担心课税和年度支出比其他权限容易用来优待特定的宗教或者是不问宗派援助所有的宗教,于是作为对统治权潜在的滥用的特别防波堤,而设定了政教分离条款,第1修正案作为宪法上的特别条款,对议会行使宪法第1编8节中授予的课税年度支出权限起到制约作用。……是否还有其他的特别制约的宪法条款有待将来的判断,如果有特别制约条款的时候,纳税人总是有不受议会侵害的利害关系的。"

判决:取消原判决,驳回重审。

按 语

1. 纳税人诉讼,是指纳税人对行政机构违法支出公款而提起的诉讼,在和公民创制权(initiative)、公民投票权(referendum)、罢免权(recall)制度同一时代的19世纪后半期,以股东派生诉讼类推说,税负担增加说,公共信托法理说等为论据,作为纳税人直接参加政治的手段在市镇和州广泛展开。但是,只有联邦纳税人诉讼的 Frothingham 判决(1923),对于联邦母子保护法超过了联邦议会的课税、支出权限,违反了宪法第10修正案,基于该法的联邦支出没有根据宪法第5修正案保障的正当法律程序(due process of law),增加了将来的税负担的申诉,认为联邦纳税人和联邦税收的关系和市镇税或州税不同,金额极少受到的损害也是间接的,否定了联邦纳税人的原告资格,由此成为先例。本案判决,是承认了联邦纳税人原告资格的第一个联邦最高法院的判决,作为联邦纳税人诉讼的原告资格的法理采用了连结标准(nexus test)这点上是重要的判例。根据需要"纳税人的地位和请求之间有逻辑上的连结(logical nexus)"的这一标准,联邦纳税人的原告资格在,(1)对联邦议会行使宪法第1编8节规定的课税、支出权限的合宪性产生争议的时候；(2)议会侵害了课税、支出权限上被规定的特别的宪法上的制约而行使权限的时候,被认可。

2.连结标准的(1)(2)的各个要件在后来的联邦最高法院是如何运用的呢？在 Richardson 判决(United State v. Richardson)(1974)中,对于主张 1949 年 CIA 法规定 CIA 的详细的预算支出不需要公开是违反了要求公开发表公款收支的宪法第 1 编 9 节 7 项的联邦纳税人,所提起的要求公开发表 CIA 的详细的公款支出的诉讼,法庭严格地按照本判决的解释,认为 CIA 法不是基于支出、课税权限制定的,宪法第 1 编 9 节 7 项只是要求把联邦财政的用途告知国民的规定不是特别制约议会的支出、课税权限的条款,因此判决认为连结标准的(1)(2)要件都没有满足。在同一天宣判的 Reservists 判决(Schlesinger v. Reservists Committee to Stop the War)(1974)中,对于反对越南战争的预备役军人团体和其成员站在纳税人的立场,认为把预备役工资支付给作为预备役军人登录的联邦议员违反了宪法第 1 编 6 节 2 项的禁止兼职条款主张除名处分、退还已经支付的工资的要求,法庭认为,有争议的不是议会的课税、支出权限和制定法上的关系而是议员的预备登录和支付津贴的行政部门的违法行为,因此没有满足(1)要件,也否定了纳税人的原告资格。在 Valley Forge (1982)判决中,对于政教分离运动团体和纳税人提出的 1949 年联邦财产管理执行法把剩余联邦财产无偿转让给基督教会系列的专科大学的行为违反了政教分离条款,要求禁止等主张,法庭认为,该财产转让是根据基于宪法第 4 编 3 节 2 项的财产条款制定的 1949 年法规定进行的,不是有关联邦议会的课税、支出权限的争议,所以没有满足连结标准的(1)要件,也否定了原告资格。

3.连结标准的(2)要件,是把合众国宪法的各条款分成特别的制约规定和非特别的制约规定,对于特别制约受到侵害的纳税人承认其原告资格。本案判决,研讨了历史背景认为第 1 修正案的政教分离条款属于特别的宪法上的制约,至于是否存在其他的制约有待将来的诉讼作出判断。但是,本判决把 Frothingham 案件中作为违宪根据的第 5、第 10 修正案,Richardson 判决把第 1 编第 9 节第 7 项都判断为不属于特别的宪法上的制约,到现在为止,除政教分离条款之外还没有过其他的宪法条款被认可为是特别的宪法上的制约。

在环境保护团体等要求宣布限制由原子能事故造成的损害赔偿

责任的 1957 年联邦原子能法修改条款违反了第 5 修正案的 Duke Power (1978) 一案的判决中，法庭明确指出，作为原告资格法理的连结标准不适用纳税人诉讼以外的诉讼，而作为行政诉讼的原告资格法理的事实侵权标准 (injury in fact test) 则不适用纳税人诉讼，结果，本判决提出来的连结标准，是只限于适用纳税人诉讼的原告资格法理，而且其射程距离也是极其有限的。

4. 从本判决对有个别的利害关系的承认原告资格这一点上，把纳税人诉讼认识为主观诉讼，把纳税人理解为私的法务总裁的本案道格拉斯法官的补充意见误解了多数意见的宗旨。如果把联邦纳税诉讼理解为客观诉讼的话，是否就像哈兰法官的反对意见那样把纳税人诉讼解释为是由没有个别利害关系的纳税人作为私的法务总裁进行的诉讼，该诉讼从宪法第 3 编的事件性要件中也不被排除呢？把伴随事件性要件的制约限定在"个别的利害关系"，只能解释议会能够用法律创设客观诉讼，不过，后者的想法，被适用公民诉讼的规定是违宪的 Lujan (1992) 判决否定了的见解也有，这有待于今后的研讨。

执笔者：东京大学助教　早坂禧子

72

Association of Data Processing Service Organization v. Camp
397 U.S. 150, 90 S. Ct. 827, 25 L. Ed. 2d 184 (1970)
行政诉讼的原告资格(standing)

Ⅳ 审判程序

事实梗概

联邦银行局长,对于联邦银行法第4条的"联邦银行在进行银行业务的同时能够进行一切附带业务"的规定,解释为,作为联邦银行的附带业务不禁止让其他银行和本银行顾客利用信息处理设备或者向顾客提供利用设备的信息处理服务,实际上许可了银行进入信息处理行业的领域。该许可对原有的信息处理服务行业者来说是莫大的威胁,大银行如果也进入信息处理业务的话且不说会危害原有行业者将来的利益,现实中联邦银行向该行业者已经缔结提供业务契约和正在交涉中的2位顾客提出了可以提供同样的业务,为此,全美信息处理行业组织协会(Association of Data Processing Service Organization)和1个行业者,以和联邦银行竞争使自己的经济利益受到侵害,属于行政程序法10条(a)的司法审查规定的"由于行政机关的行为受到违法侵害,或者是在有关法律的意思中利益受到损害"为理由,提起了要求宣布银行局长上述许可的无效和停止以及要求损害赔偿的诉讼。一审的联邦地方法院,根据长期来确立的先例认为,原告主张的损害只能是在竞争中受到的场合,缺乏维持诉讼的资格,驳回了诉讼,二审的第8巡回联邦上诉法院也认为,(1)专利、契约上的法的利益,或(2)制定法保护的法的利益受到了侵害的,或(3)议会承认的行政机关对其行为有审查必要的、有公益的且实质上处于代表公众地位的,能够在审判中对违法的竞争进行争议,本案的原告不具有任何法律上的权利和利益,也否定了原告的资格。另外,在银行法中没有从联邦银行的竞争中保护信息处理服务行业的规定,而在为共同处理小银行的计算机处理的银行业务合营公司法第4条中,禁止同一公司作为附带业务为一般顾客提供信息处理服务。

判决要旨

道格拉斯法官的法庭意见如下

"讲述原告资格的一般法理本身几乎毫无意思。但是只有一点,对于联邦法院来说,有必要在把司法权的功能限定在案件和诉讼的合众国宪法第3编的框架中考虑原告资格的法理。……原告资格的问题,正如 Flast 判决(1968)(本书第71案例)中所揭示的那样。不过,Flast 判决的原告是纳税人而本案的原告是竞争的同行,鉴于有此不同,虽然都是出自宪法第3编,却并非走向同一条道路。"

"本案的第1个问题是,上诉人(原告即上诉人),不论在经济上或经济以外有没有主张由于有问题的行为事实上受到了损害(injury in fact)。毫无疑问,上诉人满足了这一标准。""上诉人提出,由于联邦银行新加入信息处理服务行业引起的竞争,受到了将来的利益要减少的损害,现实中由于联邦银行对上诉人正在进行交涉、乃至已经签订契约的2位顾客提出了可以提供相同的服务而受到损害,上诉人主张,这些事实上的损害,是由于银行局长解释了联邦银行法不禁止作为附带业务加入信息处理行业而产生的"。判断提出这些主张的行业者的原告资格的上诉审判决,根据最高法院的先例采用了法的利益的标准,不过本案审理对此加以区分。"原告资格问题和本案不同。这和事件性标准不同,关系到是否可以议论原告所要求保护的利益受到该法律乃至宪法上的保障、在被保护或规定的利益范围内。行政程序法第10条(a)在此意思上也是把原告资格赋予'在法律意义上的由于行政机关的行为而使利益受到损害的'人的。这儿所说的利益,不仅是经济上的价值,根据情况可以涉及到'美的价值,自然保护价值,休养价值',个人和家属有宪法第1修正案保障的价值和精神上的关系,该价值,对承认他们在有关政教分离条款和宗教活动自由条款的诉讼中的原告资格是足够的。本法庭想要强调的是,正如经济上的价值受到侵害的本案上诉人的原告资格能够被承认,这儿列举的非经济上的价值同样也是承认原告资格的基础。"

"和宪法第3编的审判权问题不同,原告资格问题里……包含着

'自制的规则'。当然只要议会不偏离宪法第3编词句所命令的,怎样解决这一问题都可以"。

"有关制定法,能够攻击行政行为的人的范围有扩大的倾向。受到侵害的'人'(aggrieved person)的范围的扩大显示了这一倾向"。以往的判例中,法律在从竞争中保护行业和私有企业时,因为原有行业者有起诉新加入者违法性的原告资格,所以认为没有必要重复原告资格的明文规定,对于和本案同一事实的案件,联邦第1巡回区上诉法院,以银行业务合营公司法第4条为根据,判断原有的情报处理公司有对银行新加入信息处理业务的合法性提起诉讼的原告资格。但是,"这是对于本案的判断,本法庭在判断原告资格时不作如此表现。不过,本法庭也认为,可以说本法第4条把竞争同行包含在同条保护的利益范围内"。

"剩下的问题是,银行局长的行为是否可以排除于司法审查对象之外?对于这一点的判断是消极的。……即使反对司法审查对行政官厅的绝对进行任何推定,只要在制定法的框架中不能公平地进行识别,恐怕是不存在的。……没有证据能够证明议会有意图地从司法审查中排除银行局长根据银行业务合营公司法或者是银行法对银行可以进行的附带业务的范围所作的行政判断。本案上诉人属于行政程序法中所说的要求司法审查的受到侵害的'人',行政机关的行为实际上是否违反了法律是本案中应该判断的问题。"

判决:取消原判决,驳回重审。

按 语

1. 原告资格,是制约能够提起诉讼的"人"的范围的诉讼技术上的概念之一,有关其范围的判例,在最初的(1)法律上的权利说(Tennesee Electric Power (1939)判决)上采用了,(2)受到法律保护的利益(legally protected interest)说(Sanders Brothers 判决(FCC v. Sanders Brothers Radio Station)(1940))扩大了原告资格。本判决,首次采用了(3)事实上的利益侵害(injury in fact)说,特别扩大了攻击行政机关行为的诉讼中的原告资格的范围,被称为划时代的判决。

按照美国20世纪初采用的(1)学说,提起诉讼的原告资格,在"法的权利,即,物权,从契约上产生的权利,从侵权行为受到保护的权利,由法律赋予的特权"受到行政机关侵害时被承认,竞争行业者之间没有普通法意上的法的损害(*damnum absque injuria*)。这一法的权利说,意味着"权利"是指普通法上确立的权利乃至用法律创造的权利请求原因是在该法律权利受到侵害时产生的美国法传统观念下,极其自然的想法。但是,1930年为分界线,随着攻击臃肿化的规则、授益行政的行政诉讼的增加,作为权利保护基准的(1)学说太狭窄,理所当然的,开始采用(2)学说,从法的权利中被解放,不问有无法的保护规定以解释制定法宗旨的委任法院裁量判断的形式,进一步扩大了原告资格的范围。将到此为止的判例法成文化的是1946年的联邦行政程序法10条(a)的行政诉讼中原告资格审查基准的规定。在这样的背景下,本判决指出,作为宪法上的要件,① 事实上的损害作为法院自制的要件,② 能够说明在法律或者宪法保护的法益范围内(within the zone of interests)时,承认原告资格。当事实上的损害,作为行政官厅的行为的结果具体发生,性质上适应司法救济时,法院因为诉讼进入本案的审理,(3)学说把原告资格论从"权利"和"制定法的解释"中解放了出来。

2. 由于本判决明确指出,事实上的损害不仅仅限于经济上的损害,有关原告资格的事实上的损害标准,在环境诉讼中特别得到了自由化,在席卷1970年代的环境保护团体提起的环境诉讼中作出了很大贡献。即,在本判决之后的一系列环境诉讼中,事实上的损害是抽象的损害时是不充分的,原告自身必须受到损害(Sierra Club (1972) 判决),损害是现实的具体的话不问种类、规模、数量,可以认为是一般的利益损害(Duke Power (1978) 判决),损害的地区限定性也被拆除可以认为是全国规模的一般的利益损害(SCRAP 判决 (United States v. Students Challenging Regulatory Agency Procedures) (1973)))。

3. 宪法保护的法益范围标准,不具有事实上的损害所说的暴露损害事实的意思,是拖出法的权利说的残渣的有害无用的要件,布伦南法官在本判决中有关原告资格部分的反对意见中首先对其进行了批判,在后来的判例中,最高法院虽然没有明确取消不过几乎不再适用,作为行政诉讼的原告资格的法理结果是只有事实上的损害标准。另外,保护利益问题作为本案问题的话,在本案中如果利益被否定的话行政官厅的行为即使违法诉讼也要被驳回,不过本案的态度是等闲视之,(3)学说具有的意义,是把(1)学说(2)学说中意味的保护法益问题从本案中驱逐了出去。

执笔者:东京大学助教 早坂禧子

73

Matsushita Electric Industrial Co. v. Zenith Radio Corp.
475 U.S. 574, 106 S. Ct. 1348, 89 L. Ed. 2d 538 (1986)

简易判决(Summary Judgment)

Ⅳ 审判程序

事实梗概

原告(以下称X),是美国生产家电企业的两家公司,被告(以下称Y),是日本的家电公司以及其在美国的销售日本产品的子公司等(共计21家公司)。

伴随着出口美国的电视机的急剧增加,担心贸易摩擦激化的日本通产省,指示日本的电视机行业对出口进行自主限制,要求尽快根据进出口贸易法组成出口联合企业。家电企业在1963年形成了出口联合企业,采用了检查价格制,规定了出口价格的最低限度。

X以违反了反垄断法第1条、第2条和1916年的反倾销法等为理由,提起了本案诉讼(1970,1974年分别提起的诉讼于1974年合并在一起)。X主张,自1953年以来,为了把X赶出美国的家电市场,Y以违法的共谋(conspiracy)在日本维持电视机的高价格,一方面在美国市场维持低价格使X蒙受了损失。X提出要求实际损害的3倍赔偿(treble damages),即大约18亿美元的损害赔偿。

第1审的联邦地方法院,在披露程序中认为X一方的经济学者专家证人的证词没有证据能力(inadmissible)而进行了排除。并且作出了Y胜诉的简易判决(Summary Judgment)。其理由是,(1)有几个证据显示了共谋,不过那不是给X带来损害的;(2)根据可靠的推论(inference)Y不是为了独占是出于竞争的目的定下了低价格,X对此提不出相反的证据。

第2审的联邦上诉法院认可了X的上诉,取消了Y胜诉的原判决。在地方法院被排除的专门证人的证据能力得到了承认(这一点,在调卷令上诉(certiorari)的范围外),并且,虽然从状况证据进行的推论有限度,不过在共同行为有直接证据的场合是不同的。在日本市场维持高价格,利用从中获得的不当利益,从美国市场驱逐美国的竞争对手的共谋是有直接证据的。

对此,Y向合众国最高法院提起了调卷令上诉(certiorari)。争论点被限制在以下2点:(1)否定了Y胜诉的简易判决的违法性,(2)Y的由外国政府进行强制抗辩的可能性(结果是(2)没有被判断)。

判决要旨

Y的调卷令上诉理由中的(1)被认可,合众国最高法院以5比4取消原判决驳回重审。

[多数意见]

(鲍威尔、伯格、马歇尔、伦奎斯特、奥康纳等法官赞同)发表了以下的法庭意见。

仅仅说在日本市场有联合企业行为,不适用美国的反垄断法。对于在美国市场共谋设定竞争价格以上的价格原告也不能请求损害赔偿。因为这虽说是美国反垄断法上的违法的联合企业行为,不过对于竞争对手的X不如说是有利的。而且提高市场价格或是与限制生产相关联的非价格限制行为对于竞争对手来说同样也是有利的。这些证据,不是显示X蒙受损害的直接证据,在这一点上原审是错误的。

但是以上共谋的证据,成为证明其他共谋的情况(间接)证据。证明了以低于市场价的价格设定独占美国市场的共谋,即用在日本市场得到的独占利润,在美国市场进行掠夺性的价格设定(predatory pricing),把美国的竞争对手驱逐出市场,在获得成功之际,进行联合企业行为、生产限制、提高竞争价格的价格设定等取得独占利润的共谋。

原审,如果证明了这一点就是对反垄断法第1条的当然违法(per se violation)。对此,Y没有争辩。

争论点是,果真有足以否定简易判决的充分证据吗?为此,X在出示违法共谋之外必须出示由此产生的损害,必须出示真正的争论点的存在(联邦民事诉讼规则56条(c)(e))。

简易判决的被提起人,仅仅抽象地表示对重要事实有怀疑是不够的。必须提出特定的事实表明有正式事实审理所需要的真正的争论点。从一件记录的整体来看，如果合理的事实认定者不能支持被提起人的主张时就没有真正的争论点。如果 X 的主张是不可能的，换言之，如果在经济上没有意义，被提起人 X 必须提出更有说服力的证据。的确，这种场合，出自事实的推论必须解释得对被提起人最有利。但是，在反托拉斯法中，出自暧昧的证据推论是有限的。违法的共谋和被允许的竞争，适合任何一方的行为是他们自身不推论违法的共谋。与 Y 的是各自独立行为的推论以及即使是共同行为也没有给 X 造成损害的推论相比，X 推论违法的共谋，必须表示得更为合理。

Y 主张，X 所指出的共谋，在经济上是不合理的，不可能实行。掠夺性的价格设定从经济上来说难以实施，即使实施了也难以成功。为了尽量恢复自己的损害，长期维持独占是不可能的，何况有很多共谋者时更是不可能。如果获得独占的可能性减少，同伴中会有人抽身而去。本案，共谋了 20 年，到现在还没有成功。的确，Y 的市场占有率从不到 20% 接近到 50%，即便是这样，设定独占价格是办不到的。X 主张，时至今日共谋还在继续，Y 想要驱逐 X，不过现状与此目标相距甚远。这是不存在共谋的有力证据。

在此，有必要把处罚违法共谋的利益和阻碍正当竞争行为的可能性作比较衡量。Y，在美国市场压低价格，这显示了竞争的本质。一方面，掠夺性的价格设定几乎没有成功，因此都不需要由法律进行预防。

Y 的动机，不可能像 X 所主张的。原判决在以下 2 点上有错误。第一，直接证据和掠夺性的价格设定的共谋没有关系。在日本提高价格的共谋不推论弥补在美国的损失的共谋的存在。检查价格制，是规定不要让价格低于下限，因此和 X 所主张的不一致。限制美国销售业者数量的 5 公司规则，也许促进了水平的地域分配，其效果是提高了价格，也是有利于 Y 主张的。第二，没有考虑 Y 缺乏动机的可能性。正是这儿关系到真正的争论点。Y 的行为所表示的，是正当的竞争行为呢，还是仅仅有可能共谋提高价格？如果考虑到进行违法的共谋没有经济上的合理的动机，不能说存在真正的争论点。

取消联邦上诉法院的判决，驳回重审(后来确定了 Y 的胜诉)。

[少数意见]

代表少数意见的怀特法官、布伦南、布莱克门、斯蒂文斯法官赞同，作出了以下的判断。

对于简易判决的一般要件论赞成法庭意见。不想削弱多数意见引用的先例所提出的,所有证据应该被解释得有利于被上诉人的法理。不过,对于事实的推论本应该尽可能委任给陪审的,而多数意见认为,是否可能有共谋的推论,必须由法官自己认定。正是这一点,应该是在正式事实审理中进行的。

在地方法院被排除,在上诉法院被认可的证据,有专门证人 A 的报告,该报告表示了 Y 以在日本维持高价格降低国内消费而带来了向美国出口的增加;Y 避开在自己团体内的竞争。从这些事实完全可以考虑到 X 受到损害,足以说明有关事实的真正的争论点是有的。

多数意见对自己的经济学学说抱有好感吧,不过,这不能成为不给陪审考虑 A 学说机会的理由。

多数意见说,直接证据和掠夺性的价格设定的共谋没有关联,而原审的判断是,不仅是 5 家公司的规则,综合在日本的联合企业活动、对美倾销、长期低于成本的销售的证据,事实认定者能够合理地推论出掠夺性的价格设定的共谋。

多数意见提出了 Y 缺乏动机的问题。可是令人费解的是,为什么对于 Y 的掠夺性价格设定有如此怀疑的必要呢? 法院只要看有关重要事实的真正的争论点就可以了,只要有,对于这一点也是应该进行正式事实审理的。

按 语

1. 法院控制进行事实认定的民事审判的手段,有被称为指示裁断(directed verdict)和无视裁断的判决(judgment n. o. v.)的所谓法律问题的判决(judgment as a matter of law),以及正式事实审理之前的简易判决。

作为简易判决的要件,联邦民事诉讼规则第 56 条(c)的规定是,没有"关于重要事实的真正的争论点(genuine issue as to any material fact)"。如果满足了这一点,只要判断法律问题就可以了,可以无需开庭进行正式事实审理而只由法官作出判决。本判决的直接的问题,是有没有该要件。

2. 本判决,是现代诉讼乃至复杂诉讼(complex litigation)的一个典型案例。在进入正式事实审理之前的 pretrial(审前)阶段耗费了十多年时间,从披露这一审前程序中提出来的证词记录达 10 万页之多。假如进行正式事实审理的话据说恐怕要 1 年,而陪审是否有足够的理解力、认定事实的能力让人感到怀疑。

作为一个解决方法，多数意见从芝加哥学派经济学的观点出发，降低掠夺性价格设定的可能性，就是说把这一问题分类为法律问题而导致只由法官进行判决。但是，遭到了反对意见的猛烈批判，被认为是不当地限制了应该由陪审判断的事实问题的范围。

本判决，和同一年的 Celotex Corp. v. Catrett 判决，Anderson v. Liberty Lobby, Inc. 判决一起被称为三部曲（trilogy），因为对于联邦法领域中的简易判决接二连三地提出了标准而受到重视。对案件负有举证责任的人对有关事实的真正的争论点不能提出证据的场合，对方能够提出请求简易判决，而且请求人没有必要提出被上诉人仅仅否定案件请求的证据（联邦民事诉讼规则第56条(e)）。

有关事实的真正的争论点的判断标准，是相信简易判决的被上诉人的证据，且以由此引出的对被上诉人有利的推论为前提进行判断，本判决是在这一大的框架中扩大了简易判决的灵活运用的范围。

3. 但是，依据一定的经济理论，总是把争论点作为法律问题是有限度的。这是因为在探讨实际的市场处于怎样的形势时应该分别加以研究的场合，有时候是需要和事实问题进行不同的分类的。比如，对有关联合贸易的反垄断法第1条、第2条的违法性进行争论的 Eastman Kodak v. Image Technical Services (1992)一案的判决，就和本判决相反没有承认简易判决。

4. 应该注意到本判决的实体法上的判断非常狭窄。关于本案件中的掠夺性价格的设定，如果有证据证明日本企业进行全面的价格协定的共谋，属于反垄断法第1条的当然违法的原则（*per se illegal rule*）的这一点在当事人之间没有争议。

因此，反垄断法第1条、第2条对于违法的掠夺性价格设定应该有什么标准，本判决没有做出最终判断。关于这一点可以参考 Brooke Group Ltd. v. Brown & Williamson Tobacco Corp. (1993) 判决。

5. 本判决，作为象征日美经济摩擦的案例，受到了海内外学者的注目。由此，围绕美国经济法里带有日本方面的出口自主限制的意思，外国政府的强制理论（Y主张了这一点），和反倾销法的关系、领域外适用等论点展开了热烈的议论。有关这些议论可以参考松下满雄的《国际经济法》〔修订版〕88—91页，388页（有斐阁·1996）。

执笔者：东北大学副教授　芹泽英明

74

Slocum v. New York Life Insurance Co.
228 U.S. 364, 33 S. Ct. 523, 57 L. Ed. 879 (1913)

和裁断不同的判决

Ⅳ　审判程序

事实梗概

原告 Lillian F. Slocum 的丈夫和被告纽约人寿保险公司签订了，保险金额2万美元、每年11月27日支付580美元、保险期间为20年的普通人寿保险契约。保险契约里设定了，在责任预备金范围内可以贷款的契约者贷款规定；即使不支付保险费如果责任预备金里有剩余，根据被保险人的选择，该保险契约作为支付完毕的保险或是定期保险继续下去的禁止自动失效的规定；即使不支付保险费1个月之内契约完全有效的缓期支付期间的规定；有关契约内容、保险期间的变更只有公司经理、副经理、保险统计员（actuary）等一定的人员方才有代理保险公司的权限，等规定。

原告的丈夫在1907年12月31日死亡，而被指定为保险金领取人的原告的保险金请求遭到了拒绝，于是原告，以(1)到前一年为止的保险费是按规定支付了的，至于1907年11月27日的保险费，在缓期支付期间内的12月27日原告和公司的代理之间进行了调整（adjustment）；(2)因为11月27日现在剩余的责任预备金超过贷款金额，根据禁止自动失效规定被保险人死亡时的保险契约是有效的，为理由，向宾夕法尼亚州西部地区联邦巡回法院（Circuit Court——是以前的称谓，相当于现在的 District Court 的联邦的第一审法院，以下称第一审）提起了诉讼。

案件由陪审审理，在所有的证据被提出来的时候，被告请求被告胜诉的指示裁断（directed verdict），但是该请求被驳回（*directed verdict 是指从正式事实审理中提出来的证据，能够非常清楚地判断胜败且没有需要陪审审理的真正的争论点时,陪审根据法官指示进行的裁断。裁断成为形式。在不同的法律领域中,裁断本身被省略的也有——译注)。陪审作出了命令被告支付1.8万多美元的一般裁断(general verdict)的回答(* general verdict是指陪审的裁决,不是分别认定一个个事实问题的存在与否,而只是对案件的整体作出原告胜诉、被告胜诉、有罪、无罪的结论。对于被告有赔偿责任的和其他部分(赔偿金额)能够分开的问题作出结论的也有。——译注)。对此,被告请求与陪审团裁断相反的判决(judgment not-withstanding the verdict, * 与陪审团裁断相反的判决,是指无视裁断进行判决——译注)),被驳回,判决(judgment for the plaintiff)宣布原告胜诉。

通过纠错令状,案件上诉到了第3巡回区联邦巡回上诉法院(Circuit Court of Appeals——是现在的Court of Appeals的前身的联邦的上诉法院——以下称上诉审)。该法院,附带原审中被告提出的和裁决不同的判决的请求应该认同的指示,取消了原判决。理由是,被保险人死亡时保险契约是有效的结论,从法律上认定的话,证据不足。于是,案件提到联邦最高法院请求调卷令上诉。争论点是,(1)上诉审推翻第一审判决是否正确? (2)如果正确的话,上诉审是否应该以命令再审理,把原告胜诉的裁断判为无效,而改为基于证据指示裁断被告胜诉的判决? 本判决主要着眼于第2点。

判决要旨

凡·迪万特(Van Devanter)法官的法庭意见,对于第1点,认为(1)被保险人,利用了相当于责任预备金总额的契约者贷款。因此不适用保险契约的禁止自动失效的规定,缓期支付期间结束的同时保险契约已经失效。(2)为了丈夫,原告和代理店商量推迟支付保险费,12月27日用她的支票支付了一部分保险费,余下的用公司规定的叫做blue note的期票支付,这必须有被保险人的签名和其他一定的手续,而被保险人没有签名4天以后死亡了,过去利用过3、4次契约者贷款的被保险人和原告很清楚代理店除了适当地开出blue note以外没有权限认可保险费的分期付款和延长支付期限,因此,同意上诉审的没有证据证明原告主张的"调整"了支付保险费的结论,认为上诉审推翻第一审判决是正当的。但是,对于第2点,作了如下判断。

上诉审推翻第一审的判决,不命令再审理而是指示被告胜诉的判决,是依据了第一审法院所在地的宾夕法尼亚州的制定法和该州法院的实务,这样做是否违反了保障民事陪审审判的联邦宪法第7修正案是本案中的真正的问题(在1938年的联邦民事诉讼规则制定之前,在普通法诉讼中联邦法院采用的是所在州的诉讼法规)。第7修正案没有被适用于州的审判手续,但是被适用于联邦法院。

在保障陪审权利的审判中,第7修正案是法院和陪审双方不可缺少的要素。前者被委任有指示和监督的权限,后者被委任对有关事实的争论点作出最终决定。只有在各自适当的领域范围内发挥作用的两者的协助下,宪法上的权利才能得到满足。省略任何一方,或者是允许一方无视另一方,都是对该权利的侵害。在本法院的一些判例中指出,审查证据,由裁决决定事实上的争论点是陪审的领域,法院不能无视裁决自己对事实上的争论点作出决定。

在本案件中,一定的明确的事实上的争论点通过诉答(pleading)(*诉答,是民事诉讼的trial(正式事实审理)之前,为了明确争论点在当事人之间交换各自主张的诉讼手续。——译注)提出,由法院和陪审进行审判的权利在宪法上赋予了原告和被告。经过这样的审判,作出了有利于原告的解决所有争论点的一般裁决。该裁决,是根据宪法,事实审法院利用其裁量认同再审理呢,还是除了上诉审法院(以法律上的错误为理由命令再审理)以外,具有阻止对争论点进行再审查的功能。在第一审中,被告请求法院指示陪审作出对自己有利的裁断,如果,法院表示有意认可的话,原告依据当时的实务采取任意撤回诉讼(voluntary nonsuit)的手段也是可能的,由此在新的诉讼审判中,能够更充分而且更好地提出自己的主张。但是,被告的请求被驳回,因为陪审裁断的回答是原告胜诉,所以原告赢得了判决。上诉审推翻了该判决,这是正确的。为什么这么说,是因为根据证据的话,被告的请求作为法律问题(as a matter of law)是应该被认同的。上诉审推翻第一审的判决,使裁断无效,把争论点放到了和裁断之前同样的未决定的状态。但是,上诉审没有像普通法所要求的那样命令再审理,而是自己对争论点进行再审查,作出了有利于被告的决定,指示了按照其决定的判决。我们认为,这和第7修正案是相矛盾的。第7修正案,不仅维持接受普通法上陪审审判的权利,对于这样的审判中已经决定的事实争论点,明确禁止以"按照普通法准则"以外的方式进行再审查。

由此,上诉审判决,被修改为删除判决中judgment for the defendant notwithstanding the verdict(和裁断不同的被告胜诉的判决)的指示,改换为再审理的指示。

按　语

　　1. 从英美的民事审判手续,可以看到法官如何控制陪审。其中之一,是法官使陪审回答的裁断无效。在普通法中,当法官判断陪审的裁断从法律上看没有得到充分的证据的支持时,通常命令再审理。但是,所谓再审理是进行重新审判,既花费时间又需要费用。为了避开这一点,美国想出来的方法是,事实审判法院或上诉审,在裁断之后,根据证据,作为法律问题承认与陪审团裁断相反的判决(judgment notwithstanding the verdict) 或者是不顾陪审团裁断的判决(judgment n.o.v.) (n.o.v. = non obstante veredicto),是最近被称为 judgment as a matter of law〔法律上当然的判决〕的方法。本判决认为,该方法违反了宪法。

　　2. 但是,在 1935 年的 Baltimore & Carolina Line v. Redman 判决中,联邦最高法院基本上承认了不顾陪审团裁断的判决。在这一案件中,当被告以原告方的证据不充分的理由请求驳回诉讼和请求指示裁断(motion for directed verdict)时,事实审法院保留了对以上请求的决定,后来把判断该问题作为条件让陪审作出了裁断,双方当事人对于该保留都没有提出异议。裁断是原告胜诉,在后来的事实审中,判断证据充分,作出了原告胜诉的判决。但是,上诉审认为证据不充分,附带再审理的指示推翻了事实审判决。最高法院认为,该案件中,在对于请求的决定明确表示保留,当事人也以默认表示同意的这两点上和 Slocum 案件不同,应该作出的指示不是再审理而是驳回诉讼。

　　3. 1938 年的联邦民事诉讼规则的 Rule 50 (b),根据这些判例的动向,规定"在所有证据被提出时指示裁断的请求被驳回的场合……法院,被看作为以决定请求提出的法律问题为条件,把诉讼委托给陪审。请求指示裁断的当事人,在判决宣布之后的 10 天之内,能够请求让裁断以及依据其的判决无效,按照自己的指示裁断的请求宣布判决。"联邦法院,为了应付 Slocum 判决提出的宪法问题,严格要求不顾陪审团裁断的判决的请求要以 directed verdict (指示裁断)的请求为前提,不过很多州的法院并没有将其作为前提条件。

执笔者:法政大学教授　高桥一修

75

Commonwealth v. Wright
137 Mass. 250 (1884)

Commonwealth v. Sullivan
146 Mass. 142, 15 N.E. 491 (1888)

事实问题和法律问题

Ⅳ　审判程序

事实梗概

Wright 案件

被告人，因为违反马萨诸塞州的制定法禁止的开业、促进销售 (promote for money) 属于赌博之一的彩票的罪行(以下称为赌博彩票行为)，经过陪审审理受到了有罪的判决。

被告人提出了异议(exceptions)，争辩自己做的以数字打赌的彩票(policy)乃至信封游戏(envelope game)是否算得上是赌博彩票？

该游戏的内容如下。首先，参加者选择数字，支付一些钱。接着，主办人从箱子里抽出信封，信封里有写着很多数字的纸片。如果该纸片里写着的数字中有参加者最开始选择的数字，该参加者就可以按照预先同意的倍率，获得所支付的钱的几倍。如果没有，就失去已经支付的钱。

Sullivan 案件

因为赌博彩票行为违反了和 Wright 案件同样的法律经过陪审审理的结果受到有罪判决的被告人认为，仅仅根据检察官方面的证人的证词，没有明确被告人的行为到底算不算赌博彩票行为，由此提出了异议。

根据有问题的证词，该游戏的内容如下。参加者把钱付给被告人，从表示着数字的行列里事先选择 3、4 个数字。只能抽一次签，被告人从墙上选择信封，信封里的纸片上清楚地写着 12 个数字。其中如果有参加者选择的数字的话,可以从被告人那儿领取奖金。

被告人主张,该证词很暧昧没有明确是否有构成赌博彩票的事实,假设就算是像证词所说的那样,而是否够得上赌博彩票行为是应该由陪审进行判断的事项。

判决要旨

马萨诸塞州最高法院的 Holmes 法官作出如下判断,2 个案件的被告人的异议都被驳回。

Wright 案件

纸片上写着的号码是有限的,因此所谓没有偶然性要素的被告人的主张站不住脚。概率是表示很多案例的平均,仅仅看个别案例是不确实的。并且,因为是支付了钱之后任意地选择信封,不能可靠地说各个案例是机械性的。

表示该游戏是单纯赌博(wager)也许有若干困难。不过,赌博契约(bet),通常是双方当事人负有(executory)将来的履行义务,孤立地进行,其结果是当事人的行为由独立的事件所决定,在该游戏中,支付了相当于奖品概率的代价,其结果是按照提示给公众的计划由主办人进行机械性的动作所决定。也许骰子一掷就决定了的单独赌博契约和本案件的游戏的差异是程度上的问题。但是,即便如此,由于陪审"认定是赌博彩票"而使这一差异正当化是十分明确的。作为法律问题,不会因为奖品是钱不是特定的,或是 2 个以上的参加者有可能选择相同号码的事实就不能认定该游戏是赌博彩票。

Sullivan 案件

事实审法院认为,如果证据可靠,被告人的行为属于赌博彩票行为,那么陪审的有罪认定就可以得到支持,不能说这有什么过分。的确,有争议的证词不能说很明确,而更为详细的证词是因为被告人的异议被排除的。

不过,如果说该证据具有什么意义的话,其显示了,支付了相当于奖品概率的代价,按照提示给公众的计划,偶然即由游戏管理者的意思独立地决定了该游戏的结果。因为这一行为正是上述的 Wright 案件中被判断为赌博彩票的行为,所以没有必要每次出现新的案件,永远都要征求陪审的意见。即,确定的被记述的游戏是否属于法律上禁止的行为,是法律问题。

按　语

　　1. 事实问题由陪审审理,法律问题由法官审理,这是普通法正式事实审理手续中最基本的分工。不过,这一区别并非常常像本判决那样单纯。

　　在此,涉及(1)法律的宣布;(2)事实的认定;(3)法律的适用这样 3 个阶段过程中的问题。以下就本案件的问题点作一下对照。

　　(1)赌博彩票的一般定义可以规定到如何详细的地步?(2)特定案件中出现了什么情况?即,什么时候在什么地方进行怎样的游戏?(3)一般的法命题中包含特定的事实关系,即,意味着判断"该行为是赌博彩票"或者"不是赌博彩票"。

　　2. 上述的(1),因为是用一般用语宣布法律,当然被分类为法律问题。因为不仅仅是这一特定案件其他类似案件也要求有效的回答。另一方面,对于上述(2)作出的回答因为只限于这一案件,当然被分类为事实问题。

　　问题是(3)。最初作为法适用问题被提出来的"该游戏是否是赌博彩票?"的这一问题,从其本身的特征来说,既非事实问题也非法律问题。作出的决定,取决于法官和陪审之间的职能分工(哪一方决定是适当的?),和法的统一性、预见可能性(对其他类似案件是否也应该具有意义?)这样两个政策上的判断。在一般裁决(general verdict)的场合,(3)是陪审的功能,不过即使是这样的场合,陪审的裁量也可以受到以上政策判断的限定。

　　在 Wright 判决中,(3)首先是由陪审对事实问题作出判断,对其表示支持的上诉审,作为法律问题明确了赌博彩票的定义。在后来的 Sullivan 判决中,接受了 Wright 判决明确化了的(1)的法律上的定义,有关陪审对(3)进行判断的裁量相应狭窄了。

　　3. 这两个判决,是马萨诸塞州最高法院时代的霍姆斯法官的判决。利用该判决,明确了上述事实问题和法律问题之间复杂的相互关系的,是 1958 年宣告 Legal Process(法程序)学派诞生的书:Henry M. Hart, Jr. & Albert M. Sacks, The Legal Process: Basic Problems in the Making and Application of Law 345 (William N. Eskridge, Jr. & Phillip P. Frickey eds. 1994)〔tentative ed. 1958〕。

执笔者:东北大学副教授　芹泽英明

76

London Tramways Co. v. London County Council
[1898] A.C. 375 (H.L.)
先例的绝对约束性在英国的确立

Ⅳ　审判程序

事实梗概

伦敦的地方自治团体当局，依据 1870 年的市街电车轨道法（Tramways Act），强制收买了 London Tramways Co. 的一部分轨道（在判例集里，公司的名称是 London Street Tramways Co.，而根据 Cross, Precedent in English Law 107, n. 4 (3d ed. 1977) 来看，这是别的公司，正确的公司名称应该如上所述）。问题出在收买价格上，地方自治团体一方主张，收买价格应该是轨道建筑费用扣除了折旧费用以后的金额，而公司一方则主张应该是反映了现在收益的价格。

根据行政程序上的裁定，依据地方自治团体的主张进行了计算，于是公司向高等法院的王座法庭提起了诉讼，要求取消裁定或者是命令裁定委员重新考虑。诉讼被驳回，上诉法院也维持原判，于是上告到了贵族院。

该问题，在 4 年前的 Edinburgh Street Tramways Co. v. Lord Provost of Edinburgh 和 London Street Tramways Co. v. London County Council 的判决中，贵族院已经作出了认同地方自治团体的判决。公司一方，丝毫没有提及 4 年前的案件和本案在意义上有何区别，主张贵族院有变更以前作出的错误判决的权限，本案中引为先例的 4 年前的判决是错误的判决。

判决要旨

霍尔斯伯里（Halsbury）大法官的意见如下：

"作为最高法院的贵族院,是否可以变更自己作出的先例? 对于这一问题,完全赞同以前坎贝尔法官明确表示的,温斯里戴尔(Wensleydale),克兰沃思(Cranworth),切米福特(Chelmsford)各位法官同意的意见。那就是,对于某一法律问题一旦作出的判断,束缚以后的贵族院。出自我所相信的说法,真正的意思是迄今为止没有过反对的判决,这是经过几个世纪而得到确立的原则。因此,就本案来说,对于最近判决中提出的争论点,再次由辩护人论及,我们原本都是不能听的"。

"惟一证明上告人主张的先例的,是圣·伦纳德(St. Leonards)法官所说的,他自己怀疑是否完全满足自己的论理。总而言之,贵族院,不止一次地按照上述的原则行事"。

最明显的例子,是1861年的 Beamish v. Beamish(婚姻当事人的一方是神甫,在举行仪式时,因为没有其他神甫在场婚姻是否有效的)案件。该案件中,贵族院法官中的几名法官,尽管认为在此之前的 R. v. Millis (1844)(对于在爱尔兰举行仪式的没有正式神甫在场的婚姻,不承认是有效婚姻的先例。不过,贵族院的双方意见的人数相同,结果是,判为无效的原审得到了维持)案件的判决是错误的,还是依从了该判决(结果是,神甫在场是必不可少的先例被维持,婚姻被判决为无效。该 Beamish v. Beamish 判决中有如下说明:"贵族院,在作为英国帝国的最高法院发生作用的场合,法官提示的作为判决基础的法准则,只要不受到(作为立法机关的)贵族院,平民院和国王同意的国会制定法的变更,必须视为法律。很明显,作为最高法院的贵族院提示的作为判决理由(*ratio decidendi*)的法,约束所有的下级法院以及帝国的臣民,如果贵族院本身不受其约束的话,那么贵族院,就等于不正当地变更法律,利用自己的权威行使了乃至立法的权利")。

"无视这些先例,一部分人们称为'异常情况'的案件作为例外,对于最终审判法院已经作出的决定,允许再次展开辩论,毕竟是不可能的。当然,不能否定会产生对个别当事人很苛刻的情况,即使是在法律专家之间,也可以听到很多认为这些判决是错误的意见。但是,接受这些想法,歪曲抽象的正义对个案分别进行修正的话,必须对由此带来的破坏性的影响进行比较"。所谓其巨大的影响是:

...the disastrous inconvenience...of having each question subject to being reargued and the dealings of mankind rendered doubtful by reason of different decisions, so that in truth and in fact there would be no real final Court of Appeal? (任何问题都成为反复辩论的对象,各种各样不一致的判决,威胁到人们的交易安全,其结果,会出现任何地方实际上都不存在最终的上诉审法院的可怕而棘手的问题。)

"在某一个时候结束诉讼,有公的利益。如果能够每次都作为问题提出来进行辩论,那么结束诉讼是不可能的。因此,本案件,对于上告人提起的问题,不能进行再次议论。"

"不过,作为例外,当过去的贵族院的判决,忽略了国会的法律或者是按照国会已经废止的法律作出判决的场合,属于事实的错误(mistake of fact),对以后的贵族院没有约束。不过,本案不属于这样的情况。"

"贵族院作出的有关法律问题的判决,自己不能变更,只能根据国会的制定法,对其进行修正。"

结论是驳回上告。

按 语

1. 英美法最大的特色是判例法主义。首先,有必要确认判例法主义的意义。第一,法的基本部分不是由制定法而是由判例法构成,或者是来源其观念。法的基本,是判例法。第二,判例是法,对判例有约束力,意味着当出现某一问题时,如果有先例,原则上按照先例进行判断。

2. 由此,至少出现了以下 2 个问题。其一,为何把判例作为法律?其二,作为法(先例)的是什么?后者,与判决理由(*ratio decidendi*)和附论(*obiter dictum*)的区分,和运用区别技术(technique of distinction)的英美法律家的议论的特色相关联。有关这些,可以参考田中英夫的《英美法研究 1·法形成过程》(东京大学出版会·1987)。

3. 在英国,意味着原则上依从先例的严格的先例约束性的原理(doctrine of precedent, or doctrine of stare decisis),成立于 19 世纪后半期。本判决,是宣布这一原理的代表性判决。其内容是,(1) 下级法院,不能作出不同于上级法院判决的判决。(2) 作为最高法院的贵族院,也不能变更贵族院以前的判例。(3) 上诉法院,也受到贵族院的判例,以及自己的判例的约束。不过,作为仅有的例外,在先例忽略了制定法等场合,作为不注意(*per incuriam*)的判例,其约束力被否定。不属于例外的场合,后来的法院,除了把案件与先例加以区别之外,实际上没有办法作出不同的判断。

4. 19世纪后半期,为什么英国会采取这样严格的先例约束主义,可以参考上述的田中英夫一书的 64 页和 Radcliffe & Cross, The English Legal System 371 (6th ed. 1977)。在上述书中指出,围绕法院制度的主要原因(司法制度的统一和审级制的确立,判例集的配备)之外,面对立法改革的潮流,有必要强调判例是法。还可以参考田中英夫的《英美法总论(下)》475 页以下(东京大学出版会·1980)。

5. 英国的绝对的先例约束性原理,1966 年由贵族院发布诉讼程序惯例的声明(Practice Statement)而宣告结束(对此,可参考本书 77 案例),判例可以被变更了。不过,并非是可以自由地变更判例。因此,在怎样的场合下,应该例外地认可判例的变更,成为重要问题。

在美国,没有成立绝对的先例约束性原理(参考本书第 78 案例)。在最近的有关人工流产的自由是否是合众国宪法上的权利的 Casey 判决(1992)(本书第 41 案例)中,以尊重先例约束性原理的理由,作出了维持先例 Roe 判决(1973)(本书第 40 案例)的判断,在怎样的情况下允许判例的变更,终究还是个大问题。

执笔者:东京大学教授 樋口范雄

77

Practice Statement
[1966] 3 All E.R. 77, 1 W.L.R. 1234
先例的绝对约束性的修正

Ⅳ 审判程序

背 景

进入19世纪之前的英国，当法院依从先例会带来"完全不合理或者不正当的"（flatly absurd or unjust）结果的场合，有离开先例的自由（1 William Blackstone, Commentaries on the Laws of England 70（1 st ed.）），可是，到了19世纪中期以后，先例具有了绝对的效力。比如1861年的Beamish v. Beamish判决中坎贝尔法官所作的说明，因为明确表示了贵族院的判决不仅对下级审对贵族院自身也有约束性，而非常有名。

But it is my duty to say that your Lordships are bound by this decision as much as if it had been pronounced *nemine dissentiente*, and that the rule of law which your Lordships lay down as the ground of your judgment, sitting judicially, as the last and supreme Court of Appeal for this Empire, must be taken for law till altered by an act of Parliament, agreed to by the Commons and the Crown, as well as by your Lordship. The law laid down as your *ratio decidendi*, being clearly binding on all inferior tribunals, and on all the rest of the Queen's subjects, if it were not considered as equally binding upon your Lordships, this House would be arrogating to itself the right of altering the law, and legislating by its own separate authority. （贵族院，在作为英国帝国的最高法院发生作用的场合，法官提示的作为判决基础的法准则，只要不受到（作为立法机关的）贵族院、平民院和国王同意的国会制定法的变更，必须视为法律。很明显，作为最高法院的贵族院提示的作为判决理由（*ratio decidendi*）的法，约束所有的下

级法院以及帝国臣民,如果贵族院本身不受其约束,那么贵族院,就等于不正当地变更法律利用自己的权威行使了乃至立法的权力。)

据说,该"先例约束性的原理"(doctrine of precedent, doctrine of stare decisis),是 1898 年的 London Tramways Co. v. London County Council 判决中确立的(有关该案件以及先例约束性原理可以参考本书第 76 案例)。可是,1966 年,贵族院以发布诉讼程序惯例的声明(Practice Statement)的形式,废除了持续 1 个世纪之久的严格的"先例约束性的原理"。

诉讼程序惯例声明

"1966 年 7 月 26 日,在贵族院宣布判决之前,加德纳(Gardiner)大法官,为自己和常任上诉贵族,发表了以下声明。

诸位法官,在判断法是什么,决定各个案件的适用法律之际,引用作为基础的先例是必不可少的。引用先例,不仅是有秩序地发展法的准则的基础,在一定程度上能够给予个人稳定的处事依据。但是,诸位法官,过分严格地遵守先例,在个别的案件中也会产生违反正义的结果,甚至对于法的适当的发展会加以不正当的制约。因此,诸位法官,改变现在的惯例,本院以前的判决(的宗旨),通常作为有约束力的,但是在认为离开迄今为止的判决(的宗旨)是正确的时候,提倡离开先例。与此有关的,诸位法官,要留意(由于判例的变更)契约、财产权的确定、财政上的措施等的基础内容有可能因为追溯而引起混乱,以及在刑事法方面特别有提高(法的)安定的必要性。这儿所说的宗旨,不影响到对于本〔贵族〕院以外的先例的使用。"

按　语

1. 先例约束性的原理,长期以来得到认可的优点是,(1)让私人容易地预测法律,起到形成自主的社会秩序的作用。(2)起到当事人之间公正、迅速处理事务的作用。(3)起到国民对法院提高信赖度的作用。

但在贯彻严格的先例约束性的原理时,除了由立法进行法改革以外阻碍了法的发展。为此,贵族院在 1966 年公布了诉讼程序惯例声明。该声明,全文由 4 段组成。第 1 段,叙述了尊重先例的意义,确认了该原理对法的安定性作出的贡献。但在第 2 段,承认了过分严格地遵守先例，违反了正义，对法的适当发展作了不正当制约，提倡在认为是正确的时候，可以离开先例。第3段，提醒注意变更先例时需要慎重的领域。最后在第4段，叙述了不影响使用其他法院的先例。

2. 该声明，对贵族院自身的行动带来了怎样的影响呢？在Cross的《英国法的先例》一书的修订版第4版(1991年)中，著作者之一的J. W. Harris指出，"1966年诉讼程序惯例声明公布之后，贵族院明确行使了新的权限，对自己过去的判例作了8次变更"，但是，"在除此之外的很多案件拒绝行使新的权限" (Rupert Cross & J. W. Harris, Precedent in English Law (4th edition, 1991) 135页)。

Harris研究了贵族院的判例，分析出了在判断是否行使诉讼程序惯例声明权限时的重要的考虑要素。第一，贵族院在判断改变以前的判决时，必须要让自己信服该判断会带来真的法的发展。第二，贵族院，在作为该法律上的争论点提起的主张和以前案件中提出的是相同的场合，即，在以前的案件中没有遗漏重要的内容，而且那以后没有发生什么重大变化的场合，有拒绝变更判例的倾向。第三考虑，和被正当化的信赖有关。即，在公民们依据受到非难的判决大致能够推测出自己的处境的场合，这成为不能离开该判决的理由。第四，在一些判决中，把重点放在制定法是基于假定受到非难的判决显示了当时的法的状态而被制定出来的这一事实。如果议会作出了有意维持当时的法状态的选择的场合，贵族院将其变更的话，就会破坏了司法机关和立法机关之间的礼让。第五，贵族院即使认为以前的判决中有错误，如果争论点没有意义，即、在该案件的事实中，无论受到非难的判例是否是法的一部分，都不会给结论带来任何不同的场合，不应该变更以前的判例的见解得到了支持(Ibid, 138—143页)。

3. 日本的新井正男教授对该声明作出了反应，提出了以下3点看法：(1) 把先例约束性的原理视为"法"的立场和视为"惯例"的立场是对立的，因为该声明是以Practice Statement(关于诉讼程序惯例的声明)的形式发表的，所以声明支持了后者；(2) 该声明的宗旨是"不影响到对于本〔贵族〕院以外的先例的使用"，不过对下级法院是会有影响的吧；(3) 说是有可能增加判例变更，这是过分地担心法官会大量行使该权限(摘自新井正男的《英国法的基础》392—393页(文久书林·1987〔第3版〕))。先例约束性原理，由于1966年的声明得到了缓和，不过，时至今日，仍然可以说是显示了英国法特征之一的重要原理。田中英夫的"关于英国法中的先例约束性原理的变更"法协 84 卷 7 号 922 页(1967)(及其《美法研究 1·法形成过程》2 页(东京大学出版会·1987)),也研究了该声明给英国法带来的影响,可供参考。

执笔者:茨城大学教授　饭塚和之

78

Flood v. Kuhn
407 U.S. 258, 92 S. Ct. 2099, 32 L. Ed. 2d 728 (1972)
美国的先例约束性

Ⅳ 审判程序

事实梗概

本案上诉人(原告即上诉人)Curtis Flood,作为美国职业棒球联合会的桑特路易斯·卡迪纳尔斯球队的外场手,是得过7次专门颁发给优秀场手的金手套奖,出场过3次 World Series(＊美国职业棒球的两大联合会的优胜队争夺冠军锦标赛——译注)的选手,在1969年的比赛季节结束之后职业棒球队及其所属团体(以下称球团)跟他说要把他交换到费拉得尔菲亚·费力斯球队去。对此不满的他,向职业棒球协会的最高负责人 Bowie Kuhn 提出,要求承认自己是能够和任何联合会的球队进行契约交涉的专业自由契约选手,但是遭到了拒绝。

于是 Flood,以不允许选手自由地转到其他球队,球团保留有单方面交换选手的权利的职业棒球的保留制度(reserve system),违反了联邦的反垄断法为主要根据,把职业棒球协会最高负责人 Kuhn,National和 American 两个联合会的会长,以及两个联合会的24个球团作为被告,向纽约南部地区联邦地方法院提起要求确认的判决、发布禁制令的判决和反垄断法规定的3倍赔偿(treble damages)的诉讼就是本案。1审、2审都是原告败诉,最高法院认可了调卷令上诉(certiorari),本案实质性的争论点是,围绕职业棒球和联邦反垄断法的关系合众国最高法院过去作出的2次判决是否应该变更。

即,1922年的 Federal Base Ball Club v. National League of Professional Base Ball Clubs 案件,是只存在了几年的 Federal 联合会(League)构成的球团 Federal Base Ball Club,在1910年,以 Federal 联合会的崩溃是因为一直存在的 National 和 American 两个联合会的保留制度而不

能获得优秀的选手，National 和 American 两个联合会及其有关人员合谋独占了棒球事业，违反了联邦的反垄断法为理由而提起诉讼的案件。第一审的陪审法庭是原告胜诉，上诉审推翻了一审判决。执笔最高法院全体法官意见一致的判决书的是霍姆斯法官。判决要旨如下：

联邦的反垄断法，是禁止州际交易或贸易（interstate trade or commerce）中的限制交易、独占行为等。霍姆斯法官认为，让人看棒球比赛是纯粹属于州的问题（purely state affairs），(1) 获得收益让人观看棒球比赛的事业，不属于通常所承认的（交易或贸易）的意思，为什么这么说，是因为和生产没有关联的人的努力不是贸易的对象；(2) 为了和其他州的球队比赛，选手和运动器具移动越过州的界限，只不过是这一商业附带的情况，不能因此就说让人观看棒球比赛是从事州际贸易，以此理由，判断联邦反垄断法不适用于职业棒球。

31 年后的 1953 年，最高法院在 Toolson v. New York Yankees, Inc. 案件中，再次判决联邦反垄断法不适用于职业棒球。这一判决，是因为拒绝交换到别的球队，而被保留制度剥夺了职业棒球出场资格的迈纳联合会的选手，主张违反了联邦反垄断法而提起的诉讼和其他 2 个案件合并在一起审查后的判决，最高法院以 *per curiam* 判决（通常是很短的、没有执笔判决文的法官的名字的判决）指出，30 年来联邦议会研究过这一问题的立法，结果却什么也没有做，并且议会无意把反垄断法适用于棒球事业，最高法院（不对横卧在基点上的问题进行再次探讨），依据 Federal Base Ball 判决这一先例，斥退了原告的申诉。不过，这次有 2 名法官持反对意见，伯顿法官认为，如果考虑到在州与州之间的移动中进行的职业棒球队的比赛，以及购入器材投下的资金的流动和数量，在州与州之间推广时广播、电视放映中的收入，州际范围的广告活动等，说被告们今天没有从事州际贸易是"用词上的矛盾"。

在 Toolson 判决之后，最高法院作出了一系列与其相矛盾的判决。在 1955 年的 United State v. Shubert 案件中，承认了联邦反垄断法适用于在全国范围展开演剧的制作、上演活动的事业，在同一年的 United State v. International Boxing Club 案件中，把职业拳击锦标赛的宣传事业也作为反垄断法的对象。1957 年的 Radovich v. National Football League 案件，是不顾所属球队的反对强行转队的职业足球选手，由于受到了和职业棒球同样的保留制度的剥夺选手资格的处分，而主张违反了反垄断法所提起的案件，最高法院明确表示，Federal Base Ball 判决和 Toolson 判决是只限于职业棒球的先例,认为职业足球的保留制度违反了反垄断法。

在这样的背景下,提起上诉的是本案的 Flood 案件。

判决要旨

布莱克门法官的法庭意见,在叙述了如上所述的迄今为止的判例的来龙去脉之后,作出了以下结论性的判决。

职业棒球是从事州际贸易的事业。但是,其保留制度不适用联邦反垄断法的这一点,棒球是例外、是破格(anomaly)。Federal Base Ball 判决和 Toolson 判决,只限于棒球的异常事态(aberration)。被认为是非现实的(unrealistic),首尾不一致的(inconsistent),以及没有逻辑的(illogical)这一异常事态,已经存在了半个世纪之久,可以认为有充分的资格享有先例约束性(*stare decisis*)的利益。

1922 年以来,议会充分且持续地认识、并且得到承认的是,职业棒球没有受到联邦立法的妨碍而得以发展。因此,本法院的结论是,议会直到现在仍然无意把棒球的保留制度纳入反垄断法的适用范围。

本法院,对如果从司法上推翻 Federal Base Ball 先例必然产生的混乱和适用追溯的问题予以关注。如果应该有什么变更的话,应该由立法规定其性质上只带有将来的(不追溯的)效果。

Federal Base Ball 判决已经过去了 50 年,Toolson 判决也大约过去了 20 年,因为议会积极的不行为(positive inaction),这些判决长期没有变更,仅仅是超过推定的范围明确地从立法上否定这些判决都没有兴趣的话,我们是无法从司法上推翻这些判决的。救济应该由立法上考虑。为此,我们再次沿袭 Federal Base Ball 判决和 Toolson 判决,认同上诉法院的判决。

本判决中有道格拉斯、马歇尔、布伦南 3 位法官反对,在 Toolson 判决中加入多数意见的道格拉斯法官对自己当时的赞同表示"一直后悔到现在(I have lived to regret it)",对照 1930 年以后的最高法院对州际贸易的扩张解释,对照今天职业棒球的昌盛,很明显,职业棒球是从事州际贸易的事业,先例应该被变更。马歇尔法官也指出,不应该过分评价议会的默认,至于判例变更的追溯适用所产生的混乱,可以由不追溯的判决来避开,判例应该变更。

按 语

1. 本判决,在不像过去的英国那样承认判例的绝对约束力的美国,作为判例约束性原理起了作用的判例常常被人提起。不过,正如判决宗旨中所说的那样,议会立一次法就可以解决的问题,借着先例约束性的名义把法律变更的责任推给议会,难怪被批判为没有责任的判决(实际上,明天就在立法上解决的可能性也有)。如果这是宪法判例的话,是不可能把责任推给议会的,由此可以更清楚地看到先例约束性原理的作用了吧。从这一意义上来说,在考虑美国的先例约束性问题时会使人感到,与本案相比,有关个人隐私权的 Roe v. Wade (1973)案(本书第 40 案例)不被连根推翻了吗,根据一部分保守派法官以先例约束性为理由的意见,也许,没有实现的 Planned Parenthood v. Casey (1992)案(本书第 41 案例)是更为合适的教材。

2. 就像在报纸上也可以看到的,尽管有本案的判决,现在美国大联赛中出场 6 年以上的选手被承认有成为专业自由契约选手的资格。这是根据 1977 年选手会和球团方面进行团体交涉的结果达成的协定而规定的制度(相反,职业足球界在 Radovich 判决之后本来原则上应该是专业自由契约选手制的,通过协定也规定 5 年以上给以专业自由契约选手的资格)。从这个意义上说, Federal Base Ball 判决和其后的判决,即使把职业棒球列为特别待遇,现实中对职业棒球选手的契约没有直接影响。倒不如说,这些判例,作为象征美国历史、文化中的职业棒球的地位和美国人热爱职业棒球的纪念碑,应该说很有意义。

3. 判决文的开头部分,在称为 The Game 的第 1 章,布莱克门法官叙述了棒球简史之后,列出了以"泰·卡普、贝布·路斯……"为首的 80 多名历史上的名选手。在起草判决文时,为了把自己喜欢的选手列入以上名单,法官和各位调查官如何在幕后进行交涉的,可以参照 BOB WOODWARD & SCOTT ARMSTRONG, THE BRETHREN 189—192 (1979)中的有趣的描写。自认为是大联赛球迷的读者,知道几个名选手? 去原文中寻找一下也是一种乐趣吧。

执笔者:法政大学教授 高桥一修

79

Wyatt v. Stickney
344 F. Supp. 373 (1972)
公共诉讼的救济方法

> Ⅳ 审判程序

事实梗概

本案，是围绕亚拉巴马州的州立精神病院和精神迟缓者（*代表性的发育障碍的一种，18岁以下的，智能的发育低于平均值，适应能力（社会性能力、责任，与人的交流，日常生活习惯，自立，经济能力等）有障碍的人——译注）的设施的制度改革的一系列诉讼中的一个案件。这个案件，原本是环境恶劣，医疗、护理内容差劲而闻名的州立精神病院的患者 Wyatt 等人（原告 X），以州的精神保健委员会（mental health board）的委员 Stickney 等人（被告 Y）为诉讼对方，提出亚拉巴马州的州立精神病院在治疗没有达到宪法上的标准而加以运营的结果，侵害了患者宪法上的获得适当治疗机会的权利，要求法院命令 Y 提出满足宪法标准的精神病院汇总性的治疗计划的案件。后来，又受理了 X 修改过的申诉，对于本案中的精神迟缓者设施 Partlow 州立学校、医院（Partlow State School and Hospital，以下称 Partlow 设施）是否和精神病院同样也在进行违反宪法的运营的问题，进行了审理。

X 提出，Partlow 设施在进行违宪运营，其结果是侵害了"适当的功能训练"（adequate habilitation）的权利，因此要求法院命令 Y 履行设施运营时最低限度的医疗和明确宪法上的标准。并且，X 在要求法院采取救济措施对亚拉巴马州的精神保健设施增加有关预算的同时，为了监视法院命令州制定的新的设施运营方针的履行过程，还要求法院设立由辅助法官（master）和专家组成的顾问委员会，以及设立保护 X 的权利和尊严的人权委员会（human rights committee）。

对此，法院依据，书面诉答（pleadings）中从收容者那儿听取到的有关争论点的证词；设施的现状和设施是否满足最低限度标准的有关证据；当事人和法院之友(amicus curiae)在诉讼上达成的协议，作出了以下命令和判决(order and decree)。

判决要旨

法院首先认为，在根据非刑事手续的非任意地被收容在设施的精神迟缓者，是否有"个人接受功能训练"的宪法上的权利的这点上，和精神病人不可能有实质性区别，支持 X 的立场。

接着，对于 Partlow 设施是否满足宪法上对精神迟缓者设施所要求的最低限度的标准，法院根据收集到的证据、收容者的证词、法院之友的意见等，判断设施的状态远远低于标准，其运营明显是不适当的。法院在收容者的证词听取完毕的阶段，出于设施内容很恶劣处于紧急状况的判断，为了保护收容者的生命等作出了临时紧急命令(interim emergency order)。

基于以上的事实认定，法院认为，X 的权利受到侵害，根据 X 的要求，必须在 Partlow 设施实现宪法上要求的最低限度的功能训练以及护理。最低限度的标准的具体内容以附录(appendix)的形式明确表示。其内容非常详细，共有 6 章 49 项。特别是有关入院标准和各人的功能训练计划要求根据学术界的一般标准和外部的专家的判断，另外关于设施的构造方面，规定了收容者一个人的居住面积、每处厕所和淋浴室的使用人数、食堂里每一个人的占有面积、空调设备的设定温度等等，在职工的人数方面，也进一步明确规定了对收容者有资格的职工人数的比例。并且，法院明确指示 Y，应该尽快地满足上述标准；没有斟酌的余地；不允许以财源不足为理由而加以怠慢。

接着，法院承认了 X 所要求的为了保证宪法上和人道上所要求的对收容者进行功能训练有必要设立常设的人权委员会，命令设置由 7 个委员构成的"Partlow 人权委员会"。作为委员会的权限，对于出自保障收容者尊严和人权的观点而制定的所有研究计划(research proposals)和功能训练程序具有审查权限，在收容者主张权利受到侵害或者是州的精神保健委员会没有按照法院指示的方针的场合，有给收容者出主意进行援助的权限等等。另外，人权委员会，有检查 Partlow 设施记录的权限的同时，还能够根据自己的判断得到适当的位于第三者地位的专家的帮助。

但是，对于 X 和法院之友所要求的，为了监视最低限度的宪法上的标准的履行设置由辅助法官和专家组成的专家顾问委员会（professional advisory committee）的这一点，法院在承认迄今为止的设施的恶劣环境和州的职员对其所表现的事务上的怠慢的同时，指出，"联邦法院对于任何组织，至少是对于由州运营的组织，要接受对其的支配是很踌躇的。本法院也一直有着同样的踌躇，但还是坚决地维护把履行法律课以的义务的最后机会赋予州职员的政策"，以临时紧急命令发布之后州职员热心地致力于改善 Partlow 设施为理由，保留了判断。不过，法院认为，Partlow 设施的运营事实上处于缺乏行政和管理机关的状态，为了完成伴随设施今后改善、改革的事务必须要有专门资格的有经验的行政官员，由此命令州录取这样的行政官员，如果该命令没有被履行，将考虑任命辅助法官。

关于实施最低限度的医疗和宪法上的标准所涉及到的财源问题，法院对于 X 提出的，出售精神保健委员会（Y）持有的土地，禁止州对不重要的项目支出财源的要求，作出了保留的判断。法院提出的理由是，尊重依据法律负责特定义务的州的机构和职员的判断这一多年来的政策，一如既往地继续遵循，财源问题首先是由州的议会，接下来是由精神保健委员会负有责任。但是，州议会和精神保健委员会必须尽早地作出判断，如果州议会没有履行宪法上明确表示的义务，精神保健委员会以财源不足或其他的法律上的不充足的理由，不完全履行法院命令的标准，法院有可能采取包括任命辅助法官和为确保财源的手段的积极手段。

最后，为了今后的审理，法院要求 Y 在 6 个月之内提出关于各项标准的履行状况和财源状况的汇总报告，根据该报告判断为了履行判决将来进一步任命辅助法官是否合适，是否有必要给予 X 要求的其他的救济，明确保留了关于案件的管辖权。

按　语

截至当时的诉讼中没有看到过的 Wyatt 案件的特征，可以举出有，明确表示了法院以州的精神保健设施的制度为对象进行改革的意思；法院作出的判决和命令的影响广泛涉及到诉讼当事人以外的人们的将来；法院为了改革制度积极地行使了通常对普通法上的救济手段带有补充性质的衡平法上的救济手段，这 3 点。

带有这种特征的诉讼，自1960年代后半期开始，不仅有精神病院等，还有围绕环境恶劣的监狱，甚至纠正选举区分配和取消人种差别而产生问题的公立学校的诉讼。把这些新的诉讼形态置于公共诉讼(public law litigation)的名下加以说明的，是 Chayes。Chayes 指出，从公共诉讼中可以看到8个特征。即在公共诉讼中，(1)诉讼的框架超过了以往的围绕个人权利、义务的纠纷和解决的范围，由法院和当事人加以决定。(2)不能像以往那样把当事人当作对立面加以考虑，当事人的范围也随着诉讼的进行而扩大。(3)与以往那样通过事实审理明确过去的案件的内容相比，更注重考虑将来应该采取的必要措施，与其说带有司法性质不如说带有立法的性质。(4)救济，是在预计将来的情况下弹性地形成的。(5)救济内容无法像以往那样单凭一个意思决定，而是在诉讼有关人员之间经过交涉决定。(6)法院在作出判决之后还继续保留管辖权。(7)法官的作用从中立的转向积极的，具有构成诉讼、组织、形成的责任，并进一步参与救济的履行。(8)诉讼的对象，是对于政府和大企业的活动中有关公共政策内容的不满。

像这种在公共诉讼中作为有特征的救济方法常常被提及的，是制度改革的禁制命令(structural injunction)。这不同于一般的禁制命令，不是一定的明确的作为、不作为，而是为了制度的改革、改善而发出的。不过，最近，关于制度改革的禁制命令，在履行过程中因为增加预算等需要有州和地方自治团体的立法，遇到强烈反对无法通过立法的场合，法院应该如何对应成了问题。制度改革的禁制命令也和一般的禁制命令一样，如果不服从的话要被问蔑视法庭罪(contempt of court)，法院为了通过明确这一姿势使命令得到履行，是命令州和地方自治团体，还是命令议员进行必要的立法？这一问题，与权力分立以及联邦和州之间的礼让(comity)的问题也有关联，最高法院认为，以不执行命令为理由地方法院不对地方自治团体，首先对议员判以蔑视法庭课以罚款是滥用了裁量。不过，并没有明确到底是不是完全不容许。

执笔者：庆应义塾大学教授　大泽秀介

80

Lucy Webb Hayes National Training Schol v. Geoghegan
281 F. Supp. 116 (1967)
区分普通法和衡平法的现代意义

Ⅳ 审判程序

事实梗概

被告 Ellen S. Geoghegan,是原告的法人运营的私立医院的长期住院的患者。医院一方认为,该患者不需要本医院的治疗,处于应该在特别护理疗养院里疗养的状态,因此要求其出院。经过反复多次的交涉,于1967年6月2日,医院院长,向共同被告的丈夫正式提出要求其妻子出院。但是遭到丈夫的拒绝,由此引起了本案的诉讼。丈夫希望妻子在该医院一直住到死亡为止,支付所需要的全部费用。

原告主张,患者非法不出院的非法行为,属于非法入侵(trespass),作为救济方法,要求法院作出,要求除去非法入侵的禁止命令(injunction)(通常的意思是命令不作为的禁止命令,在这儿指命令出院这一作为的法院命令)。对此,被告方主张,本案不属于例外救济的衡平法上的命令禁止命令的救济方法。

论点是,普通法上的损害赔偿的救济和衡平法上的禁止命令的救济的关系,以及像本案的情况,是否可以命令衡平法上的救济。

判决要旨

"私立医院,对于任何患者,具有决定接受还是拒绝的权利。医院,在现实中有为需要治疗的人们提供医疗服务的道德上的义务。不需要经常治疗只需要看护的老年人的特别护理疗养院的功能,脱离了本来的目的。另外有为老年人的疗养院,有特别护理疗养院和类似的设施。医院有义务不允许其设备提供给原本没有预定的用处。"

本案的患者，很清楚是"非法入侵者"。"本案，是要求让非法入侵者的她从医院出去的禁止命令而提起的诉讼。""根据作为证据提出来的原告和被告之间的交涉来看，被告丈夫采取的立场是应该让妻子在医院住到死亡。医院要是对此认可的话，就是认可其设备不用于原来的用处，这是违反公共利益的。丈夫有向医院支付所要求的金额的能力，而且很愿意支付，因此，不言而喻，对于本案的原告来说，请求损害赔偿的诉讼解决不了任何问题。"

"It has been established for a great many years tha equity will enjoin a continuing trespass or a series of repeated trespasses where an action for damages would not be an adequate remedy. （当持续的非法入侵和反复进行的非法入侵的情况，采用损害赔偿不是适当救济的场合，衡平法认可对其的禁止，是很久以前就已经确立的原则。）"英国有先例，美利坚合众国最高法院的先例和一些联邦法院的判决也确认了这一点。

"在 Wheelock v. Noonan（1888）先例中，纽约州最高法院作了如下叙述：衡平法的法院，通常，对于非法入侵的侵权行为的救济并不施展其力量。不过，在特别的场合会进行介入，特别是，当非法入侵是持续的，采用普通法上的救济结果是必须提起好多次诉讼的场合，实际上进行了频繁的介入。"

"本法院自身，在 Potomac Electric Power Co. v. Washington Chapter of the Congress of Racial Equality（1962）案件中，也有机会对此问题进行了探讨，当时作出了以下的判决说明。'在持续的非法侵害和给财产反复多次地带来难以恢复的损害的场合，或者是对营业活动造成一系列的非法妨碍的场合，在损害赔偿请求诉讼中无法获得充分的救济的时候，能够利用衡平法禁止这些行为，早已得到充分的确立。这是传统的衡平法功能之一'。"

"被告的辩护人主张，有（过去的普通法上的诉讼方式（forms of action）之一的）不动产占有恢复诉讼（ejectment）的救济方法。这样的诉讼非常麻烦，而且非常难得利用。被告的辩护人甚至论及，基于哥伦比亚特别行政区的制定法，在其他的第 1 审法院，应该可以提起制定法上的不动产占有恢复略式诉讼（forcible entry and detainer）。这些考虑，并不妨碍利用衡平法的权限承认禁止命令。"

"It is clear that in this case the damages in an action at law would obviously be inadequate, as has already been stated. 〔如上所述，很清楚，本案不适合用普通法上的诉讼请求损害赔偿。（并且，请注意 action at law,在这一场合译成普通法上的诉讼)]"。

"基于以上的考虑,不能认可被告的驳回诉讼的请求。"

按　语

1. 普通法和衡平法的区分,构成了英美民事法最基本的特色。在作为英美法基础的英国法中,普通法的法院和衡平法的法院的并存状态持续了 5 个世纪之久,各自得到发展的不同性质的判例法,对于理解现代的英美法也是极为重要的。

两种法院制度,在美国,是以 1848 年的纽约州采用被称为菲尔德法典(Field Code)的民事诉讼法典为契机,在英国,是因为 1873 年及 1875 年最高法院法(Supreme Court of Judicature Act 1873 & 1875)的制定而被统一。不过,即使是在现代,这一区分仍然具有很大的意义。

首先,在普通法上的诉讼和衡平法上的诉讼中,程序是不同的。最重要的,是陪审制的有无。比如,在美利坚合众国宪法第 7 修正案中规定,"在普通法上的诉讼中,诉讼额超过 20 美元时,接受陪审审理的权利得到保障"。不过,这儿说的"普通法上的诉讼",不是第 7 修正案成立时的 1791 年当时的普通法上解释的诉讼,在美国其范围有被扩大的倾向。对于这一点,请参照本书的第 67 案例。

接着,衡平法,有时会创造出普通法不承认的实体的权利。比如可以参照 Pietros v. Pietros (1994)案件(以有作为父亲那样的行动为理由,认同了和非亲生的孩子之间有一种衡平法上的养父子关系,承认了孩子有要求抚养的权利的案例)。

2. 而区分普通法和衡平法的现代意义中最重要的,是救济方法(remedy)的不同。本案判决也是与此有关的。出自沿革的理由,审判上的救济原则上是普通法上的救济,衡平法上的救济毕竟只是例外。在契约中损害赔偿是原则,强制履行命令是例外。像本案这样的持续性的侵权行为,用金钱进行赔偿不适当,例外地承认了禁制命令。

不过,在现代的复杂诉讼和带有公共性质的诉讼中,仅仅用损害赔偿得不到适当救济的情况逐渐增加。衡平法上的有弹性的救济因此受到了注目,这也连带引起了法院的适当作用的议论。对于这些问题,可以参考藤仓皓一郎的"美国法院在现代型诉讼中的对应——法律中的衡平"《从外面看日本法》327 页(东京大学出版会·1995)。

执笔者:东京大学教授　樋口范雄

81

Pennoyer v. Neff
95 U.S. 714, 24 L. Ed. 565 (1877)
州裁判管辖权的基本原则

Ⅳ 审判程序

事实梗概

1866年2月，俄勒冈州的律师米歇尔，向俄勒冈州的地方法院，提起了问Neff讨还300美元律师报酬的诉讼，结果是胜诉。Neff在俄勒冈持有相当于时价1.5万美元的不动产，不过既不是俄勒冈的居民，也没有住所（residence）。该讨还诉讼开始，是按照当时的俄勒冈州法进行的，在报纸上登载公告，通过送达公告，被看作是进行了法律上的传唤。Neff因为没有收到寄给自己的送达公告，所以没有出庭。为此，作出了缺席判决。后来，该不动产，按照以上判决执行被执行官出售，卖给了Pennoyer，米歇尔回收了自己的债权。

原告Neff 9年后提起了本案诉讼，主张以上的判决是无效的，以Pennoyer为被告，向俄勒冈州的巡回联邦法院（Circuit Court of the United States for the district of Oregon）提起了诉讼。原告主张，自己的权限来源于1866年俄勒冈州设置时联邦政府授予的公有土地转让证明书。

当时的俄勒冈州法规定，向持有俄勒冈州内的不动产的自然人的非居住者提起诉讼时，只限于该被告（1）出庭的时候；（2）在州内被发现的时候；（3）是州的居住者的时候；或者是（4）在州内有财产的时候（这时候，只限于该财产额）的场合，服从俄勒冈州的审判管辖权。

巡回法院，以公告送达根据的宣誓供状上有瑕疵为理由，判决上述的米歇尔对Neff的判决无效，结果是Neff胜诉。为此，Pennoyer向联邦最高法院提起上诉。

争论点是，最初的判决是否有效？

判决要旨

菲尔德法官,维持了巡回法院的结论。但是所说的理由不同。

首先是,判断宣誓供状的有效性,即使对照俄勒冈州法,也不能说有瑕疵,关于这一点,原审的判断错了。而且,假设宣誓供状中即使有瑕疵,该瑕疵,应该在宣誓供状提出来的程序内部进行争论,不允许在别的诉讼中进行争论。因此,这一点上原审也错了。为此,限于宣誓供状的效力,结论是原审的判断不能维持。

不过,在原审中,原告(Neff)除了宣誓供状的效力之外,还主张给自己的诉状没有送达;自己没有出庭;并且把有争议的土地本身作为直接对手的对物(inrem)诉讼也没有被提起,主张最初的判决是无效的。菲尔德法官在研究了该原告的主张之后,最终的结论和原审同样,判决无效。

法官首先对各州有关人和物(包括动产和不动产双方)的管辖权,确认了国际公法的诸原则。即根据联邦宪法转让给联邦政府的部分除外,各个州,能够行使作为完全独立的州的除转让以外的所有权限,因此国际公法中确立的诸原则,在其限度内,也适用于各州。

该原则之一,是各个州在其领域内,对于人和物具有排他的管辖权和主权的原则。因此,各个州,对于其居民的私法上的地位和能力,契约的目的物的限定、一定格式,法律上的权利义务的内容,财产权的内容等所有一切,州有独自决定的权限。而作为其必然结果,就有任何州,对于土地和物的主权和管辖权,都不能越过其州的界限的原则。各州的权限是相互平等,互不侵犯。因此,只要没有相互的礼让(comity),某个州的法院的文件送达,不能越过该州的界限,直接把法律上的效力涉及人和物。

因此,限于法律的效力和审判管辖权直接涉及州外,不侵犯他州的独立,各个州,因为有保护自己州民的义务,作为法律上的权限的行使,对位于州内的财产当然能够行使最高的权限。在非居住者和州民处于某法律关系时,对于州民请求的金额,管辖权能够涉及,而非居住者在州内持有财产时,限于该财产权,有关该非居住者对居住者负有的法律义务能够行使审判管辖权。

如果基于人的管辖权(*in personam* jurisdiction)的判决,没有直接送给个人,而仅仅以公告形式发布,其效力被承认并加以执行的话,因为有法律上的利害关系的当事人没有出席,那是诈骗、是权限的滥用。

但是,由于扣押等该财产权被置于法院的支配下以后,如果由公告代替送达的话,该公告的送达,完全可以把法律程序的目的通知当事人。为什么这么说,是因为法律的前提是,持有者总是把该财产置于自己的占有之下,一旦该财产被扣押,这不仅是由法院占有,对于以后的执行出卖手续,当然是要告知当事人的。这一法理,在对物诉讼中正合适。可是,在确定被告的某一法律上的全部权利的对人诉讼中,不能用对非居住者公布公告等方式代替必要的给个人的送达。为什么不能这么做,是因为,〔该不动产没有被扣押所以没有告知被告人,以及〕,即使送达给居住在其他州的当事人,也没有把他叫到该州来参加法律程序的效力。

就是说,审判管辖权,不是通过审判由判决得到的结果而产生的。不先肯定审判权,就是后来的判决得到了财产,也不能主张其是有效的。即,没有管辖权得到的判决,自始至终都是无效的。

联邦宪法加上第14修正案之前,只根据充分的信赖和信用条款(full faith and credit clause;宪法第4编第1节第1段),在判断不给非居住者直接送达而作出的判决,在其他州是否有相同的效力时,有不同见解的判例,而自从加上了该修正案之后,对没有审判管辖权的当事人作出的判决,就让人产生了是否缺乏正当法律程序的疑问。第14修正案的正当法律程序,是指为了保护私的权利按照我们的法律系统中确立的规则和原则所进行的法律上的程序。为了使这样的法律程序被认可有效,存在能够对诉讼物作出判决的法院,而且,如果是确定被告人的债务时(= in personam proceeding),该被告,要么是在州内收到诉讼状,要么是自发地去法庭,总之必须是在服从该州的裁判管辖权的时候。

直接送达的代替手段(公告送达等)的有效,只是在诉讼的目的物在诉讼开始时已经置于法院的支配之下的时候,或者是,判决本身扣押了诉讼的目的物的时候,即,只限于提起的诉讼是对物诉讼的时候。这儿所说的对物诉讼,严格地说,和谁对某一财产有权无关,指的是把该财产作为直接对手提起的诉讼,从广义上说,如扣押债务人的财产、分割共有的不动产、抵押的实行等,是指直接和财产有关的以处置其为目的的诉讼。

必须注意的是,各州的法院,因为有决定居住者私法上的地位和其能力(civil status and capacities)——比如,结婚离婚的地位——的绝对的审判管辖权,所以能够不给非居住者直接送达,而决定居住者的地位。

另外,就是作出了判决,也不妨碍各州建立制度,规定非居住者在州内有合伙人或者是设立有公司时,如果事先没有在州内指定接受送达的代理人的话,不可以对这些团体提起诉讼,并且,也不妨碍规定对于设有公司的,采用给其董事直接送达以外的方法,也能够强制公司的债务、把公司解散。

维持原判决,驳回上告。

按 语

该判决,作为美国联邦最高法院第一次对州的审判管辖权作出归纳性解释的判决,是很著名的。该判决要旨的精髓是,"州法院,限于对非居住者在州内进行了直接送达的时候,或者是在州内扣押了其持有的财产的时候,能够行使审判管辖权"。该判决中展开的理论,通常被称为确实存在(physical presence)理论。作为该原则,要求人乃至物现在存在(physically present)于州内。后来,围绕州审判管辖权的判例,扩大乃至解体了该理论而得到发展。

另外,根据菲尔德法官的卓越见解,该判决第一次引证了第 14 修正案的正当法律程序的想法。从学术上来说虽然是旁论〔在米歇尔对 Neff 的缺席判决之后第 14 修正案生效(1868)〕,不过给后来的判例带来了很大的影响。

并且,在该判决中,把州的审判管辖权分为对人的(*in personam*)和对物的(*in rem*),还提出了传统的准物的(参照本书第 83 案例)。

执笔者:明治学院大学副教授　坂本正光

82

International Shoe Co. v. Washington
326 U.S. 310, 66 S. Ct. 154, 90 L. Ed. 95,
161 A.L.R. 1057 (1945)
人的审判管辖权的扩张

Ⅳ 审判程序

事实梗概

根据华盛顿州法的规定，雇主必须把支付给该州内雇员的工资中的一定部分，交付给州的失业保险基金。如果拖欠不交付，州劳动委员会能够，对在州内的雇主采取直接送达，不在的话，用挂号信送达到所知道的最后的地址，命令交付拖欠的失业保险的负担部分。

International Shoe 公司，是基于特拉华州的公司法设立的法人，其主要营业点(principal place of business)在密苏里州的桑塔路意斯，主要进行鞋类的制造销售。该公司，在华盛顿州外有制鞋厂，通过州外的几个营业所，该公司的产品在各个州之间流通。在华盛顿州内，没有该公司的事务所，既不签订有关产品的契约，也不保管产品，也没有从华盛顿州向州外发送过产品。拖欠失业保险金的 1937 年到 1940 年期间，该公司的桑塔路意斯的经理，直接监督华盛顿州的 11—13 人的推销员，这些推销员全都居住在华盛顿州内，在州内让人看样品，有时，借了旅馆的房间进行展示订货，接下来的定单送到桑塔路易斯，总公司认可之后产品就以 f.o.b. (free on board＝离岸价)发送。至于报酬是采取提成，每年总共支付大约 3 万美元以上。

华盛顿州劳动委员会，按照法律，开始采取行政手续，把拖欠额的通知，直接送达给了 International Shoe 公司在该州雇用的推销员，还给该公司的地址——密苏里州的桑塔路易斯——寄出了挂号的通告。为此，International Shoe 公司在只限于对委员会的管辖提出异议的法庭(appeared specially)，以把送达给推销员作为送达给该公司的做法是不适当的；该公司不是华盛顿州法人，在该州内没有进行营业活动(doing business)；州内没有接受送达的代理人等理由，对认可交付拖欠额命令的效力进行了争议。

在行政程序上，International Shoe 公司的主张没有得到承认，华盛顿州地方法院和该州的最高法院，都支持了该行政决定。

其理由是，推销员在州内经常而且有系统地劝诱订货，导致了产品持续流入州内，并且几乎一直在固定的场所展示鞋子的推销员居住在州内，该公司服从华盛顿州审判管辖权是完全可以的。该华盛顿州法，和宪法上的州际贸易条款(interstate commerce clause)也不抵触。

为此，International Shoe 公司以华盛顿州为诉讼对方，向合众国最高法院提起上诉的就是本案。

争论点是，特拉华州法人的上诉人，由于在华盛顿州内的活动，牵涉到支付州法上规定的雇用保险金，服从该州的审判管辖权，是否违反联邦宪法第14修正案的正当法律程序？以及，华盛顿州决定拖欠额，是否违反第14修正案？

判决要旨

斯通法官，首先对 Pennoyer v. Neff (1877)案(本书第81案例)中确立的，审判管辖权的基础，存在(presence)原则的修正规则作了一般性的叙述。

"传统的，对人判决(judgment in personal)的管辖权，由来于法院的对于被告本身的事实上的权利(*de facto* power)。因此，正如 Pennoyer v. Neff 案件中所决定的那样，被告存在(presence)于审判管辖所涉及的领域内，是宣布约束被告的判决时所必不可少的。不过，采用传唤状(personal sevice of summons)等其他的通知方法，代替把被告逮捕起来带到法院去的强制出庭令状(capias ad respondendum)的今天，如果考虑正当法律程序的要求，为了让不存在于法庭地领域内的被告服从对人的判决，被告和法庭地之间，必须具有某一最小限度的接触(minimum contact)，与此同时，维持诉讼，必须和公平游戏及实质正义的传统概念(traditional notions of fair play and substantial justice)没有矛盾。"

公司本身在法律上是虚构的话，有关正当法律程序、课税和起诉时的公司的存在，只有在州内的法人代理人的活动，根据正当法律程序要求充分肯定其管辖权时，方才承认"公司的存在"。而满足正当法律程序要求的人的管辖权,从联邦和州的系统来看,让被告法人在特定的法庭地进行防御,即使考虑到在远处进行诉讼的不方便,在法人和法庭地有合理接触的场合还是被肯定的。

就是说,当活动是持续且有体系地进行时,或者是,负有什么侵权行为的责任时,就是没有对于诉讼的同意(consent)和没有给有权限的代理人送达(service of prosecc to authorized agent),和该活动完全没有关系的诉讼物也要服从审判管辖权,不过,公司的代理人,在州内只是临时存在的时候,或者只是代理人的单独孤立的行为时,法人要在距离其所在地和经营很多活动的州的很远的地方,服从管辖权未免负担太重而且不合理,所以不服从该州的审判管辖权。

那么,怎么样的法人的活动是满足正当法律程序要求的适合肯定(或者是否定)人的管辖权的呢？依靠单纯的机械性的处理是不能作出判断的,必须是,考虑适用公平有秩序的法律——这是正当法律程序的目的——根据法人在法庭地内的活动的性质和内容,加以判断。

不过,法人,只要是在某一州进行活动,就享受着该州的法律保护和特权,同时也应该负有义务,说有关其活动的诉讼是过分的负担几乎是不可能的。

按照以上的标准,上告公司在有争议的期间在华盛顿州内的活动是持续的有组织的,也包括为了实现法律权利自己利用法庭的权利,进行了大量的州际贸易,其活动产生了本次诉讼的诉讼物。因此,这些活动对照公平游戏及实质正义的传统概念,可以说完全能够服从法庭地的诉讼。

因此,华盛顿州,对于上诉法人在州内的活动**课税**,不违反宪法,能够提起课税诉讼。

驳回上告。

按　语

在 Pennoyer 判决(本书第 81 案例)采用的"存在"理论中,必须考虑州外公司(foreign corporation)"存在于州内"是怎么一回事。因此,判决中采用了(默认的)同意的理论,和指定代理人等方法,而本判决,提示了全新的"最小限度的接触"和"公平游戏及实质正义"的框架。后来,这一框架不仅扩大到对州外法人的人的管辖权,还具有考虑英国和日本等外国法人的国际审判管辖时的标准的功能,并一直保持到今天。

　　因为本判决提到,法人活动中的最小限度的接触是否总是被肯定,因此管辖权被否定的界限没有明确。为此,在 1980 年的 World-Wide Volkswagen Corp. v. Woodson 案件中,宪法上的正当法律程序的界限被提到极限,怀特法官,把重点放在被告的应诉的负担,和预测产品进入法庭地的可能性,展开了论述。接着,是 1987 年的 Asahi Metal Ind. Co. v. Cal. Supr. Ct., 这是被告外国法人的产品零件流入法庭地的案件,多数意见认为,判断最小限度的接触时,应该判断在法庭地的审理对被告来说,是否是不合理不公平(unreasonable and unfair)的,暗示了新的标准有可能替代最小限度的接触。

　　本判决之后,出现了长臂/单臂(long-arm/single-arm)法,列举了在怎样的情况下肯定对于非居住者的审判管辖权的州法被制订了出来,一直运用到今天。值得注意的是,本判决,指出了联邦宪法上的人的管辖权的最大限度的界限,各个州解释,没有义务把人的管辖权扩大到联邦宪法上的界限为止。不过,现在,各州的长臂(long-arm)法承认的界限和宪法上的正当法律程序承认的界限几乎是一致的,因此,是州的主权还是联邦主义的问题,在这一领域并不明显。

执笔者:明治学院大学副教授　坂本正光

83

Shaffer v. Heitner
433 U.S. 186, 97 S. Ct. 2569, 53 L. Ed. 2d 683 (1977)
物的审判管辖权的扩张

> Ⅳ 审判程序

事实梗概

原告 Heitner,是持有格雷翰德公司 1 股份的股东。原告,因为该公司违反反托拉斯法由审判确定了民刑事责任,认为是董事违反了忠实义务,以该公司和 28 名董事等为被告,向特拉华州地方法院提起了股东代表诉讼。格雷翰德公司是特拉华州法人,但是其主要营业点(principal place of business)是在亚利桑那州。原告和被告,全都不是特拉华州的居住者,也从来没有涉足过该州。

原告在提起诉讼的同时,采用在股票总账上记载禁止转让命令的方法,把被告董事中的 21 名持有的格雷翰德公司的股份扣押了(sequestration)。当时的特拉华州法规定,该州法人发行的股份的所在地(situs),无论该股票物理上处于何处,都是特拉华州的,于是,由于这一扣押,原告把被告拥有的特拉华州的财产扣押了。诉讼开始的通知,寄给了全体被告董事最后的住址。

在第 1 审中,股份被扣押的被告们特别出庭,在指出扣押手续违法性的同时,提到了 International Shoe 案件(1945)(本书第 82 案例),主张和特拉华州缺乏能够肯定州审判管辖权的接触(contact)。

但是,这些主张没有被认可,由此上诉到了州的最高法院。

特拉华州最高法院,驳回了上诉。理由是,因为财产被扣押的强制出庭,是传统上被认同的准物的审判管辖权(quasi in rem jurisdiction)的行使,而该州法人的经营责任的追究诉讼在该州进行的利益是应该被保护的,所以肯定了审判管辖权。

于是,被告向联邦最高法院提起上诉。

争论点是,特拉华州法院有没有管辖权?

判决要旨

马歇尔法官,首先论及了物的、准物的审判管辖权和正当法律程序的关系。

即,按照 Pennoyer 判决(1877 年)(本书第 81 案例)中确立了的原则,物的、准物的管辖权,是由州内的财产的扣押而取得的,而不是被告和州接触的问题。这是因为来源于对州的领域内的财产的支配力(power)的考虑。不过,物的、准物的管辖权,和人的管辖权同样,按照 International Shoe 案件的,"最小限度的接触以及公平游戏和实质正义"的标准,就是说,从第 14 修正案的正当法律程序的观点来看,考虑到有没有适当地通知了财产的持有者,必须要判断有没有审判管辖权。

接着,说一下诉讼物和财产的关系,如何影响审判管辖权。

如果诉讼上的请求,是出自某财产的时候,被告通常寻求该财产所在州的法律的保护,该州有必须维持该财产的市场价格、和平解决纠纷的利益,而且,有关纠纷的记录和证人多数都在州内,所以肯定管辖权是合理的。

但是,在本案〔类型的诉讼〕中,作为州的审判管辖权根据的财产扣押,和原告的审判上的请求,完全没有任何关系。仅仅因为被告的财产存在于某州、有诉讼,并不能肯定该州的管辖权。假设就算是被告把财产转移到州外避免债务的执行,也没有必要由扣押取得的审判管辖权进行法律保护,可以互相充分信赖和相信(full faith and credit)其他州的判决得到相应的解决。

传统的由财产所在地的审判管辖权,是虚构的,基本上难免不公平。就是说,人的(in personam)、物的(in rem)、准物的(quasi in rem),3 种类型,在有关财产的以人的利益为对象的意义上来说,是人为的(artificial),最终是人的审判管辖权。

〔并且,在本判决注 17 中引用的 Hanson v. denckla 判决(1958)认为,人的管辖权,是指要求确定被告的某债务的全额。与此相对,物的管辖权,是指由扣押取得的,确定有关某目的物的所有的法律地位。就是说,无论是否是权利者,影响到围绕某财产的有利益的所有的人。说的通俗一点,恰如进行破产手续的某特定财产结束时那样。而准物的管辖权,有两种类型。第 1 种类型是,由扣押取得的管辖权,诉讼当事人,必须对有关物已经存在的请求(pre-existing claim in the subject property)有争议。而救济,限于物的价值。第 2 种类型,也是由扣押取得的管辖权,不过,争执中的请求,必须和该物没有任何关系。而判决的效力,只涉及到该物(的价值)。这些,是有关诉讼物的请求和扣押对象的区别,但是,类型Ⅰ、类型Ⅱ都是只在当事人之间有效的这一点上和物的管辖权是不同的。]

  作为结论,关于物的、准物的审判管辖权,也和人的管辖权同样,按照单纯明快的 International Shoe 案件的规则。本案诉讼上的请求,是因为代表诉讼中的股份有限公司的董事违反忠实义务,而被扣押的财产,是公司的股份,两者之间没有任何关联,而且,也没有主张其他的足以肯定特拉华州管辖的接触,因此,不存在审判管辖权。

  最后,判决就股份有限公司的特殊性来探讨一下审判管辖权的根据。被告就任特拉华州法人的董事,是否有足以肯定管辖权的,和该州的接触乃至联结(contacts, ties or relations)的问题。马歇尔法官,研究了有关的特拉华州法,指出,该州公司法,没有规定董事有取得公司股份的义务,而把就任州法人的董事看作是同意服从审判管辖权的规定也没有,并且,被告没有预测到,单以扣押作为管辖权的根据,就会被拉进该州法院。而根据特拉华州公司法,判断特拉华州的公司董事的权利义务的州的利益,把准据法作为该州法的话可以解决,由此,斥退了原告的主张。

  鲍威尔法官在补充意见中表示,在某种财产权——不动产——毫无疑问地永久存在于某州的场合,这时候,即使和请求没有任何关系,仅仅因为该财产的存在,能够认为有满足正当法律程序的接触,能够肯定满足宪法标准的准物的管辖权。

  斯蒂文斯(Stevens)法官在补充意见中说到,在本案的这一类型的诉讼中,被告是否受到在某特定的法庭地内也许要被起诉的公平的警告,是审判管辖权应该考虑的,仅仅是在纽约证券交易所买了股票,和在该州内拥有不动产或开设了银行户头是不同的,不能说是受到了公平的警告。

  而布伦南法官的补充意见是,本案应该把最小限度的接触用来作为标准,应该把该内容解释得不同于多数意见。特别是,特拉华州适用该公司法的利益,不是像多数意见那样认为是准据法的问题,应该解释为，州通过该制定法表明了高度的利益保护。

取消原判，驳回重审。

按　语

联邦最高法院，在本案中，原本可以提出把股份所在地规定为法人设立地的特拉华州法，和本案股份的扣押方法违反了合法程序，却采用了扩大 International Shoe 案件的规则的方法，宣布了最小限度的接触以及公平游戏和实质正义的规则也适用于物的、准物的审判管辖权。

由于这一判决，使 Pennoyer 判决中确立的规则的框架，作为一般理论，完全被 International Shoe 判决所取而代之。

而州审判管辖权的 3 种类型，在本判决中说的宛如与人的管辖权和为一体似的，实际上并非如此，特别是，人的和物的之区别，作为日常法律用语，现在都在使用的这一点可以注意一下。

本判决的问题是，统一的最小限度的接触规则虽说可以适用，但是，在各个诉讼类型——特别是准物的审判管辖权的第 2 类型——中，如何确定该接触的量和质的问题，依旧尚未解决。比如，像鲍威尔法官所说的那样，和诉讼物完全没有关系的财产——不动产或保险金请求权或无形财产权——有怎样的接触才能成为合法的审判管辖权的根据，作为判断标准似乎过于大了点。

另外，因为本判决论述到，仅仅把扣押作为管辖权的根据是否合适，所以一般不否定扣押。因此，在主张人的管辖权时，作为其担保保全的手段，对没有任何关系的被告拥有的其他州的财产进行扣押，是本判决之后没有任何问题的被允许的诉讼上的攻击手段。

执笔者：明治学院大学副教授　坂本正光

84

Babcock v. Jackson
12 N.Y. 2d 473, 191 N.E. 2d 279, 240 N.Y. 2d 743, 95 A.L.R. 2d 1 (1963)

准据法的决定规则

Ⅳ　审判程序

事实梗概

住在纽约州的 Babcock 姑娘和居住在同一个州的朋友 Jackson 夫妇一起去加拿大周末旅行。Jackson 氏驾驶着自己的车奔驰在加拿大的安大略州的时候，由于驾驶操作失误撞到了路边的岩壁上，以至 Babcock 姑娘受了重伤。

Babcock 姑娘回到纽约州以后，以 Jackson 氏驾驶上的过失为理由，向纽约州法院提起了要求其损害赔偿的诉讼。

在第 1 审法院，把侵权行为地的安大略州法作为适用于本案的准据法，以否定好意同乘者的损害赔偿责任的该州的好意同乘者法 (guest statute) 为理由，驳回了原告的请求。第 2 审法院没有附加什么理由也斥退了原告的请求。但是纽约州的最高法院作了如下论述，取消原判决驳回重新审理。

判决要旨

决定是否对侵权行为进行救济的准据法总是侵权行为地法呢，还是应该考虑救济的有无所达成的目的而决定准据法？这是本案的问题点。

首先作为一般论，基于既得权理论 (the vested rights doctrine) 的"侵权行为产生的实体法上的权利和责任根据侵权行为地法的规定"的传统的冲突法规则，尽管具有法律上的确定性、容易适用法律、预测的可能性等等的长处，但是从以前开始就常常受到批判。之所以受到批判，是因为对某侵权行为案件仅仅机械性地适用侵权行为地法的这一规则,对该案件中所包含的各个争论点完全无视了侵权行为地以外的法领域有的利益(interests)。因为侵权行为地多数是单单由偶然的事情所决定的,无视具体的情况、总是适用侵权行为地法容易导致不公平不自然的结果。

与这种千篇一律的决定准据法的方法相对,纽约州法院,在契约案件中,已经把当事人的意思和契约签订地作为基准放弃了以往定型的决定准据法的处理方法,采用了被称之为"重心"(center of gravity)乃至"编组联系"(grouping of contacts)理论,承认根据"和争议问题具有最有意义的关联"地的法律(the law of the place 'which has the most significant contacts with the matter in dispute')进行判断(Auten v. Auten (1954))。并且在侵权行为案件中,对损害赔偿金额的决定有否定以往的侵权行为地法规则,而考虑有关法领域的利益作出判断的先例(Kilberg v. Northeast Airlines, Inc. (1961))。要达到适当解决实现正义、公平和"最现实的结果"(the best practical result)的要求,希望适用和该案件的事实或媒介于当事人的各个争论点的最有牵连性(the greatest concern)的法领域的法律。

接下来移到与本案有关的具体的考察。比较一下本案中的纽约州和安大略州,很明显,纽约州具有更直接的牵连性和利益。本案,是从纽约州出发回到纽约州的周末旅行中,在纽约州持有车库的纽约州州民的东道主,驾驶着在纽约州登记、在纽约州加入了保险的车,途中由于其过失,而使身为纽约州州民的乘客受到伤害的案件。与此相对,是安大略州和本案的关系,仅仅是事故发生在那儿的一种完全偶然的情况。

由于驾驶者的过失使乘客受到伤害时纽约州明确采用让驾驶者补偿的政策。与此相对,安大略州,有以"防止乘客和驾驶者合谋向保险公司提出诈骗要求"为目的的好意同乘者法,其宗旨是防止向安大略州州民的被告和保险公司进行欺诈请求,因此,对于被告和保险公司是纽约州民的本案,安大略州几乎没有适用自己州的法律的利益。

假如,是被告在驾驶中是否适当注意的问题,通常,因为侵权行为地对规定其行为有利益,可以说是最有关联的,因此适用侵权行为地法是适当的。可是这儿的问题是,以原告是被告驾驶的车的客人为理由,是否能够禁止侵权行为的损害赔偿请求? 在这种场合,当事人坐上车,形成了客人—东道主的关系,该旅行开始到结束地点的纽约州,与偶然成为事故发生地的安大略州相比,适用自己州的州法具有更多的关联性。被告行为的适当与否可以按照所经过的各个法领域的法律进行判断,不过当事人的客人—东道主的关系中产生的权利、责任关系应该是固定的,不应该随着车的移动而发生变化。

僵硬的传统规则因为不考虑政策和目的,适用其恐怕会导致不公平且不自然的结论。为此,必须放弃那样的规则。没有理由必须根据相同法领域的法律解决基于一个侵权行为的损害赔偿请求产生的所有的争论点,各个争论点,应该依据各自最有利益的法领域的法律加以解决。

按 语

本判决,作为首次明确否定侵权行为中产生的实体的权利义务关系由侵权行为地法进行判断的传统的冲突法规则的判决,而非常著名。对于在既得权理论的热心拥护者 Beal 的影响下冲突法第 1 次重述(Restatement (First) of Conflict of Laws)中采用的这一传统规则,因为不考虑具体情况而得出不当结论的批判,从出版当时就已经存在着了。在本判决以前已经有好几个法院,一边表面上遵循传统的规则,一边使用各种各样的技巧,反复努力地回避不适当的结论。

在本案中,结果,到底是什么代替机械性地适用侵权行为地法,成为决定准据法的最终判断标准?在这一点上,论者的见解未必完全相同。目的、关联性、利益、政策,甚至"重心"、"编组联系"等等,充满了当时的议论中被采用的各种关键性词句的本判决要旨,后来被探求新的冲突法观点的很多研究者进行了各种各样的解释、展开,被加上了出自各自看法的说明。

总之,本判决的考虑方法,后来给其他州也带来了很大的影响,以至美国将近一半的州放弃了侵权行为地法主义。不仅如此,在冲突法第 2 次重述(Restatement (Second) of Conflict of Laws)(1971)中,侵权行为案件的传统规则完全不见踪影,可以看到这一新的潮流完全得到了胜利。不过,写了本案判决的福尔德(Fuld)法官,后来作出了传统的理论可以部分恢复的判断(Nenmeier v. Kuehner (1972))。可以说,这是显示了确立新的方法论的困难,和其混沌状况的一个例证。即使如此,本判决,作为美国冲突法革命的象征的地位依然继续保持着。

执笔者:东京大学助教 织田有基子

> **85**
>
> Williams v. North Carolina（Williams Ⅰ）
> 317 U.S. 287, 63 S. Ct. 207, 87 L. Ed. 279,
> 143 A.L.R. 1273 (1942)
>
> Williams v. North Carolina（Williams Ⅱ）
> 325 U.S. 226, 65 S. Ct. 1092, 89 L. Ed. 1577,
> 157 A.L.R. 1366 (1945)
>
> **对其他州判决的承认**
>
> Ⅳ　审判程序

事实梗概

各自都有配偶却关系密切的原告 X_1（Mr. Williams）和原告 X_2（Mrs. Hendrix），互相策划好在同一天抛弃了在北卡罗来纳州的各自的家庭，一起去了内华达州的拉斯维加斯。2个人在那儿待了6星期之后，在内华达州的法院，以各自的配偶为被告提起了离婚诉讼。在各自的诉讼中，给对方的诉讼状都没有采用交付送达（personal service）而只是代替送达（substituted service），而双方的被告都没有应诉。内华达州的法院，认定了 X_1 和 X_2 在内华达州都有住所，有接受离婚判决的资格，认可了各自的离婚。双方的离婚判决一下来2人当天就在那儿登记了结婚，马上回到了北卡罗来纳州开始了新的生活。北卡罗来纳州以2人犯下了州法上的重婚姘居罪（bigamous cohabitation）进行了起诉，对此，2人把内华达州法院的离婚判决的复印件作为证据提出，主张内华达州的离婚和结婚在北卡罗来纳州也是有效的。北卡罗来纳州最高法院判决 X_1 和 X_2 有罪，而接受上告的联邦最高法院认为，2人在内华达州内有住所，内华达州的离婚判决在北卡罗来纳州也必须得到充分的信赖和信任（the full faith and credit），由此把诉讼驳回北卡罗来纳州最高法院重新审理（Williams Ⅰ）。但是，北卡罗来纳州再次起诉 X_1 和 X_2，北卡罗来纳州最高法院也否定了 X_1 和 X_2 在内华达州的住所,判决2人有罪。联邦最高法院,经过第2次的上告审理,结果是确认了北卡罗来纳州最高法院的有罪判决(Williams Ⅱ)。

判决要旨

Williams Ⅰ案件

本案中的问题点是,在夫妇中只有一方有住所的州作出的离婚诉讼判决(*ex parte* divorce)在其他州是否能够得到承认?

离婚诉讼不是对物诉讼,也不是单单的对人的诉讼。在该离婚诉讼中对方不能得到交付送达也没有应诉的场合,为了使该判决的效力在其他州也能得到承认,原告的(不是单单的居住地的)住所——这和对人诉讼中的管辖本来是没有关系的——被要求存在于判决州内。作为独立主权体(a sovereign)的各个州,对于其州内的有住所者的婚姻身份(a marital status)有正当而合法的利害关系。因为对州民有这样的支配力和对婚姻关系有大的利害关系,因此,可以解释为,在其领域内即使对方配偶不存在的场合,变更该州民的婚姻身份也是可能的。而离婚判决,因为有合众国宪法第4编第1节所赋予的"充分的信赖和信任",在其他州也能得到承认。

此时,一方配偶者的有责任性,或者是取得住所的正当性等情况不应该考虑。变更州民婚姻身份的州法院的判决,只要是符合适当手续要件,在整个美国都是有效的。不作这样的解释不仅有害于当事人的期待,也会侵害避免重婚和防止不正常婚姻的社会的要求。在这儿重要的是,充分的信赖和信任条款,要求对其他州法院的判决给以"完全的"信赖和信任。本条款的真正目的是"把州的地位作为统一国家的构成部分",其例外应该是作极其严格的解释的。

因此,在原告们的内华达州的住所由证据被认定的本案件中,2个内华达州的离婚判决,在北卡罗来纳州应该分别得到承认。

Williams Ⅱ案件

根据充分信赖和信任条款承认其他州的判决,只限于对于所要承认的州的人和事物的管辖没有受到侵害的场合。象因为住所这样的成为管辖根据的事实的存在与否而受到重大影响的州,在这点上有确认的权利,因此,(这一点的)事后的攻击(collateral attack)也是应该得到认可的。如果把有关住所的其他州的认定看作是绝对的而必须接受的话,和该问题有密切关系的各个州的政策,就会被其他州的政策推翻。

一方面尊重其他州的判决，另一方面尊重来源于联邦制度的"家庭案件是州的问题"的这一原则，对其加以调和是重要的课题。联邦最高法院不进行有关住所认定的再次审理，只是有对尊重其他州判决的义务是否被公平地接受、是否以住所不存在为理由回避了该义务进行审理的任务。

本案中的北卡罗来纳州最高法院，在对内华达州判决中的管辖原因(在此是住所)的认定表示适当尊重的基础上，以此，要求推翻主张的当事人负起进行适当证明的责任，按照适当的程序判断该问题。对于长期居住在北卡罗来纳州的原告们来到内华达州，只是在为汽车旅行者准备的简易旅馆住了很短时间，一旦可以提起诉讼立即开始各自的离婚诉讼，离婚被认可后2人立刻结婚，又回到了北卡罗来纳州开始生活的这一事情经过，认为作出原告们仅仅是为了得到离婚判决而到了内华达州，回到北卡罗来纳州是从一开始就打算好的认定是合理的。因此，支持北卡罗来纳州最高法院作出的，原告们没有失去北卡罗来纳州的住所、而且没有获得内华达州的新的住所的认定，承认其有罪判决是有理由的。

按 语

一般对离婚原因有严格规定的当时，到规定比较宽松的州获得离婚判决的"移居离婚"(migratory divorce)的频繁发生成了社会问题，特别是内华达州，作为美国最容易离婚的州而出了名。本案是所谓的内华达离婚的一个案例。

有关单方的(对方不出庭)离婚判决在其他州获得承认的案件，在本案之前，有 Atherton v. Atherton (1901) 以及 Haddock v. Haddock (1906)案件，为了使只有配偶者一方有住所的州作出的离婚判决在其他州也得到承认，要具备有对方配偶者服从判决州的对人管辖；或者是夫妇最后的共同住所(婚姻住所)存在于判决州等要件(请参照冲突法第1次重述(1934)§113)。本案的第1判决主要是以批判Haddock判决为中心而展开的，扩大了以往的单方离婚判决在其他州被承认的范围，而第2判决，因为表示了对其他州的判决，事后也能以管辖原因之一的住所的存在与否进行争议，使得判决承认的余地变得相当狭窄。宪法上要求充分的信赖和信任，而在安定跨州的婚姻关系，和调整被对方要求离婚的配偶者的保护和该者所属州的利益的保护之间的关系的难题中,可以看到最终是把重点放到了后者一方。同样的立场,在本判决之后通过的 Uniform Divorce Recognition Act (1947)中也被采用了(不过,通过该统一州法的州,现在只有 7 个)。

另外,在双方当事人出庭的离婚诉讼的场合,被解释为在承认住所存在与否是离婚判决的管辖原因的州是不能进行争议的(请参考 Sherrer v. Sherrer (1948),冲突法第 2 次重述(1971) §73 等)。

执笔者:东京大学助教　织田有基子

86

United States v. Carroll Towing Co.
159 F. 2d 169 (2d Cir. 1947)
过失的判定式

V　侵权行为法

事实梗概

拴在纽约港码头上的驳船安那 C 号漂流出去，与停泊在旁边的油轮相撞而沉没。事故是在 Carroll 拖船公司拖引其他驳船时发生的。拖船 Carroll 号的船长，叫船员确认了安那 C 号是被拴在码头上之后，解开了连接在安那 C 号上的一连串的驳船，和接下来要拖引的驳船的缆绳。不久，因为系着的缆绳是松开了还是解开了，安那 C 号漂流出去，与油轮相撞，连着装载的货物（面粉）一起沉没。因为驳船和拖船都是从其他公司租借来的，于是各艘船的所有者，租借者，货物的所有者再加上合众国政府，一共是 5 个当事人围绕赔偿责任提起了诉讼。

第 1 审，对于驳船的沉没而产生的损失，全面认可了驳船所有者（Conners Marine Co.）的赔偿请求。对于该判决（Conners Marine Co. v. Pennsylvania R. Co. (1946)），拖船的租借者（Grace Line, Inc.）提起了上诉，拖船的所有者（Carroll Towing Co.），驳船的租借者（Pennsylvania R. Co.）也提出审理有错误。上诉审取消了原判决，命令重新认定各当事人的责任，驳回案件重新审理。

判决要旨

上诉审判决，首先，认为按照船长的指示确认了拴驳船缆绳的船员有过失，因此使用该船员的租船者对相撞造成的损失（collision damages）负有赔偿责任。接着，对于事故发生时驳船上没有乘务员的这一点，认为驳船的所有者有责任。如果有乘务员的话，就能够知道驳船和油轮的螺旋桨相撞造成船底破裂，可以向备有排水泵的拖船求救而救出船体和装载的货物。因此，对驳船所有者来说，乘务员不在船上的过失，和驳船沉没造成的损失适用过失相抵。

〔以下，是就驳船沉没而论及其所有者过失的部分，提出了认定过失责任时要考虑的主要因素，显示了做出判断时的一般的框架〕。

乘务员没有履行保全驳船的义务，驳船所有者负有责任，所以不能认可全额的损害赔偿的请求。不过，因为驳船安那C号拴着的缆绳，拖船Carroll号的船员曾经确认过，所以驳船安那C号对于其漂流没有过失。因此，驳船所有者能够要求Carroll公司和其租借者的Grace公司，对驳船和油轮相撞所造成的损失进行赔偿。另一方面，如果驳船上有乘务员尽到职责的话，明摆着是能够确认相撞后的损伤，向拖船提出求救，拖船可以防止驳船的沉没，并将其拖到岸边抢救出装载着的货物。驳船所有者的Conners公司如果由于乘务员不在船上对驳船的保全缺乏适当注意的话，对于驳船沉没受到的损失，只能从Carroll公司得到三分之一，从Grace公司得到三分之一的赔偿。

乘务员不在时拴着的缆绳松开而漂流出去的驳船给其他船只造成损害时，决定驳船所有者的赔偿责任的一般法则没有。之所以没有一般规则的理由，是因为这种场合的责任的根据是明摆着的。任何船只都有因为拴住的缆绳松开而漂流出去的可能。如果这样的话就会给周围的船只带来危险。对待这种事故所有者应该负有的义务，取决于以下3个主要因素。(1)拴住的缆绳松开的船只漂流出去的盖然性(probability)；(2)那样的话造成的损害的重大性(gravity of resulting injury)；(3)采取充分预防措施的负担(burden of adequate precautions)。把盖然性作为P，把损害作为L，把负担作为B，用方程式表示的话，是由于过失产生的赔偿责任的L×P小于B的场合，即PL＜B。

用该方程式来对照一下本案的状况。驳船的缆绳松开而造成损害的危险性，因为时间和地点的不同而有所不同。比如，暴风雨临近，危险性就增加。拴着的驳船不断更换的嘈杂的港口也是同样。另一方面，驳船的乘务员就是住宿在驳船上，也并非就是不断地受到拘束。有时也需要上岸。本法庭，并不认为在像纽约港这样拥挤的水域，驳船内夜间也应该有乘务员。如果没有夜间乘务的惯例，那总是有相应的理由的吧。至于其是否得当，在此不作判断。不过，对于以下的情况要加以判断，即，在任何场合，并不因为乘务员把驳船切实地拴在码头上了，就有理由可以在上班时间(租船契约上规定，上午8点到下午

4点)擅自离开驳船。本案中,乘务员在1月3日下午5点离开驳船,一连串的驳船的缆绳松开漂流出去的时间,是第2天下午2点。这段时间,乘务员离开了驳船有21个小时。其滴水不漏的说明是显示其不在是没有理由的积极证据。现场,是时值1月的很短的白天,而且正值战争时期的活动最激烈的时候,驳船的更换极其频繁,繁忙中,对工作没有充分注意,是可以预测的。鉴于这样的情况,本法庭的判断是,在白天的工作时间要求乘务员在驳船上是妥当的。

按 语

本案的争论点之一是,乘务员离开拴在码头上的驳船是否是过失?为了判断是否是过失,必须明确在当时的情况下对乘务员所要求的注意义务是什么。在当时的情况下,为了决定法律要求的行为标准所考虑的主要因素是什么?并且,这些主要因素之间有怎样的关联?对于这些问题,把1个判断框架用方程式的形式加以表示是本判决的特色。

汉德法官提出的方程式,是判断行为者过失时,比较衡量成为考虑对象的主要因素的公式。该公式在很多判决中被引用,侵权行为法(法律重述)第2版(1965年)也采取了同样的立场。公式中加入了适当的变数(主要因素),必须得到解答。法律重述举出了以下主要因素。

衡量行为的"危险的大小"(magnitude of the risk)和"有用性"(utility of the conduct),以判定该行为的不合理性(unreasonableness)(§291)。

对于通常人们认为的加害于他人及有危险的行为,该行为中包含的危险如果大于法律允许的行为的有用性,或者是行为方法的有用性,那么该行为就是不正当的,属于过失。

以判定过失的目的判断行为的有用性时,要考虑以下主要因素(§292)。

(a)该行为助长或保护的利益中有法律承认的社会价值;(b)这一利益受该行为助长或保护到什么程度;(c)这一利益是否充分受到其他更少危险的行为的助长或保护?

以判定过失的目的判断危险的大小时,要考虑以下主要因素(§293)。

(a)法律对被侵害利益赋予的社会价值;(b)行为者的行为,是否侵害了他人或者是该人所属的阶层的一员的利益;(c)被侵害的利益遭到怎样的被害;(d)危险如果成为现实的被害的话,利益受到侵害的人数。

难以对过失进行判定,是因为在比较衡量与数量化不相容的主要因素时,即使不能特定明确标准的场合也必须作出综合的判断。汉德法官自己对这一点作了如下叙述。

"把决定过失的方程式定为 $C = PD$。C 是避免危险的必要的注意,D 是损害的大小,P 是损害发生的盖然性。这些主要因素中,多少能够数值化的是 C 吧,不过很多场合也是不可能的。损害是附带条件的变数,连寻求近似值都很困难。从理论上来说,只要有统计资料就能够计算盖然性。不过,这样的资料根本没有。而且,盖然性根据损害的性质发生变化。数值化的尝试只不过都是幻想。即使能够使用,最多也就是在案件的状况之下注意其中的一个决定因素"(Moisan v. Loftus (1949))。

汉德法官的方程式和法律重述的规定,表明了过失的认定不是根据方程式获得正确答案的。过失这一法律概念,基于不能对责任原则作出正确定义的原因,多半受到政策判断的左右。汉德法官的方程式,使得过失责任的法政策的侧面受到注目,可以说成了预示其后的"法和经济"分析方向的先例。

执笔者:早稻田大学教授 藤仓皓一郎

87

Palsgraf v. Long Island Railroad Co.
248 N.Y. 339, 162 N.E. 99, 59 A.L.R. 1253 (1928)

注意义务的范围

V 侵权行为法

事实梗概

原告 Palsgraf 买了车票,在被告铁道公司的车站站台等候电车。去其他方向的电车到站,在该电车发车之前胳肢窝下夹着纸包的男子奔过来想要上车而身体失去了平衡。电车上的乘务员把他往车厢里拽,而站台上的车站工作人员则从背后把他往车厢里推。此时,夹着的纸包掉到了铁轨上。该小纸包是用报纸包着的,从外观上不知道是什么,但是掉到铁轨上的时候,纸包里的焰火发生了爆炸。爆炸的气浪掀倒了位于站台一端的磅秤,而倒下的磅秤使原告受了伤。

纽约州的事实审理法院,根据陪审的裁断认可了原告的请求,命令被告赔偿原告 6 000 美元。上诉审法院支持该判决,可是,州的最高法院取消了原判决,(以 4 比 3)驳回了原告的请求。

判决要旨

卡多佐(Cardozo)法官的法庭意见

被告公司的车站工作人员的行为,对于夹着纸包的乘客即使是违法的,可对于站得远远的原告并不违法。对于原告来说,车站工作人员的行为完全没有过失(negligence)。当时的情况是,没有任何迹象表明掉下的纸包对于站得很远的人含有危险。对于过失的申诉要得到承认,必须是法律保护的利益受到了侵害,即,权利受到了侵害。

站在车站的站台上的原告,对于其身体安全受到的故意的侵害能够要求保护,并且对于不是故意的侵害也能要求保护。但是,那必须是人们通常认为的,由不合理的危险行为造成的侵害。

即使像通常那样的注意四周,也没有任何明确危险的时候,至少外表上是没有害处的行为,不会因为对第三者偶然成为过失行为,而由此带有侵权行为的性质。"在所有的场合,某一行为的过失在被说长道短之前,必须找出在该行为背后的提出申诉的当事人的法律上的注意义务,是注意之后本应当能够回避伤害的义务"。

原告有必要指出的是,对于她自身的"侵害",就是对于她权利的侵害。不是谁对其他人的侵害。并且,既不属于对于谁的"侵害",也不是以反社会的理由被视为"侵害"的行为。在拥挤不堪的街上以鲁莽的速度驾驶车的人,不论结果如何都是过失行为,由此要负侵权行为的责任。该行为在和其他的行人之间的关系中有过失,从反社会的意义上来说是侵权行为。其理由,是因为像通常那样注意四周的人认识到该行为有损害的危险。同样的行为,如果发生在比赛速度的竞技场上,就失去了其侵害性的性质。所规定的,是通常被认识到的危险应该负有的义务,危险意味着关系。也就是说,在规定为危险的范围内的对于他人的危险。

决定通常的危险范围,有时是法院的任务,而在有几种推测可能的场合,则是陪审的任务。像本案的情况,即便是极其谨慎小心的人,也不会想到报纸包着的小包会在车站造成破坏。即使是车站工作人员故意扔掉的,从小包的外观上也并非警告车站工作人员这是会威胁原告安全的东西。在这种场合,车站工作人员的行为也不是具有非法侵害原告身体安全的盖然性的行为。不注意行为的侵权行为责任不可能大于故意的行为的场合。

和危险同样,过失是在和其他的关系中决定的概念。很明显,脱离其他情况抽象存在的过失,即使被称之为过失,也不是侵权行为。过失只要没有产生侵害就不是侵权行为。所谓侵权行为意味着侵犯了权利。在本案件中,原告主张身体安全这一权利受到了侵害。但是,身体安全不能从所有形式的干涉、侵害中受到保护,只是对其中的一定部分可以受到保护。寻求法律救济时,仅仅证明受到损害不能满足申诉的要件。在侵害不是故意的场合,必须证明该行为对于原告来说极有可能产生明显的危险,因此对于该行为自己有受到保护的权利。

间接(remote)或者直接(proximate)的因果关系的法律,和本案没有关系。侵权行为责任的问题,总是先行于伴随责任的结果的判定问题。如果不存在要救济的侵权行为,那么就没有必要考虑侵权行为被认定之后要赔偿的损害。成为问题的结果，必须首先起因于违法。

安德鲁（Andrew）法官的反对意见

过失是否是——违反了对于某一特定的人或是特定的人们所负有的义务的——相对的概念？还是，非法威胁他人安全的行为发生时，该行为者是否要对包括通常被认为在危险范围之外的人受到的侵害、行为的所有直接后果负有责任？这并非是单纯的语言上的见解的不同。对于一般的人来说，纸包的掉下，且不说对纸包所有者和附近的人，对远离几十英尺站着的原告会带来危险是无法想像的吧。但是，如果采用上述第 2 种说法，就可以探讨原因和结果的关系。问题不是过失，是直接的原因。

有人主张"在特定的案例中，存在应该遵守的法律义务，不仅相对于一般人，如果对于原告不负有该义务的话不可能有过失"。但是，如果有不正当的行为，而且有什么权利受到侵犯的话，无论是否有损害都存在过失。

所谓适当的注意义务，不是分别遵守 A、B 或者 C，而是为了维护社会不受到不必要的危险，各人被课以的义务。

每个人对于社会都负有不使自己的行为不正当地威胁他人安全的义务。如果发生了这样的行为，行为者，通常不仅对于受到危害的人，对于一般在危险范围以外、而事实上受到损害的人也负有责任。对于被害人的义务有存在的必要，不过该义务不是由于预见到该人要受到被害而产生的。如果对于某人的危害是行为的自然结果，那么不仅是那个人，事实上受到被害的所有的人都产生了赔偿请求权。

被告负有责任的行为，是把外表上没有危害的小纸包掉到了站台上。该行为属于过失。被告对该行为的直接后果负有责任。包里的东西摔坏的场合；所有者把小包掉到其他乘客的脚上使其受伤的场合；发生爆炸使身边的乘客负伤的场合，对于该人负有责任。Palsgraf 夫人站在比较远的地方，到底多远记录上没有写明。也许是 25 到 30 英尺之内吧。如果没有爆炸她不会受到伤害。爆炸——本案中，是连锁发生的直接结果——是产生结果的相当主要的原因（substantial factor）。

按 语

本案是美国侵权行为法的案例集中必选无疑的著名案例。因为事实关系面面俱到，对侵权行为责任的成立要件表示了不同的基本见解,以至在法律学科的学生中,流传着这一定是侵权行为法的教授编造出来的架空的案件的说法。

在能够合理地预见被告给谁带来危险的场合,有主张对"直接结果"(proximate result)负有责任的(Andrew 法官)和主张只限于对"可能预见的原告"(foreseeable plaintiff)负有责任的(Cardozo 法官)。

按照直接结果的见解,被告对社会上的任何人都负有注意义务,违反该义务的直接结果是对受到被害的原告负有赔偿责任。由于被告的过失行为原告受到被害的场合,只要原告的被害是被告对于谁的过失而产生的直接结果,被告就负有责任。在这种情况下,和通常人们是否能够预见该特定的被害者有被害的危险是没有关系的。

按照可能预见的原告(=危险范围)的见解,被告只限于对通常人们能够预见有被害危险的原告负有责任。被告对原告负有责任的前提是,原告或者原告所属的层次的人们的被害危险必须是通常人们能够预见的。即,被告只限于,对位于能够预见的"危险范围"内的"能够预见的原告"负有的责任。侵权行为法的法律重述(restatement)采取这一立场。Rest. 2d §281 (b).

两种不同的见解在英国也使法官的意见产生分歧,导致了判例理论的变更(本书 99 案例)。不过,在美国,因为现实中"不能预见的原告"受到被害的案件极少,哪一种见解对其后的判例具有更大的影响并不明显。

执笔者:早稻田大学教授　藤仓皓一郎

88

Sindell v. Abbott Laboratories
26 Cal. 3d. 588, 163 Cal. Rptr. 132, 607 P. 2d 924,
2 A.L.R. 4th 1061 (1980)
因果关系的证明和市场占有率的责任

V 侵权行为法

事实梗概

　　DES(Diethylstilbestrol)，是合成雌性激素(女性荷尔蒙中的一种)。1941年，联邦食品药物管理局(Food and Drug Administration 以下简称FDA)，认可其作为药物用于治疗被认为是雌性激素不足而引起的女性疾病。1946年，DES作为防止流产的药物也得到了认可。1952年，因为DES的安全性已经得到了一般的认可，FDA作出了DES不属于投放市场前需要认可的"新药"的决定。

　　但是，1971年，在对于DES的有效性和安全性进行了一系列的实验之后，其结果是FDA推翻了以前的决定，要求各个生产DES的制药公司在DES上贴上不可以作为防止流产的药物加以使用的警告标记。FDA采取这一行动的特别重要的根据，是因为研究结果表明，孕妇服用DES和孕妇生下来的女孩子患阴道或子宫颈的特殊癌症之间有关联性。这一结果，使得母亲在怀孕中服用过DES而女儿患了上述癌症的作为原告，生产、销售DES的制药公司作为被告的请求损害赔偿的诉讼高达1 000件以上(以下，把这一系列的诉讼称为DES案件)。

　　本案也是DES案件之一，作为将近100个被害者的代表，Sindell把生产DES的主要11家公司作为共同被告提起了诉讼。附带提一下，Sindell为自己提出了补偿100万美元的损害赔偿和1 000万美元的惩罚性损害赔偿的要求，为她所代表的团体，提出要求警告医生等对DES的危险性以及是否患有上述疾病进行诊断鉴别的检查有实施的必要性，要求命令在加利福尼亚州内设立免费诊疗所进行检查的衡平法上的救济(equitable relief)。

DES 案件中,成为特大争论点的是因果关系,其中,加害者的确定是中心争论点。(1) 本案被害的癌症是服用了 DES 的母亲生下来的女儿患有的,其间,已经过去了 10 乃至 12 年的时间,而要判明癌症起因于 DES 还需要几年时间,医生或者是药房保存的药方记录几乎都已经作废或流失;(2) 生产、销售 DES 的制药公司,主要的有 6、7 家,全部算上的话,有 200 到 300 家;(3) 各个制药公司生产、销售的药剂的成分是同样的事实已经存在,问题是原告的母亲服用的是哪一家制药公司的 DES 不能确定。

一些法院,驳回了本案被害癌症的患者的母亲服用的 DES 的生产、销售制药公司没有确定的诉讼,或者是,由陪审作出了简易判决使得受害者败诉。在这样的情况下,本案判决,对于母亲服用的 DES 的生产、销售制药公司不作出确定,而是对生产、销售 DES 的主要制药公司根据其在市场上的占有率课以损害赔偿责任,以此达到对被害者的救济。关于是否有因果关系,虽然进行了传统上的全都是或全不是(all or nothing)的判断,而本案判决可以说是打破了这一传统概念的划时代的判决。

判决要旨

莫斯克 (Mosk) 法官的法庭意见,没有对成为受害直接原因的生产、销售 DES 的制药公司加以确定,还斥退了原告 Sindell 主张的能够肯定被告制药公司责任的 3 点理论,却提出第 4 点的根据肯定了被告制药公司的责任。以下,是判决要旨的简要介绍。

原告主张的第 1 理论,是把 Summers v. Tice (1948) 案例作为先例形成的选择责任(alternative liability)的理论。即,在好几个被告当中有某一个是加害者,但是不能确定到底哪一个是加害者的场合,只要被告方不证明自己不是加害者,那么全体被告必须对损害负有连带责任(joint and several liability)的理论。

莫斯克法官提出以下理由,认为不能赞成把选择责任理论运用于本案。即,(1) 关于加害者的确定,在被告方处于远远有利(far better position)的地位时选择责任理论是妥当的,像本案这样,从服药到损害发生经过了很长的时间,而且,在制药公司没有直接参与开药方的场合,关于加害者的确定不能说被告处于远远有利的地位;(2) 在 Summers 案件中,有加害者可能性的人全都是被告,而本案中,有加害者可能性的只有一部分是被告;(3) Summers 案件中,2 名被告当中有 1 个是加害者,其概率是 50%,而本案超过 200 家的制药公司中加害者只不过是其中的 1 家,被告是加害者的概率非常小,推定加害者的合理性没有。

原告主张的第 2 理论,是共同行为(concert of action)理论。共同行为理论,是在侵权行为中,实行共通的计划,积极地参与,互相协助、教唆或援助者,负有同等责任。

莫斯克法官认为,本案的情况不能适用共同理论。原告主张的本案被告的各自行为是,在医药开发上懈怠了充分的试验、懈怠了警告、依存于其他公司开发的处方、巧妙地利用了其他公司的促销活动等等,不能说有共通的理解乃至有默契地制定共通的计划。

原告主张的第 3 理论,是 Hall v. E. I. De Pont De Nemours & Co. (1972)案例形成的企业责任(enterprise liability)理论。在 Hall 案件中,生产成为爆炸事故原因的有缺陷的炸药雷管的事实上占据了整个制造业界的 6 家制造公司都成了被告,被要求进行损害赔偿。Hall 案件的判决指出,被告的各个公司都是独立经营的,不过雷管的安全依据了行业界的标准,安全检查和标签等设计委托了行业界的团体,并且,在雷管制造和设计上存在整个行业的互相协作,以便共同控制危险,在这样的情况下,原告如果证明了被告中的哪一家制造了引起事故的雷管,那么,因果关系的证明责任就转换到了被告方。

莫斯克法官,对于这一企业责任理论也以如下理由加以排除。即,本案中,既不存在 Hall 案件中那样的共同控制危险的情况,而且,关于医药的试验、制造以及包括警告标志的内容等的投放市场的方法都是由 FDA 进行积极控制的,处于这种状况之下,要企业负责是不公正的。

在作了以上叙述之后,莫斯克法官指出,如果固守于以往的法理论,就会对复杂化的现代工业社会中缺陷商品造成的受害者拒绝救济,是不适当的,缺陷商品造成的损害费用让制造者负担是适当的这一广义的政策观点应该被采用,像本案这样,所有的被告都是根据同一处方制造医药的、成为损害发生原因的 DES 制造公司不能确定不是由于原告的过失造成的场合,Summers 案件的判决规则,即,选择的责任理论允许修正后被适用。基于本案事实,原告没有必要确定母亲服用的DES的生产、销售制造公司,对于生产、销售和DES同一成分的医药而作为被告被提起诉讼的制药公司,只要证明全体被告的生产销售量在该医药品市场上的占有率(substantial percentage)就足够了,被告方如果不证明没有生产过成为损害原因的DES,各位被告必须根据各自的市场占有率负起责任。

理查德森(Richardson)法官在反对意见中指出,是否承认市场占有率这样的新的责任,应该由立法解决。

按 语

市场占有率责任,根本改变了以往的有关因果关系的概念,其后,引起了很大的反响。

现在,持否定态度的州占大多数。即使是在表示肯定的州,把市场占有率责任作为要件的全体被告的"相当程度的市场占有率"是指什么程度的比率? 而市场,是指什么时候的、什么区域的市场都不明确,所以见解上有分歧。在这样的背景之下,像华盛顿州的 Martin v. Abbott Laboratories (1984)案例那样,排除"相当程度的市场占有率"这一要件,肯定各公司的依据市场占有率的责任,采用市场占有率选择责任(market-share alternative liability)理论的判决,以及像威斯康星州的 Collins v. Eli Lilly & Co. (1984) 案件那样,不仅是市场占有率,还考虑到被告对有关损害的发生乃至损害的防止所采取的行动,根据被告造成的危险的大小,采用决定责任比率的危险分担责任(risk contribution liability)理论的判决也开始登场。

以 DES 案件为契机形成的市场占有率责任理论以及随后形成的其他理论,在一系列的石棉案件中没有采用,在一些 HIV(Human Immunodeficiency virus)案件的诉讼中围绕其是否适用也展开了激战。何去何从正是引人注目的时候。

执笔者:明治大学教授 新美育文

89

Ybarra v. Spangard
25 Cal. 2d 486, 154 P. 2d 687, 162 A.L.R. 1258 (1944)
过失推论原则（*Res Ipsa Loquitur*）

V　侵权行为法

事实梗概

　　1939年10月28日，原告经过被告医生A的检查被诊断为阑尾炎（以下，用A、B、C……罗马字母表示的人，是共同被告）。A医生安排原告在B所有的医院里，由C医生动手术。原告住进医院，接受了皮下注射之后睡着了，后来被A医生和C医生叫醒，由D护士用滚轮座椅推进了手术室。E麻醉师将其扶上手术台固定之后，进行了全身麻醉。原告就此失去了意识，等到睁开眼睛已经是第二天早上。当时，F护士陪在旁边。

　　原告在醒来之后，感到脖子和右肩之间的部分剧烈疼痛。这是手术之前完全没有过的痛楚。于是，告诉了护士，接着又告诉了A医生，A进行了电热疗法，疼痛不但没有消失，反而扩展到右手的手腕部，出院之后也不断恶化。手腕的抬起和扭转变得完全不可能，肩膀的肌肉萎缩处于麻痹状态。到1940年3月，一直都在A医生那儿接受治疗，虽然恢复了工作，却是按照C医生的建议在绑上夹板的状态下恢复了上下班。

　　原告认为，自己在手术中受到了伤害，于是把A到F的人们作为共同被告，提起了损害赔偿诉讼。

　　作为原告方面的专家证人的2名医生证明，原告的伤害，是外伤，不是因为生病造成的。但是，第一审驳回了申诉，上诉审作了肯定。本案，是在加利福尼亚州最高法院进行上诉审的案件。

　　本案的论点是，是否承认适用过失推论原则（doctrine of *res ipsa loquitur*），在原告没有证明过失的场合，也使原告有胜诉的可能性。被告抗辩,在完全没有确定复数的共同被告中谁是伤害的原因、或者什么器具(instrumentality)是原因的本案中,不适用该法理。最高法院,认可了过失推论原则的适用,作出了取消原判决、驳回重审的判决。

判决要旨

吉布森(Gibson)首席法官的法庭意见

1. 在适用过失推论原则(Res ipsa loquitur)时,必须满足3个要件。(1)事故,是没有过失通常不会发生的类型;(2)事故,是由于被告完全支配下的器具和代理人造成的;(3)不是原告方的自发行为或协助造成的(这是从《普罗塞论侵权》(Prosser on Torts)中引用的)。适用的对象是各种各样的,也适用于医疗的场合(在这儿,引用了先例和有关论文)。

不过,在适用于医疗的场合,有略微举棋不定的倾向。为此,对该法理的根本目的有重新认识的必要。就是说,在事故原因被害人不可能知道、而事实上被告很容易知道的场合,提出证据的责任让后者承担,正是该规则的意义所在,这是正当的(引用于Wigmore的证据法系统的书籍)。

本案,正是应该适用该法理的场合。对于把自己委托给了复数的医生和护士之手中、上了麻醉之后没有了意识、治疗之际由于什么器具受到伤害的原告来说,如果不适用该法理的话,只要医生或护士中没有人自愿地指出有过失的人、不明确证明过失责任的事实,损害赔偿是不可能的。如果这就是有关过失的法律现状的话,为了纠正大大的不公正,对于麻醉中的事故,法院就不得不采用无过失责任,而因为有了过失推论原则的法理,就没有此必要了。

2. 本案,是上述3要件中的第1和第3要件很容易就满足的案件。原告没有参与事故、而没有什么过失事故是不会发生的也是明摆着的。并不是手术本身有过失的问题,而是并非治疗对象的健康部位明显地受到了伤害。在这样的情况下,本州的案例(引用先例)是,推论过失,让被告承担起说明该异常结果的责任。

3. 被告的抗辩,是有关第2要件的。是原告没有证明事故是由于"完全支配下的器具和代理人"造成的这一点。

首先,共同被告的各自的立场是不同的,既有被医院雇用的(护士和麻醉师),也有独立于医院的缔约者(independent contractor,本案的场合是医生)。因此,被告主张未必是"完全的支配下"。不过,对于患者来说,把自身委托给了各自的被告,各人都负有不让原告受到危害的注意义务,如果有一时的雇用者、被雇用者的关系第 2 要件足以成立。

其次,关于原告没有明确造成事故的原因在于哪位被告,或者是什么器具的这一点,因为上了麻醉处于没有意识之中,只要证明是由什么外界的力量受到了损伤,就完全可以承认适用过失推论原则的法理。不是这样的话,就成了在适用该法理时加上了不合理的限制(并进一步引用了把器具解释为意味着没有意识的患者本身的判决,指出了缓和第 2 要件的倾向)。

在主张过失推论原则法理的其他案件中,本案论理适用到什么程度,本法院,在此不作一般性的叙述。

We merely hold that where a plaintiff receives unusual injuries while unconscious and in the course of medical treatment, all those defendants who had any control over his body or the instrumentalities which might has caused the injuries may properly called upon to meet the inference of negligence by giving an explanation of their conduct. (我们,仅仅认为,在原告接受治疗处于没有意识时受到异常伤害的场合,控制有可能成为伤害原因的器具和原告身体的所有被告们,受到过失推断,被要求说明自己的行动是理所当然的。)

判决的结论是,取消原判决、驳回重审。

按　语

1. *Res ipsa loquitur*,是意味着事实本身不言而喻(The thing speaks for itself)的拉丁语。是指在某种意义上减轻原告负担的举证过失责任的法理。先例,至少可以追溯到 1863 年的英国财务府法院判决 Byrne v. Boadle(是原告在街上行走时,突然,装有面粉的木桶从沿街的商店掉下来,砸到脑袋上的案件。原告当场失去知觉,完全不知道是什么原因造成了事故,除了看见木桶砸到他的证人的证词以外,提不出过失的证据。法院认为,应该看作是大致上提出了过失的证据)。

在美国的很多州,和本案同样,允许过失的推论、推断,不是根据法官的指示陪审裁断原告败诉,而是由陪审(事实认定者)进行判断,承认允许认定过失的效果(相反,在被告提不出任何反证的场合,陪审也就没有认定过失的义务)。

在少数的州里,使过失推定发生效果,让被告方负有提出反证的责任(提出证据的责任 = burden of producing evidence),如果没有的话自动地根据法官的指示使原告胜诉。

并且,还有使说服责任(burden of persuasion)意义上的举证责任的转换也发生效果,认为被告方,必须提出充分的证据满足证据优势(preponderance of evidence)的标准,不过这只是在极少数的州里被采用。

2. 对于和本案同样的,也是从麻醉中醒来后手腕疼痛,患上了脊椎骨神经病痛的患者提出的申诉,认为脊椎骨的压缩并不仅仅是有过失的场合才会引起,对过失推论原则的法理的第1要件作了严格解释,否定了其适用的案例,有 Hoven v. Rice Memorial Hospital (1962)案件。

并且,执笔本案判决的吉布森法官自己,在后来的 Siverson v. Weber (1962)案件中指出,手术的结果让患者受到损害是极为少见的,如果允许依据该法理推断过失的话,恐怕会使医疗工作者承担过分的负担,而使新的手术等受到不适当的制约。

鉴于以上情况,近几年在美国,即使是在和本案同样的医疗事故中,对于本法理的评价也未必很高。在抑制医疗失误诉讼的趋势下,即使是在很多州制定的侵权行为改革法当中,也有明确表示排除适用该法理的规定。

3. 本案被驳回之后,在事实审理时,所有的被告都在证词中说没有看到什么有过失的行为,事实审的法官(没有通过陪审审理),认为所有的被告都有责任,上诉审同意并确定了这一判断。208 P. 2d 445 (1949)。不过,一般在复数的被告被起诉、而推测不是全体被告的过失的场合,对于适用本法理,法院是很慎重的。

执笔者:东京大学教授　樋口范雄

90

Butterfield v. Forrester
(1809) 11 East 60, 103 Eng. Rep. 926 (K.B.)

混合过失（可归责于己的过失）

V　侵权行为法

事实梗概

在德比（Derby）城镇的一条公路上，被告横跨道路设置了横棒。在同一方向还有一条岔道道路，那条路可以自由通行。在8月的太阳落山以后的8点，原告从距离事故地点不远的酒吧出来，骑上马朝被告放有横棒的道路疾驰而去，撞到了横棒，和马一起摔倒在地上负了重伤。不过，没有证据证明事故当时原告酩酊大醉（being intoxicated）。

事故发生的晚上8点左右，"虽说正是人们开始点燃蜡烛的时候，不过还是能够识别距离100码前面的障碍物。证明这一点的证人说，如果原告不疾驰的话，也许能够识别其而避开（when they were just beginning to light candles, but while there was light enough left to discern the obstruction at 100 yards distance: and the witness, who proved this, said that if the plaintiff had not been riding very hard he might have observed and avoided it:）"。

"根据以上证据，巴利（Bayley）法官向陪审作了如下指示。如果带有合理而通常的注意力骑马的人，能够看见该障碍物、能够避开的话，并且，如果诸位陪审员承认原告是非常激烈而缺乏通常的注意骑着马在街上疾驰的话，诸位必须为被告方作出裁断（On this evidence Bayley J. directed the jury, that if person riding with reasonable and ordinary care could have seen and avoided the obstruction; and if they were satisfied that the plaintiff was riding along the street extremely hard, and without ordinary care, they should find a verdict for the defendant:）"。陪审作出了支持被告的裁断。原告当场对该法官的指示表示异议，提出

了再审理的要求。

争论点,是巴利法官向陪审说明的普通法是否错误。原告主张,"当某人在公路上横放了几根圆木的时候,注意骑马的人即使能够安全通过,如果我的马因为该圆木绊倒、把我摔下马的话,我就能够提起诉讼('if a man lay logs of wood across a highway; though a person may with care ride safely by, yet if by means thereof my horse stumble and fling me, I may bring an action.')"的准则登载在当时的陪审审判说明集上,巴利(Bayley)法官的说明违反了普通法,是违法的。不过,该主张没有得到认可,再审理的申请被驳回。

判决要旨

巴利法官认为,"证据证明原告让马全速奔驰,而且是在德比城镇中的道路上。如果原告持有通常的注意力,应该看到障碍物,因此可以说该事故完全是由于原告自身的过失(fault)造成的(The plaintiff was proved to be riding as fast as his horse could go, and this was through the streets of Derby. If he had used ordinary care he must have seen the obstruction; so that the accident appeared to happen entirely from his own fault.)。"

埃伦伯勒(Ellenborough)首席法官指出,"一方当事人,如果自己没有正确地负起通常的注意的话,就不应该非难另一方当事人由于过失(fault)设立的障碍物。如果把错误地在道路相反侧骑马的人们为例,其他人不能因此就可以故意朝着这些骑马的冲过去吧。一方的过失(fault),不免除另一方为了自身所需要的通常的注意。本案的申诉要得到认可必须具备2点。其一,是由于被告的过失设置的道路障碍物,其二,是原告方为了避开该障碍物没有欠缺通常的注意(A party is not to cast himself upon an obstruction which has been made by the fault of another, and avail himself of it, if he do not himself use common and ordinary caution to be in the right. In cases of persons riding upon what is considered to be the wrong side of the road, that would not authorize another purposely to ride up against them. One person being in fault will not dispense with another's using ordinary care for himself. Two thins must concur to support this action, an obstruction in the road by the fault of the defendant, and no want of ordinary care to avoid it on the part of the plaintiff.)。"

因此，驳回再审理的请求。原告败诉。

按　语

1. 本案,是承认了混合过失(contributory negligence,＊亦称与有过失——译注)法理的普通法的经典判例。所谓混合过失的法理,是被告的过失即使对原告造成损害时,如果原告没有为了自己的安全采取通常的注意避开损害的话,被告能够免除侵权行为的全部责任的法理。这是被告方主张、应该举证的抗辩。不过,现在,在几乎整个英美法圈该法理已经被修改了。

2. 该法理的问题点,在于让被告免除全部责任。如果被告的过失重大,而原告的轻微的欠缺注意就能使被告免除责任的话,在当事人之间会产生损害负担的不公平。为此,后来的法律实务找到了回避这种不合理的结果的方法。首先,出现了(对当事人双方的过失进行认定的)陪审比较双方的过失程度、对被告是否有责任和赔偿金额作出一般裁断、法院对此采取默认的案例〔Raisin v. Mitchell (1839)(是内陆河流中船只相撞,原告的可归于己责的过失被证据证明,陪审认为双方都有过失作出了认可原告请求金额的一半的裁断、法院对此表示了同意的诉讼案件)等〕。接着,是法院认可了"最后的,最明显的回避机会(last opportunity, last clear chance)"的法理。这是在被告有过失和原告也有归于己责的过失时,有回避损害发生的最后机会的一方负有全部责任的法理〔萌芽的先例是 Davies v. Mann (1842)(为了不让到处乱走而把两脚宽松地捆住的驴子放在一眼望尽的公路旁的原告,能够向疾驰载货马车压死驴子的被告请求赔偿)的案例〕。不过,该法理也只是把全部赔偿责任扔回给被告,没有消除损害负担的不公平。而且,在速度很快的汽车和摩托车的瞬间的冲撞案件中很难适用(Swadling v. Cooper (1931))。弥补法律不合理的是陪审。在市内电车和行人之间发生的缓慢的相撞等案件中,陪审比较双方的过失程度裁断被告是否有责任,法院对此表示同意(Williams v. Commissioner for road Transport (1933)等案件)。不过,在英国,根据1933年的法律,这样的陪审在很多民事法领域被废止,随着汽车的普及等等,社会发生了急剧的变化。类似这样的普通法的不合理越来越明显,承认损害分担的法律改革成了当务之急。

3. 在英国,1945年制定了法律改革(混合过失)法(Law Reform (Contributory Negligence) Act 1945),规定了比较原告(损害赔偿请求者)和被告的过失程度,决定责任比例,"对损害赔偿请求者的损害进行责任比较,法院在认为公正而公平的范围内,减少能够回复的损害赔偿金额"的(比较过失(comparative negligence))准则。这是英国的现行法(澳大利亚、新西兰也同样)。在继续存在民事陪审的美国,法律改革得比较晚,很多州在1970年代以后,在变更州法或判例时引进了比较过失准则。在由州法进行法律改革的场合,比较过失准则的适用受到限制的很多。只有在原告的过失"不大于(not greater than)"被告的过失(原告的责任程度在50%以下)的场合,才承认损害的比例负担的州很多(也有的州更严格只限在原告责任度不到50%的场合)。(有关美国的情况,可以参考学习院大学法学部研究年报22(1987)上登载的樋口范雄的"美国统一比较过失法——为比较日美过失抵消的一份资料"。)

执笔者:成蹊大学副教授　中村民雄

91

Rylands v. Fletcher
(1868) L.R. 3. H.L. 330,
[1861—1873] All E.R. Rep. 1 (H.L. 1868)
工作物和严格责任

V 侵权行为法

事实梗概

　　1860年,在英国的朗卡斯塔县的矿井地带,被告Rylands,为了给自己的水车场储存水决定造个蓄水池,请了专业技师和承包人进行设计和施工。进行施工的人,在往地下掘土时,当掘到应该成为池底的部分,发现了面朝地下的5个竖井的入口,因为都被泥灰一样的沙土堵塞住了,也就没有作调查或采取特别的措施继续工作到工程的完成。这些事情,没有告诉要求造蓄水池的被告。而这些竖井,是以前使用的采煤场的坑道的一部分,在地下更深的地方向水平方向伸展,一直通到相隔一个区的原告Fletcher所有的采煤场,不过,这一情况,无论是被告也好其他的施工有关人员也好谁都不知道。建成之后的蓄水池进水进到一定程度,堵塞住上述竖井入口的沙土由于受到水的压力被推进坑道,随之入侵的大量的水通过坑道把原告的采煤场给淹没了,使得采煤陷于停顿。原告要求对设备的修复费用和损失的收益进行赔偿。

　　案件,先是在夏季巡回法院(Summer Assize)审理,不久,转到了财税法庭(Court of Exchequer),多数意见(2比1)认为,被告没有不注意之处、其行为是利用自己土地的做法、是合法的,驳回了原告的请求。在上诉审的财政署内室法庭(Court of Exchequer Chamber),6位法官全体意见一致的判决是,被告即便没有值得非难的过失也要对原告负损害赔偿的责任。该判断在上告审的贵族院得到了支持。(财税法庭和财政署内室法庭是1875年审判制度改革以前的普通法法院之一。)

上诉审的财政署内室法庭的布莱克伯恩(Blackburn)法官指出,问题在于,像被告那样,在自己的土地上是合法的某物,即,只限于在该土地是没有危害的而一旦流失到该土地之外就自然成为有危害的东西的持有者,是否负有"在自我危险的情况下持有其的绝对义务(absolute duty to keep it in at his peril)"? 还是像原审的多数意见所说的,负有"只是因为持有的所有合理而周全的注意义务(a duty to take all reasonable and prudent precautions, in order to keep it in, but no more)"? 接着,提出了以下的法命题。"如果把流失出去要有危害的东西(anything likely to do mischief)带进自己的土地积聚、保存的人,必须在自我危险之下(at his peril)持有其(keep in),如果没有这样做的话,只要没有特殊情况,该人要对流失的自然结果造成的所有损害(all the damage which is the natural consequences of its escape)负有责任。〔不过〕如果证明该流失是由于原告(被害人自身)的过失(default)引起的话可以免除责任,还有,证明该流失是不可抗力或者是天灾(vis major, or the act of God)的结果恐怕也是同样的"。该法官,对这一法命题进一步作了如下详细叙述。"被邻居家跑过来的家畜吃掉了自己土地上的草或谷物的人;被邻居的蓄水池流过来的水淹没了采煤场的人;地下储藏库里流进来了邻居厕所的粪便的人;因为附近碱工厂的蒸气和有害气体使健康受到损害的人,这些人自己没有过失却蒙受了损害。……如果没有把那样的(一旦流失出去会产生危害的)东西带进来的他的行为,任何危害原本都是不会产生的,他,应该把那样的东西置于自我危险之下而不让其产生危害,否则,对于自然而能够预料的结果就应该负有责任。至于那样的东西是动物也罢,是水、脏东西或者是臭气也罢,我想,会由判例确立为法律。"

被告上告到贵族院,但是被驳回。

判决要旨

大法官凯恩斯(Cairns)作了如下叙述。"如果,以可以称为该土地的自然用法(natural user)的方法在地上或者地下积聚的水,由自然法则的作用流入原告土地的话,原告是不能对此结果表示不满而提出诉讼的吧。如果他对这样的流入想要进行自我保护的话,他自己,为了阻止自然法则的作用,应该采取保护自己的措施在自己的土地和被告的土地之间设立一些隔墙。……与此相对,被告没有停留于该土地的自然用法，而是采用应该称为非自然用法(non-natural user)的方法，就是说，为了把在自然状态中那儿不存在的东西带进来，利用了(该土地)，……如果是该方法不完善的结果使水流失到了原告的土地，可以认为是被告做了本应该使自己处于危险的事情。这当中水的流失，流入原告的土地，造成了给原告带来损害的……危害，其结果是被告有责任。"作了以上说明，凯恩斯法官进一步指出，"同样的结果，根据财政署内室法庭的布莱克伯恩法官在其判决中提到的原则也可以得到"，并且逐句引用了该法官的法命题，说自己完全同意。

同座的克兰沃斯(Cranworth)法官也同意布莱克伯恩法官陈述的法命题。

按　语

上述凯恩斯法官的判决意见，可以理解为是对原审的布莱克伯恩法官陈述的法命题，再加上了问题的物被"土地的非自然用法"带进来的这一要件，被称为"Rylands 对 Fletcher 案件的准则"一直用到今天。(1)"如果流失会危害他人的东西"，当初，被认为意味其自身是危险的特别的东西，不久，被理解为东西的危险性取决于其所处状况，除了火力、汽油、爆炸物，象高高的插国旗的塔也可以看作该准则的要件；(2)"非自然的用法"的意思，在以后的判例中解释为，对照周围状况不是通常的(ordinary)，或者不是"为了本社会的一般利益的适当用法"(Rickards v. Lothian (1913))；(3)"流失"造成损害，不仅仅是指脱离了被告的控制，还意味着在该土地之外给别人带来了损害，因此该土地的来访者在此遭遇危险的场合，不包括在内(Read v. Lyons (1947))。

在美国的各个州，大约隔了一代人接受了 Rylands 案件的准则，后来，发展得比英国法都积极。1938 年的"法律重述·侵权行为"第 1 版，将其作为有关"极度危险的活动"(ultrahazardous activity)的严格责任的法律定型化，第 2 版(1977)，改称为"异常的危险活动"(abnormally dangerous activity)，作出了如下的再定型化。"从事异常危险活动的人，当该活动结果侵害了他人的身体、土地或者动产时，即使最大限度的注意(utmost care)了阻止侵害，也要负责任"(519 条)。某活动是否是异常危险的，在考虑了其危险的大小、防止发生的措施的可能性、该活动的普及程度、地域特性等之后决定(520 条)。并且，和英国不同，危险物在被告土地之外造成损害不作为要件,而危险物的损害是由不是故意的第三者的行为、动物的行为或自然力的作用造成时,不能成为免除责任的事由(defence)。

执笔者:神奈川大学教授　望月礼二郎

92
Winterbottom v. Wright
(1842) 10 M. & W. 109, 152 Eng. Rep. 402 (Ex.)
直接的契约关系和侵权行为责任

V　侵权行为法

事实梗概

Y(被告)，和 A(邮局长官)，签订了制造、出租邮递马车的契约。B(运送业主)和 A 缔结了运送邮件的契约，雇用了赶车的 X(原告)。1840 年 X 在行驶马车时，由于构造上的瑕疵该马车发生了破损，导致 X 从座位上被甩了出去而受了伤。X 向 Y 要求损害赔偿，提起了特殊主张的诉讼。

X 主张，作为 Y-A 之间的契约上的义务，Y 有义务保证马车的安全，而自己不可能知道马车有瑕疵。

判决要旨

财税法庭首席法官阿宾杰爵士（Lord Abinger），对 X 的主张进行了以下探讨。

X 主张，仅仅以和第三者签订了有关马车的契约的理由，Y 就要对可能使用马车的所有人负责任。的确，因为该契约是邮局长官 A 为了公众签订的，也许不能追问 A 的责任。不过 X 并不能因此就可以追究 Y 的责任。

如果允许 X 的请求，那么乘客，或者是因马车的翻倒而受伤的行人都要提起类似的诉讼了吧。只要契约的效果不限制在契约当事人之间，可以想像这样异常的荒唐的结果会层出不穷。

负有公的义务对公众负有责任的人，对于由于自己的被雇用者或代理人的过失（negligence）而蒙受损害的任何人负有侵权行为法上的损害赔偿的义务。即使是根据法律的契约也有作为侵权行为的。不过,这是负有公的义务,或是发生了公的损害(public nuisance)行为的场合,要不然,原本就只是基于契约责任提起诉讼的场合。因此,运送人(carrier),可以提起要求赔偿违约所造成的损失的诉讼(assumpsit)或者是提起特殊主张诉讼,哪一种都可以。不过,没有直接契约关系的当事人,能够提起这种诉讼的例子没有。

本案的 X 对于 Y 原本就不能提起契约上的诉讼。如果假设 X 可以提起契约上的诉讼,那么 Y 的契约上的债务不履行从 A 那儿得到免除,契约当事人之间的契约责任即使被取消之后,还会产生 Y 再被 X 追究责任的不公平的后果。

罗尔夫(Rolfe)法官作了如下说明。

保证马车安全的 Y 的义务,是根据契约接受的义务。因此,这一义务是对 A 的义务,不存在对于 X 的义务等。在本案中,存在损害而不存在违法行为(*damnum absque injuria*)。不承认给 X 任何救济对于 X 来说是很残酷,但并不因此会影响以上考虑。正如人们常说的,疑难案件,容易引用恶法。

其他 2 位法官也赞同上述意见。

原告败诉。

按 语

1. 本判决,作为限制没有直接契约关系的当事人之间的侵权行为责任的案例非常有名。即,严格解释侵权行为的过失(negligence)要件之一的注意义务(duty of care)中的人的范围,把制造业者的义务限定在契约上的义务。

判决要旨,叙述了有关契约的要求赔偿违约所造成的损失的诉讼和有关侵权行为的特殊主张诉讼的两种诉讼方式(forms of action)的关系。即,能够提起这两种诉讼中的任何一种的场合,只要没有违反公的义务或是公的损害,所有的契约法上的诉讼都被限制在可能的场合。由于采取了这种在手续法上进行整理的方法,诞生了限制没有契约关系的当事人之间的侵权行为责任的实体法上的法理。

2. 本判决之后,关于本质危险的物品,承认制造业者的侵权行为法上的过失责任的判例登场。开始,法院是把承认损害赔偿责任的判例作为本判决的例外进行说明的,可是,随着例外的扩大,本判决的理由有了很大的动摇。终于,没有直接契约关系的制造者的过失责任得到了肯定,原则和例外发生了逆转。英国法可以参考 Donoghue v. Stevenson (1932)(本书第 94 案例),美国法可以参考 MacPherson v. Buick Motor Co. (1916)(本书 93 案例)。这一系列的展开作为显示了 19—20 世纪的普通法发展方法的典型非常有名。

3. 本判决的理由是,如果允许 X 对 Y 的侵权行为诉讼,就会无法防止类似诉讼的扩大,不能规定界限。从产品责任的认可范围扩大了的现在来看,可以说具有以下 2 点意义。

其一,在过失,以及现代的严格责任(strict liability)中,基于侵权行为的产品责任法理,导致了制造业者的义务和责任范围的决定,必须根据各个案件所涉及到的受害人及其损害程度的这种困难的局面。

其二,反省产品责任过分的理论上的立场,是避开这样的困难,像本判决中说明的那样,建议部分恢复一律根据当事人之间的契约责任进行解决的方法。参考樋口范雄的"美国的产品责任",小林秀之编的《产品责任法大系Ⅰ〔理论篇〕》50 页(弘文堂·1994)。

执笔者:东北大学副教授　芹泽英明

93

MacPherson v. Buick Motor Co.
217 N.Y. 382, 111 N.E. 1050 (1916)
缺陷车的制造者的过失责任

V 侵权行为法

事实梗概

被告是汽车生产厂家。被告把1台汽车卖给了销售商,销售商把汽车卖给了原告。原告在驾驶车的时候,该车的车轮突然坏了,原告被甩到车外负了伤。车轮之一使用了有缺陷的木材,其车辐条损坏了。该车轮不是被告生产的,是从其他生产厂购入的。可是,从证据来看,如果进行通常的检查,该缺陷应该是能够发现的,检查被省略了。

原告基于过失责任向生产厂家请求损害赔偿。事实审依据陪审的评定判决原告胜诉,上诉审也支持了事实审的判决。

争论点:对于直接卖车的契约对方以外的人,被告是否也要对产品的安全负注意义务?

判决要旨

制造者的注意义务成为该法领域标志的先例是 Thomas v. Winchester (1852)。毒药被贴错标签卖给了药剂师,再由药剂师卖给了顾客。顾客从贴错标签的销售者那儿获得了损害赔偿。"被告的过失置人命于重大危险之中"。贴着错误标签的毒药无论到了谁的手里都要造成危害。因为这一危险是能够预见的,因此产生了避免损害的义务。

该先例的法理不限于毒药、爆炸物或者是具有同样性质的、在通常使用中是有破坏性的物质。从某物质的性质上来说,在制作中一旦有过失就会给生命身体带来危险是确凿无疑(reasonable certain)的场合,那就是危险物。其性质因为可以预料的结果给人以警告。如果知道有危险要素,加上该物是被直接购买者以外的人使用、而且是不会重新试验一下就被使用的话,在这样的场合,与契约(是否有关系)无关,该危险物的制造者负有注意地制造的义务。到此为止,是为了本案的判决有必要作出判断的内容。

所认识到的不是可能(possible)的危险,必须是很有可能(probable)的危险。某物是否危险,有时是法院判断的问题,有时是陪审判断的问题。还有必要认识到在通常的使用中,也危及购买者以外的人。像这样的认识屡屡要从交易的性质中引出来。不过,也许并不能说,对危险和使用有认识的话就一定是足够的了。关系的近(proximity)或远(remoteness)是应该考虑的一个要素。这儿,在购买者不检查就使用的前提下,涉及把产品投入市场的制造者的责任。在能够预见危险的场合,如果制造者有过失,要负有责任。在本案中,对于是否应该越过产品的制造者,追究零部件制造者的责任的这一点,没有判断的必要。

在本案中,原因和结果的链条没有断开。如果伴随使用存在明知的危险,就产生了注意义务。在能够预见过失结果的场合,对于保护生命、身体安全的义务只从契约中产生的想法我们是否定的。我们要求该义务应该在其起源的地方。也就是说,法律上要求义务的起源。

汽车制造业者的注意义务在上述的先例的探讨中,明确了为判定本案被告责任的制造业者的义务的定义。毫无疑问,汽车本身的性质警告如果在制造上有缺陷的话发生危险的比例很高。该车被设计为时速 50 英里。该车轮如果没有足够的强度几乎是肯定会造成伤害的。这和铁道上的机车有缺陷时的危险是同样的。被告知道危险,也知道这车要被购买者以外的人使用,因为从备有 3 人座位的车的大小上看也是明摆着的。而且购买车的是汽车销售商,很明显是为了销售车而购买的。可以说只有销售商才是惟一不使用该车的当事人。可是,被告却主张,只对销售商才负有法律上的保护义务。法律是不会引导出这样的矛盾的结论的。也许在公共马车时代作出的判例不适合进行今天的交通状况。而危险必须是重大的这一原则没有变化,变化的是应该服从原则的物,无论是什么总是在发展的文明中生活所必需的物。

和 B 签订契约的 A 知道契约的对象物供第三者使用,以不知道为理由,要求对C、D和其他人负义务的规则一点儿都奇怪。有和判定房东责任的法律类似的规则。A即使把修理不到家的房子借给B,对于在该房子里受伤的B的客人也不负有责任。租借人B有修理的义务,出租人有权利期待B履行该义务。如果B没有履行该义务,来客应该追究B的责任。不过,在A把建筑物作为聚集顾客的娱乐场所借给B的场合,因为能够预见B以外的顾客的危险,要负结果的预见义务。

事实审法院对陪审说,"汽车从本质上来说不是危险的交通工具"。这句话的意思从文理上表现得很清楚。车辆如果制造得很坚实是没有危险的。法院,委任了陪审判断被告是否应该预见(ought to have foreseen)过失制造的车是"极其危险"的。被告想要区别本质危险(inherently dangerous)的物和极其危险(imminently dangerous)的物。可是,案件并非受这种语言上的技巧的左右。如果以合理的准确度可以预见危险,那么就有注意义务,不论把危险叫做是本质危险还是极其危险,该义务不变。这一想法以各种形式告诉了陪审。

检查的义务,被告不能以车轮是从有信用的制造者那儿购入的理由而免除检查的义务。被告不单单是汽车的销售商,是汽车的制造业者,对其最终产品负有责任。不将其零部件进行通常的简单的测试,被告不能将最终产品投入市场。事实审法官的说明没有要求被告做超过以上范围的事。检查的义务根据应该检查的东西的性质而发生变化。危险度越高,注意的必要性也就越大。

判决:支持原审判决。

按　语

1. 本判决认为,无论是否有契约关系,对于购买者因为产品的缺陷造成的伤害,制造业者负有过失责任。因为汽车的车轮有缺陷的话是可以预测会给人身带来伤害的,所以制造业者要制造没有缺陷的产品,负有由通常的检查确保产品安全的注意义务。制造业者的注意义务延伸到直接购买者以外的利用者的这一点,是本案判决所具有的意义。

2. 本判决当时,支配性先例的规则是,有关产品的缺陷制造业者只对直接契约对方负责。英国先例 Winterbottom v. Wright(本书第92案例)提出的法理被称为 privity rule(契约的直接当事人规则)。大陆法里没有对应的限定的法理。从大陆法来看,可以说本判决只不过是表明了理所当然的侵权行为法过失责任原则的判决。

不过,到 20 世纪初叶为止,直接当事人规则在英美占支配地位。由卡多佐法官宣读的本判决,可以说是把制造业者的过失责任从契约法理的桎梏中解放出来,置于侵权行为法领域的判决。这意味着,本判决成了指导性的先例,在半个世纪中,整个美国的州法院都仿效了其。在英国,Donoghue v. Stevenson(本书第 94 案例)起了同样的作用。并且,本判决,可以说也是发展严格追究缺陷产品制造业者责任的现在的产品责任法理的基本点。关于现在的产品严格责任法理可以参照 Restatement, Torts 2d. § 402 A(侵权行为的法律重述)。

3. 卡多佐法官,探讨了契约的直接当事人规则例外的各个先例,引出了制造业者对于产品购买者、使用者的一般的注意义务。并不是取消了契约的直接当事人规则(完全是被告用来抗辩的)。反对意见(巴特利特(Bartlett)法官),批判了卡多佐法官对先例的解释,认为不从正面取消直接当事人规则不能支持原告胜诉的判决。

E. Levi, An Introduction to Legal Reasoning (1947) 从别的角度对 Winterbottom 乃至 MacPherson 判例的展开进行了分析,很有说服力。

4. 该判决的时代背景是,亨利·福特第一次造出 T 型车开辟了大规模生产汽车之道的是 1909 年,到 1920 年,美国的汽车数量已经达到了 900 万台。

执笔者:早稻田大学教授　藤仓皓一郎

94

Donoghue v. Stevenson
[1932] A.C. 562, [1932] All E.R. Rep. 1 (H.L.)
由过失产生的产品责任——英国

V　侵权行为法

事实梗概

1928年8月,原告Donoghue夫人在苏格兰的某街上遇见一位朋友,两人一块儿去了一家咖啡店。朋友为原告点了冰淇淋和清凉饮料水。店主端来了放在杯子里的冰淇淋和瓶装的清凉饮料水。该瓶是用暗黑色的不透明的玻璃制成的,由金属瓶盖密封着。瓶盖的一端印着被告Stevenson的名字。店主拔去瓶盖,把其中一部分浇在冰淇淋的上面。原告喝了,随后,朋友把瓶里剩下的再倒出来的时候,从瓶底掉出来了蜗牛的残骸。原告见状受到很大刺激,以至胃炎发作。

原告基于侵权行为责任向被告请求损害赔偿。原告曰:有问题的清凉饮料水是被告为了销售给公众制造出来的;有蜗牛残骸的清凉饮料水对于消费者来说是有害、危险的;在生产过程中充分注意不让蜗牛爬进或留在自己灌入的瓶里是被告的义务。

对此,被告提出抗辩,认为原告的主张没有表示诉讼原因(cause of action),即,没有法律责任的根据。

苏格兰的民事法院(Court of Session)的第1审,驳回被告的抗辩,作出了允许原告提出证据的决定,被告对这一中间决定进行了上诉。民事法院的第2部(Second Division)认可了上诉,驳回了原告的诉讼。对此,原告向贵族院提起上诉的就是本案。贵族院以3比2的多数认可了上诉,把案件驳回到事实审的苏格兰的民事法院。

判决要旨

阿特金(Atkin)法官的意见:问题是,在制造业者把饮料产品卖给经销商的方法,是阻止该经销商或最终购买者、消费者检查、发现该产品的缺陷的场合,有关制造者,对于最终的购买者或消费者是否负有合理的注意义务使该产品不带有危害健康之类的缺陷?关于这一问题的苏格兰和英格兰的原则想必是同样的。无论根据哪一方的法律,对于过失(negligence)要求损害赔偿的原告,都必须证明,在该状况下被告负有应该避开对原告加害的合理的注意义务,由于违背该义务而蒙受的损害。在本案中,成为问题的是该义务的存在。

在以往的判例中,很难找到定义当事人关系中产生义务的一般命题,暂且只好满足以下的说法。即,在英国法中,有关产生注意义务的某些一般的概念,也就是说,文献中出现的各个案件只不过是具体案例那样的一般概念,是应该存在的,而且现实中是存在的。毫无疑问,对于过失的责任来源于加害者应该弥补道德上的不良行为的一般公众的感情。不过,按照道德规范要被谴责的作为或不作为的所有的被害者都被赋予请求救济的权利,这在现实社会是不可能的。因此,出现了限定请求者范围以及救济程度的法律准则。"应该爱你的邻人的规范,在法律上,成了不能害你的邻人。对于谁是我的邻人的这一法律家的问题,回答是被限定的。你,必须要带有合理的注意避开能够合理预见到的对于你的邻人有危害的作为或不作为。至于,我的邻人是谁?其回答如下。即,当我扪心自问有问题的作为或不作为的时候,我顾虑对该人的影响是极为密切且直接(closely and directly)地受到我的行为影响的人"。……曾经有判例说明,带有相当注意的义务,是在某人的身体或财物和他人的身体或财物接近(proximity)到以下程度,即,如果不相当注意的话,一方要危害另一方的那样的接近的时候产生的。如果接近,并不仅仅限定在物理上的近距离,而是延伸到一方的行为直接影响到另一方的那种密切而直接的关系,那就完全正确了。……毫无疑问,有时候很难决定成问题的关系是否密切到产生义务。不过,本案中并没有产生有关困难。制造者,把饮料食品,灌入明明知道实际上将由消费者开封的容器。这期间,任何购买者的检查,或者是消费者的合理的事前检查都是不可能的。在这样的制造过程中,是因为制造者的不注意而混入了毒物。

注意义务可以脱离契约而存在。至于是否存在,则由成为问题的对象决定。的确,装满子弹的武器、毒药、爆炸物等等,在其自身是危险物的场合存在特别的注意义务。不过,这和规定只在该场合才存在的注意义务的特别范畴完全不同。

美国的纽约州上诉法院的卡多佐法官在 MacPherson v. Buick Motor Co.（本书第 93 案例）中叙述的法的原则和我所要说的是同样的。

如果,认可原告的主张表示了诉讼原因,那就是承认了以下的命题。即,"无论根据苏格兰和英格兰的哪一方法律,销售者,在让自己的产品,如同离开自己手的时候的样子,原封不动的事实上不可能有中间检查而到达最终消费者手中,而且,认识到该产品的制造或包装缺乏合理的注意会危害消费者的身体或财物的时候,对于消费者负有合理的注意义务"。本案上诉应该被认可。

桑克尔顿（Thankerton）法官和麦克米伦（Macmillan）法官叙述了认可上诉的意见,与此相对,巴克马斯特（Buckmaster）法官叙述了反对意见,汤姆林（Tomlin）法官对此表示了赞同。巴克马斯特法官论述,作为一般原则,在物品制造中行使注意和技术的制造者 A 的对于 B 的契约的违反,作为其本身,不成为因为物品缺陷受到危害的 C 的诉讼原因;该原则的例外,被限于是在该物品本身是危险物的场合,和在制造者知道该物品因为某缺陷和其他的理由是危险的场合,有关命题被判例说明,而且和法的政策也一致。

按 语

阿特金法官的意见,包含了两个法命题。一个被称为"邻人原则"（第一段楷体字表示的部分）,提示了把过失作为责任中心要素的侵权行为（叫做"negligence"侵权行为）的一般的框架,成为以后的判例发展具体的各个准则的基础。还有一个,是物品制造者的 negligence（过失）责任的定型化（他的意见末尾的段落的楷体字部分）,应该说是该判例的成为判决理由的命题。

无论在哪一个命题中,重要的概念,都是接近加害的合理的预见可能性。而在产品责任的场合,该接近性,取决于是否有中间检查的合理的可能性。

产品责任的一部分,现在,在英美双方被严格责任化。

关于把"邻人原则"作为一般基础的 negligence（过失）法的发展,请参照望月的"negligence 的构造、再论"社会科学研究 42 卷 1 号（1990年）,同"negligence 的构造、再论、补充"星野、森岛编《现代社会和民法学的动向》（上）（1992 年）。

执笔者:神奈川大学教授　望月礼二郎

95

Henningsen v. Bloomfield Motors, Inc.
32 N.J. 358, 161 A. 2d 69, 75 A.L.R. 2d 1 (1960)

由保修（Warranty）产生的产品责任

V　侵权行为法

事实梗概

1955年5月7日，X_1（原告），为了送给妻子X_2（原告）礼物，从Y_1销售公司（被告）购买了Y_2制造公司（被告）生产的汽车。

汽车是同月9日交付给X_1的，同月19日，X_2驾驶该车时，驾驶盘突然无法控制，车撞到了路边的墙上。结果车的前面部分破损得很厉害，X_2也受了伤。根据过失侵权行为责任（negligence）和写明的以及默认的担保责任（warranty），X_1、X_2向Y_1、Y_2提出了损害赔偿的请求。

在这种事故的场合，当然，驾驶盘无法控制的原因是否在于车的缺陷成了问题。本案中，因为汽车破损得厉害，从车的破损状态无法判断是否存在缺陷。关于事故的原因，专家的证词证明是前车轮驱动部分的机械结构有缺陷，虽然是否采用该证词是争论点之一，但事实审还是采用了。

事实审判断，无论是对Y_1也好，还是对Y_2，不存在追究过失责任的充分证据。为此，只把担保责任委托陪审审理，基于陪审的评定，事实审向Y_1、Y_2双方宣读了原告胜诉的判决。两被告进行了上诉，而原告因为基于过失责任的主张没有认可，也进行了上诉。案件，直接由新泽西州最高法院进行审理。

争论点：汽车制造者，是否对买主以及买主的妻子被害者负有默认的担保责任？

在买主签了字的购买申请书的背面，写明汽车制造者对以下内容负有担保责任。制造者，担保车辆、底盘、部件没有缺陷处于通常的使用、配备状态。该责任，限定在汽车交付给买主以后的90天之内或者是行车距离4 000英里的其中早到达的一种情况下，可以在制造者的工厂交换零部件。该担保责任代表了其他所有的写明或默认的责任，制造者不承担其他责任。

因此，上述争论点，包含以下的论点。(1)制造者是否负有默认的担保责任？(2)制造者是否对没有契约当事人关系的买主和其他的被害人负有担保责任？(3)对于特定的担保责任以外的责任，在有免除责任条款的场合，默认的担保责任是否也被免除？

判决要旨

1. 制造者的默认的担保责任

在商品的买卖中，通常，具有适销性(merchantability)的默认的担保责任，是契约的要素。所谓具有适销性的默认的担保责任，意味着，买卖物与其具有的一般的目的合理地相吻合。统一买卖法认为，关于具有适销性的默认的担保责任，是指卖主的义务，既不是根据当事人明确表示的约束而产生的，也不是认识到如果违反保证义务发生身体伤害的话会有损害赔偿请求权的结果而产生的。统一买卖法认为，卖主的义务是根据法律产生的。

对于因为不履行担保责任而发生的身体损害请求损害赔偿的权利，是严格责任(strict liability)，不需要认识到过失或瑕疵的证据。

2. 契约当事人关系和默认的担保责任

迄今为止的即使没有契约当事人关系而损害赔偿请求仍然被承认的判例，多数是有关食品和药品的案件。承认这些产品的损害赔偿请求权的规则，是作为一般原则的例外而存在的。但是，在最近的判例中，开始认为这样的限制是不公正的，在家用烫发药剂、洗衣粉、容易着火的牛仔套装、爆炸的瓶、研磨装置、钢缆、建筑用的轻量型预制板等等案件中的责任都被承认了。

在考虑本案这样的缺陷车是否适用该规则的时候，找不到区别饮料瓶里的苍蝇和缺陷车的合理的根据。有害的饮料也许会让人生病，而有缺陷的车使驾驶者和一同乘坐的人受伤的可能性更高，以不存在契约当事人关系的理由否定损害赔偿，与苍蝇的场合相比未免太不公道。

在现代社会，通常，人们对反复出现华丽的宣传的反应是决定购买汽车，但是却没有检查、判断汽车是否耐用的能力，也没有这样的机会。就是说,只好相信控制汽车制造的制造者,和汽车交付之前在制造者的指示下进行检查的销售者。在这样的市场环境中,普通人以及只好通过该人得到救济的被害者的救济方法,不应该依据买卖法的复杂的理论。制造者的义务,不应该仅仅依据是否存在契约的当事人关系。而是应该根据"社会正义的要求"得到承认。

3. 免责条款和默认的担保责任

法院必须考虑到,汽车制造者,使用了电视、收音机、报纸、杂志等所有的信息传播手段进行了大量的宣传活动,想要促使大众购买自己产品的这一事实。很多州的法院,认识到现代交易社会的实际情况,在制造者使用宣传手段引起大众注目自己的产品和质量、创造出大众想要购买车的需要的场合,作出的判断是,这样的表示是对相信了其并购买了其产品的买主产生了直接的明确表示的担保责任。买卖即使不是和制造者而是在和其他的独立的销售者之间进行,也产生以上的担保责任。

有关市场销售产品的默认的担保责任的判断,研究一下各个州的判决,可以清楚地看到,展开刺激消费者购买欲的促销活动的制造者负有明确表示或默认或者是两者的担保责任。法律这样发展的结果,汽车产业界,为了回避对消费者直接承担明确或默认的担保责任的想法,把 Henningsen 一家同意的买卖契约的一部分内容中明确表示的担保责任作为了一般的条款。

以这些事实为前提,对于有意识地把制造者的责任限定在交换缺陷部件,把其他的明确表示或默认的担保责任全部免除的该明确表示的担保责任,应该赋予怎样的效果呢?考虑这个问题时,只要没有诈骗,必须注意这样的一个一般原则,即,在契约书上签名之前没有看契约书的人,事后不能逃避契约书上写着的义务。适用这一原则时,相信契约自由的原则是重要因素。可是,看一下现实的交易,那样的原则不能严格地按照原则适用。

传统的契约是双方当事人自由交涉的结果。但是,在现代的交易社会中,一般都是附和契约。附和契约,被具有很强经济能力和地位的企业采用。因为通常的契约条款的制定人是垄断企业或是有竞争性的企业,采用了所有内容都是相同的条款,使得需要商品或职务的弱小方的当事人,处于不可能选择契约对象和契约条件更好的对象签订契约的状态。

鉴于以上理由,适销性的默认的担保责任的免除条款,和把担保责任限定在部件交换的条款,都违反了公序良俗、是无效的。

按 语

1. 本案件中,X 和 Y 之间不存在当事人的关系。自本案件之前的 MacPherson 判决(本书第 93 案例)开始,没有契约当事人关系的制造者也负有过失侵权行为责任被得到了承认。而本案件,汽车破损到找不到能充分证明制造者过失证据的地步。因此不能认可依据过失侵权行为的请求。为此,对于契约责任的担保责任作为根据的请求是否能够认可产生了争论。

制造者在契约中作了品质保证的场合,制造者负有该意思表示的明确的担保责任,是契约法上理所当然的。相反,没有作任何保证时是否就可以说什么担保责任也不负了呢?并非如此。本判决首先判断,制造者,对于买卖之物,负有责任保证该物具备有合理的与一般目的相吻合的品质,即,对所谓的适销性负有默认的担保责任,该责任不是根据双方的同意而是根据法律而负有的。

2. 那么,这样的默认的担保责任,第一,在没有契约当事人关系的制造者和消费者之间是否也能够被认可?第二,在有明确的免责条款的场合是否也能够被认可?是本案的争论点。

担保责任是契约责任,认可担保责任时存在契约当事人关系是原则。但是,作为该原则的例外,对于食品和药品,存在即使没有当事人关系也认可担保责任的判例,而且该例外倾向于扩大。本判决,根据汽车制造者通过宣传活动刺激需要、而消费者对于性能没有检查的能力只好相信制造者的这一市场的实际状态,作出了在认可担保责任时当事人关系的这一要件不需要的判断。

3. 对于免责条款,本判决,也考虑到消费者被强行签订附和契约,处于不能选择契约对象、不能和有更好条件的对象签订契约的实际状态,判断其违反了公序良俗、是无效的。

本判决,在产品责任法理的展开中,作为介于 MacPherson 案件和 Greenman 案件(本书第 96 案例)之间的判决应该受到注目。

执笔者:爱知大学教授　松浦以津子

96

Greenman v. Yuba Power Products, Inc.
59 Cal. 2d 57, 27 Cal. Rptr. 697, 377 P. 2d 897,
13 A. L. R. 3d 1049 (1963)
由侵权行为法上的严格责任产生
的产品责任

V　侵权行为法

事实梗概

加利福尼亚州的居民 X(原告)，在 Y_1 商店(被告)，看到了 Y_2(被告)制造的多功能电动工具，在研究了 Y_2 制作的小册子之后，决定购买。实际上从 Y_1 那儿购买了工具的不是 X，而是 X 的妻子，1955 年，该工具作为圣诞节礼物，由妻子送给了 X。

1957 年，X 为了把该工具用作木工车床购买了附件。在把工具作为车床使用时，木片从工具中飞了出来正中 X 的额角，使 X 受了重伤。大约 10 个半月之后，X 用书面通知 Y_1、Y_2 违反了品质保证(warranty) 的义务，依据担保责任(warranty)和过失责任(negligence)请求损害赔偿。

事实审，在委任陪审判断之前，对于 Y_1，作出了无论是过失责任还是明确表示的担保责任都没有充分证据的判断。而对于 Y_2，判断为不负有默认的担保责任。因此，陪审被要求，只对 Y_1 的默认的担保责任，和 Y_2 的过失责任和明确表示的担保责任作出判断。陪审作出了对于 Y_1，X 败诉，对于 Y_2，认可赔偿 X 6.5 万美元的评定。Y_2 要求再审(new trial)，但是事实审没有同意，按照评定作出了判决。Y_2 提出上诉，而 X 对于败诉给 Y_1 的这一点，也提出了上诉。

争论点：当加利福尼亚州民法(Civil Code)1769 条规定，"买主"发现瑕疵以后在"合理的期间内"不发出通知的话不能追究担保责任时，"过了合理的期间以后"发出通知的"买主的丈夫(被害者)"，能否"对制造者"请求赔偿瑕疵造成的身体损害?

判决要旨

1. 产品责任和"合理的期间内"的通知

1769条规定的必须在合理的期间内通知的这一要件,在受了伤的消费者对于不是交易对方的制造者提起诉讼的场合,不是法院应该适用的要件。"在契约的直接当事人之间,这一要件,是为了从不合理的迟延的损害赔偿请求中保护卖主的健全的商事原则。如果将其适用于因为人身损害向不是直接当事人的卖主提出的请求时,该要件对于不注意的人来说是意想不到的陷阱。受到人身损害的消费者,'不可能通晓商业习惯到把该原则正当化'(James, Product Liability, 34 Texas L. Rev. 44, 192, 197 (1955)),至少在得到法律上的忠告之前,对没有交易过的人发出通知之类的事连想都没有想过(Prosser, Strict Liability to the Consumer, 69 Yale L. J. 1099, 1130 (1960))"。在 Jones v. Burgermeister Brewing Corp. (1961)(以下的判例省略)等等案件中,法院的确判决,在消费者对制造者的诉讼中,必须发出保证义务不履行的通知。但是,因为在这些案件中,对基于当事人之间的契约的担保责任,和与消费者没有契约当事人关系的制造者负有的担保责任之间是否存在不同之处的问题,法院没有作出判断,所以不存在否定适用 La Hue 案件(La Hue v. Coca-Cola Bottling Co. (1957))和 Chapman 案件(Chapman v. Brown, D.C. (1961))的原则(第1769条中规定的必须在合理的期间内通知的这一要件,在受到伤害的消费者对不是交易对方的制造者提起诉讼的场合不被适用的原则)的先例。因此,即使原告没有在适当的时期对制造者发出保证义务不履行的通知,把小册子里包含的表示作为根据就存在诉讼原因(cause of action)。

2. 侵权行为法上的严格责任

基于本案这样的事实关系要制造者负起严格责任(strict liability)时,原告没有必要主张民法1732条中规定的明确表示的担保责任。在认识到可能没有检查就被使用还投放到市场的该产品被证明了存在有损害人体之类的瑕疵的场合,制造者要负侵权行为法上的严格责任。严格责任,当初,认可于对健康有害的食品,现在,扩大到如果有瑕疵会发生同样的危险或者是更大危险的多种产品。

在承认这种扩大的判例中,严格责任,通常基于制造者对于原告的明确表示或者是默认的担保责任的理论。但是因为，在追究该责任中制造者和原告之间的契约当事人关系必须存在的要件被放弃；认为责任不是在双方同意下产生的，而是根据法律必须承担的；以及，不允许制造者对于有瑕疵的产品自己限定责任(Henningsen v. Bloomfield Motors, Inc. (1960)——本书第95案例)，所以很明显，责任不是基于契约的担保责任法理，而是根据侵权行为法的严格责任而来的。

让制造者承担严格责任的根据在此没有再次议论的必要。根据在上述引用的很多判决中被详细论述。严格责任的目的是，由于瑕疵产品损害身体发生的费用，不让未能从那样的损害中保护自己的被害人负担，而是要让把那样的产品投放市场的制造者承担。买卖的担保责任，几乎都不符合这一目的。比如，本案的场合，仅仅是在原告相信了所看到的制造者制作的小册子上表示的电动工具的坚固性的场合，才能举出证据主张明确表示的担保责任。而工具安全转动达到制造目的的内容表示，在该物投放于市场的这一事实中已经得到默认。基于这种情况，与原告是因为相信了小册子的词句而选择了该产品，还是虽暗藏缺陷却因为外表极其完美而选择的，或者是单单认为按照产品目的能安全动作而选择的，毫无关系。制造者卖给销售商、销售商卖给原告的妻子的这一事实关系是否产生买卖法上的默认的担保责任，也毫无关系。"受到身体损害的消费者的救济，不应该基于买卖法的复杂原理进行"(Ketterer v. Armour & Co.；Klein v. Duchess Sandwich Co. (1939))。要制造者承担责任，只要原告按照规定的使用方法使用该工具时，没有认识到因为制造上或设计上的缺陷，会使按照规定的使用方法使用的产品成为危险物，而蒙受身体损害的事实得到证明就足够了。

判决：作出了与原判决同样的判决。

按　语

1. 本判决，把产品责任不是基于契约的担保责任法理，而是基于侵权行为法的严格责任作为一般原则明确提出来，是产品责任法理发展中的重要判决。

本案的争论点是，在制定法规定"买主发现瑕疵以后不在合理的期间内通知卖主的话不能追究担保责任"时，过了这一期间通知的被害者是否能够向制造者请求损害赔偿。关于这一争论点，判决，在消费者向制造者请求损害赔偿的场合,作出了该规定不适用的判断,作为根据,说明了产品责任是基于侵权行为法的严格责任的想法。

2. 在 Henningsen 案件(本书第 95 案件)中,依据保证义务(warranty)的严格责任从食品扩大到汽车。同时,还判断没有契约当事人关系制造者也要负担保责任,即使有免责条款也不能被免除。但是,在 Henningsen 案件中,严格责任的根据是质量宣传活动的保证,可以说在契约法范围内的考虑。而本案,则是把产品责任作为侵权行为责任。作为其论理结果,消费者追究制造者责任时免除适用契约法法理。不仅是免责条款,本案这样的制定法上的限制也不阻碍损害赔偿请求。

3. 本判决,进一步指出,产品责任的目的是,瑕疵产品损害身体发生的费用,不让未能从那样的损害中保护自己的被害人负担,而是要让把那样的产品投放市场的制造者承担。值得注意的是,本判决所表示的责任的根据在于把瑕疵产品投放市场、其结果造成人身损害的这样一种思考方法。Henningsen 判决认为,为了让人购买自己的产品而进行了宣传活动的制造者,要对相信该表示而购买了产品的买主负担保责任,本判决认为,把瑕疵产品投放市场就要负起责任。按照这一考虑方法,不论消费者是否相信表示都产生责任。

4. 承认以所有产品为对象,把侵权行为法作为根据的严格责任的产品责任的本判决,对法律重述(Restatement)第 2 版 402A 条的成立产生了影响。关于判决年,在 West 公司的判例集是 1962 年,教科书里也是照此引用,正确的年代应该是 1963 年。

执笔者:爱知大学教授　松浦以津子

97

Time, Inc. v. Hill
385 U.S. 374, 87 S. Ct. 534, 17 L. Ed. 2d 456 (1967)
民事上的个人隐私权利的侵害

V　侵权行为法

事实梗概

1952年9月11日，本案的原告即被上诉人James Hill和其家人在菲拉德尔菲阿郊外、位于宾夕法尼亚州怀特马修的自己家里，遭到了3个越狱犯人的袭击，被非法监禁了19个小时。后来，因为越狱犯人的离开得到了平安解放。犯人们后来和警察发生了冲突，其中两人被警察杀害。根据Hill的证词，遭到监禁时，犯人们的表现如同绅士一般。

其后，Hill家搬迁到了康涅狄格州。自从案件发生以后，原告及其家属拒绝接受电视、杂志等新闻媒介的采访，努力避开公众的注意，想尽早回复到平稳的生活。

1953年，从这一事件中得到灵感的约翰·海斯发表了题为"The Desperate Hours（千钧一发）"的小说。和Hill事件的事实不同，小说中的被害者们受到了犯人的暴行和口头上的性的侮辱。以此小说为蓝本写成的戏剧剧本，还在百老汇上演，甚至还拍成了电影。有关该戏剧的报道登载在1955年的《生活》杂志的2月号上。其内容表示了该戏剧是Hill事件的再现，提到了原告的名字，还附有在事件现场拍摄的（演员扮演的）暴行场面的照片。

原告依据纽约州的纽约民权法案（New York Civil Rights Law §50—51），向《生活》杂志的发行者Time公司提起了诉讼。

原告主张，被告明明知道该戏剧不是事实的再现，却写出了让读者认为是真实再现的报道。

纽约州法院的第1审、上诉审都是原告胜诉，命令被告赔偿3万美元，州的最高法院（Court of Appeals）也维持了原判决。

被告以下面的理由,向合众国最高法院提起了上诉。即,对于有正当报道价值的、公众关心的事情,进行了没有任何恶意的报道,就要依据纽约州的纽约民权法案课以损害赔偿的责任,这是对宪法上的言论自由的权利的侵害。

合众国最高法院的(5比4)判决是,取消原判决驳回重审。

判决要旨

布伦南(Brennan)法官的多数意见如下:

1. 纽约州的民权法案的内容:本案中成为问题的纽约州法,基本上的内容是,禁止为了自己的经济利益的目的,没有经过许可、无代价地使用他人的姓名或肖像。没有要妨碍有新闻价值的人或事情的报道的自由。"有新闻价值的人"实质上"没有个人隐私的权利"的限度在 Spahn v. Julian Messner, Inc. (1966) 案件中有所说明。即,当报道的内容,是把该事实"故事化","为了被告的利益而使用"时,根据该法律,原告方能够得到保护。这是纽约州法的内容。纽约州的个人隐私法只要是在该范围内被运用的话,其本身不违反宪法。

2. 报道自由和个人隐私:受合众国宪法第1条修正案保障的报道的自由,不是只限于保障政治上的言论。我们的生活或多或少,都有被公开的可能性。在报道或言论的自由受到保障的社会中,要保障确保报道内容在所有方面的正确性是很困难的。因此,对于报道机关没有恶意的错误报道不能追究其责任。

但是,宪法并不保障故意的错误报道的自由。New York Times Co. v. Sullivan (1964)——本书第24案例,是有关公务员报道的破坏名誉的案件,与其相对,本案的情况是个人偶然卷入事件,不是基于破坏名誉的诉讼。不过,在把误认事实加以报道的这一点上两者有密切的关系。因此,本案能够应用 New York Times 案的标准。

3. 对于本案事实关系的评价:首先,海斯的小说和剧本的确受到 Hill 事件很大的影响,不过是以几个类似事件为基础描写的虚构的故事。而且,《生活》杂志的报道,当初的预定是不提 Hill 的名字,有关戏剧的内容本来也应该提到是把事件"略微故事化"了的。但是,实际登载出来的报道,把该戏剧表现为"Hill 事件的再现",故事化了的句子没有了。而且,记者在证词中说,虽然认识到是被故事化了的,但核心和灵魂(heart and soul)是 Hill 事件。问题是,对于这一事实纽约州法院是否作出了正确的评价?

4. 结论:联邦最高法院认为,为了承认依据纽约州个人隐私法的损害赔偿是符合宪法的,要把报道机关"知道该内容是虚假的或故意无视真实(with knowledge of their falsity or in reckless disregard of the truth)"作为要件。然而,纽约州仅仅评价了以下两点就作出了原审的判决。这两点是,(1)《生活》杂志的报道是否没有把原告的名字作为新闻,而是因为"The Desperate Hours(千钧一发)"的关系,用到了故事里? (2) 该报道是否为了给戏剧作"商业目的(for the trade purpose)"的广告而写的? 没有对上诉人一方的恶意进行探讨。并且,认可原告的主张,即 fictionalization= falsity(小说化=虚假)是违法的,使得言论的自由变得狭窄了。为此,有必要在这一条线上对事实进行重新认定。

布莱克(Black)、道格拉斯(Douglas)两位法官同意对言论的自由要有更为广泛的保障。

哈兰(Harlan)法官对于把侵害个人隐私的标准放在过失的这一点上表示反对。

〔福塔斯(Fortas)法官(沃伦(Warren)首席法官、克拉克(Clark)法官同意)的反对意见〕

反对意见直接对个人隐私作了说明,稍微详细地概括如下。

福塔斯(Fortas)法官作了如下叙述。

多数意见认为,只有在发行者知道报道内容是虚假时,或者是考虑不周的情况下被害者方才可以获得救济。但是,这成了几乎无限容许由文字产生的侵权行为。第1修正案不保障无限的表现自由。

关于个人隐私权,虽然宪法上没有明文规定,但是,自从 Cooley(库利)法官称之为"独处一个人的权利(Right to be let alone)"以来,破坏名誉相对别的精神侵害得到了承认。成了35个州的普通法上,或者是制定法上的权利。即使在联邦法院,从 Mapp v. Ohio(1961)判决(本书第57案例)到 Griswold v. Connecticut(1965)判决,在不断积累的判例中,被确定为基本权之一。

报道的自由应该得到维护。但是,其并非在法律允许的范围之外。没有必要对于公职人员的报道、超过公的讨论等不必要的报道免除责任。对于不属于第1修正案核心的报道,当其侵害了个人的权利时,没有必要对该报道机关免除责任。

本案中，州法院作出的"被告虚假地把原告与戏剧结合起来，明知虚假又不作调查地"发行了报道的认定，可以说完全满足了多数意见的标准。

按　语

本判决，是表明了，在个人隐私的侵害和合众国宪法第 1 修正案相抵触的场合，其表现手段、内容等如果满足了一定的要件，个人隐私的侵害可以认定为侵权行为的判例。

个人隐私权利本身通过一系列判例已经被认定为基本人权的一部分。但是，在和言论的自由的关系中，当言论的对象＝被害者是公众形象（public figure）的时候，优先言论自由的是 New York Times Co. v. Sullivan 判决中说明的法理。

问题是，像本案原告这样的，偶然被卷入犯罪的被害者，将被作为 public figure（公众形象）到什么时候、什么程度？

普通法上的个人隐私权在有名的"隐私权"（Warren & Brandeis "The Right to Privacy"）一文和其他判例中被定义为"独处一人的权利（Right to be let alone）"。即使是在没有构成破坏名誉的场合，这也是社会上的不应该由他人的随便的言行扰乱私人生活的一般看法的表现。其要件为，（1）个人信息（private facts）的披露；（2）该披露是向公众的公开；（3）对于通常的人的感情来说是侮辱性的侵犯，这 3 点和第 2 次法律重述（Restatement）中所列举的该信息的披露对社会没有正当利益（legitimate interest）的，一共是 4 点。也就是说，第 2 次法律重述（Restatement）以及普通法所采取的立场是，当该报道将被害者置身于公众的错误认识（false light）之中时，不管是否是破坏名誉，都是对个人隐私的侵犯。而来自政府机关的侵害，作为宪法上的权利受到侵害允许按照侵权行为要求损害赔偿。

但是，像本案这样，当报道的自由和个人隐私发生冲突时，要找出在哪儿取得平衡的答案是非常困难的。一方面，犯罪行为的受害者，由于犯罪结果和无心的报道，受到二重、三重的被害。而在报道中，受害者的确定也许没有必要。另一方面，要求承认言论自由或报道自由的社会的正当利益，并非是单纯传播新闻，而是包含教育、艺术等要素的广泛的内容。从其本质考虑，狭窄地解释该自由是困难的。换言之，对于这种权利的个人隐私权一方的防御是很弱的。比如，在该报道内容是从公的记录中获取的场合,受害者一方的机会几乎一无所有(The Florida Star v. BJF (1989))。

  暂且不说如何严格该标准,或者,是否给当事人带来了正当结果,本案,由于对报道方课以和破坏名誉同样水平的注意义务,是把对个人隐私权的侵犯认定为侵权行为的判例。

执笔者:庆应义塾大学副教授　西川理惠子

98

Tarasoff v. Regents of University of California

17 Cal. 3d 425, 551 P. 2d 334, 131 Cal. Rptr. 14 (1976)

第三者保护义务

V 侵权行为法

事实梗概

　　印度人 A(Prosenjit Poddar)，于 1967 年 9 月来到美国，作为加利福尼亚大学巴库雷校的研究生开始了留学生活。A 在 1968 年秋天，和美国人学生 B(Tatiana Tarasoff)相识，每个星期都有约会。除夕之夜，B 亲吻了 A，A 把亲吻领会成是两人正式关系的标志。知道了这一想法的 B，对 A 说，自己另外有关系很深的男朋友，和 A 没有保持类似关系的兴趣。听了此话的 A 受到很大的震动，一直到 1969 年夏天，都处于忧郁状态。可是，在这段时期，A 偶尔也与 B 见面，在见面时，把想要查清 B 不爱自己的理由的对话录了下来。

　　1969 年 8 月，B 因为放暑假去了巴西以后，A 开始去大学的保健中心的精神科。A 对担任心理疗法的 Y_1 说，等 B 回国的时候，打算把她杀了(当时，B 的名字没有说出来，不过很容易就知道指的是 B)。Y_1 和上司精神科医生 Y_2、Y_3 商量以后，向大学警察的警官 Y_5(复数)联系，A 得了妄想型的精神分裂症，有自伤和害人的可能，为了观察，预定强制住院 72 小时，在准备资料期间，要求拘留 A。A 被 Y_5 拘留以后，Y_5 判断 A 很有理性，而 A 也约定不接近 B，于是，A 被释放了。其后，该中心的精神科长 Y_4 作出指示，不能再对 A 采取强制住院的措施。

　　自从那以后，A 不再去医院了。A 和 B 的兄弟成了室友，从他那儿得知 B 回到美国了。10 月底，A 去了 B 的家里。B 不在家，其母亲把 A 给赶了出去。A 拿了手枪和菜刀，再次登门 B 的家。一人在家的

B,对 A 置之不理,因为 A 不走,叫了起来。对着喊叫的 B,A 拔出手枪就射,进而,抓住从家里往外逃的 B,用菜刀反复朝 B 砍去,把 B 砍死。然后,A 又回到 B 的家,给警察打电话自首。

B 的父母亲 X,以 Y_{1-4},Y_5 以及这些人的雇用者的大学 Y_6 为诉讼对方,以 Y_{1-5} 没有继续拘留 A 乃至强制其住院;以及 Y_{1-4} 没有警告父母 B 有危险为理由,提起了对侵权行为造成的损害请求赔偿的诉讼。对此,被告方主张,对于 B 不存在注意义务,适用制定法上规定的对公务员的行为等的免除责任。加利福尼亚州的第一审法院,认定了被告的抗辩(demurrer)(即使 X 的主张全部都是真实的,在实体法上,以不成立任何请求原因的理由提出驳回诉讼的要求)。驳回了诉讼。X 对此不服,向州的上诉法院提起上诉,可是原判决被肯定。于是又向加利福尼亚州的最高法院提起上诉。州最高法院,只限于 Y_{1-4} 的违反警告义务,认定请求原因成立的可能性,至于其他的,肯定了适用免除责任的规定。以下,介绍只限于违反警告义务部分的判决要旨,并加上解说(以下把 Y_{1-4} 统称为 Y)。

判决要旨

当处于自己的行动不带有通常的注意,会给他人的身体、财产造成危险的状况,为了回避危险,产生通常的注意义务。对于这一基本原则的修正是,损害预见的可能性,损害发生的确实性,被告的行为和发生的损害之间的关系的密切性,被告行为的道德上的有责性,防止将来损害发生的方针,伴随课以义务产生的被告的负担和对社会的影响,对于该危险的保险到手的可能性、费用、普及程度等等,只有比较衡量各种各样要素方才能够认定。

这些要素中最为重要的,是预见可能性。原则上,一个人,对于预测到由于自己的行动会有危险的人,负有注意该不合理的行动中所有的危险要素的义务。但是,为了回避能够预见的损害,在控制他人的行动、对他人的行动有必要警告的场合,判例法传统上,只限于在和成为加害者或被害者的人有什么特别关系的场合才被课以责任。

原告的诉状中,说明 A 和 Y 之间有患者和医生、心理治疗医士之间产生的特别关系。这样的关系,有可能支持为了第三者利益的积极的义务。比如说,医院为了控制有可能给他人造成危险的患者的行动必须带有合理的注意;医生因为患者的症状和患者在服药,必须警告患者开车等一定的行动会给他人造成危险。

　　承认这种义务的本州的过去的判决，是被告，与被害人和加害人双方之间有特别关系的案件，但本法院认为，该义务不应该被限定在这样的状况。其他法律领域的判决认为，只有在医生和患者之间的关系中，才有保护他人免于因患者的病导致危险的合理的注意义务。由于过失没有诊断出传染病的医生；或者是，作出了诊断，但是没有警告患者家属的医生，对于从患者那儿感染的人肯定是负有责任的。与本案的争论点更接近的，有医院安排精神病患者去农场劳动，没有向农场主说明患者的病历，给了患者劳动时间以外的行动自由，结果患者开车到了自己妻子的住居杀害了妻子的案件，虽然医院和妻子之间没有特别的关系，判决还是认定了医院的责任。

　　对此，Y主张，为了保护第三者即使被课以注意义务，但是因为治疗者很难正确预测患者是否是暴力性的，所以并不有效。可是，要求治疗者做到的，只是在同样情况之下，从事该专业的人通常所保持、行使的合理程度的技术、知识和注意。在治疗者现实上判断患者对他人的暴行孕育着重大危险，或者是适用专业标准的话应该得出同样结论的场合，为了保护预测有可能受害的人，就有合理注意的义务。这时候采取的措施中，因为警告被害者而给患者带来的不利，只是不确实的臆测的，在和被害者的生命危险相比较的场合，不能因为不得不说预测不准确而否定保护被害者的义务。也许是不必要的警告的这种危险，是对因为警告也许获救的被害人的生命所应该付出的代价。

　　另外，Y还主张，自由而不隐瞒的交谈是心理疗法中必不可少的，警告是对秘密交谈的泄漏，会破坏信赖关系。本法院认识到，对于精神病治疗的有效援助，对于患者的个人隐私权利的保护，进而对于心理疗法中的保密性的公的利益和重要性，但是，必须把这些和没有受到暴力危险的安全性的公的利益进行衡量。

　　从治疗者对患者的职责上的观点来看，不允许披露危险，除非是在回避对他人有危险的必要场合，即便是披露的场合，也只限于防止危险，要求最大限度地尊重患者的个人隐私。在这样的情况下，披露不会破坏信赖关系，也不违反专家的职业伦理。对患者和心理疗法医士之间的交谈保守秘密的这一社会方针，在披露是回避对他人危险所必不可少的时候成了第二位。秘密交谈的拒绝公开特权，在危及公共安全时宣告结束。

鉴于上述理由,因为违反了保护 B 的合理的注意义务,X 的诉状,对于 Y(以及他们的雇用者 Y_6)的诉讼原因能够修正。取消第 1 审判决中,和这些人之间的关系中认定 demurrer(抗辩)的部分,案件驳回第 1 审重新审理。

按　语

本判决指出,治疗有加害行为可能性的患者的精神科医生,为了保护第三者有采取警告等必要的合理措施的义务。而一旦课以这样的义务,会引起治疗者回避治疗有暴力倾向的患者;患者讳疾忌医;阻碍医生和患者之间坦率的交谈;作为保护措施而强制住院的会有增加,等等现象。而且,从为了保护采取的警告等措施很多是无效乃至有害的这一角度来看,以精神病医生为中心的批判意见很尖锐。另一方面,自本判决以后,对于这一问题作出判断的大多数判决,基本上肯定了本判决课以的保护义务。但是,法院对于该义务所采取的姿态是多样的,使本判决的射程进一步扩大,既有在预测有可能成为被害的人不容易特定的场合,或者被害是财产的场合,课以责任的判决,相反,也有在患者没有具体表现所企图的暴力行为的场合或现实中不可能控制患者的场合,否定责任的判决。关于本判决,可以进一步参考 Paul S. Appelbaum, Almost A Revolution: Mental Health Law and The Limits of Change 71-113 (1994) 以及其中所引用的文献。

执笔者:神户大学教授　丸山英二

99

Overseas Tankship (U.K.) Ltd. v. Morts Dock & Engineering Co. (The Wagon Mound)

[1961] A.C. 388, [1961] 2 W.L.R. 126, [1961] 1 All E.R. 404 (P.C.)

由侵权行为产生的损害赔偿

V 侵权行为法

事实梗概

停泊在澳大利亚悉尼港内的卡尔塔库斯码头的船舶 Wagon Mound 号里的炉油因为乘务员的过失流了出来。流出的油迅速地在港内的水面上蔓延开来,一直漂流到了距离 600 英尺之远的 X(原告)公司(Morts Dock & Engineering Co. Ltd.)设备所在的码头。在该码头有 X 公司的造船厂和船舶修理工厂,当时,正好在使用电和气快焊的焊接工具修理船舶。X 的现场监督发现了浮游在水面上的油,立即命令停止焊接,并且向卡尔塔库斯码头的管理者询问,在码头或修理的船上继续操作是否安全。其结果是,一直到确信了该油不影响继续作业之后,才命令重新开始焊接。但是,2 天之后,水面上的油燃烧起来,X 的码头上的设备和修理中的船遭到很大的损失。在第一审中,认定起火原因一定是,焊接中烧得通红的铆钉(rivet)从码头掉到了海面上,点燃了混杂在油里的一部分棉渣,在持续熏闷了 2 天之后使油烧了起来。但是,为了证明这一认定,必须由著名的学者反复进行将近 100 次的实验,而且,也知道了在火灾的前一天 Maritime Services Board 的检查官检查过油的情况得出了没有火灾危险的结论。并且,在第一审,还认定了,在炉油流到水面上的场合是不能预见会因此而起火的,事实上,X、Y(被告)公司(Overseas Tankship (U.K.) Ltd.)都没有觉察到会有火灾发生的可能性;油的流出会污染 X 的码头的造船台、妨碍操作是能够预见的损害;火灾虽然不能预见,却是 Y 的过失的直接结果。基于这些事实认定,第 1 审适用了先例 Polemis 案件的规则,判决 Y 负损害赔偿责任。

对此,Y 以(1) Polemis 案件是错误判决;(2) 假设就算其是正确的判决,因为火灾造成的损害不是 Y 的被雇用者的违法行为的直接结果的理由,向纽萨斯维尔斯州的最高法院提起了上诉,却遭到全体法官意见一致的驳回。该最高法院的曼宁(Manning)法官指出"在这种情况之下,除了尊重束缚本法院的判决,其他的都是不适当的",在不得已受到 Polemis 案件的判决规则的束缚下,作出了对于不能预见的损害 Y 也要负责任的判决。虽然肯定了通常人们承认的损害的"直接性",却指出像本案这样的异常火灾即使是 Polemis 案件的判决规则也必须否定责任。可是,因为最后的结果像上述那样的肯定了责任,Y 表示不服,向枢密院司法委员会(Judicial Committee of the Privy Council)提起上诉,被认可。

判决要旨

代表全体法官的西蒙斯(Simmonds)法官指出,"Polemis 案件判决作为先例的价值,常常被说得很好听,不过就其摇晃得那么厉害也足以得到说明。如果按照本法院的判断,[Polemis 案件判决规则]已经不应该被看作是有效的法律(good law)",接着作出了概要如下的判决要旨。

Polemis 案件判决规则的宗旨,毫无疑问是指,一旦被告有 negligence(过失),无论是否能合理预见,被告对所有的结果要负责任。而这一规则,很明显是受到 Smith v. London & South Western Ry. Co. (1870) 案件的判决和 Weld-Blundell v. Stephens (1920) 案件的判决的影响而登场的。可是,这样的规则虽然能够把法律单纯化,却没有对各种案件得出不同结论,至少在一些案件中很明显不能避开不公平。为什么这么说,是因为,即使是轻微的损害,只要是能够预见的;有过失(negligence)的人,即使损害根本不能预见而且极其重大,只要在行为和损害之间被认为有直接性的,就应该对所有产生的结果负责,这和现在的正义和道德的观念是不一致的。一个人对于自己行为的盖然的结果(probable consequences)要负责任,这是民事责任的原则。高于这一要求太苛刻,而低于这一要求会使必须有最低限度的行为标准的私法秩序遭到无视。然而，这一盖然的结果概念，因为被用于缓慢发展的过失(negligence)法律中，所以，把 Polemis 案件规则这样的"惟一的例外"并不困难地调和为非常多样的表现是有可能的。

一个人对于自己的行为的自然的(natural)、必然的(necessary)、盖然的(probable)结果应该负有责任，并非因为这些结果是自然的、必然的、盖然的，而是因为一个人通常具备应该预见的性质。对于合理的能够预见的结果承认责任的立场，和承认自然的、必然的、盖然的结果的立场，有选择其中之一加以适用的，不过一般是把它们视为在同一条线上的，而且主要都是这样的。在不是这样的特殊的场合(Polemis案件那样的场合)产生了如何限制责任的问题。有一定限制的必要是大家都承认的，但是该限制，为什么拒绝适用与人们普通的道义感相一致的通常把人的预见作为基准的"合理的预见可能性"的检验标准？取而代之的，为什么必须适用不能解决因果关系问题的"直接结果"的检验标准？Polemis 案件判决的规则并没有明确答案。

如果，Polemis 案件判决的规则胜于合理的预见可能性的规则，为了切断其因果链，就不得不依赖新介入原因(novus actus interveniens)之类的概念。曼宁法官说，如果向路上的通常的行人询问本次火灾的原因，该人一定毫不犹豫地说油的泄漏是原因，不过我(Simmonds 法官)不认为有那样的可能性。事故发生之后再愚蠢的人也成聪慧的了。决定责任的惟一的手段，通常是人的预见(foresight)而不是愚蠢者的事后的智慧(hindsight)。拒绝合理的预见的可能性，由直接性进行判断的 Polemis 案件判决的规则，等于是不合理(illogical)且不正当(unjust)的结论。和没有不明确的 negligence(过失)一样，也没有不明确的责任，被告的责任必须取决于实际上发生的损害的预见可能性。为此，根据法律原告应该被保护，是能够预见结果的被告的责任，而不是不能预见结果的责任。

以上是判决的概要，Wagon Mound 号案件并没有到此结束。由其他的原告又提起了第二件诉讼。因此，本案是 Wagon Mound(No.1)案件，第二诉讼被称为 Wagon Mound(No.2)案件(1966)。No.1 案件的原告是受到损害的码头的所有者，而 No.2 案件的原告是在该码头正在修理中的船舶的所有者。完全是以同一事实在同一个法院(枢密院司法委员会)作出的判决，结论却不同。这是因为在 No.2 案件中，以提出来的证据不同为理由，虽然很小但是有预见的可能性，所以 Y 的

negligence(过失)责任被肯定了。

按　语

1. 本判决,对于英美侵权行为法的损害赔偿的范围,明确否定了自 1921 年以来的大约 40 年间被称为直接结果学说的 Polemis 案件判决的规则,再次确认了应该根据在契约法的 Hadley v. Baxendale 案件(本书第 113 案例)中开始提出、后来也适用于侵权行为法的历来的预见可能性学说(Hadley 规则)进行判断,是很重要的判决。

2. 本判决受到特别注目的有以下 4 点。即,(1) 被告的注意义务的违反必须是相对确定的原告的,从这个意义上说 Polemis 案件判决的规则是错误的;(2) 决定责任的本质的要素是该损害是否是通常人们能够预见的,并且,该预见的可能性必须是相对"实际产生的损害";(3) 不同于(different kind)本案的油泄漏造成的损害和火灾造成的损害之类的判决(不过,没有明确为什么不同类);(4) 本判决,虽然表现为决定了损害赔偿的范围(measure of damages)或是责任的范围(extent of liability),实际上,是对其之前的阶段 negligence(过失)的争论点作出了判断(有 negligence(过失)之后方才产生损害赔偿的范围问题),以及决定损害赔偿额时没有说预见可能性是必要的。

把本案和上述的 Wagon Mound(No.2)案件相比较,两个判决的事实认定和论点的展开对预见可能性概念的内容和功能富于几点启发。(1) 对火灾危险的预见可能性如果有的话,即使很间接(remoteness)也算入赔偿范围,否决了历来的 remoteness(间接)标准;(2) 两个判决都把预见可能性概念用作为赔偿范围的决定要素,这是否适当? 和 Polemis 案件判决用 direct(直接)这个词想要实现的对于结果给以实质性的支持不是同样的吗? 等等的疑问。

关于本判决的详细情况请参考田井义信的《英国损害赔偿法的理论》58 页以下(有信堂·1995)。

执笔者:同志社大学教授　田井义信

100

BMW of North America, Inc. v. Gore
116 S. Ct. 1589 (1996)

惩罚性的损害赔偿金额的违宪性

V 侵权行为法

事实梗概

X(Gore),支付了大约4万美元从公认的亚拉巴马州的销售商那儿购买了BMW的新车,9个月之后,发现该车身是重新喷漆的。于是,X以北美BMW销售子公司的Y为诉讼对方,主张没有告知重新喷漆构成了亚拉巴马州法上的欺诈(隐瞒重要事实),提起了要求损失赔偿和惩罚性损害赔偿的诉讼。在正式事实审理(trial)中,Y承认自己按照全美的政策,在修理费用不超过车的销售价格的3%的场合,对于新车在交货之前的制造乃至运输过程中产生的损害不通知销售商,也就是消费者。X购买的车,属于该范围之内。陪审的裁断结果是,Y要负4 000美元的损失赔偿和400万美元的惩罚性损害赔偿的责任。第一审法官,驳回了事实审理之后Y提出的应该撤回惩罚性损害赔偿的裁断的要求,判决该裁断没有违反第14条修正案的正当法律程序条款。对此,亚拉巴马州最高法院,同意了惩罚性的损害赔偿的裁断,但是把金额减少到200万美元。于是,Y向合众国最高法院提出调卷令上诉,被受理的就是本案。

判决要旨

斯蒂文斯(Stevens)法官的法庭意见

"第14修正案的正当法律程序条款,禁止州对侵权行为者课以'非常过分的'制裁。本案中的侵害他人权利的行为(wrongdoing),是修理费用在车的销售定价的3%以下的场合,对于销售商,也就是顾客不通知新车交付之前的损害,这一北美BMW销售子公司Y的决定。

本案的争论点，是 200 万美元的惩罚损害赔偿额的裁断，是否超过了宪法的限度。关于这一点，斯蒂文斯法官，代表合众国最高法院的法庭意见，判决"200 万美元的惩罚性损害赔偿额的裁断，高得太过分，因此超过了宪法的限度"。理由如下：

1. "承认惩罚性损害赔偿的大多数州，给以陪审同样程度的裁量，为了拥护州对于制裁和抑制的合理的利益，该损害赔偿额的要件只是合理必要的。""惩罚性的损害赔偿额的裁断，只有在和处罚不正当行为，抑制其反复的州的正当利益的关联中，明显'是高得过分'的场合，才是违反合法程序的。因此，有关过分的联邦的审理，要从识别进行这样的裁断的州的利益开始"。有关州的主权以及礼让的法理，州把全美的政策立法化，禁止用州的政策去课以相邻的州。因此，州对违反该法律者课以经济制裁时，无论是立法化的罚金，还是由法院课以的惩罚性损害赔偿，都必须受到保护该州的顾客以及经济的这一州的利益的支持。因此，支付给 X 的惩罚性损害赔偿金额，对照在亚拉巴马州内发生的行为，必须只考虑、分析亚拉巴马州的顾客所得到的利益。

2. "本法院的置于宪法哲学中的有关公正的基本观念是，人，不仅对于让自己服从处罚的行为，而且对于国家课以的制度的严厉性，也有受到公正的通知的权利。"以下提到的 3 项指标，均示意有关亚拉巴马州课以制裁的重大性 Y 并没有得到适当的通知，从而引导出了 200 万美元的裁定是高得过分的结论。

3. 〔谴责的程度〕"有关惩罚性的损害赔偿额裁定的合理性的最重要的凭据，是被告行为的谴责可能性的程度"。本案中，过高的惩罚性损害赔偿额的裁定，即，让人联想到的有关 Y 的行为的谴责可能性的最初的最重要的凭据的加重的重要因素，并不存在。"Y 给 X 造成的危害，从性质上来说纯粹是经济上的。即，车的销售之前的再次喷涂，对于其性能、安全性乃至外观并没有影响，Y 的行为，并没有表示对他人的健康和安全的漠不关心即未必的故意乃至有认识的过失造成的无视（reckless disregard）"。Y 的没有告知构成了全美型的侵权行为的一部分因此值得受到特别谴责的 X 的主张，不能接受。为什么这么说，是因为 Y 的公司董事，把有关州的制定法解释为，是为了把推定为小修理的修理不进行告知而设置的安全的避难所，在 Y 的小损害和买主在告知上受到的损害之间划一条线时，没有证据证明是恶意的行为,或者,在被判断为侵权之后,还固执地继续该行为的证据也不存在。最后,证明 Y 故意进行虚伪的表示、有积极的违法行为乃至以不适当的动机隐藏消灭证据的有关证据也不存在。

4.〔比例〕第二个(最为经常被引证的)过高的情况证据即 Y 的损失赔偿额和惩罚性损害赔偿额的比(ratio),又是位于 X 的证据的分量之上。就是说,对于 Y 的 200 万美元的裁定,达到了陪审计算出来的实际损失金额的 500 倍,而 X 和其他的 Y 的顾客,并没有因为 Y 的不告知政策就意味着要受到潜在危险的威胁。其实,在宪法上能够容许的内容和宪法上不能容许的内容之间,划一条能够适应所有场合的数学上的线是不可能的,本案中的比例,明显超过了能够容纳的范围。

5.〔对于能够比较的违法行为的制裁〕对于 Y 的惩罚性损害赔偿额的裁定,是有关重大性的第三个关联情况的证据,即,惩罚性损害赔偿额和能够比较的违法行为要受到的民事或刑事的制裁不同,不能得到救济。就是说,可以适用亚拉巴马州的 2 000 美元的罚款及类似的违法行为的 200 万美元,比其他州课以的制裁的额度实质上要高,而且,有关制定法乃至判决,都没有告知其他州的销售业,有可能受到几百万美元的制裁。再则,Y 没有不遵守已知的制定法上的要件的经历,也就没有根据推定更谨慎的制裁是不充分的。

6.鉴于以上情况,Y 的行为,不足以使对 Y 的严厉惩罚的制裁正当化。取消原判决驳回重审。

斯卡利亚(Scalia)法官的反对意见

正当法律程序条款,保障"州法院的对判断损害赔偿额的合理性进行争论的机会"。不过,损害赔偿额的裁定是合理的这一联邦上的保证并没有。

金斯伯格(Ginsburg)法官的反对意见

本判决,"把本法院进一步拉进了传统上被看作为州的范围内的领域",而"作为其判断标准",只不过是把"实体的合法程序这一不明确的概念"乃至标准作为向导而已。

按　语

1.合众国最高法院,在 1996 年 5 月 20 日,第一次把州法院的惩罚性的损害赔偿额的裁定,判决为违反了第 14 修正案的正当法律程序条款,是过高而无效的。这是 5 比 4 险胜的判决(作为有关惩罚性损害赔偿的最初的违宪判决而受到注目的,是禁止法官审查陪审过高的惩罚性损害赔偿额算定的俄勒冈州宪法的规定(1910年的州宪法的修改规定),被判为违反合众国宪法正当法律程序条款的 Honda Motor Co. Ltd. v. Oberg (1994) 案件,但其不是"赔偿额"本身成为问题的案件)。

2. 该法院,在过去的 5 年里有两次在判决中指出,惩罚性损害赔偿额的裁定在正当法律程序条款之下因为过高的理由有可能成为司法审查的对象。不过,两次都把有问题的裁定判决为有效。这两次案件分别是 Pacific Mutual Life Insurance Co. v. Haslip (1991) 和 TXO Production Corp. v. Alliance Resources Corp. (1993)。在此,把前者作为一例进行稍许详细的介绍。

案件的内容如下。原告 X,是 R 市的雇员(地方公务员),是该团体健康保险的参加者。其保险费(premium),是由 U 公司把健康保险费的付款通知书寄给 Y,而 R 市从支付给被雇用者的工资总额中扣除健康保险费、将其开成支票寄给 Y 之后,保险费就算支付了。但是,Y 收到了 R 市寄来的支票以后,没有将其寄给 U 公司,而是把其中的大部分私吞了。U 公司以健康保险费没有支付的理由,让 Y 公司知道对 X 们发出了健康保险证券上的保险契约(coverage)已经失效的通知,但是该通知没有交到 X 们的手中。所以 X 们并不知道健康保险证券已经被取消。那以后,X 住进了某个医院,接到了要求支付住院费用的通知,但是没有按照通知支付,于是医院就雇用了专门回收债权的人(collection agency),获得了对 X 胜诉的判决。为此,X 以诈骗(fraud)的理由,向 Y 以及 Y 公司提起诉讼,要求损害赔偿的就是这个案件。

布莱克门(Blackmun)法官,代表法庭意见作了如下叙述。Y 公司以"亚拉巴马州的惩罚性损害赔偿额,是没有约束的陪审裁量的结果"为理由,主张"违反了正当法律程序的权利"。根据亚拉巴马州的普通法准则,"法人对于其所雇用的人在职务范围内(scope of employment)进行的诈骗,负有损失赔偿和惩罚性损害赔偿的责任"。Y 公司主张"在陪审有无限制的裁量的场合,惩罚性的损害赔偿在正当法律程序的手续上是被禁止的"。对此,(在分析了历史上的裁定惩罚性损害赔偿额之际赋予陪审实质性的裁量的普通法的悠久传统之后)判决指出,"算定惩罚性的损害赔偿额的普通法上的方法,原本并非是否定(程序上的)正当法律程序的不公平的方法,不能说其本身是违宪的"。

不过，如果说课以惩罚性的损害赔偿完全不违宪也不妥当，判决接着指出，"本法院的任务，在于决定，从正当法律程序条款上看，本案的惩罚性损害赔偿额的裁定是否是宪法上所允许的"。本法院，在审查了对于陪审的说明之后，在判决中指出"的确是向陪审说明，赋予了决定惩罚性损害赔偿额的实质性裁量权。但是，该裁量权不是没有制约的，而是被限定在州要达到的政策上所关心的抑制（deterrence）和报应（retribution）上"。在被课以惩罚性损害赔偿的场合，陪审"根据证据以及为了防止同样的侵权行为所必要的主张和举证，还必须考虑侵权行为的性质和程度"。"本法院知道，本案中的惩罚性损害赔偿额超过损失赔偿额的4倍，是X支出的现金的200倍以上，不过，还是判断其没有违反第14修正案的合法程序。之所以作出这一判断的理由，是因为，本案中的惩罚性损害赔偿不欠缺客观标准，是按照程序的保障进行的"。

执笔者：北海道大学教授　木下毅

101
Slade's Case
(1602)4 Co. Rep. 91a, 92b, 76 Eng. Rep. 1072, 1074(K.B.)
简约之诉和契约法的成立

Ⅵ　契约法

事实概要

X(John Slade)以 Y (Humphrey Morley)为被告方,向王座法庭(King's Bench)提起了"类案诉讼"(action on the case) (* 类案诉讼是从侵权诉讼中发展出来的,原来的侵权诉讼(action of trespass)只给由侵权行为造成的直接损害提供救济,这样,间接损害就得不到救济。例如,路上的行人被飞来的木棒砸伤,他可以对掷木者提起诉讼;但若他是被掷落在路上的木棒绊倒摔伤,则无法得到救济。类案诉讼就是为后一种情况提供救济。类案诉讼分为侵权类案诉讼(trespass on the case)和一般类案诉讼(general actions on the case),前者救济由间接侵权行为造成的损害,后者则为其他损害,如欺诈、妨害等提供救济。侵权诉讼与类案诉讼的区别在于,前者针对的是现实存在的或是默认的侵害,被侵犯的对象是有形物,且原告对之享有直接的利益;后者则不存在侵害行为,或被侵犯的对象是无体物,或损害是间接的,或原告享有的只是回复权而非直接的利益。在类案诉讼中,原告对其损失负举证责任——诽谤除外。——译注),在诉状中提出了如下主张。

拥有 8 英亩的定期地产权(tenant for years)的 X,受 Y 的特别委托,与其达成了将农田中正在生长着的农作物(小麦和玉米)即青苗卖给 Y 的协议(bargain)。对此,Y 表示"承诺,并且许诺"(assumed and promised)向 X 支付 168 英镑,却没有实际履行,使 X 蒙受了损害,由此而提起了诉讼。

在正式事实审理(trial)中,陪审进行了特别裁决(special verdict),认定该青苗已经卖了,但并没有明确表示承诺(express assumpsit)付款。因此，只要没有足够的默认的承诺，原告就不可能胜诉，而王座法庭作出了有利于原告的判决，对此，Court of Common Pleas(皇家民事法庭)作出了相反的结论。为此，包括 Court of Exchequer(财税法庭)在内的三个法庭的法官被召集，Exchequer Chamber(财政署内室法庭)进行了特别开庭(special session)，展开了两次辩论(代理原告方的 Coke 和代理被告方的 Bacon 进行的第二次辩论，据说犹如法庭演讲会)。结果是，王座法庭的见解获得了支持。

〔X 诉状中的主张〕

John Slade complaineth of *Humphrey Morley*, being in custody of the marshal of the marshalsea of the lady the Queen before the Queen herself, for that, that is to say. (约翰·斯雷德原告以汉弗莱·莫利为被告，向女王陛下王室司法法庭司法官提起诉讼。)

That whereas the said *John*, the 10th day of November, in 36th year of the reign of the said lady Elizabeth, now Queen of England, etc., was possessed of the term of divers years then and yet to come, of and in one close of land, with the appurtenances in Halberton, in the county aforesaid, called *Rack Park*, containing by estimation eight acres, and being so possessed thereof, the said *John* afterwards, that is to say, on the said 10th day of November, in the 36th year aforesaid, had sowed the said close with wheat and rye, which wheat and rye in the close aforesaid……afterwards, that is to say, on the 8th day of May, in the 37th year of the reign of the said lady the now Queen, were grown into ears. (原告约翰，鉴于当今英女王伊丽莎白王朝 36 年 11 月 10 日，在位于哈伯通州叫做雷克园的地方，拥有大约 8 英亩土地的定期地产权，在上述朝代的 36 年 11 月 10 日，原告约翰在上述那块地播种了小麦和裸麦(玉米)……然后，在当今女王陛下 37 年的 5 月 8 日，(小麦和玉米)开始抽穗。)

The said *Humphrey*, on the aforesaid 8th day of May in the said 37th year aforesaid…, in consideration that the said *John* then and there, at the special instance and request of the said *Humphrey* had bargained and sold unto the said *Humphrey*…, all the ears of wheat and corn which then did grow upon the said close……, did assume, and then and there faithfully promised, that he the said *Humphrey* £16 of lawful money of England to the aforesaid John in the Feast of St. *John* the Baptist, then next following, would well and truly content and pay(在上述的……37 年 5 月 8 日,在被告汉弗莱的特别条件和要求成交的情况下,彼时彼地的约翰经过考虑,表示承诺,同意将当时长在上述那块地的所有抽穗的小麦和玉米……出售给被告汉弗莱……被告汉弗莱很有诚意地许诺在圣约翰洗礼日,支付给原告约翰 16 英镑的英格兰法定货币,然后,将彻底按内容如实予以支付):

Yet the said *Humphrey*, his assumption and promise aforesaid little regarding, but endeavouring and intending the said *John* of the aforesaid £16 in that part subtilly and craftily to deceive and defraud, the said £16 to the said *John*, according to his assuming and promise, hath not yet paid, nor any way for the same contented him, although the said *Humphrey* thereunto afterwards, that is to say, on the last day of September, in 37th year of the reigh of the said lady the now Queen aforesaid, at Halberton aforesaid, by the said *John* was oftentimes thereunto required, but the same to pay him, or any way to content him, hath altogether refused, and doth yet refuse; whereupon the said *John* saith he is injured, and hath sustained damage to the value of £40 and thereof he bringeth suit, etc...(被告汉弗莱,毫不注重上述的承诺和许诺,竭力打算对原告约翰进行欺骗和瞒哄要用上述 16 英镑支付每亩地,却没有按照所承诺和保证的进行支付,没有做任何让约翰满意的事,在上述当今女王陛下伊丽莎白王朝 37 年 9 月的最后一天,在上述的哈伯通州,尽管原告约翰不断要求,用同等方式支付或采取任何使他满意的方法(解决),均遭被告拒绝,毫无成效,有鉴于此,原告约翰要求赔偿损失,以及对受到的伤害赔偿 40 英镑,据此提起诉讼……)

判决理由

"1. 金钱债务诉讼(Action of debt),虽然基于契约,不过,进行了谈判交易的一方当事人(bargainor),基于自己的选择,能够选择类案诉讼或者金钱债务诉讼。"

"2. 在当事人能够提起金钱债务诉讼的场合,也能够提起有关 assumpsit(违反简式合约索赔之诉=简约之诉)的类案诉讼。"(∗ 简约之诉,是英格兰普通法旧式的诉讼程序之一,主要针对违反简式合约的损失而请求赔偿,它是从类案侵权之诉发展而来的。——译注)

"3. 任何未履行的契约(contract executory),其本身意味着简约之诉。就是说,如果当事人的一方同意付款或者交付某样东西,那么他就是承诺或是约定了支付金钱,或者是交付东西。因此,当当事人的一方与对方约定,把东西卖给对方、同意到一定的日子把东西交给对方,而对方将其作为对价(consideration)、同意在约定的日子支付一定金钱的时候,两个当事人对于该事件能够提起金钱债务诉讼或者 action on the case on assumpsit(简约之诉的类案诉讼)。之所以这么说,是因为两个当事人相互之间的未履行的合意(mutual executory agreement),其本身不仅意味着相互的金钱债务诉讼,还意味着类案诉讼。两个当事人同意了 Norwood v. Read (1558)的判决。"

"4. 简约之诉的类案诉讼的本案原告,不仅对于特别损失(如果存在的话)的损害,而且对于全部债务都能够回复,其结果,本案中的损害的回复或败诉,即使在根据同一契约提起的金钱债务诉讼中,也能成为有效的申诉对驳回进行抗辩。在相反的场合也是同样,金钱债务诉讼中的回复或败诉,在有关简约之诉的类案诉讼中,也成为有效的申诉对驳回进行抗辩。"

按 语

英国的商品经济,到了 15 世纪得到了扩大,其影响动摇了历来的社会体制的本身,因此,普通法法院也不得不致力于不盖印(deed)的单纯契约(simple contract)的法律保护的问题。

普通法法院利用的诉讼方式,一直是类案诉讼。很明显,这一诉讼方式适合于被告承诺原告履行某一工作,在承诺约定的履行方法中有了过失,使原告受到损害的场合(misfeasance)。但是,到了 1530 年,被扩大到了没有履行所承诺的约定的场合(non feasance),直至这个阶段方才开始具有契约的性质。就这样,被发展成为在被告有了某一承诺,而不正当地履行或完全没有履行时,所运用的一般的诉讼方式。这种类案诉讼,因为传票是从主张被告"承诺了"履行某一行为开始的,所以作为简约之诉而闻名。

在 Slade 案件之前,单凭约定是不能提起申诉的,原告必须主张、举证被告即债务者明白表示承诺,即债务者"承诺了"某一特定的责任。但是,在债务者负担金钱债务之后明确约定支付的场合,简约之诉代替金钱债务诉讼也得到了认可。16 世纪中叶,出现了最初的案例;而明确约定的这一要件被消灭的案件,只有本案。其结果是,如果证明债务存在,没有必要证明有过明确的承诺,承诺可以被推定。因此,自本案以后,争论的焦点从承诺的有无改变为对价的有否,简约之诉取代了伴随誓证裁决(wager of law,是一种中世纪的裁判方式,被侵入罗马帝国的许多蛮族和部落采用。根据这种裁判方式,被告用誓言驳斥原告的指控,并且找来11个邻人宣誓证明其无辜。这种裁判方式在英格兰得到发展,并在教会法院中被长期沿用,16、17世纪时趋于衰落,于1833年废止。——译注)的金钱债务诉讼被广泛运用。从这个意义上来说,本案是堪称为英国契约法起点的先例。

执笔者:北海道大学教授　木下毅

102

Hamer v. Sidway
124 N.Y. 538, 27 N.E. 256 (1891)
对价(consideration)的法理

Ⅵ 契约法

事实概要

1869年3月20日,William E. Story, Sr.举行了庆祝父母金婚的宴会。在全部家属和很多客人的面前,他对侄子William E. Story, 2d.作出了如下的许诺:如果侄子到21岁为止不赌博、不抽烟喝酒,就给他5000美元。侄子对此表示同意,以后就按此条件生活。到了21岁那年,即1875年1月31日,侄子写信通知叔父自己达到了叔父所说的条件。叔父收到信后,在2月6日回了信,内容如下:

"31日的信已收悉。正如我曾经许诺的那样,你现在有了得到5000美元的资格,这是不容置疑的。银行账户上已经存有这笔款项。这笔钱到你能够使用为止,我是不打算用它来做这做那的,你能够早日自己使用这笔钱,亦正是我所高兴的。不过,如果你在一年内就把这笔钱挥霍一空的话,那是我最不希望的。

我自己得到最初的5000美元,是非常辛苦的。说来也许你不相信,我在木匠的手下做过几十天,在屠宰场做过三四年的帮工,然后来到了现在这个地方,拼了3个月,获得了食品商店的工作。我每天很早开门,很晚打烊,在那幢房子4楼一间100多平方米的房间里孤零零地一个人睡觉。这都是为了尽可能地省钱。我并非有意要叫你经历同样的事。在1849年和1852年流行霍乱的时候,我就在这儿。每天都有80到125个人死亡,还有很多人染上了天花。我想回老家,可老板菲斯库说,如果我现在回去的话,一旦事态平静下来,将不再雇用我。于是,我留了下来没有走。我完全知道我存的钱是如何挣来的。这并非是发生了什么奇迹。我之所以说这些,是因为与很轻松地找到的金钱相比,这样辛苦得来的钱,在含辛茹苦的人的手里会保留很长时间。

维利,你21岁了。你还有很多东西要学习。除了养成良好的习惯之外,这笔钱你挣得比我容易多了。你可以自由地使用这笔钱。我希望你用在有益的事情上。我得到这笔钱,是在比你现在的年纪再长10岁的时候。好了,说这些已经足够了,不再多唠叨了……

又及,你可以把这笔钱存起来拿利息。"

侄子收到此信之后,同意按照信中的条件把钱留在叔父手里。后来,一直到1887年1月29日去世为止,叔父没有支付上述5000美元。

原告经过两次债权转让,承受了侄子的权利。被告是叔父的遗书执行者。原告向被告要求支付5000美元和1875年2月8日以后产生的利息,遭到拒绝,由此提起了本案诉讼。

一审判决原告胜诉。二审推翻了原判决,判被告胜诉。纽约州最高法院取消了上诉审的判决,作出了原告胜诉的判决。

论点有两个:其一,叔父和侄子之间的许诺因为没有对价(consideration)所以不是有效的契约这一被告的主张是否成立? 换言之,本案的许诺中是否有对价? 其二,对于就算是契约但是诉讼时效已过了有效期限的主张,是否可以说1875年2月之后两者的关系已不是单纯的契约关系,而已经是信托关系?

判决理由

按照被告的主张,不喝酒不抽烟,对于作为受允诺人的侄子来说没有任何不利。恰恰相反,倒不如说是得利了。因此,作为允诺人的叔父只要没有任何利益,那就没有对价,那么契约就不是有效的。但是,受允诺人的作为或不作为,如果事实上对受允诺人自身是有利的话,支持允诺人的允诺的对价就没有了的立论,从法律上来看,是毫无根据的。

1875年财政署内室法庭的判决对对价作出如下定义:"法律意义上的有效的对价,是指一方当事人的某些利益,或者是另一方当事人的某些自制、损失或不利。"Anson(William Reynell Anson 1843—1914,是英国的法学者,牛津大学教授,1879年的著作《英国契约原理》是契约法的经典著作,被印刷了二十多版——译注)、Parsons(Theophilus Parsons 1750—1813,是美国的法学者,作为马萨诸塞州最高法院的院长把英国普通法的传统固定在了美国——译注)、Kent(James Kent

(1763—1847),是美国的法学者、律师、法官,著作《美国法注释》是该领域中最初的成体系的书,在19世纪具有巨大的影响。在通过判决使英国的衡平法美国化的过程中很有功绩。在1900年的名人殿堂(Hall of Fame)中被选为"伟大的美国人"——译注)、Pollock(Frederick Pollock(1845—1937),是英国的法学者,是《Law Quarterly Review》的第一任主编,著书《契约法原理》——译注)等权威也承认,法律上的权利的放弃足以成为对价。

"那么,就这一点来看一下本案,受允诺人曾经抽烟,偶尔还沉溺于饮酒。在法律上他有抽烟喝酒的权利。在几年中,他放弃了这一权利,是因为叔父在去世之前允诺如果他不抽烟喝酒将给他5000美元。没有必要考虑停止烟酒需要多大的努力。只要是相信了叔父的允诺,在一定范围内限制了自己从事正当行为的自由就足够了。现在条件已经满足了。履行这一诺言是否给允诺人带来现实的利益并不重要,法院对此并不探究。不过,即便探究这一点是正当的,在本案的记录中,叔父没有得到法律意义上的利益的结论并不成立。能够对这一点进行证明的先例为数不多,但都是支持本法院的立场的。……(以下是引用先例和附加说明)。"

因为当初的允诺是口头上的允诺,且是需要一年以上履行时间的允诺,关于适用防止诈骗法的问题(只要没有叔父署名的文件,原告不能主张是有效的契约),由于叔父在1875年重新写了信,所以这一抗辩也不能被接受。

最后,关于就算是契约也适用诉讼时效期限法的抗辩。根据1875年叔父的信,如果明确表示设定了信托的话,不能适用诉讼时效期限法。

"在设定信托时,没有必要一定要用信托一词。……在普通法上,持有金钱和财产的人,如果得到受益人的同意被承认是信托的话,该承认只要是基于有效的对价,从这一时刻开始就成了受托人。"

原告胜诉(全体法官意见一致的判决)。

按　语

1. 任何国家都没有把所有的允诺(或者合意)作为有法律约束力的允诺(比如约定一起吃午饭)。因此,契约法的第一个问题是,什么样的许诺(合意)有法律上的约束力,从而作为契约给予法律上的保护?

英美法采取的立场是，在允诺被认定有对价（consideration）的场合，承认其有法律上的约束力。在叔父给5000美元的允诺中，存在侄子到21岁为止不喝酒不抽烟这一不作为的对价。在两者的交换交易关系中，只有带有交换交易性格的合意才受法律保护。

2．对价为何物？本案中，如果叔父允诺"如果答应到21岁为止不喝酒，明天就给你5000美元"，对于叔父的允诺的对价，是到21岁为止不喝酒的约束。但是，本案中叔父所要求的，不单单是约束，实际上是到21岁为止禁止喝酒。因此，这种场合的对价，是该内容的不作为。

由相反约束成为对价的契约，是由双方的约束而成立的双方契约（bilateral contract），而现实的作为、不作为成为对价的场合则被称为由单方约束而成立的单方契约（unilateral contract）。

3．为什么存在对价法理，其功能是什么？（1）因为赠与里没有对价，所以英美法中不存在赠与契约。保护不留神说了要赠与的人，不责备不加思考的。（2）虽然法律不责备不加思考的人，但是不加思考也不值得赞扬。不过这一问题委诸于道德等其他的规范，限定了法律的支配范围。（3）本案判决也表明，停止烟酒对于叔父有多大的价值不是问题。法院不审查对价的相当性（对价的均衡）。反之，由于对价法理，也会维护契约自由，阻止他人（法院）进行事后的介入。（4）只把由对价所证明的将来的交换交易作为契约加以保护的背景是，正是将来的交换交易方才是现代资本主义社会的重要契约。

4．对价法理成为19世纪后半期成立的契约法的一般理论的关键，从契约的成立到消灭起了支配作用。不过，进入20世纪以后遭到了严厉的批判，允诺的不容否认的法理开始登场。关于这一点，可以参考本书的106案例以及Grant Gilmore, The Death of Contract (New ed. 1995)。

5．本案中的其他论点，有关防止诈骗法可以参考本书的第108案例，有关信托宣言的信托设定可以参考本书的第118案例。另外，希望引起注意的是，因为信托被认可，侄子的权利成了受益权，不仅不受债权的诉讼时效期限的限制，而且从遗产中受到另外处理，作为信托财产的金钱优先交到原告的手中。作为本案的分析，也可以参考Marvin Chirelstein, Contracts 14—19 (2d ed. 1993)。

执笔者：东京大学教授　樋口范雄

103

Mills v. Wyman
20 Mass. (3 Pick.) 207 (Mass. 1825)
道德的义务和对价 ①

Ⅵ　契约法

事实概要

1821年2月5日，A(Levi Wyman, 25岁)在长期航海之后，由于急病病倒在康涅狄格州的哈特佛德市时，得到了原告X(Mills)的救助。X从那天起就为A提供住宿、伙食，还对其进行了护理。A于同年2月20日死亡。得到这一通知后，A的父亲Y(Seth Wyman)虽然和A长期分开生活，但是出于感谢X之念，于同月24日给X寄去了一封信，信中许诺支付X照顾自己儿子所花的费用。可是，没过不久Y就变了卦，没有遵守诺言，X就向马萨诸塞州的州第一审法院提起了承诺诉讼(assumpsit)，要求Y履行许诺。但是，州的第一审法院认为该许诺缺乏约因，命令撤回申诉。X对此不服，向州的最高法院提起了上诉。州的最高法院作出了维持原判的判决。

判决理由

"为了保护没有很好考虑就作出了得不到等价物的允诺的诚实而正直的人的安全而设立的一般的法原则，在好心的法庭上，会使既不诚实也不正直的人不必履行基于良知他们应当履行的义务。这是人类制定的所有的法律制度中内在的缺陷。没有任何对价的仅仅为口头上的(没有盖印证明的)许诺不能通过诉讼而强制实现的原则，被普遍适用，并非在拒绝履行允诺不适当的特别场合就可以不遵守。

本案中的允诺，可以说没有任何法律上的对价。对病倒的Y的儿子好心照料，并非是应Y的请求而为。Y并没有照料儿子的义务。他已25岁，早就离开了父亲的家庭。在从外国归来的途中，他病倒在人地生疏的他乡。此时，X乐善好施，到他死亡为止，给了他住处和安慰。他的父亲Y知道了这事，在一时的感谢之念的驱使下，写信允诺要支付X所付出的费用。尽管如此，Y又决心毁约，而且希望把自己的案件作为适用一般原则的结果有时候会不可避免地产生非正义的极其具体的案例留在记录里。

在支持明确表示的允诺时，道德的义务被认为是充分的对价。在先例中，也有像这样对该原则作了广泛叙述的。但是，探讨一下判例，能够理解为，不能支持该原则的普遍的妥当性，为了成为有效的允诺的基础，必须要有按照实定法已经失去效力的某一既存的债务。一般被举出作为该原则的例子的，是根据诉讼时效期限法被阻止的金钱债务，让未成年者负担的金钱债务，破产者的金钱债务的场合。像这种既存的equity（衡平、公正）上的债务（普通法上的失去约束力的债务）为基础的明确表示的许诺能够强制实现。它们中间存在有效的对价。毫无疑问，它们是应该被支付的，对于公共政策（public policy）使债务者免除强制支付的债务，只有去除法律上设立的对于请求的障碍。在这种场合，所有当初相应允诺的东西（quid pro quo）都是存在的。如果按照自然正义的原理，接受了对应的东西的当事人必须支付，而法律禁止其强制。在这种情况之下，（像成年人允诺支付未成年时的债务，免责破产者对债权者允诺要归还法律上已经丧失的东西）作出了支付被阻止的金钱债务的允诺。这些事例中，全部存在先行的基于有价对价的道德上的义务。它们，是对没有的东西允诺要支付什么，不是赤裸裸的允诺，是自然法上，过去曾经存在的债务，是把与其说为了债务者的利益，不如说主要为了公共的便利而被免除履行的东西，让其自发地复活、设定。假设，道德的义务在所有的场合，都能够成为对于明确表示的允诺的有效的基础时，要看出该道德义务，为了支持默认的允诺不等于是有效的理由并非容易。对于人应该做的事，一般应该由本人允诺或者是拒绝。但是，社会的法律把这种义务的大多数委任给了应该被称为好心的法院的内部法庭……

毫无疑问，对于这些被称为不完全债务（不是因为良心上的束缚力小于被称之为完全债务的，而是根据社会的法律上的贤明判断，对其不加以制裁而如此称呼）的义务不施加法律上的强制力，有很大的社会上的利益。

任意且没有任何错误的有意识地作出书面约定，对方表示相信而签订契约、支付款项,这并不违反道德上的义务。但是,在没有任何支付、也没有约定的场合,法律恐怕就得很贤明地,让作出约定的人遵循良心履行诺言了。法律对约定赋予束缚力的,只是在约定者取得了什么,对方失去了什么的时候。在成年人允诺支付未成年时的债务,或者是由于诉讼时效期限法或破产而被免责的债务者允诺的场合,追溯到交易当初的情况——能够找出等价物——该原则,能够得到维持。不过,严格的等价物并非是法律所要求的。为什么这么说,是因为只要存在对价,评价其价值的是当事人自己。不过,如果对价和约定之间有很大不均衡的话,为了对其作出救济,衡平法院是会介入的吧。

以上的原则,是曾经就这一问题作出的判决的一般倾向,以及从普通法的众所周知的法格言中引用出来的。道德的义务足以成为明确表示的允诺的对价这个一般的见解,在适用时,应该被限定在某一时候存在有效乃至有偿的对价的场合。"

按　语

在美国的契约法中,除了盖印证明的契约之外,构成契约的约定为了具有束缚力必须要有对价(consideration)。该约因必须是约定和交换中互换的(对价的交换交易理论,bargain theory of consideration)。即对价和对价作为相互引出对方的诱因被提供出来的这种关系,必须得到允诺方(promisor,允诺人)和接受允诺方(promisee,受允诺人)的认可。因此,在允诺之前的事情,即使是允诺的诱因,因为允诺不可能是其诱因,所以不能成为有效的对价。过去的对价(past consideration)是无效的。

另一方面,作为例外,尽管诉讼时效期限的超过,或者,尽管破产手续上的免责,对于还清金钱债务的允诺,从很早开始,即使没有允诺和交换上的交易对价,也认定有束缚力。另外,关于未成年人签订的可撤销的契约,其履行的允诺也是同样待遇。作为其理由,法院认为,债务者虽然从法律上被免除(或者,能够免除)还清债务的义务,但是在道德上负有履行的义务,该道德上的义务(moral obligation)构成有效的对价。

像这样允诺具有束缚力,即使是现在也是被承认的。在第二次契约法法律重述中,第 82 条规定了诉讼时效期限超过的支付金钱债务的许诺的束缚力,第 83 条规定了破产手续免责的支付金钱债务的许诺的束缚力，第 85 条规定了履行可以取消的义务的许诺的束缚力。但是，正如这些规定都是置于"没有对价的契约（contract without consideration）"的章节而可以窥视到的，在今天，这些允诺尽管没有交换交易的对价，照样被认为是属于承认束缚力的例外的范畴。

那么，和这些场合不同，虽然不是存在既存债务的场合，但是可以说允诺人负有道德上的义务的场合又该是如何呢？在英国，1782 年，王座法庭的首席法官曼斯菲尔德爵士（Lord Mansfield）认定了在那样的场合对价也广泛成立，肯定了契约的束缚力。不过，这一理论很快就寿终正寝，从 1840 年的判决中被永久作废。

在美国提出这一问题的有名的判决是本案判决。马萨诸塞州的最高法院，在没有先行债务的场合，否定了道德义务构成有效的对价。另外，作为限定本案判决射程的判决，请参考本书第 104 案例。

执笔者：神户大学教授　丸山英二

104

Webb v. McGowin
27 Ala. App. 82, 168 So. 196 (1935)

道德的义务和对价 ②

Ⅵ 契约法

事实概要

原告 X(Joe Webb)主张以下事实关系，提起了承诺诉讼(assumpsit)。

1925年8月3日，W.T. Smith 木材加工公司的工作人员 X，在锯木厂的二楼进行整理工作。当 X 正要把74磅重的木材从楼上往楼下扔的时候，发现 A(J. Greeley McGowin——该木材加工公司的老板)正站在木材要掉下去的地方。就此让木材往下掉的话，可以想像 A 不死也得重伤。回避这一事态的惟一合理的方法，是 X 抓住该木材一同往下掉，以改变木材掉下的地点。X 就是这么做了，结果 A 得救了，可 X 却负了重伤，终生不能再工作了。

同年9月1日，以 X 救了 A 免遭死亡或重伤，以及 X 受到了伤害为对价，在 X 和 A 两者之间，签订了内容为 A 每两个星期支付 X15美元生活费、支付 X 终身的契约。到1934年1月1日死亡之前，A 一直按照该契约进行了支付。可是，A 死亡不久，支付被中断了。为此，X 以 A 的遗书执行者 Y(N. Floyd McGowin 和 Joseph F. McGowin)为被告，提起了要求支付的诉讼。

对于提出这一主张的 X 的诉状，Y 以该契约缺乏对价为理由，提出了诉求不充分的抗辩(demurrer)(就算 X 的主张全都是真实的，但是在实体法上，其不发生任何请求权，所以要求驳回该申诉)。第一审法院认定了该抗辩，于是 X 向亚拉巴马州上诉法院提起了上诉。

判决理由

1."诉状的主张，表示 X 救了 A 免遭死亡或受重伤。这对 A 来说,是他能够得到的任何金钱援助都无法相比的具有极大价值的具体利益(material benefit)。领受到这一利益,A 在道德上有义务对被提供的行为向 X 付出代价。认识到自己道德上的义务,A 像诉状上所主张的那样,明确表示,同意向 X 进行支付,到其死亡为止的 8 年以上的期间遵守了这一契约。

假设 A 由于事故中毒,在 A 没有认识到或提出要求时,医生就用解毒剂救了其生命的话,对医生进行支付的 A 的事后的允诺应该是有效的。同样的,正如诉状中所表明的那样,对于从死亡或重伤中救出自己的 X 支付代价的这一 A 的契约,是有效和束缚力的。

在受允诺人对允诺人的财产进行了照应、改善、维持的场合,哪怕是允诺人没有提出而这样做了的场合,因为受领到具体利益,对该行为进行支付的事后的契约足以成为对价。"

法院的先例中,对于从被告的土地上逃跑出去的牛进行了照顾的原告,被告作出要支付的允诺,尽管事前并没有被要求,因为事后的允诺和事前的要求是同等的,在这一点上不成为问题,所以认为是有效的。出于同样的原则,在受允诺人从重大危险之中救出了允诺人的生命或身体的场合,对该行为进行支付的允诺人的事后允诺也是有效的。这一行为,可以说远比照顾牛更为重要吧。

因此,正如诉状中所主张的那样,如果 X 从重伤乃至死亡中救出 A,A 过后对于该行为允诺要对 X 进行支付的话,那么这一允诺是有效而有束缚力的契约。

2. 在允诺人领受了具体的利益的场合,即使开始没有对允诺人课以义务或责任,但道德上的义务支持事后的支付允诺足以成为对价,是早已得到确立的。本案件明确不同于允诺领受到与具体的或金钱上的利益没有关系的单单是道德上的义务或良心上的义务成为对价的场合。本案件的允诺人,是领受了对自己的允诺构成有效对价的具体的利益的。

3. "在先例中,有在判决中表示,道德上的义务为了支持事后的支付允诺,必须存在(因为某种理由不能强制实现,但是允诺人依然负有道德上的义务的)既存的普通法或衡平法上的义务的案例。但是,这一原则,在允诺人从受允诺人那儿得到具体利益,负有对受允诺人提供的行为支付代价的道德上的义务,并且,把该义务作为对价允诺支付的场合,是被课以限制的。在这种场合,事后的支付允诺,是对被提供的行为的肯定和承认,其中伴随推定对于行为有事前的要求。"

按照先例,"对于被提供的行为 A 明确表示的要向 X 进行支付的允诺,是对 X 所做的事情的肯定和承认,从中可以引导出该行为是出自 A 的要求的这一推定。"

4."诉状主张,X 是在从死亡和重大的身体被害的危险中救出 A 之际,负了终身严重残疾的。这是诉讼根据的契约的对价的一部分。A 得到了利益,X 受到了伤害。允诺人的得利或者是受允诺人的受损,足以成为同意允诺人支付的对价。"

5."诉状主张,X 提供的行为不是无偿的。A 同意支付以及 X 领受支付,结果证明适得其反。"

第一审法院认可 demurrer(诉求不充分的抗辩)是错误的。取消原判驳回重审。

(Y 对此判决不服,向亚拉巴马州最高法院提出了裁量上诉。州最高法院指出,允诺人领受到的利益是具体而实质性的,不是对于允诺人财产上的而是身体上的,以及,允诺人得到利益,受允诺人受到损失也得到了认定,由此,驳回了裁量上诉的申诉。本案件最后是以和解得到解决的。)

按　语

过去的对价被视为无效,作为例外,在既存债务因为诉讼时效的期限已经过期的理由被免除履行(或能够被免除)的场合,关于债务者重新许诺履行而被认定的可以参考本书第 103 案例中的按语,而在没有既存债务时,认为道德上的义务不能成为对价的判决可以参考本书的 103 案例的判决。

在没有既存债务的场合,道德上的义务是否能够成为对价的这一问题,多数学说的见解是本书 103 案例的判决中所叙述的,本案判决所叙述的见解属于少数学说。不过,并非没有同样宗旨的判决。著名案例 *In re* Hatten's Estate (1939)就是一例。在该案件中,年老独身的富翁 A,对四五十岁左右的寡妇 X 开了 25 000 美元的期票,以报答她长年累月所提供的聚会、用餐,开车等方面的便利。2 个月之后,老富翁死亡,因为遗产管理人 Y 拒绝支付期票,X 提起了诉讼。对于 Y 以缺乏有价对价的理由而拒绝支付,法院肯定并引用了以下见解,"在允诺人领受了价值,即具体的金钱上的利益,由此,在他的一方产生了对领受了的利益支付代价的道德上的义务的场合,足以成为支持他支付代价的对价",认定了 X 的请求。

第二次契约法法律重述把这些判决叙述的原则在第 86 条进行了条文化。

第 86 条对于领受利益的允诺:

1. 允诺人认识到过去从受允诺人那儿得到了利益而作出的允诺,为了防止违反正义在必要的限度具有束缚力。

2. 允诺,在以下的场合或限度时,不受第 1 项的束缚。

(1) 受允诺人得到的利益是赠与的场合,或者因为其他理由不是允诺人的不正当利益的场合,或者

(2) 允诺的价值和利益在不均衡的限度时。

在法律重述的注释中,指出了之所以认定这样的允诺有束缚力的根据是,在原状回复法上,当由于一方的费用使另一方获利时并非一定有获利的偿还义务,是因为防止强求利益、排除根据很久以前的乃至虚伪的事实要求利益的考虑发生了作用;但是,在事后允诺的场合,因为没有这种担心,所以不当利益的归还请求得到了优先。并且还指出,出于同样的考虑,在决定是否认定允诺有束缚力之际,领受到的利益的明确性、实质性,许诺时的形式、样式,允诺的一部分是否履行了,是否相信允诺等等,均可能成为探讨的要素。

并且,在第 86 条的第 2 项中,还列举了否定、限制这种允诺的束缚力的场合:(1) 是明确赠与的场合,(2) 是明显不均衡的场合。关于后者,在 *In re* Hatten's Estate 案例中,X 给予的利益只有 6 000 美元的价值,但是判决认为 25 000 美元的支付允诺全部都有束缚力,在法律重述的注释中,对此作了肯定的引用。

执笔者:神户大学教授 丸山英二

105

Central London Property Trust Ltd. v. High Trees House Ltd.
[1947] K.B. 130, [1956] 1 All E.R. 256 (K.B. 1946)

允诺的不容否定 ①——英国

Ⅵ 契约法

事实概要

根据1937年9月24日签订的有盖印证书的租赁契约,原告公司(Central London Property Trust Limited)从1937年9月29日开始的99年期间,以1年2 500英镑的租金,把公寓楼的出租权借给了原告的子公司即被告公司(High Trees House Limited)。该公寓楼是新建造的,战争开始时,因为伦敦的人口很少,没有全部住满。随着战局恶化,对于负责人来说,用出租公寓的利益支付租赁契约中规定的租金很明显是不可能的了。为此,当时关系密切的两个公司的董事之间开始了协商。结果是,两者之间达成了一个协议,并用书面写了下来。1940年1月3日,原告对被告写了以下内容:"本公司,确认两者之间同意租金从租赁契约开始时应该减少为1年1 250英镑。"接着,1940年4月2日,在原告公司通过了具有同样效果的确认决议。1941年3月20日,由原告公司的债权持有者任命了财产保全管理人,1944年2月28日,随着该人的死亡,他的合伙人继承了这一职位。被告从1941年到1945年初支付了减额的租金。到1945年初,该楼的公寓全部租出去了。被告在那以后也继续支付被减额的租金。1945年9月,当时的原告的财产保全管理人,调查了租赁契约事项,查明了在该契约中约定的租金实际上是2 500英镑。因此,该财产保全管理人,于1945年9月21日,给被告写了信,指出必须按减额之前的比例支付,主张还清没有支付的7 916英镑。后来,为了确认有关租金应该支付的比例的法律上的地位,提起了本案这一友谊诉讼。在本案中,原告要求支付,

1945 年 9 月 29 日和 12 月 25 日结束的两个季度的，年租金 2 500 英镑和 1 250 英镑之间的差额 1 250 英镑。

判决理由

丹宁(Denning)法官

"如果,我不考虑这一问题在法律上的最近发展而进行探讨的话,假设原告请求支付租金,很明显,原告有权从租赁期间的开始回复一年 2 500 英镑比例的租金。为什么这么说,是因为应该支付的租金的租赁契约,是基于盖印证书而成的租赁契约,按照老的普通法(无论是否有书面)根据口头的合意是不能变更的,只能根据盖印证书才能变更。不过,介入衡平法,如果某一盖印证书被某一单纯契约(该单纯契约在要求文书的租赁契约的场合,必须要有书面证明)变更的话,正如 Berry v. Berry (1929)案件中,法院明确指出的那样,能够承认该变更是有效的。不过,这样的衡平法的法理,在本案几乎是不能适用的吧。为什么这么说,是因为本案中的变更,可以说是没有对价而进行的。关于不容否定,有关减少租金的表示,不是现存的事实表示。实际上,那是对将来,即租金的支付不是按照约定的比例被强行的,只不过是按照被减去的比例被强行表示。这样的表示,不会产生不容否定的吧。为什么这么说,是因为正如 Jorden v. Money (1954)案件中所说的那样,有关将来的表示,要么是使契约具体化,要么是没有任何效果,必须是其中之一。

但是,从最近几年的法的发展来看,是怎样的状况呢？自 Jorden v. Money 案之后,法律并没有静止。最近 50 年间,说是不容否定的案件,实际上有一系列并非如此的判决。那些判决指出,某一允诺,是出于想要创设法律关系而作出的,而且,作出允诺的人知道,要按照该允诺行动,并且,该允诺实际上是按照其行动了的案件的判决。在这种案件中,法院说,必须尊重该允诺。……如上所述,在严密的意义上说那些不是不容否定的案件。那些,其实,是——想要具有束缚力,想要行动,而且实际上已经行动的——允诺(的案件)。从 Jorden v. Money 案能够得到区别。为什么这么说,是因为在该案件中,很明显允诺者不想使她被法律束缚,于此相对,我所说的案件,按照适当的推论,允诺者想要受到束缚。在各个案件中,法院根据旧的普通法,很难找出对于该允诺的某些约因,尽管如此,还是判决该允诺对作出允诺的当事人具有束缚力。法院对于那样的允诺的违反，不至于认定为损害赔偿上的诉讼原因。不过，法院拒绝认可作出该允诺的当事人，采取和该允诺有矛盾的行动。那样的允诺产生不容否定是在这种意义上，也只是在这种意义上。那些判决，是普通法和衡平法融合的自然结果。……我的意见是，允诺的有效性到了应该承认的时候。这一论理的结果是，很明显，领受小的金额许诺更大金额的履行，如果行动的话，即使没有对价也有束缚力。而且，如果普通法和衡平法的融合引导出以上这样的结果的话，那就愈好。上述的侧面，在 Foakes v. Beer (1884) 案件中没有考虑到。在普通法和衡平法长达 70 年结合的今天，必须对照两者结合的效果对原则进行再探讨。值得注意的是，在法改订委员会的第 6 中间报告书第 35 节、第 40 节中，我所说的允诺，即使受允诺人没有给以任何对价，法律上也应该进行强制的这一点也得到了劝告。我想，在我所说到的限度为止，上述结果在各个法院的判决中都已达到。"

"我，基于全部证据，认定本案的允诺是在战争时期因为公寓楼完全或者几乎完全没有被租借出去时作为临时的权宜之计把租金减额为 1 250 英镑的。"1945 年初，公寓楼全部被租借，减额不再被适用。"在这样的情况之下，根据我所提到的法律，对于 1945 年 9 月 29 日以及 12 月 25 日结束的两个季度，我认为应该支付不减额的租金。"(原告的请求被认定)

按 语

1. 本案被称为 High Trees case，作为宣布了允诺的不容否定原理（〈判决理由〉中划线部分）的案件而闻名。并且，本判决还是后来作为记录长官而卓有成就的丹宁法官年轻时的判决，被后来的判例和教科书等所引用，是英国的法律家无人不知晓其内容的著名判决。那么，为什么该判决如此引人注目呢？以下两点是很重要的。

2. 在英国契约法中，契约的成立，在没有盖印证书的场合，当事人的合意之外必须要有"对价"。所谓对价，其定义为，在允诺和交换时，允诺者得到了某些利益或者受允诺者遭受到某些不利。基于这一观念，英国法形成了有关什么是有效的对价（good consideration）的诸准则。传统的学说，把这些诸准则的总体称谓"对价法理"（doctrine of consideration）。在对价法理之一，规定合意消灭债务时也必须要有对价，由此，产生了"小于债务金额的还债，不能消灭全部债务"准则。这叫做 Pinnel's case 的准则。该准则是在 Foakes v. Beer 案件中由贵族院承认的。对此，丹宁法官指出，"论理的结果是，……领受小的金额许诺更大金额的履行，如果行动的话，即使没有对价也有束缚力。"由于适用允诺不容否定的法理，修正了这一准则。

3．关于不容否定，贵族院在 Jorden v. Money 案件中指出："普通法上的不容否定原则，只适用于存在事实的虚伪表示时，不适用对于将来的行为的约定。"对于这一点，丹宁法官说道，法律没有静止于此，举出了普通法和衡平法的融合结果产生的允诺不容否定的判决，承认了"即使不存在对价，也有束缚力"。

4．后来，丹宁法官对这一案件的重要性作了如下叙述："19 世纪中，各处的普通法法院是用'对价'以及'不容否定'这样古色古香的字眼宣布被表现为严格的法准则的。这样严格的诸多法准则，尽管 1873 年法院法（的制定）以后仍然残存，持续具有在众多案件中造成不公正结果的力量。这样严格的诸多法准则和 20 世纪的社会所必要的之间有距离。High Trees case 起到了缩小这一距离的作用。"（摘自 Lord Denning, The Discipline of Law, (1979), at 197)（内田力藏翻译的"法的修炼"351 页（东京大学出版会·1993））

关于本案，可以参考伊藤正己的"债务的消灭和对价"，法协 70 卷 2 号 87 页(1953)，另外，关于允诺的不容否定的那以后的展开，可以参考小野新的"英国的允诺的不容否定——判例的展开和法理的现状"，专修法学论集 35 号 59 页(1982)。

执笔者：茨城大学教授　饭塚和之

106

Feinberg v. Pfeiffer Co.
322 S.W. 2d 163 (Mo. Ct. App. 1959)
允诺的不容否定 ②——美国

Ⅵ 契约法

事实概要

1910年，原告X(Feinberg)17岁，进了生产医药品的被告公司Y(Pfeiffer Co.)。以后，X一直辛勤工作，到1947年晋升到了财务部长助理。同年12月27日Y公司召开了年度董事会，在会上，承认了以下决议。下面是议事记录中有关部分的概要。

社长A(议长)指出，X多年来忠实地为公司工作,她以无与伦比的能力和技能献身于公司。A并且宣布,执行董事和全体董事,都期待她在现在的职位上尽可能多工作几年,但是,考虑到她已经贡献了很长期间,在她希望退职的时候——比如,即使那是远为以后的事——应该事先决定给以她的退职工资。为此,(现在对该退职养老金作出决议完全是为了对X的将来提供保障,在确认了大家都期待她今后长期留在公司的同时)提议将X的工资从现在的月薪350美元升到400美元;她任何时候退职,从退职那天开始,支付终身每月200美元的退职养老金,这一提议得到了承认。

这一决议,当天就告诉了X。根据X的证词,有关养老金的事情在此之前X从来没有听说过,而且,尽管有这决议,X仍然打算继续工作下去。关于X的雇用期间,在契约上没有定下来,也就是说,X随时都可以自由地退职,Y也能够解雇X。

实际上,X一直工作到1949年6月30日退职的。按照上述的决议,Y从第2个月起就开始在每个月的1日支付200美元。根据X的证词,如果没有支付养老金的允诺自己是不退职的,换言之,是冲着有养老金好拿而退职的。退职的1949年6月底,以及后来该养老金支付期间，X 是健康的，如果自己希望的话可以继续工作也有再找其他工作的可能，但是没有作那样的选择。

Y 公司的社长 A 于 1949 年 11 月去世，其遗孀 B 继承了职位。可是，B 因为生病的缘故于 1953 年 10 月辞去职务，从那以后，由 AB 的养子 C 就任了社长。根据 C 的证词，B 任社长期间，曾经对该养老金的支付表示过不满，认为是赠与。C 就任社长之后，新成为 Y 顾问的会计事务所否定了该养老金支付的必要性，Y 的顾问律师也表示了同样意见。C 自己也认为这一支付不是契约上的债务，是赠与，因此，和顾问律师商量之后，于 1956 年 4 月，给 X 寄去了迄今为止的一半金额的 100 美元的支票。X 拒绝接受，要求每月支付 200 美元，向州的第一审法院提起了诉讼。第一审法院作出了 X 胜诉的判决，命令 Y 支付 5 100 美元（按照每月 200 美元计算到事实审理时的养老金额再加上利息）。Y 对此判决不服，向州的上诉法院提起了上诉。上诉法院作出了肯定原判的判决。

判决理由

本案的争论点是，是否能够证明支付终身的每月 200 美元是法律上有束缚力的契约上的债务。关于这一点，Y 主张，董事会的决议，仅仅是赠与的允诺，X 没有提供对价，契约就不成立，而且，该决议中惟一有点像对价的，也就是"多年来忠实地工作"，不过，过去的行为不能成为有效的对价。

X 也承认，基于过去的行为的允诺缺乏对价，但同时主张，在本案中，满足有束缚力契约的成立要件的要素有二个。其一，是董事会的决议之后到 X 退职为止 X 继续在 Y 公司工作。其二，是因为相信了 Y 的允诺，X 才改变了立场的，即退职，放弃了继续收入多的工作机会。

关于 X 主张中的第一点，证据上，不能认为有什么意义。在董事会决议中，找不到把 X 继续工作作为该权利的条件的文字。并没有要求 X 为了拿到养老金，要在 Y 公司工作一定期间。X 自己作证，在决议得到承认的当天她就得到通知那天就已经能够退职。从该证词中还表明，Y 的支付养老金的允诺并不是和继续工作的允诺相交换的。因此，欠缺契约的有效性中不可缺少的义务的相互性（mutuality of obligation）。

但是，关于第二主张，本法院支持 X。契约法重述第 90 条规定，

"允诺者应该能够预测到会诱发受允诺者采取明确而有实质性的作为或不作为的允诺,现实中诱发了这样的作为或不作为的允诺,在只有实现允诺才能回避违反正义的场合,是有束缚力的。"这叫做允诺的不容否定(promissory estoppel)的法理。

"X方有相信决议中包含的允诺的行为,Y是否能成为不容否定的对象?而且,根据允诺的不容否定的法理,被强制实现的契约是否成立?本法院的回答是肯定的。在契约法重述第90条中引用的一例中,有'A对B允诺终身支付其养老金。B托靠这一允诺辞去了收入多的工作。A预测到B有退职的可能性。B领取了几年的养老金,这当中,不再有获得有利的工作的可能性了。在这种场合,A的允诺具有束缚力'"的内容。对于这一例子,Y主张不适用于本案。Y提出的理由是,该例中,B不可能获得其他工作,是在A中止支付之前,而本案是在Y中止支付每月200美元之后,X刚刚知道自己得了癌症,不能找到工作了。本法院认为,这一不同点并不重要。在设定的例子中,B不能找到工作的理由,只是有关回避第90条的正义的部分关系。和不能找到工作的情况发生的时间没有关系,是产生了违反正义。……并且,在生病的结果之外,"年纪大了等"不能找到工作的状态是有很多的……

事实的真相是,X不久之后的生病,不是包含于决议中的允诺诱发的"作为或不作为"。正如第一审法院作出的正确判决那样,X方的行为是,相信了支付养老金的Y的允诺,自己辞退了收入多的工作。

按　语

即使是不存在交换交易约因的允诺,在(1)受允诺者相信该允诺是会被履行而采取行动,(2)允诺者预见会有这样的行动,而且(3)在具体案件中为了得到妥当的解决允诺有必要受到束缚的场合,法院能够认定允诺有束缚力。即所谓的允诺不容否定的法理。

这样的原则历来得到承认,但是其适用被限定在家属之间的允诺;土地赠与的允诺;无偿寄托的受寄者作出的无偿的允诺;对于慈善事业捐赠的允诺等等。在1932年的第一次契约法法律重述中,该原则作为适用于一般的原则被条文化。也正是因为这样,该法理由于起到了缓冲对价要件严格性的功能,而提高了重要性。在第二次契约法重述中,如下所述的那样,在(1)作为或不作为即使没有具有明确而实质的性质也可以,以及无论是谁进行的都可以;(2) 关于救济的内容允许法院的裁量;(3) 关于慈善目的的捐赠允诺等,免除了具体的作为或不作为被诱发的证明,虽然作出了修正,但是其基本要件、效果并没有改变。

第二次法律重述第 90 条:相当于诱发作为或不作为的允诺

1. 允诺者应该预测到会诱发受允诺者或者第三者方面作为或不作为的允诺,现实中诱发了那样的作为或不作为的,在只有实现允诺才可能回避违反正义的场合具有束缚力。对于违反所给予的救济能够限定在正义所要求的范围内。

2. 捐赠慈善的允诺或者是婚姻继承不动产的处分(marriage settlement),允诺诱发了作为或不作为的证明没有时,按照第 1 项具有束缚力。

该法理今天所发挥的功能,可以举出以下几点:(1) 对于无偿的允诺给予束缚力;(2) 对于只改变一方当事人债务的契约变更给予束缚力;(3) 被预约人相信了预约的场合预约不能取消;(4) 对于相信了契约签订准备阶段的允诺的人要保护;(5) 对于防止诈骗法的要件没有满足的契约要给予束缚力,等等。

执笔者:神户大学教授　丸山英二

107

Carlill v. Carbolic Smoke Ball Co.
[1893] 1 Q.B. 256, [1891-4] All E.R. Rep. 127 (C.A. 1892)

承诺的方法

Ⅵ 契约法

事实概要

被告是生产销售称为"Carbolic Smoke Ball"的感冒预防药吸入器的公司。被告在1891年11月13日的裴尔美尔（Pall-Mall,位于伦敦的一条有很多俱乐部商业街——译注）报纸登载了以下广告：

"对于两个星期中，一天3次按照使用说明书使用之后，仍然由于流感、感冒及其他感冒而引起生病的人，给100英镑。为了保证本公司的诚实，已经在瑞简特街的阿莱昂斯银行存入了1 000英镑。"

原告看到了这一广告之后，很相信于是就购买了该吸入器，按照指示开始使用，使用到第58天患上了感冒。因此，原告提起了要求100英镑的本诉讼。

在原审中（Queen's Bench Division），原告胜诉。

〔被告的上诉理由〕患上感冒，不是为了使契约成立所必要的原告的主体行为。该广告不是允诺，只不过是意图（intention）的表明。它作为约定未免太暧昧。就算它是约定，如果没有把承诺的意图通知约定人，或者没有满足该条件的公开行为，契约是不成立的。

进一步说，就算契约存在，因为是由偶然的巧合满足了条件，所以要被解释为是赌博行为（8 & 9 Vic. C. 109 or 14 Geo 3, C. 48, S. 2），在制定法上是属于无效的。

再则，因为不存在支持该契约的对价（consideration），所以主张有效的契约是不成立的。

Court of Appeal（上诉法院）驳回了上诉。

判决理由

林德利(Lindley)法官的判决理由为中心。鲍恩(Bowen)，史密斯(Smith)法官基本上相同意见。

首先，关于本契约是赌博契约(bet)因此是无效的这一主张，因为连考虑的余地都没有所以无视。

接着，关于该广告是否是约定这一点，从被告为了担保奖金在银行存了钱的事实来看，无法认为是单纯的宣传上的吹嘘(puff)，所以认定为是约定。

在报纸广告上约定有奖品的场合，即使是对不确定的多数所作的约定，在法律上也是有效的要约。并且，在这种场合，达到广告上所指定的条件就被视为承诺。

当然，必须通知对方"我承诺(acceptance)了"。不过，没有必要在履行之前通知有承诺之意。像本案这样的持续性要约(continuing offer)的场合，只要有履行的通知(notice of performance)就足够了。之所以存在应该向对方通知有承诺意思的原则，是因为在撤销要约之前如果不通知承诺的意思，契约是不成立的。本案的类型，可以说是属于不要求履行通知以外的通知。

接着，关于该报纸广告是否具有实质性的要约内容，判决意见如下：

第一个问题是，广告的内容是否明确地让人理解为是要约？被告主张，没有规定该吸入器的使用期间和患感冒之间的关系。对此，如果是一般的人和有交易关系的商人，通常不会认为一天3次使用该吸入器两个星期，会一生不得感冒的吧。对于这一部分，可以认为有以下两个合理的解释。即：其一是，任何人都会一天3次使用该吸入器两个星期以上，而且，即使得了感冒还继续使用。本案的原告就是站在这样的立场。

还有一种解释是，按照说明书使用两个星期以上的Smoke Ball，然后，包括中止使用的场合，在合理的期间得了流感或伤风的场合。关于这种场合的合理的期间，根据医生和药物学者对药品功能的证词能够合理地决定。不论哪一种解释，原告都能获得请求权(关于这一点，林德利法官主张第二种解释，鲍恩法官主张第一种解释)。即因为该条款，是对按照指示使用两星期Smoke Ball、后来在合理的期间内得了流感或其他感冒性的病的人支付 100 英镑的约定,所以可以十分明确地理解为是要约。

最后是关于对价。被告主张这是缺乏对价的契约(*nudum pactum*)。原告的吸入器的取得是该吸入器买卖的等价交换。而吸入器的使用是符合原告利益的,不成为其负担。还主张,原告使用吸入器并没有给被告带来利益。因此,主张不存在对价。

但是,广告促进大众使用被告的产品,或者是,让人想使用被告的产品,这增加了吸入器的销售量。这是广告方的直接利益。因为广告者即要约者有利益获得,所以法院的结论是,可以说存在充分的对价。

并且,关于原告的立场法院也加以考察。可以说,按照广告要求的当事人,被要求了多余的行为。一天使用 3 次吸入器,说不上对原告不利(detriment)但至少也是不方便(inconvenience)的。在该约定给一方当事人带来利益或产生不利的场合,承认存在对价。因此,可以说,原告方是存在对价的。

关于该约定的相对一方的确定,判决在比较 Gerhard v. Bates (1853)案的同时,对有不确定多数的被预约者的预约,作了如下说明。

在 Gerhard v. Bates 案中,被约定支付一定年月的红利的股票的现在持有者是原告。该原告是从原来的持有者那儿转让到股票的。担任该案件的坎贝尔(Campbell)法官认为,该股票上的约定是对原来的持有人作出的约定,在和被告没有直接关系的本案这样的原告之间不具有效力。林德利法官的意见是,如果该约定是对属于一定群体的所有的人作出的约定,即是对所有正当地持有股票的人的支付红利的约定,解释应该是不同的。在本案中,情况完全不同,结论是,广告上的约定能够束缚所有看到广告的人。

"因此,被告必须履行他们的约定,哪怕是因为不注意而必须面对很多同样的诉讼者这也是他们(被告)的责任。"

按 语

该判例是在三点上揭示了有关契约成立的重要原则的先例。不仅是在英国判例中,即使在美国也是影响很大的判决。特别是,在英国,即使是今天,在有关契约缔结问题时可以说是必定被引用的重要判例之一。

第一个问题是,对于不确定多数的要约,要满足怎样的要件才是有效的。

该案件的特征，虽说是悬赏广告的一种，但是能够满足本案广告内容的人数是无法限定的吧。通常的悬赏广告，能够实现其广告内容的人数是被限定的(比如先到的 20 名，或者，如果是寻找家养小狗的广告，那只可能是 1 个人吧)。或者是，广告针对的人，即，承诺者的范围也许能有一定限度。可是，本案的场合，广告媒体是预定有不确定多数的读者的一般性报纸，其内容与其说是只有确定的人才能实现的，还不如说是有可能出现无数的人满足该条件。可是，该判决认为，即使是那样的场合，被要约人对该条件内容能够明确无误地理解，而且要约人如果明确存在有真挚的意图，那么，即使是对于万众的要约，都是有效的。通俗一点的说法是，可以说有效的要约中对必要的内容表示了明确的标准。

第二个问题是承诺的方式。在单务契约中承诺的通知是否有必要？关于这一点，本案认为达到了广告的条件，即有了履行的行为，就是承诺。关于广告等单务契约的要约，只有在达到条件以后有必要通知，履行之前是没有必要特别通知承诺意思的。关于这一点，本案例可以说确定了英国的有关承诺方法的一个原则。本案中引用的 Brogden v. Metropolitan Ry. Co. (1877) 判例是贵族院的判决。美国法也具有同样的原则(比如，参照 Restatement 2d 54 条，56 条)。

第三个问题是对价。即该契约中的对价是什么？就是说，要约者得到了什么利益？承诺者有了负担吗？当事人之间是否存在交换关系？

在本案中，成为问题的契约关系之前有吸入器的买卖契约，因此，双方当事人的利益交换看上去已经结束了。法院对照广告的目的，认为，其促进了销售对要约者来说是有利的，而承诺者方，使用药本身对承诺者来说很不方便，成为其负担。

享受间接的利益，而且负担行为即使像本案这样和利益没有直接交换关系，在以某种形式当事人的一方由于该契约得利，另一方有负担的场合也承认对价存在的本判决，可以说具有作为先例的意义。

执笔者：庆应义塾大学副教授　西川理惠子

108

① Farmland Service Cooperative, Inc. v. Klein
196 Neb. 538, 244 N. W. 2d 86 (1976)

② Decatur Cooperative Ass'n v. Urban
219 Kan. 171, 547 P. 2d 323 (1976)

③ Statute of Frauds (1677)
反欺诈法(书面的要件)

Ⅵ 契约法

事实概要

案件Ⅰ

X(原告;上诉人)主张和 Y 等(被告;被上诉人)签订了从 Y 等那儿以每蒲式耳(约合 8 加仑或 36 公斤)1.39 美元(交货期 6~9 月)的价格购入 9 万蒲式耳玉米的契约,X 对于不履行契约的 Y 等提出请求损害赔偿。该契约没有任何书面协议,也不存在确认书。在事实审中,Y 等否认了契约的存在,并且提出,假设就算存在契约,因为适用反欺诈法——500 美元以上的物品买卖契约没有书面协议不能生效(unenforceable)的统一商事法典规定(Uniform Commercial Code; U. C. C.)§2-201(1)——总之请求是应该被驳回的,因此要求不经过正式事实审理的判决,被认可。对此,X 提出,诉讼理由是具有拘束力的禁止反言(promissory estoppel)的法理,因为有关其事实存在争论,不经过正式事实审理的判决是不当的,而提起上诉。

案件Ⅱ

生产合作社 X(原告;上诉人),从 Decatur 县某农场购入谷物,然后将其转卖给以转卖为业的谷物仓库业者等,不过确立了不在谷物价格上投机的原则。即在购入的谷物达到一辆货车乃至 2 000 蒲式耳时，X给仓库业者打电话，口头缔结以市场价格交易的契约，过后买主给X寄去确认书确立手续，这一方法在Decatur县广为人知。农场主Y(被告；被上诉人)，是住在Decatur县的X的社员，大约20年间，从事小麦的栽培。

按照X的主张，1973年7月26日，X和Y在电话中，缔结了Y以1蒲式耳2.86美元价格卖给X10 000蒲式耳小麦的契约(交货期9月30日)。通常，X在电话之后马上就给卖主寄出有关契约内容的确认书，这次也给Y寄去了确认书。Y在合理的期间内收到，浏览了一下，关于内容没有在10天之内以书面提出异议。而X在和Y打了电话的第二天早上，就向诉讼外的A，以每蒲式耳3.46美元的价格把以上的小麦转卖了。后来，小麦市场价格飞涨，在1蒲式耳涨到4.50美元的8月13日，Y通知X不履行契约。为此，X第一次提出要求履行，第二次提出了要求损害赔偿的诉讼，Y否认了契约的存在，并且抗辩，假设契约就算存在，那也是口头的没有满足反欺诈法(U.C.C. §2-201)的无书面要件不能生效。事实审法院认可了该抗辩，没有经过正式事实审理就作出了X败诉的判决。X提起上诉。

判决理由

案件Ⅰ

内布拉斯加州最高法院作了如下判决说明。仅仅因为相信契约的存在而受到了损害，不能规避反欺诈法(U.C.C. §2-201)。"如果允许这么做，反欺诈法就被抽去了重要部分而毫无意义了。因此，只要没有存在过信任关系，根据同法不能生效的口头契约即使不履行，那……也不成为诈骗"。

对于X以具有拘束力的禁止反言的法理封住反欺诈法的抗辩的主张，在引用了第二次法律重述Restatement (Second) Contracts §90 (Tent. Draft No. 2, 1965)(对具有拘束力的禁止反言的法理作如下规定："允诺者应该合理地预见会诱发允诺的对方或者第三者作为或不作为的允诺，现实中诱发了那样的作为或不作为的允诺，在只有强制该允诺成为可能才能回避不正义的场合，有束缚力。对于违反的救济根据正义的要求能够受到限制"〔和现行的§90几乎同样〕)以后，作出了以下说明。"具有拘束力的禁止反言，传统上，是在没有约因的允诺的履行被拒绝，对相信该允诺而遭受不利的当事人产生不正义的场合,用来补充约因的要素的"。可是,本案不属于那样的情况,而且,明确记载了几个例外的 U.C.C. §2-201 也没有把允诺的不容否定作为例外。

通常,适用允诺的不容否定的,只是在允诺者对于对方具有的,或者是法律上的权利表示乃至允诺放弃的场合(在不动产中介交易中,为了让委托人(卖主)对从交涉对方那儿拿到保证金不抱希望,经纪人在口头允诺交易不结束的场合放弃手续费,而买主一旦拒绝履行时却以该允诺没有写成书面而要求支付手续费的 Hecht v. Marsh (1920) 案件就是一例。法院以不容否定封住了经纪人的主张)。而第 2 次法律重述 90 条 Restatement (Second) Contracts §90 的射程"限定在适用不要式契约的一方当事人作出的允诺,这种场合其目的在于,免除应该支持允诺的约因的要件。"

支持原判决。

案件 II

堪萨斯州最高法院,首先,对于是否适用 U.C.C. §2-201 (2) (商人之间缔结契约之后,一方当事人要给另一方寄去确认书,收到确认书的当事人如果在 10 天之内没有用书面表示异议,§2-201 (1) 规定的书面的要件得到满足)这一点,否定了 Y 的商人身份,认为本案没有满足书面的要件。

接着成为问题的是,根据允诺不容否定的 Y 的反欺诈法的抗辩是否能够封住。"反欺诈法,不是为了助长诈骗和不正义而是为了阻止其而得到施行的,衡平法法院,通常不允许利用同法作后盾保护诈骗,或者是使自己的恶劣行为成为可能"。而且,"按照该原则,本法院如果在通常的情况下,在认可防止诈骗法的抗辩时是适用不容否定的法理的。"

不过,允诺者仅仅证明不履行口头契约是不够的(因为根据反欺诈法允诺者有拒绝履行口头契约的权利)。即为了使这样的允诺适用不容否定,必须证明,如果除了反欺诈法的问题该契约有强制的可能;允诺者有意并且合理地预见对方相信该允诺、而且对方相信该允诺是合理的;进一步,不能强制契约就成为诈骗等的不正义。

这样的话,因为 X 的主张是,X 相信 Y 的行为而缔结了小麦的转卖契约,Y 知道或者是预见 X 会这么做,在 X 的费用上由于投机行为 Y 得到利益是不正义而带有诈骗的,因此,有适用允诺不容否定的法理的余地。原审没有经过正式事实审理就作出判决是不合适的。

为了进行事实审理,取消驳回重审。

反欺诈法(③)

"为了防止诈骗和伪证的法律(An Act for the Prevention of Frauds and Perjuries)"(29 Car. 2, ch. 3) 对于以下(1)—(6)的契约,如果没有当事人(或者是其代理人)的签名的书面,不能强制:

(1) 遗书执行人或遗产管理人从自己的财产中偿还(死者债务)的允诺;(2) 保证契约;(3) 以婚姻为约因的契约;(4) 有关土地权利的买卖契约;(5) 契约缔结1年以内履行没有结束的契约;(6) 超过10英镑的物品的买卖契约〔以上,(1)—(5)是第4条,(6)是第17条〕。

不过,第17条关于(6),规定(a) 买主接受了一部分目的物的场合;(b) 买主支付了定金乃至预付款的场合能够强制。

按　语

1. 1677年英国议会制定的反欺诈法(③),对于一定类型的契约在没有表示契约存在的书面的场合,法院不能援助,即规定了不能强制(unenforceable)(不是契约无效(void),例如,即使是没有书面的契约,任意履行了的话反欺诈法已经不成问题,而第三者的侵害可以成为侵权行为)。这是因为随着普通法开始在法律上扩大对于契约的保护(参照本书101案例),契约诉讼中的伪证也开始横行(诉讼当事人的证词不予承认,法官有了以前所没有的对于陪审恣意裁断的限制的权限)。在美国,几乎所有的州都以英国的反欺诈法为典范进行了立法,U.C.C.也规定了有关物品买卖契约的§2-201等几个反欺诈的规定。

2. 这样的反欺诈法一旦被滥用的话,能够成为对相信口头契约采取了行动的当事人进行诈骗行为的手段。实际上,1973年和1974年在以谷物价格飞涨为背景的美国,谷物卖主一边在口头允诺交易一旦市场价格暴涨,就以防止诈骗法作为抗辩拒绝履行契约,和买主之间发生了很多纠纷。在这被称为 grain cases(谷物案件)中成为问题的,是能否把允诺的不容否定作为根据封住防止诈骗法的抗辩(如"在契约书上签了名"所表示的,不是对允诺是对事实表示的信赖进行保护的衡平法上的不容否定,历来得到承认)。判例的见解不同,Ⅰ、Ⅱ案件分别表示了各自的立场。Ⅰ判决只提及了第二次法律重述的第90

条(Restatement (Second) Contracts §90)(允诺不容否定的传统的对价的代替功能,参考本书第105、106案例),而同§139规定了允诺不容否定的封住反欺诈法的功能。

3. 英国议会在1954年,鉴于需要防止诈骗法的状况已经消失,同法与其说是防止不如说是助长了诈骗,除了上述(2)、(4)的场合,废止了(3)。在美国,判例也对反欺诈法的解释变得狭窄,把U.C.C. §2-201(3)作为例外认可,反欺诈法正在渐渐削弱,现在正在进行的U.C.C.第2编修改作业,将使取消§2-201成为现实。

4. 作为参考文献,有道田信一郎的"契约社会"(有斐阁·1987)79页以下,樋口范雄的《美国契约法》(弘文堂·1994)138页以下。另外,UCC§2-201的日文翻译文本有泽田寿夫的《解说国际交易法令集》(三省堂·1994)158页等,Restatement (Second) Contracts §139的日文翻译文本有松本恒雄的《第二次契约法法律重述试译(2)》民商94卷5号690页(1986)。

执笔者:金泽大学副教授　曾野裕夫

109

Suisse Atlantique Société d'Armement Maritime S.A. v. N.V. Rotterdamsche Kolen Centrale
[1967] 1 A.C. 361, [1966] 2 W.L.R. 944, [1966] 2 All E.R. 61 (H.L. 1966)

根本违约

Ⅵ 契约法

事实概要

上诉人 X(船舶航运业者)和被上诉人 Y(租船者)于 1956 年 12 月 21 日,缔结了租船契约(charterparty)。契约结束日期为 1959 年 3 月 10 日。该租船契约中规定,在连续停泊期间里每天的装船货物和从船上卸下来的货物超过平均吨数,以及超过连续停泊期间停泊本船的场合,Y 应该支付 1 天 1 000 美元的滞船费(demurrage)。X 在 1957 年 9 月 16 日以 Y 装卸货物迟延为理由要求解除契约,同年 10 月 8 日在当事人合意之下又同意了契约继续存在下去。但是,Y 的装卸货物很慢,1957 年 10 月 17 日到 1959 年 3 月 7 日的 8 次航海中除了 1 次航海其余全部都超过了停泊期间,Y 支付了滞船费。X 主张,为了进行最多次数的航海,得到最大金额的运费收入,Y 在契约上负有以合理的速度进行装卸货物的义务和不故意迟延装卸货物的义务,如果 Y 不超过停泊期间进行装卸货物的话本来应该得到的 14 次乃至 17 次航海的运费收入都丧失了,由此请求赔偿。而 Y 争辩,如果支付了滞船费条款规定的滞船费,对于装卸货物迟延 X 所受到的损害,Y 不负责任。第一审和第二审法院驳回了 X 的请求,贵族院也判断,Y 不承担 X 所主张的义务,对于装卸货物的迟延,X 不能请求滞船费以外的损害赔偿。X 向贵族院上诉时,追加了以下主张,即依据违反了契约的根本(fundamental breach)的当事人不能受到豁免条款保护的这一根本违约的原则,滞船费条款是豁免条款,也是损害赔偿额预约条款,又是限制责任的条款,因为 Y 的装卸货物的迟延违反了契约的根本,所以 Y 不适用滞船费条款(demurrage clause)。贵族院认可了该追加,对于根本违约的原则表示了意见,基于根本违约驳回了 X 的主张。

在〈判决理由〉中介绍了几位法官对于根本违约原则的意见,但是没有表示参加审理的全体法官的意见。并且,没有总括介绍各位法官对于根本违约诸问题的意见。

判决理由

迪尔霍恩(Dilhorne)法官　在 X 主张根据的海上运送中偏离航线(deviation,船舶偏离了约定好的或是习惯上的通常的航线)等案中,对于根本违约或者违反契约的基本条款,是否定适用豁免条款的。这是契约解释的结果,否定在根本违约中适用豁免条款的法准则不应该因此限制契约自由的原则。是否有根本违约,根据违反了的契约是否产生了和预期完全不同的结果加以判断。基本的条款位于契约全体的根底,一旦被违反契约会产生和预期完全不同结果。滞船费条款不是基本的条款,不过,如果航海中的停泊期间的超过合算起来和租船契约中所预期的完全不同的话,根本违约是成立的。但是 X 虽主张根本违约是成立的却又不解除契约,是否适用滞船费条款是根据其性质和契约解释来决定的,滞船费条款不是豁免条款,是损害赔偿额的预定。

里德(Reid)法官　所谓根本违约,是把没有违反契约的当事人当作其拒绝履行契约,是对解除契约的权利的违反。一方当事人故意迟延装卸货物的有意违反也是根本违约所成立的重要根据。如果把根本违约作为根据解除契约的话,包括豁免条款的契约就消灭了。因此,契约不解除持续于全部期间的话,没有违反契约的当事人在对应该得到却丧失了的利益请求损害赔偿时,不适用豁免条款。本案件中 X 没有解除契约,是否适用豁免条款取决于契约的解释。因为解释豁免条款的语言很广,如果按照文字适用的话会产生极其不当的结果,或者是,因为契约的主要目的达不到,在解释上有必要对豁免条款加以某种限制时,在契约基本违反中不适用豁免条款的解释是合理的。但是,对根本违约的当事人一律否定适用豁免条款,是承认把对于根本违约的豁免条款无效的法准则的存在。像这样的法准则,限制承认契约自由的英国法的一般原则,不考虑契约当事人是否处于平等的立场,一律否定适用豁免条款,是不应该承认的。本案的滞船费条款从其当然的意义上解释的话适用本案情况。如果没有其他解释,不能说产生了极其不当的结果或不能达到契约的主要目的。

厄普约翰(Upjohn)法官 根本违约原则只适用于豁免条款。豁免条款是为了从契约的明确表示或默认的条款的法律结果保护一方当事人。滞船费条款是当事人之间预定的停泊期间超过时应该支付的损害赔偿额,不是豁免条款。因此,根本违约原则不适用于滞船费条款,仅此足以成为本案的判断根据。不过,X 的主张有追加,对于根本违约阐述一下意见。基本的条款是关系到契约根底的条件条款(condition)〔是契约中的条款,一旦违反产生契约解除权〕,一旦违反立即成为根本违约,这是当事人明确表示或默认中合意的或者是契约的一般法上得到承认的。根本违约中不适用豁免条款的理由是,如果把根本违约作为根据解除契约的话,契约只不过是适用了消灭包括豁免条款的契约一般法的结果。本案中 X 没有解除契约,因此,持续的滞船费条款在解释上适用于契约的整个期间。

威尔伯福斯(Wilberforce)法官 根本违约,在判例中用在和契约所预期的完全不同的履行,以及对没有违反的当事人赋予有损害赔偿请求权的契约履行或尔后给予的违反履行拒绝权的场合。关于前者,在具体的契约违反中是否适用豁免条款?关于后者,一方当事人尔后是否有拒绝履行的权利?即使规定了广泛的豁免条款,在其适用问题之外的重大的契约违反的场合,没有违反的当事人能够拒绝尔后的履行,不过,尔后的履行的拒绝中有根据的违反,也能够用豁免条款的语言限定或排除。豁免条款是当事人有意识地预期到发生违反契约的反映,不过,当事人不可能有意使豁免条款广泛得使契约成为只不过是单纯的有意识的宣言,对一方当事人完全失去契约的束缚力。在此范围对于特定的违反,正确地说存在否定适用豁免条款的法准则。但是,没有到此地步的场合,对于各个契约的违反是否适用豁免条款是当事人的意识的问题。所谓根本违约,如果当事人的意图被确定的话是不适用豁免条款的。当事人的意图不是根据契约语言的文理解释而是根据有关的商事目的(或者是根据契约种类的其他的目的)被确定。附属契约(adhesion contract,是指,在规定的契约内容中,契约当事人的一方不得不服从对方当事人的场合的契约)在确定契约上的意思或归属时会出现困难需要特别解决,不过,这些困难可以根据契约的一般法,没有必要将其变更。

按 语

1. 由当事人自由合意签订的契约为数很少,大多数场合都是强制一方当事人的意思和利益,而这往往以豁免条款的形式进行。在这样的情况下,对于豁免条款的法规则是必要的。在本判决之前,以根本违约或契约的基本条款的违反为理由否定适用豁免条款的判决不少。在本案判决中,贵族院表示了,在这些判决中有规定、适用了使保护根本违约的当事人的豁免条款无效的法准则的判决,这样的法准则不能被承认,是否适用豁免条款应该根据契约的解释或契约的一般法进行判断。契约解释是当事人意图的认定,这不得不对契约的目的、内容、违反的结果等进行客观的考虑。但是强调根据解释进行判断,为重大的契约违反也依据豁免条款的文言加以适用而开辟了道路。

2. 本判决因为承认了,以基本违反为根据的契约解除产生的豁免条款的消灭;基本违反中不适用豁免条款的解释;不是完全不履行的契约或者是由于违反对契约消灭的豁免条款的不适用等,在本判决后,也还出现了对基本违反否定适用豁免条款的判决(Harbutt's "Plasticine", Ltd. v. Wayne Tank & Pump Co. Ltd. (1970)等)。但是,本判决对于承认因为基本违反契约被解除或消灭的话豁免条款不被适用的基本违反原则的法准则,采取完全否定的见解,贵族院在 Photo Production Ltd. v. Securicor Transport Ltd. (1980) (以下简称 Photo Production 案)中提到。在 Photo Production 案中,本判决中的以基本违反为理由的契约解除而使豁免条款消灭不适用的意见,遭到了批判,关于豁免条款的适用与否,表示了在应该由契约解释决定豁免条款再不合理也只有一个意思的场合,法院没有将其排除的权利。在这两个判决中,贵族院对豁免条款的法规则的态度是消极的,其理由是一部分法官要求保持契约自由的原则。

3. 本判决和 Photo Production 案的问题在于,对于由于契约违反使契约的履行不可能或者没有继续下去的场合,以及契约完全没有履行时,如果适用豁免条款契约缔结本身就成为没有意义这一点缺乏解答(由于契约违反的种类豁免条款的适用被否定的论证,可以参考 Lord Devlin, The Treatment of Breach of Contract (1966) C. L. J. 192)。

4. 豁免条款中有限定契约债务本身的,有限制或排除对契约违反的责任的,有限制损害赔偿额以及赔偿请求期间的,等等,对契约违反有各自的效果(有关这一问题,可以参考山本丰的"英国法中的豁免条款二分论",上智法学论集 34 卷 2—3 号合并号)。

5. 把豁免条款在制定法上规定的有不公正契约条款法(Unfair Contract Terms Act 1977),规定了豁免条款无效的场合和豁免条款如果缺乏合理性时为无效的场合。关于合理性的标准,为了了解判例法,有必要对本法以前的判例法也进行研究。

6. 在本案判决中各位法官宣读了冗长的判决,各自的详细意见在短短的前述判决理由中毕竟无法详述。对于本案的判决希望进行更为细致的研究。

执笔者:专修大学教授　佐藤正滋

110

Krell v. Henry
[1903] 2 K.B. 740, [1900-3] All E.R. Rep. 20 (C.A. 1903)
目的实现受阻(Frustration)的法理

Ⅵ 契约法

事实概要

　　该判决是原告 Paul Krell 对被告 J.S. Henry 要求按照租借公寓一间房间的租赁契约支付剩余租金 50 英镑的上诉判决。被告否认了责任，以该房间原本是为了观看国王的加冕典礼仪式的游行而租借的，因为国王重病没有举行游行，缔结的契约完全失去了对价的理由，提出了请求归还作为定金支付了的 25 英镑的反诉。

　　原告在 1902 年 3 月出国之际，对他的事务律师发出了将佩尔麦尔街 56A 的公寓的套房以适当的条件及期间出租的指示。同年 6 月 17 日，被告注意到了，原告的出租带有能够观看加冕典礼仪式游行的窗户的公寓的招贴，于是和该公寓的管理人见了面。当时，因为被告听到了从该房间能够观看到非常华丽的游行的说明，于是同意以 75 英镑租借 6 月 26 日、27 日不包括晚上的两个白天。6 月 20 日，被告和原告的律师缔结契约的同时，把 75 英镑中的 25 英镑的支票，附在了写明剩余的 50 英镑于同月 24 日支付的信中一起寄出了。对此，被告于当天就从原告的律师那儿收到了，已收到附有支票的信并同意余额在 24 日支付的确认的回音。但是，当初预定的 2 天，由于国王的急病原定的游行不举行了，于是，被告拒绝支付根据上述 2 封信中成立的 6 月 20 日的书面契约有支付义务的余额 50 英镑，由此被提起了本案诉讼。

　　原审的 Darling 法官，依据 Taylor v. Caldwell (1863) 等判例，认为契约中附有举行游行的这一默认条件，作出了本诉讼和反诉都是被告胜诉的判决，由此，原告提起了上诉。

判决理由

沃恩·威廉斯(Vaughan Williams)法官首先指出，本案中的真正的问题是，在很多英国判例，特别是Taylor案件中采用的罗马法原则(根据契约的性质，当事人从一开始就应该知道，该契约到了履行的时候，如果某一特定物不再继续存在的话就不能被履行，在可以想像契约缔结时肯定考虑到该特定物应该是继续存在的场合，如果没有明确表示或者是默认该特定物能够继续存在的保证，在契约违反之前服从契约者没有过失因为该特定物的消失而不能履行时，当事人被豁免的这一默认的条件)在英国法中扩大到什么地步的这一点，接着，叙述到"我们并不认为，被引进到英国法的大陆法原则，被限定在由于作为契约目的物的某物被损坏或不再存在而不能履行的案件，或者是作为契约条件明确表示的特定的某条件或事物被破坏或不再存在而不能履行的案件"。又继续说道："第一，并不一定是从契约的条款当中，如果必要的话，从契约双方当事人认识到的周围的情况中被引出的推定来认定契约的内容(substance)是什么，以该现实的契约作为其基础，必须考虑是否有必要以特定的事物状态的存在为前提。如果回答是肯定的话，可以用一般的文字将其限定，在这种场合，如果契约的双方当事人以契约的基础为前提的事物状态不存在为理由不能履行该契约的话，就不会有像这样被限定的契约的违反。"

本案的事实是，"房间是出于观看国王的游行这一目的而被允许使用、被借出去的。既不是房间的转让也非租赁(let and take)的合意。以特定的目的允许使用房间之外没有任何其他的意思。……以我的判断而言，在主张的时间，游行队列顺路通过佩尔麦尔街56A，这可以看作为是契约双方当事人缔结契约的基础。无法合理地想像在缔结契约当时，契约当事人就考虑到了加冕仪式在主张的那天不举行，……游行不按该线路走。被告承诺在主张的时间使用该房间由此课以支付对等价格的义务的文字，一般是无条件的，估计是考虑到以后发生的特定的偶发事件的可能性而没有使用。"

比如，出租汽车的驾驶员在Derby(每年6月的第一个星期三在英国伦敦郊外的Epsom Downs举行赛马。——译注)的那天，约定以适当加价的车费把某人送到Epsom Downs，在赛马由于某些原因而不能举行的场合，因为赛马的举行不是契约的基础，所以双方当事人是不能免除债务的。即"该出租汽车,并非具备为了在这特定的机会选择该出租车的特殊功能"。……即使赛马不举行了,因为叫车的人需要出租汽车的目的和驾驶员没有关系,就这样坐上车让出租车行驶然后付钱也是可以的吧。"在那特定的日子里,驾驶员把人送到 Epsom Downs 去的约定因为没有受到任何限制,他如果拒绝的话就要被课以违反契约的责任。而在加冕仪式一案的场合,并不仅仅有观看加冕仪式游行的这一租借者的目的,和租借者同样的对于出租者来说契约的基础是加冕仪式的游行,是房间的相对的位置(relative position)。……各种案件,必须根据各自本身的情况作出判断。在各种案件中,第一,斟酌所有的情况,必须扪心自问契约的基础是什么;第二,契约的履行是否遭到妨碍;第三,妨碍契约履行的事件,在契约缔结当时按理说当事人不会考虑到的,如果这些问题的回答都是肯定的话,可以认为双方当事人能够免除履行契约。加冕仪式的游行是这一契约的基础,能够设想如果游行不举行的话契约的履行就遭到了妨碍。第二,游行没有举行,……在契约缔结当时按理说这是契约当事人没有考虑过的事件,即使包括后来发生的特定的偶发事件的可能性,也并非是用一般文字束缚当事人的案件。"

  判决认为,"契约的直接客体在契约履行期间消失或不存在,这不是适用 Taylor 案件原则时本质的东西。在契约中被表示,履行时本质的事物状态或条件在履行期间消失或不存在的话,那就足够了。本案中,双方当事人认为是契约基础的达成受到挫折的条件,无论是作为契约条件也好还是作为其目的也好都没有被明确表示。不过,由于上述的各种理由 Taylor 案件的原则应该被适用"。另外,被告要求归还定金 25 英镑的反诉被撤回了,把这也加上去的话,"在直接适用 Taylor 案件准则的契约案例中,后来发生的不能履行对已经取得的权利不产生影响。为什么这么说,是因为,被告应该支付余额的日子是 6 月 24 日整天,加冕仪式和游行不在预定时间举行的公开发表是 24 日的早上,到那天结束为止是不可能发生什么诉讼原因的。本案上诉应该被驳回。"

按　语

  1. 在英美法中,并不是从一开始就承认履行不可能(impossibility)的豁免的。在 17 世纪中叶,当时遵循的是只要契约中没有特别规定就不能豁免的绝对责任的原则(Paradine v. Jane (1647))。这样的原则，对于契约成立之后因为有法律禁止履行的场合等几种类型，虽然也承认例外，但一般的一直维持到 19 世纪的后半期。以 Taylor 案件为开端履行不可能的豁免准则开始确立。该案件的判决指出，在认为必须考虑契约履行期间特定物持续存在的场合，当该特定物不是由于允诺者的过失而消失时服从被豁免责任的这一默认条件。

2. 本案件的情况是，被租赁的房间存在着，就算租赁目的是为了观看加冕仪式的游行，而该游行因为国王的生病被中止，债务本身的履行是可能的。但是，该目的是双方当事人共同签订的契约的基础，由于对租借者来说履行变得无意义，所以豁免被承认。可以说，是和 Taylor 案件不同的案例，是新的履行不可能概念的展开。因此区别于历来的履行不可能被称为实现受阻(Frustration)(在其各种类型中严密地说被称为"目的的实现受阻")〔不过，在英国，通常把履行不可能和实现受阻(Frustration)总称为目的实现受阻(Frustration)〕。

3. 不过，那以后，在英国这样的案件的豁免被肯定的几乎没有，除非是例外。本案件的判决，也可以看作是把契约目的物限定在"可以观看游行的房间"，在历来的履行不可能理论的框架内被处理了。另一方面，在美国，进入 20 世纪以后，由于自然或经济的理由使履行成本高涨、在履行明显给债务者带来负担的案件中，能够零星看到肯定豁免的案例，也是基于这种缓和的倾向不能实行(impracticability)的概念得到了确立〔久保宏之《经济变动和契约理论》第 2 章(成文堂・1992)〕。

执笔者：京都产业大学教授　久保宏之

111

Williams v. Walker-Thomas Furniture Co.
350 F. 2d 445, 18 A.L.R. 3d 1297 (D.C. Cir. 1965)

显失公平的契约
(Unconscionable Contract)

Ⅵ 契约法

事实概要

本案件是家具商店对没有按月付款的买主提起收回商品的诉讼(replevin),是在首都华盛顿(哥伦比亚特别区)发生的纠纷。买卖采取的方式是到付清款为止属于出租,一旦不按月付款卖主可以立即收回商品。但是,在该契约中还包含有以下规定,即如果以前的同样的契约中的分期付款还没有付清的话,买主在本契约中还的款,可以按照比例被拨过去。在原告家具商店的按月付款销售中,任何契约都印刷着该条款,这是一种,如果买了新的商品,该商品的按月支付,由以前以按月付款方式购入的没有还清款的全部商品的收回权作担保,新购入的商品也是由以前的按月付款额作担保的交叉担保(cross-collateral),也称为不特定债权抵押(dragnet)条款。

大约从1957年开始,以按月付款的方式陆续在该商店购买了16种商品的被告Williams,在1962年4月17日买了514美元95美分的一套立体声音响。可是,因为没有按月付款,原告要收回1957年12月以后该被告买的所有的商品。买立体声音响时留下了164美元的债务,这些年来她买的所有的商品(购买时的价格的总金额是1800美元)都成了被要求收回的对象。在立体声音响契约书的反面,写着她每个月从政府那儿得到218美元的生活补贴和社会福利担当者的名字,原告是知道她必须用这些钱维持7个孩子的生活而卖给了她立体声音响的。并且,根据家具商店的记录,被告Williams到1962年12月

26 日为止的债务共计为 444 美元,其中的细目关系到全部的 16 种商品,比如最初的 1957 年 12 月 23 日以 45 美元 65 美分购入的商品还剩25 美分的债务,1957 年 12 月 31 日以 13 美元 21 美分买的商品还剩 3美元债务(是任意规定,请和日本民法第 488 条—491 条相比较)。另外,当时,在原告的商店,名叫 Thorne 的一个人也是基于同样的契约,以 391 美元 10 美分买了一套沙发,因为该人也是马上就没有按月付款,所以原告也要收回迄今为止的所有商品。本案判决是就这两个请求作出的判断。

受到律师协会的法律援助部支援的被告们,即使不得不同意立体声音响被收回,但是,对于规定迄今为止买的所有商品都要被收回的这一契约条款,决定进行挑战。提出了本案的契约条款明显失去公平(unconscionable),其效力不应该被承认的主张。但是,哥伦比亚特区的第一审、第二审,都作出了在特区的法律之下不能许可上述主张的判断。第一审虽然承认被上诉人的销售方法很无情,但表示的态度是,即使调查了特区的有关消费者买卖的法令和判例,也没有发现能够证明本案的契约条款违反公共政策(public policy)的根据,不过,如果特区也有相邻的马里兰州那样的消费者按月付款销售法的话是可以给以救济的,而这是应该由立法部门考虑的问题。统一商事法§2-302规定,当法院认定在缔结契约之际契约或该条款是明显失去公平的话,能够否定其效力、限制其适用,但是统一商事法还没有作为特区的法律发生效力。

但是,受理了上诉的负责哥伦比亚特区的联邦上诉法院认为,作为法院之友也任命了法律家进行审理,在特区初次出现这样的问题,不过,明显失去公平的契约不能强制这一问题在其他州是作为普通法上的问题的,不能同意原审所谓的无权在此方向发展普通法的见解。而且,原审基于不同理解作出的判决的结果,使得为判断这一明显失去公平的契约缔结当时的情况所需要的研究还没有进行,因此,取消原审判决驳回重审。

判决理由

1. 统一商事法在特区也被通过了,该法的§2-302 规定,法院能够拒绝执行契约缔结时明显失去公平的契约。该法律是在本案之后通过的,并不意味着在此之前就不能承认,法院有权发展特区的普通

显失公平的契约(Unconscionable Contract)

法并不妨碍表示同样的规则。不如说,仅就没有先例这一点,§2-302在特区被通过的事实,使得按照产生了该规定且已形成坚固基础的其他州的判例的合理性具有说服力。§2-302成为广泛规律一般契约的规则也是已经被预见到的。

2. 明显失去公平,一般认为包括契约条款不合理使得契约的一方当事人没有"有意义的选择"(meaningful choice),而另一方当事人很有利。有意义的选择的有无,仅仅根据交易的周围的情况就能够判断的,不过在多数判例中,当契约缔结之际的交涉能力大大缺乏对等性的时候,其存在被否定。因此,交涉能力的不同,和明显失去公平的问题完全没有关系。单方交易,其本身就是证明了交易当事人的交涉能力不对等的证据。关于这一点,普通法的实质欺诈(intrinsic fraud)的理论早就隐隐约约地承认了。即从契约条款的太不公平性中能够推定欺诈的理论。

3. 进入契约的方法也和判断是否作了有意义的选择是有关联的。即在考虑契约当事人能够清楚感觉到的教育程度(his obvious education)的时候,对于他是否有合理的机会理解契约条款的意义,或者是重要的规定是否隐藏在密密麻麻的印刷文字之中,或者是因为胡搅蛮缠的推销对于细微之处是否没有斟酌等等,都值得推敲。

4. 通常,对于不知道内容而在契约上签了名的人,哪怕是单方的契约,也被推定为他对风险是有思想准备的。不过,当交涉之际的力量关系完全是单方的,因此不可能有真正选择的人,在几乎不知道其内容从商业上看来是很不合理的契约上签了名的时候,哪怕他的合意客观上很明白,毕竟不能认为是对契约的全部条款而言的吧。在这种时候,应该放弃通常的不能怀疑当事人的合意内容的这一规则,法院,应该判断契约的条款是否不公平(unfair)到应该抑制其强制实行。

5. 判断合理性和公平性之际,重要的是把契约条款和契约被缔结时的状况加以对照观察。这一操作不容易,也不是能够机械性完成的,不过,从一般的商业背景以及一定的行业或者是特定情况中的商业上的必要性的观点出发必须对契约条款进行推敲。科宾(Corbin)教授指出,有争议的契约条款把"从支配那个时间和地点的伦理观以及商业惯例来看是否极端到反映了明显失去公平"作为标准,本法院也认为,在进入契约之际没能有有意义的选择时,该标准是合适的。

按 语

1. 本判决明确指出，明显有失公平的契约在普通法上能够否定其束缚力，在揭示了明显失去公平性的判断标准的这一点上很重要。该显失公平的契约的理论，被吸收到其后的 Restatement（Second）of Contracts (1979) §208 中，本案所争议的交叉担保（cross-collateral）条款被用作为举例。在此之前，在根据衡平法的特定履行（specific performance）的请求领域，当契约的内容被认为是不公平的场合该请求不予承认（比如 Campbell Soup Co. v. Wentz (1948)）。不过，这更具有衡平法上的救济的特性。

2. 本判决在其注解中，也辅助引用了以违反公共政策（public policy）为理由将一定的契约条款判断为无效的 Henningsen v. Bloomfield Motors, Inc. (1960)（本书95案例）。但是，本判决没有宣称契约条款本身违反公共政策一般为无效。而是采取了对照契约缔结时的状况，对实体侧面的明显失去公平性分别进行判断。将父权的介入契约内容停止在最小限度，即使是像本案这样的契约条款也留有可能有效的余地，契约的自由是原则的这一态度没有改变之处是很重要的。

3. 赋予本判决勇气的 U.C.C. §2-302 的公开注释指出，在其规定的背后的原则"在于防止发生压制或不公平的突然袭击，不是想要介入利用了优越的契约上的立场的风险分配"。从这儿来看，明显失去公平性也关系到契约缔结之际的程序方面。但是，判断是否明显失去公平性，毕竟和反映了契约缔结时的情况的契约内容的实体的侧面有关。在契约缔结的程序方面有意义的选择是可能的场合，即便契约的内容是无情的，考虑到当事人是以自己的意志作出的选择，法院的介入也就没有了根据。实际上是在程序和实体的两个侧面进行总体的推敲。但是，从理论上来说，判断是否显失公平，局限在契约缔结时的程序方面有问题的场合。这是上述的公开注释的意思，本判决划出相当部分把程序的侧面作为问题提出来也是出于同样的理由。

请参考樋口范雄的《美国契约法》194—212页（弘文堂·1995）

执笔者：北海道大学教授 曾野和明

112

Sullivan v. O'connor
363 Mass. 579, 296 N.E. 2d 183, 99 A.L.R. 3d 294 (1973)

信赖利益、履行利益、原状回复利益

Ⅵ 契约法

事实概要

　　原告是俱乐部的女歌手,被告是进行美容整形手术的外科医生。因为原告的鼻子太高太大,被告同意通过2次手术使鼻子变小,做到整体的平衡。但是,实际上,手术做了3次,容貌没有以前好了。鼻子是小了,但是也失去了左右的对称。而且再做手术也没有改善的余地。于是,原告要求被告和医院支付600多美元,不过没有证据证明由于容貌的变化使俱乐部的演出机会减少了。

　　请求的原因有以下两点:第一,是契约责任。被告在和原告的契约中允诺,对鼻子施行塑胶整形手术让被告更美(to enhance her beauty),却没能达到允诺的结果。手术的结果,使容貌恶化,给原告带来了肉体上和精神上的痛苦,以及其他的损害和支出。第二,是侵权行为责任。手术中有过失,在传统的医疗过失的诉讼中被告负有责任。

　　对于这一诉状,被告的答辩是自己完全没有责任。

　　第一审,按照原告的要求进行了陪审审理。经过6天的事实审理之后,按照对两个请求原因分别进行特别裁断(special verdict)的说明,陪审团,对于过失产生侵权行为的这一主张作出了对被告有利(换言之,不能认定手术有过失)的裁断,对于契约责任作出了对原告有利的裁断。接着,由陪审进行了赔偿金额的认定,认定金额为13 500美元,由此作出了一审的判决。对此,被告向马萨诸塞州最高法院提起了上诉。

　　作为上诉理由,被告提出,第一审法官就赔偿金额的认定向陪审团进行的说明中,有法律上的错误。说明的概要如下:

"(1) 原告的伴随手术实际支出的费用能够回复。

(2) 原告由于被告违反允诺直接受到的自然而马上可能预见范围的损害能够得到赔偿。

这当中,也包含有原告的鼻子变丑了,即容貌的恶化,和原告自身不得不意识到容貌恶化的精神上的影响。有关这一点,陪审可以把原告的职业上的特性一起进行考虑。

并且,既是被告违反契约的结果,也是赔偿范围的第3次手术所伴随的痛苦。不过,开始的两次手术的痛苦不可以算入。还有,因为没有证据证明由于违反契约使原告的收入受到损失,所有,这一要素在赔偿金额认定中不可以算入。"

被告在上诉中主张,(1)的认可超过原告支出费用(600多美元)的赔偿的说明(即(2)的部分),是对法律的错误解释。特别是,认可对第3次手术中的痛苦、容貌的恶化以及所伴随的精神上的损害的赔偿,是错误的。

对此,原告也主张,对于允诺的容貌和手术以后的现实的容貌之间的差异,用金钱作出评价而认定赔偿的说明是应该的。不过同时也提到,如果被告的上诉被驳回的话,放弃这一主张。

马萨诸塞州最高法院,没有认可被告的主张,驳回了上诉。其主要论点,是对违约的损害赔偿内容的分析。

判决理由

关于医生和患者之间的诊疗契约的特征。即使医生对于患者允诺了治疗和会有一定的结果,对于承认契约上的救济,法院一般是持消极态度的。

医生和患者之间的契约责任难以承认的理由很容易理解。考虑到医学发展的现状,和患者身体上、精神上的状况的千差万别,能够允诺确定结果的场合几乎没有。作为医生,完全保证某一确定结果是很勉强的,尽管如此,医生的意见,患者容易理解为是允诺。而且,让人抱有希望的意见在治疗上的价值也得到承认,如果将其全部和违约相联系,那会带来一种倾向于防御性医疗(defensive medicine)的弊病吧。

不过,另一方面,如果毫不过问契约责任的话,只会口头允诺的医生多起来,那么,容易失去对于医生这一职业的信赖。因此,法律选择了中庸之道,采取了以必须明确举证这一条件追究契约责任的做法。

接着,有关损害赔偿的算定标准。在历来的先例中可以看到,在承认了医生的契约责任的场合的损害赔偿的内容,有两种类型。

第一,是单纯地承认和通常的商事交易同样的履行利益的赔偿(expectancy or expectation damages)(使原告处于契约履行之后状态的赔偿)呢,还是根据原告的选择,承认原状回复利益的赔偿(restitution damages)(对于原告为履行契约而付给了被告的利益进行赔偿)?具有代表性的判例,是有名的 Hawkins v. McGee (1929)。在该判例中,维持了对违约的履行利益的赔偿原则。

在承认履行利益的赔偿的场合,应该从赔偿额中扣除(伴随履行当然产生的患者方的费用)给医生的报酬,出于同样的理由,手术中通常伴随的痛苦也不属于赔偿对象。不过,如果产生的痛苦大于所允诺的,那也成为损害。

与此相对的是第二种类型,对于患者支付给医生的报酬、医药费和给护士的报酬等,就是说对于患者付出的费用承认回复的判例。关于这一点,一方面不同于要被告的医生归还从患者那儿获利的部分的所谓原状回复利益的赔偿,另一方面,在不承认允诺的治愈状态的损害回复的这一点上也不同于履行利益的赔偿。要点是将患者和手术前的状态相比较把握现在处于何等恶化的立场受到的损害,达到使患者回复到契约缔结之前的状态的损害回复。这叫做信赖利益的赔偿(reliance demages)。

本案的情况,承认信赖利益的赔偿是妥当的。

首先,原状回复利益的赔偿,意味着归还患者根据契约付给医生的利益,本案的场合,是支付给医生 600 多美元的报酬。不过,根据当事人之间的契约,判断应该进行审判上的救济时,很明显,作为救济这是不够的。

另一方面,承认履行利益的赔偿时,也有考虑过大的场合。关于医生和患者之间的契约,如上所述原本就对是否承认契约责任有议论。尤其是医生没有过失责任的场合,履行利益的赔偿未免太过分。对于患者的履行价值(病的治愈)和患者支付的费用一般是缺乏平衡的。并且,对于履行之后的状态进行金钱上的评价,往往使事实认定者感到很困难。最后,连提倡信赖利益概念的学者郎·富勒(Lon Fuller)都指出,进行履行利益赔偿的典型是商业世界中的交易,随着契约内容的商事性的淡化,履行利益赔偿的必要性也相应减弱。

不过，本案中，是否应该承认履行利益的赔偿呢？因为原告说，在被告的上诉被驳回的场合，放弃该主张，所以没有进行判断的必要。

综上所述，结论是，原审认为的比手术前恶化的容貌的损害；回复患者支付了的费用；包括第3次手术所伴随的肉体上和精神上的痛苦也作为损害，至少，承认信赖利益是正当的。驳回应该只限定在原状利益回复的被告的上诉。

按 语

1. 判决中引用的 Fuller & Perdue, The Reliance Interest in Contract Damages, 46 Yale L. J. 52, 373 (1936—1937)，是阐明了在契约上受保护的利益中存在信赖利益的经典论文。其最大的意义在于明确了对于契约违反的权利如果确立，救济不是由自己决定，救济的内容被推敲之后权利方才实质化。现在美国的契约法的案例教科书，不少都是从救济的部分开始的。

本案的判决，对于美容整形医生的花言巧语，从正面承认了给予契约上的救济的法政策的必要性，并且从同样的观点出发分析了救济的内容。典型地表现了法院对于契约法所起的作用，正是政策判断的法律现实主义的立场。

2. 对于契约违反的损害赔偿的内容，三种不同利益被提取出来。有必要再次确认其意义，以及其中的关系。对于契约违反的原则上的损害赔偿，是履行利益的赔偿，其中一定的例外也被承认，其理由是什么，本案中的论点是，多数是按履行利益的赔偿、信赖利益的赔偿、原状回复利益的赔偿额的顺序，是否总是那样？

3. 本案判决，在考察美国契约法和侵权行为的关系，和日本法进行比较方面是极其有意义的判决。另外，在该判决的几年之后，对当事人进行采访，反映了判决背景的文献有 Richard Danzig, The Capability Problem in Contract Law 5 (1978)。

执笔者：东京大学教授　樋口范雄

113

Hadley v. Baxendale
(1854) 9 Ex. 341, 156 Eng. Rep. 145

违约的损害赔偿

Ⅵ 契约法

事实概要

1853年5月12日,位于英国的戈罗斯塔的面粉工厂的蒸气引擎的旋转轴断了,工厂停止了生产。旋转轴是手工制作的,只有远在戈里尼基的机械工厂才能制作。断了的旋转轴必须送到该机械工厂,以此为模型制作新的旋转轴。为此,工厂的经营者X(原告)在13日派职工去了运输公司。该职工告诉运输公司的负责职员,面粉厂现在停工,断了的旋转轴必须立即送出去。对此,运输公司职员的回答是,中午之前拿来的话,第二天可以送到戈里尼基。运送费用是2英镑4先令。但是,14日送到运输公司15日应该被送到戈里尼基的旋转轴,直到21日都没被送到。原因是运输公司搞错了,没有用火车,而是用船运了。于是X提起了诉讼,向运输公司经营者Y请求赔偿由于运输迟延使停工延长5天的本应获得的利益。开始的请求金额为300英镑,在诉讼中改为接近200英镑,根据证人证词,受到的损失大约为120英镑。对此,Y在法院寄存了25英镑,提议和解,遭到X的拒绝。

同年8月在戈罗斯塔的巡回审判(assize,是第一审)中,Y主张该损害没有因果关系(too remote)。审理之后,一审的法官对于由9名商人、3名当地的知名人士组成的特别陪审团(special jury)作了如下说明(instruction):"陪审团,判断运送旋转轴所需要的合理的期间是多久,认定由于迟延X所受到的损害。作为损害赔偿,认定由于Y的违反契约而产生的当然结果(natural consequences)。这当中,必须考虑工厂的停工是否是因为违反契约产生的盖然而当然的结果。"

听了说明的陪审团,经过30分钟的评议,得出了认定赔偿50英镑的裁断(verdict)。Y在11月中旬进行了上诉,上诉审的财税法庭(Court of Exchequer),在第二年的2月初开庭审理。

在法庭上,X的辩护人引用了财税法庭自身最近作出的先例,论及本案也应该承认赔偿。在那个判决中,因为缔结了在合理的期间内在工厂安装好机械的契约的当事人迟延了完工,其结果使原告失去了和第三者进行交易可以获得的利益,原告的赔偿损失的请求被得到承认。对于"那个先例的案件,难道不是被告知道违反契约的结果吗?"这一法官提出的问题,答辩是有充分的证据证明Y知道运送旋转轴的目的和迟延的结果。

对此,Y的辩护人辩论,以上的先例是在特定的时间完成工事的特别契约,和本案的情况是有区别的。对于没有那种特别允诺的本案的损害,作为法律问题,应该向陪审说明是因果关系被否定的损害,只能承认名义上的损害赔偿金(nominal damages)。并且,对于违反契约的损害赔偿,展开了要点如下的一般论。

"的确,损害赔偿是对受到损害的个人的损害填补,不过,完全的损害填补是不可能被认可的也是明摆着的。损害赔偿的目的在于,如何使给人损害的当事人和受到损害的当事人分担损害。对于预计有经济利益的损失,无论是英国的法院还是美国的法院,只要没有保证其的特别契约,一般是否定赔偿的。赔偿额的算定,仅仅基于揣测。"

财税法庭在同年2月命令否定赔偿应该获得的利益进行重新审理。

判决理由

财税法庭的判决,首先,力图说明在陪审认定损害赔偿之际有必要宣布应该遵循的规则。如果陪审没有什么明确的规则就认定赔偿金额的话,那会引出最大的不公正。于是,宣布了以下规则:

"在契约当事人的一方违反了契约的场合,另一方当事人应该回复的损害赔偿必须是,such as may fairy and reasonably be considered either arising naturally, i. e., according to the usual course of things, from such breach of contract itself, or such as may reasonably be supposed to have been in the contemplation of both parties, at the time they made the contract, as the probable result of it.((1)因为违反该契约,按照事物通常的过程当然产生的损害和公平而合理想像得到的损害;(2)合理地

看,可以说是契约缔结时双方当事人认为违反的盖然性高的损害。)"

"如果违反了契约的当事人完全不知道(像本案这样的运送迟延直接关系到停工的)特别情况的话,对于受到违反的当事人来说,最多也就是一般产生的损害了,换言之,只有不受任何特别情况的影响,该契约违反产生了绝大多数案件中会产生的损害,才能认可赔偿。"

"为什么这么说,是因为,如果知道特别情况,作为当事人,对于契约违反时的损害,是能够预先设定特别条款的。如果剥夺了这一利益,只能说那是极其不公平的。"

接着,判决将以上规则适用于本案,在本案中,X告诉Y的只是运送物是断了的旋转轴,和X是面粉工厂的经营者。就这些内容,不能预见由于运送的迟延会使工厂停工。

因为本案的契约违反,所失去的利益,不能说是在所有同样的案件中当然产生的利益,而且,与该利益的赔偿相关联的特别情况也没有告诉Y。

因此,上诉审判决认为,一审的法官对于陪审应该说明,在认定损害赔偿时不得考虑应该获得的利益。

结论是,本案中,由于停工失去的利益的赔偿不予许可。

按　语

1. 本案判决,作为宣布了英美契约法的损害赔偿的基本原则——至今仍被称为哈德利规则(Hadley Rule)——的判例是非常有名的。哈德利规则表明了,对于违约的损害赔偿,有与当事人个性无关的因为违反了该契约通常产生的损害〔(1)的部分,被称为通常损害(general damages)〕和缔结契约时当事人能够预见的损害〔(2)的部分,被称为特别损害(special damages)〕的两种。

就本案来说,因为新的旋转轴的迟延使工厂失去的开工利益,不能说是任何当事人都会产生的,所以说,是要求特别损害赔偿的案件。而关于特别损害,在缔结契约时,如果当事人不能预见的话,判决明确表示不能成为赔偿的对象(一般称之为可预见性规则,不过,与其说是如果能够预见就认可赔偿的规则,不如说其意义在于将预见不可能的加以排除)。

2. 哈德利规则,作为法律上的规则,限定了对于违约的损害赔偿,而且,作为其手段,把缔结契约时的预见可能性作为问题(请注意,标准时间和日本法不同)。由此,可以看出英美对于契约的理解方法的特色。

3. 关于哈德利规则为何持续了将近150年,可以参考樋口范雄的《美国契约法》第13章(弘文堂·1994)。至于,为什么在1854年会形成这样的规则,Richard Danzig, The Capability Problem in Contract Law 68 (1978)一书对此进行了有趣的分析。

和日本民法416条相关联的内容,可以参考平井宜雄的"损害赔偿法的理论"146页以下(东京大学出版会·1971)。

执笔者:东京大学教授　樋口范雄

114

Sedmak v. Charlie's Chevrolet, Inc.
622 S. W. 2d 694 (Mo. Ct. App. 1981)
特定履行

Ⅵ 契约法

事实概要

身为汽车迷的X夫妇(原告;被上诉人)知道了Chevrolet公司为了纪念该公司生产的Corvette被选为Indianapolis(译者注:印第安纳波里斯,美国城市)500 Race(赛车)的Pace-Car(＊领驶车,赛车开始前,为了预热引擎,先导赛车绕场一周的汽车。——译注),计划出售6 000辆限定生产的Corvette,就想要购买。1977年11月,X夫妇向汽车经销商店Y(被告;上诉人)的销售负责人A说了以上的想法,A说,现在没有消息,不过如果Y进了该限定生产的汽车就卖给X。1978年1月9日,当X给A打电话,再次传达想要购买限定版Corvette的想法时,被要求支付定金,于是,X就到了Y,支付了500美元的支票,拿了收据。在该支付之前,X问自己是否确实能够买到该车,因为A的回答是"yes",于是就说了自己还希望装备引擎等部件,A回答和厂家进行联系。后来,A告诉了X厂家希望的零售价格(大约是15 000美元)。没有出示正确的金额,是因为特别定购的价格等不清楚。A说了,特别定购的手续完备之后会给X邮寄"契约书",可是,那以后,X没有收到任何书面文件。同年同月25日,X因为要去取另外定购的Corvette(顺便提一句,X已经拥有好几辆Corvette),就到了Y处,A和X商量,到Indianapolis 500 Race结束之前想把限定版的Corvette展示在Y的展览室用来推销,X表示同意。

同年4月3日,Y在通知X限定版的Corvette进货了的同时,又告知因为该限定版汽车非常抢手,不能按照厂家希望的零售价出售,而是要采取投标,X夫妇也能够投标。(本案件是密苏里州的案件,可是)Y收到的订货有来自夏威夷州和佛罗里达州的(而且,这些订货价格远远超过了厂家所希望的零售价,高达 24 000 美元和 28 000 美元)。Y进的汽车,是应 X 夫妇特别定购的式样。X 夫妇没有中标,提起了要求特定履行的诉讼(specific performance),事实审法院命令 Y 特定履行(交付限定版的 Corvette)。对此,Y 主张:(1) 没有充分证据证明契约的存在;(2) 即使契约存在因为那是口头契约根据反欺诈法(U.C.C. §2-201(1))不能强制(enforce);(3) 作为损害赔偿的救济没有被证明是不充分的(inadequate),命令特定履行是不合适的,由此提起了上诉。

判决理由

密苏里上诉法院认为:(1) 尊重事实审法院的事实认定,承认口头契约的存在,即使特定的价格没有达到合意,而厂家定有希望的零售价那么价格的决定就是可能的;(2) 因为支付了定金,不适用反欺诈法(U.C.C. §2-201(3)(c)的词句表示,即使是没有书面的契约只要是在部分支付相对应的范围就承认强制的可能性,不过,这是在对目的物的量有争论的场合,部分支付能够强制整个契约;不这么理解的话,就成了承认拒绝履行实际上缔结的口头契约,使欺诈防止法的目的受到夭折);(3) 关于事实审法院承认特定履行是否不当,如下所述:

"是否命令特定履行据说是事实审法院的裁量,……该裁量的幅度,实际上是非常狭窄的。在满足一定的衡平法上的原则,契约内容是公平而明确的场合,'特定履行作为权利被赋予'。……本案中,事实审法院命令特定履行,是因为判断 X 夫妇'伴随了相当的费用支出、时间、损失、相当的迟延、不便,在一般的市场上,不能购买和本案汽车同样行驶距离、状态、所有关系、外观的汽车,不能受到普通法上的充分的救济'。"

U.C.C. §2-716(1),"'where the goods are unique or in other proper circumstances(在物品是不可代替的场合或者是在有其他适当情况的场合)'对于违反物品买卖契约中的买主的救济方法,法院能够命令特定履行。……该'有其他适当情况的场合'的这一不确定词句,'to further a more liberal attitude than some courts have shown in connection with the specific performance of contracts of sale(促成比一些法院在与买卖契约的特定履行关联的场合所表现的更为自由主义的姿态)'表示了起草者的意思(U.C.C.§2-716 cmt.1)。……在我们密苏里州,远在 U. C.C.之前,对于物品买卖契约的违反要判断是否命令特定履行时,采取的就是现实的观点,没有把这一救济方法限定在'不可代替的'物品的买卖上。……在(卖主拒绝履行汽车买卖契约的)Boeving v. Vandover (1949)案件中,……该汽车在传统的法律意思上并非'不可代替的',但在当时,因为是战争时期,物品不足,汽车一般很难买到。法院认为,应该给以买主的救济方法是特定履行,这是因为,买新车'必须有无法评价的相当的费用支出、花时间、伴随损失,在这样的情况下对于原告没有充分的普通法上的救济方法'。就这样,Boeving 案件成了§2-716(1)的广泛而有弹性的词句的前兆,是通过该款项具体地表示了'其他的适当的情况'之一的被许可命令特定履行。本案的事实关系模仿了 Boeving 案件"。

本案中的限定版车和 Boeving 案件的汽车同样,"在传统的法律意义上不是'不可代替的'。并非古董,恐怕连类似都说不上。但是,不伴随其'行驶距离、状态、所有关系和外观',加之相当的费用支出、迟延、不便,要买到同等商品不说是不可能至少也是非常困难的。……的确,该汽车被制造了 6 000 辆,但是,它……是限定生产的。加之,各销售商店只进货 1 辆,而 X 定购的装有附件的更是非常少。(从夏威夷州和佛罗里达州来的高价订货也能由此得出推论)该限定车的需要大大高于供给。我们赞成事实审法院的判断。本案中存在应该命令特定履行的'适当的情况'"。

维持原判决。

按　语

1. 普通法对于契约违反给以的救济方法是金钱赔偿,作为代替救济的损害赔偿——代替履行、契约中特定内容的强制实现——作为特定救济的特定履行(specific performance)和禁制令(injunction)原则上是不许可的。为什么有这样的原则?从对中世纪的普通法的诉讼方式的制约和其物权法的思考样式中进行了论述的木下毅的《英美契约法的理论》〔第 2 版〕(东京大学出版会·1985)83—114 页中,可以得到启发。另一方面,特定履行,是大法官(Chancellor)在考虑到有必要依从衡平和善的场合,作为所赋予的衡平法上的救济方法而得到发展的。

2. 不过,特定履行受到以下制约:(1) 因为衡平法被认为是补充普通法的法体系,所以,在损害赔偿得到充分(adequate)救济的场合(比如,能够买到代替物的动产的买卖)特定履行是不予许可的(adequacytest)。即,损害赔偿是第一次性质的救济方法,特定履行是第二次性质的救济方法。这一关系在普通法和衡平法融合之后仍然持续。而(2) 衡平法上的救济,只是在大法官认为违反良心的场合被特别承认,是裁量的救济方法。除了这些历史上的制约的主要因素,(3) 在法院难以执行的场合(需要被告协助的场合;履行的监督很困难的场合)和契约内容不明确的场合,出于实际上的考虑特定履行也是被避开的。

3. 像这样只是限定地被许可的特定履行,也渐渐地被缓和制约。本案是(1)(adequacy est)(以及(2)(裁量的性格))的缓和一例,即使不是古董品的动产对于购买代替物的可能性从市场的状况进行考虑而承认了特定履行。有关承认特定履行时的扩张倾向,在樋口范雄的"契约的特定履行——作为研究英美救济法的备忘录",伊藤正己先生的花甲纪念《英美法的诸现象》(东京大学出版会·1980)601页以下,同《美国契约法》(弘文堂·1994)55页以下有详细介绍(后者,也提到了围绕特定履行的效率性的论争)。

另外,U.U.C.的日文翻译文本可以参考泽田寿夫编的《解说国际交易法令集》(三省堂·1994)150页以下等。

执笔者:金泽大学教授　曾野裕夫

115

United States v. Willow River Power Co.
324 U.S. 499, 65 S. Ct. 761, 89 L. Ed. 2d 1101 (1945)

财产权(Property Right)的概念和水利权

Ⅶ　财产法

事实概要

1938年，联邦政府为了改良航行(navigation)，按照联邦议会的计划，在 St. Croix River(联邦河流)流入的密西西比河上游完成了 Red Wing 大坝。其结果是，St. Croix River 的水位比以前高了大约3英尺，使得从 Willow River(威斯康星州河流)放水的水力发电所的发电能力显著下降。为此，水坝所有者的威斯康星州公益企业法人 Willow River Power Co.(X公司)，以合众国政府(Y)为被告方，依据合众国宪法第5条修正案的征用条款，向联邦的索赔法院(Court of Claims)提起诉讼，要求正当的补偿。

索赔法院(1982年废止。现在是 United States Claims court)，采纳了X公司的主张，命令Y支付2.5万美元作为正当补偿。当时，"发电能力的丧失，是裁定的惟一的基础"。索赔法院认定的事实是"St. Croix River 的水位比通常的高水位还要升高3英尺的结果，使得发电能力丧失而造成的损失，根据征用时以及征用场所的计算为2.5万美元。"关于怎样的财产权(property right)被征为公用，索赔法院的考虑是，"在该状况下的水头(水位的高度差)降低的财产权(property right)被征为公用"。为此，Y向合众国最高法院请求发出调卷令(certiorari)取消该判决，这一请求被受理，即为本案。

本案的争论点是，该损失是否是"财产权(property right)"被征为公用(taking)的结果。与其有关的问题是，作为私有财产权的水利权(water rignt)是怎样的权利。损害的主张、举证以及裁定的合理性，没有成为争论点。

判决理由

杰克逊(Jackson)法官发表的法庭意见如下:

"水头(水位的高度差·压力差 = a head of water)具有价值,很明显,将 St. Croix River(联邦河流)的水位维持在低水平,对于 X 公司来说有经济上的利益(interest)。不过,并非所有的经济利益都是财产权(property right)。只有得到法律支持的经济利益(advantages)才是'权利',这些只有被承认时,法院方才能够行使强制力,停止对权利的侵害,或者是对侵害作出补偿。长期以来,法律上承认,土地的所有权(ownership)伴随从邻接的河流水享受某利益的法律权利。可是,以持有某一河岸的土地而限定水的抽象、绝对的财产权声称具有对世效力(good against all the world),在今天是不能被容许的前提。本法院,不能把成为问题的请求权(claim)称为'财产权'开始判决的程序。这样的请求权是否是财产权,正是要解答的问题。像这样的经济上的使用,只有是受到法律保护的利益,方才成为权利。至于经济上的使用是否是受到法律保护的利益,要根据以下几个方面来决定:该土地的请求者的水利权是附属土地(appurtenant)的还是只不过是附带(incidental)的?请求者得到利益的河流水是能够航行的还是不能航行的?请求者请求法律保护的享受河流水的实质和对方的法律关系,是否可以说是保护请求者的权利,或是伴随补偿义务?权利上的抵触,是和其他的私有河岸土地所有权者之间的呢,还是有关航行的公共利益?请求者 X 是 St. Croix River 的河岸土地的所有者,根据该土地所在的威斯康星州的法律,河岸所有者拥有与河流水相接的河床的产权(title)"。

"对于河流水的河岸土地所有者权(河岸权,riparian rights)的基本法理,即便有些小小的差异,也已经在合众国的 31 个州被采纳。这一法理,主要是在解决双方当事人都是河岸土地所有者之间的纠纷中而得到了发展。该制度的根本原理在于,各个河岸土地所有者拥有合理使用河流的水的平等权,不过,该权利受到其他河岸土地所有者同样拥有的合理使用的平等权的制约。"

"河岸土地所有者权的法理,在不可能航行的河流具有最大的威力。任何重大的公益,对于所有者之间为了最大限度从河流水取得利益而产生的纠纷,都没有抑制的效果。"

财产权(Property Right)的概念和水利权 **473**

"在可以通航的河流，介入了不同的权利。通常，在判决中都指出，可以通航的河流的河岸土地所有者和不可以通航的河流同样，拥有不被其他河岸土地者妨碍的权利，不过，所有的河岸土地所有者权，都服从航行优先的公益是从一开始就得到承认的。"

"无论是否是财产(property)，具有对世效力的权利，是很少有的，水利权(water right)也不是例外。在河岸土地所有者这样的同等的人之间，无论有怎样的权利，相对提高航行利用度的联邦政府的功能来说，不能成为决定可能航行的河流的河岸土地所有者的权利内容的标准(尺度)。在这种利益冲突的场合，不是同等的所有者之间的利益被进行调整，而是私的利益必须让位于上位的权利。或者，更准确地说，这种私的利益，相对联邦政府，应该说原本就不是权利。"

"政府为了有助航行而采取的措施，常常带来不自由甚至造成重大损害，或者是介入河岸土地所有者享受的利益，不过，在现实中没有征收财产的场合，没有赋予法院只对损失强制补偿的权限。这种损失，是由立法权补偿而不是只依靠宪法的效力。"

"本法院认为，为了维持水头，对于被放水(tail water)的 St. Croix River 的高水位的水准拥有权利的 X 公司的利益，不是受到法律保护的利益，原审完全基于其价值丧失作出的损失补偿的裁定必须取消。"

按 语

1. 对于财产的任何请求权，基于宪法及其他根据的政府的私有财产(private property)的征收为公用(taking)或减少价值，是否应该得到法律保护？

本案在考虑"财产是什么"的问题上，很有启发性，同时，在提出水利权的相对性问题上，作为重要先例也是众所周知。

2. 日本民法 175 条规定，"在本法和其他法律规定之外不得创设物权"，采取的是根据制定法把物权的种类和内容统一规定的"物权法定主义的原则"。与此相对，在英美的物权法中，意味着"财产"或"财产权"的财产的概念是不确定的，没有物权法定主义这一法律上的想法，不如说，通常采取的是物权判例法设定主义的形式。

根据 Restatement (First) of Property 3 (1936)(财产法第一次法律重述)，所谓财产，意味着"关于物的人与人之间的关系"。可以说既是实体又是程序。即，是向社会宣布有效的请求权(claims)，又是为了主张、防御这些请求权而确立的程序。这些实体和程序混合交叉,两者合为一体,形成了我们所说的财产这一权利概念。

3. 在公共事业的开发中,怎样的财产权被征用多数是不清楚的,案件的解决,与其说是由财产权的被征收为公用,不如说不少是根据事实上产生的损失决定补偿金额。这一问题,在公路的建设和可以通航的水路的公的限制中最为尖锐。本案作为其中的提出"损害是否是私有财产的征收为公用"的这一问题的判决而闻名。有关这一点,当时的司法部副部长(solicitor general)的助手 Paul Freund(后来在哈佛法学院担任宪法教授),留下了以下的记录:

"The flow of nav. stream is in no sense private property. Excl(uding) riparian owners from its benefits without compens. is entirely within the govt's discr. (可以通航的河流不是私的财产。不作补偿地排除河岸土地所有者的利益完全是政府的自由裁量权)。"

4. 在美国的水利权中,只承认邻接河流、湖沼等水域的河岸土地所有者利用流水的普通法中,有传统的"河岸土地所有者权法理"或"河岸权法理"(riparian rights doctrine),和承认先利用了水的人有优先权的"优先占用法理"(prior appropriation doctrine)。河岸权法理被东部的各个州采用,而西部各个州的干燥区域不适用,于是产生了该地区特有的优先占用法理。并且,关于航行水域,按照历来的普通法,只有海上、泻湖以及受到海潮涨落影响的河流为对象的大西洋沿岸的各个州的法,和五大湖地区、密西西比河为中心的内陆的包括所有可能航行的对通商有用的河流的中西部各个州的法之间也有差异,围绕海事法的适用范围及海事法院的审判权,在一定程度上可以看到各自的发展。在理解美国法的地方化倾向时,像这样的自然环境的主要原因,可以说是不能忽视的因素。

执笔者:北海道大学教授　木下毅

116

① Armory v. Delamirie
(1722) 1 Str. 505, 93 Eng. Rep. 664,
[1558—1774] All E.R. Rep. 121 (K.B. 1722)

② Tapscott v. Cobbs & als.
52 Va. (11 Gratt.) 172 (1854)

产权(title)的相对性

Ⅶ　财产法

事实概要

① 案件

清扫烟囱的少年即原告,发现了宝石,为了鉴定,拿到了金匠(金加工业兼金融业的)被告的商店。被告把宝石交给了徒弟,徒弟装出测试宝石重量的样子把石头拿掉了,金匠告诉原告他拿来鉴定的东西的价值是1.5便士(＊英国的旧货币单位,1便士是1英镑的百分之一。——译注)。金匠提出以这一价格收购该物,少年拒绝了,坚持要求归还原物。于是,徒弟就把没有了石头的宝石的底座还给了原告。原告以被告为诉讼对方,提起了动产侵占之诉(trover)。

② 案件

本案被称为收回土地之诉(ejectment),是为了恢复不动产占有的诉讼。本案的被告抗辩,如果以原告提出的证据为准,因为原告的产权有瑕疵,原告提出的证据不能充分维持本案的诉讼。

根据原告提出的证据来看,本案中有争议的土地原先是1800年死亡的本案诉讼之外的A占有的。A在其遗书中指名本案诉讼之外的R和另外二名为遗书执行人。在1820年到1825年期间,本案土地由遗书指定的三名遗书执行人进行拍卖,R中标。但是,1825年9月某日,在R和本案诉讼外的L之间,对于L持有"寡妇产权(dower interest)"的另外的土地,签订了买卖契约,其中写有,本案土地在此之前，以 367.50 美元，由 A 的遗书执行人转让给了 L，"寡妇产权"转让价格的 217.50 美元，作为 L 应该支付的本案土地购入价的一部分，由 R 支付给了 A 的遗书执行人。L 购入本案土地之后没有办迁移手续就移居到本案土地，造了房子，改良了土地，一直占有到 1835 年死亡。遗书执行人的一名于 1825 年，另一名于 1831 年先后死亡。在由 A 的遗产受赠者以遗书执行人为被告方提起的诉讼中，辅助法官制作的计算书里，于 1826 年 8 月 28 日，把 R 列入买卖款项的债务人，并可以看到以下记载："款项完全没有支付，由 R 对此负责。"

本案实质上的原告(本案形式上的原告是租借者，对此可参照按语)Elizabeth Cobbs 等是 L 的继承人，但是 L 的继承人没有提出证据证明 L 死亡之后占有过本案土地。不过，从 L 在该土地持续住过一定的时期、在该土地死亡的事实，留有推定 L 的继承人占有的余地。

限于当时提出的证据，本案被告 Tapscott 于 1842 年左右，对本案土地没有任何外观上的产权，开始了占有。于 1844 年 12 月取得了对于本案土地的正式证书(patent)，在县的测量士的陪同下正式住了进去。

第一审法院没有认可被告的上述抗辩，对此，被告请求弗吉尼亚州最高法院发出中止诉讼令(supersedeas)。

判决理由

① 案件

1. 宝石的发现者，并不因为发现就获得了对于宝石的绝对的财产权或者所有权(absolute property or ownership)，不过，对于正当的所有者以外的人具有能够持有其的财产权。因此，能够提起动产侵占诉讼(trover)。

2. 因为被告信任作为被雇用者的徒弟，所以对徒弟的过错负有责任，本案诉讼对于被告能够有效成立。

3. 关于本案争论的宝石的价值，为了证明与该宝石的底座相称的最高品质的宝石价值多少，对于实际的几个宝石交易例子展开了举证。首席法官向陪审说明，被告把该宝石交给了法庭，只要没有证据证明这不是最高品质的石头，陪审就应该提出对被告最为不利的前提，应该把最高品质的宝石的价值作为认定损害赔偿额的基础，陪审听从了这一说明。

② 案件

在收回土地的诉讼中，原告为了胜诉的权利，必须对自己的产权持有足够的证据，仅仅指出被告的产权有瑕疵并不能使诉讼获得承认。而被告单单表示原告没有产权，原告以外的人有产权就能使自己得到防御是一般的规则。该规则通常在不涉及其例外时被提到，不过，该规则在有例外的时候也是得到确立的。比如，被告在原告的产权之下开始占有不动产的场合，被告和以自己进入不动产为基础的产权相矛盾，不能对第三者主张存在该不动产的产权。

在受到没有任何产权的人侵占的（像本案这样的）场合，即使侵占者平稳地占有，当上述一般规则的例外应该扩张的各个要件都得到满足时，原告是否只基于自己的产权的力量就能够获得救济？这是本法院未曾作出过判断的问题。

仅限于我所知道的，对这一问题经过最为充分的调查、深思熟虑过的判例是 Sowder, etc. v. McMillan's Heirs (1836)。该判例中有如下叙述。在被告没有任何产权和进入的权限，却进入、夺取了原告过去占有过的土地的场合，如果这一情况被证明，原告收回占有的权利，不因为其他人持有或表示也许有有效的产权而受到妨碍。能够妨碍原告这一权利的，只有是在被告出示自己存在产权或基于产权进入的场合。……土地的产权，和占有是分离开来的另外的权利，因此，土地占有者，对于持有优先产权的真正的所有者，不能主张继续占有、从其侵夺中取回（作为占有者的）权利。夺取了他人占有的人不是以前的占有者的第三者，主张自己是应该得到救济的，对自己的违法的占有进行的防御性抗辩如果被承认的话，那是违反正义的原理的。在和应该获得占有的真正权利者以外的所有人的关系中的，法律保护平稳的占有者。

本法院不能采用会引起围绕占有的、无秩序的、争先恐后的这种状况的规则，即能够使非法入侵者，向外观上没有权限和产权、被夺去了平稳占有的对方，指出对方的产权有瑕疵而使自己的恶劣行为得逞的这样的规则，是不能采用的。中止诉讼令（supersedeas）的请求不予许可。

按　语

1. 产权的相对性。英美法和大陆法不同，无论是动产也好不动产也好，并不把一样东西只有一个所有权的概念作为物权法（property law）的基础。人对于东西持有的权利，是以法律行为和法律上的规定为基础构成的，有原始取得，由权利者进行的权利的设定、转让、继承和占有的取得，这一基础叫做产权（title）。因此，对于某一物，会产生几个人重叠持有不同的产权。在对物产生物权法上的争议的场合，根据哪一方持有的产权更好来决定胜负。

在 Armory 判决中，法院认为，拾得遗失物的人，"对于正当所有者以外的人"持有对该物的优先权，以原告少年 F_1 丢失了宝石，F_2 拾得为例。和 F_1 同样是拾得遗失物的 F_2，对于像本案被告之类的人持有优先的产权，但是先占有的 F_1 的产权优先于 F_2，所以，不仅是对真正的所有者，在和 F_1 的关系中 F_2 也是败诉的。在 Tapscott 判决中，如果能够证明被继承人 L 支付了买卖款项、有效地取得了诉讼外的 A 的地产权（estate），那么，以继承为内容的原告的产权当然优先于被告，不过本案没有进行这样的证明。被告在诉答程序（pleading）阶段对此进行了攻击，如果按照本案法院所说明的法律准则，在正式事实审理（trial）时，认定在被告开始占有之前原告占有过，那么原告就胜诉。

2．动产的收回占有。在 Armory 案件中被利用的动产侵占之诉（trover），是把救济局限于损害赔偿的诉讼方式（forms of action）。在东西的占有侵夺中有各种各样的形态，在英美法中，对于一般的动产的占有侵夺，给以收回占有为内容的救济，是比较近的时期才有的。

3．不动产的收回占有的诉讼（ejectment）。收回土地之诉本来是为了对租赁保有权的权利者给以收回占有的救济，是从间接侵害诉讼发展而来的诉讼方式。但是，因为历来存在的自由保有地产权，一般被总称为物权诉讼的各种诉讼方式的诉讼程序很繁杂，所以利用了法的虚拟，也被用于自由保有地产的占有保护，据说在 17 世纪成了不动产权的收回占有的一般程序。在用于自由保有地产权的占有收回的场合，架空的租借人为原告。

执笔者：东京大学教授　寺尾美子

117
Atlas Auto Rental Corp. v. Weisberg
54 Misc. 2d 168, 281 N.Y.S. 2d 400 (N.Y. Civ. Ct. 1967)
动产的善意有偿取得

Ⅵ　财产法

事实概要

　　原告 Atlas 公司的业务是出租汽车,同时也销售旧出租汽车。1965 年 8 月 23 日,原告把用了 2 年的希伯来客货两用车以 1 250 美元出售,一个名叫 Herbert Schwartzman 的(以下称 S)表示想要购入,提出了支票,要求试车。接待 S 的该公司的店长想要确认支票,可是遭到了 S 的拒绝。当店长同意其试车以后,S 开着车不见了踪影,而 S 出示的支票是拒付支票。

　　一星期后,知道了该车在持有解体汽车和回收破铜烂铁营业执照的被告 Weisberg 那儿。Weisberg 在布隆库斯经营上述业务之外,还在约翰斯持有旧车销售的执照。被告主张,该车是以 900 美元从 S 那儿购入的,支付了不到 300 美元,余额说好以后支付。被告还说,S 后来没有出现过。而被告从 S 那儿购入该车时既没有收到买卖证书也没有收到汽车登录证。被告当天就把该车以 1 200 美元卖给了另外的汽车销售商。为此,原告对被告和该公司提起了要求支付代替该汽车的金钱的诉讼。对此,被告以统一商事法典(Uniform Commercial Code,以下称 UCC)为根据,主张对该车的产权是从"商人"(merchant),或者说就算是"盗贼"的 S 那儿有效取得的,本案的争论点就在于此。

判决理由

　　纽约市民事法院的格林菲尔德法官(Edward J. Greenfield)首先指出,适合于动产的善意有偿取得的法准则在普通法中不存在,即历来都是"自己无有者,不得与人"(*Nemo dat qui non habet*)的,不过,过分严格地适用该原则,特别是对于"善意有偿取得者"(a bona fide purchaser for value)会产生不公平的结果,因此,根据制定法,即使是转让了不完全产权的人对于"善意有偿取得者"也不能以该产权有瑕疵而加以取消,"完美的道德应该得到正当的奖励",并进一步发展了衡平法上的不容否认的原则(equitable principles of estoppel),为了保护从实际上没有产权的人那儿有偿取得该物的人,对于外观上明确持有能够转让该物产权的人,即从受某人委托销售的零售商之类的人那儿有偿取得与该物同样的东西的人要受到保护,对于这样的人,即使是真正的所有者也不能主张产权等等,"善意有偿取得者"的保护在不断发展。

接着,法官论述道,在 UCC§2-403, subd. (1), A person with voidable title has power to transfer a good title to a good faith purchaser for value. When goods have been delivered under a transaction of purchase, the purchaser has such power even though.(拥有可撤销产权的人有权将产权转让给善意有偿取得者。通过买卖交易取得交易物的购入者,即便出现以下情况仍然持有该权利。) (a) the transferor was deceived as to the identity of the purchaser(购入者在转让者的身份上受到了欺骗), or (b) the delivery was in exchange for a check which is later dishonoured(支付的支票事后遭到拒付), or (c) it was agreed that the transaction was to be a "cash sale"(双方同意买卖是"现金交易"), or (d) the delivery was procured through fraud punishable as larcenous under the criminal law (该转让物是足以受到刑法制裁的欺诈、偷盗来的)规定,即使该动产在转让中有什么问题,甚至该动产是赃物,都应该给以"善意有偿取得者"能够对抗所有者的保护,而在同 subd. (2)规定, Any entrusting of possession of goods to a merchant who deals in goods of that kind gives him power to transfer all rights of the entruster to a buyer in oudinary course of business.(即,从销售同样动产的商人那儿通过通常的营业过程购入该物的人,哪怕该销售委托不正常,对于取得的所有权,要进行善意有偿取得者的保护。)

对 UCC 的规定进行了上述说明之后,格林菲尔德法官首先探讨,对于该汽车,付与给 S 的是可撤销(voidable)的产权,而一旦转让到了"善意有偿取得者"手中之后,在和该者的关系中,原告是否有完全的产权? 原告在证词中说,并没有将汽车的产权转让给 S,只不过是同意其试车而已。但是，另一方面，从原告把 S 提出的支票去兑换现金来看，原告知道了支票拒付，就是说，也可以看作为是出于以后撤销的这一认识，把可撤销(voidable)的产权转移给了 S。那么，探讨一下被告的主张，被告方主张，且不论产权的问题，适用 UCC§2-403, subd.(2)，由于原告将该车的占有托付给了汽车批发商"商人"的 S 因此完全的产权转让给了 S；至于 S 是否可以称为"商人"，因为被告以前和 S 进行交易之际，从 S 那儿拿到的会计付款通知书上都写着"S 汽车批发商"。

格林菲尔德法官认为，对于被告的这一主张，UCC§2-403 的有关"委托"(entrusting)的规定只能是"不容否认原则"的扩张，所谓"商人"必须是实际上把营业作为职业的人，并且，包括最终取得者的被告在内的各个当事人共同都有 S 是"商人"的这一认识的必要，而在该案件中，S 并没有被认为是那样的人，所以，被告的主张不予认同。

回到最初的论点，根据 UCC§2-403, subd.(1)，被告获得的动产的产权是能够取消的，不过，因为是"善意有偿取得者"是否能够取得有效的产权呢？根据该定义规定(§1-201,§2-103(1)para.(b))这儿所说的"商人""通常的营业过程"，需要"真实诚实地遵守合理的公正交易的标准进行买卖"，而且，因为被作为"通常营业过程中的买方"，所以必须是实际上可以被那样称谓的人，如果以此解释为前提，被告是买下破车的人而不是以销售旧车为业的，而且，廉价从 S 那儿买进当天就转卖出去获得了相当的利益，加之，既没有买卖证书也没有登记证进行的交易，不能说是"诚实的交易"，因此，被告不能受到 UCC 的保护，原告的主张被认可，被告败诉。最后法官指出，UCC"是保护没有罪的买主的，不应该被奸猾者或者是无可奈何的人用作盾牌"。

按 语

美国法和英国法不同，是否定"善意有偿取得者"准则的，特别是对英国法承认的"公开市场法理"(doctrine of market overt)，即在公认的店铺等公开市场的善意有偿取得者的保护和不容否认法理的扩张持消极态度，倾向于对当事人的意思进行个别判定，从结论上说，在真实的所有者追究的场合，承认的范围比英国法要宽，不过，UCC 是具有一改以上特征的法律。纽约州当然通过了这一法典将其作为州法的一部分，不过，这一案件中的法官的姿态，相当浓厚地表现出了很接近美国法的"传统",很有意思。不过,从先例的价值来看,同样是纽约州的上诉法院的判例 Sheridan Suzuki, Inc. v. Caruso Auto Sales, Inc. (1981) 也许更重要。

该案件原告是摩托车销售公司,被告是从该公司买了摩托车的 B 那儿购入该摩托车的旧摩托车销售公司,是和 Atlas 案件很相似的案件,不过,成为主要问题的是 UCC 和纽约州法"统一交通工具产权证书法"(State Uniform Vehicle Certificate of Title Act——以下简称 UVCTA)之间的关系。这是因为 UVCTA 在 UCC 的§2113(c)中被规定为"本条款规定的手续全部完毕之前,即使对于第三者,所有者进行的交通工具的转让,一般不作为有效的结束"。该案件首先是原告以 3 559.44 美元把新的摩托车卖给 B,从 B 那儿拿到了相当于该金额的支票,在申请 B 的名义的产权证书时知道了 B 的支票被拒付。B 在买了该摩托车的第二天就以 2 000 美元把该摩托车卖给了被告,和被告约定自己一拿到产权证书立刻交给被告之后就消失得无影无踪。被告在从 B 那儿购入时,是在确认了该摩托车的确是原告卖给 B 之后才从 B 那儿买下了的,但是当时并没有被确认 B 的支票是否拒付。

基于这样的事实关系,法官认为,关于 UCC 和 UVCTA 的关系,后者不是废弃前者,只能是"在动产买卖这样一个独特的领域,即在容易与欺诈和被盗纠缠在一起的物的转让中追加附加要件",而且,"在一般制定法和特定制定法重复的场合,法院通常采取的立场是根据特定的制定法承认具体的效力"。结果是,从只能说是进行了欺诈的 B 那儿购入了该摩托车的被告,只是取得了 UCC 的"可以取消的产权",而且,鉴于按照 UVCTA 的产权证书的交付手续只要不结束,被告取得的产权就只停留在"可以取消的产权"上,通过简易判决,认为原告要求对该摩托车的所有权进行确认的请求有理由,对其作出许可,使原告胜诉。

至于被告方,尽管提出了向原告进行过确认、相信了原告的确是卖给了 B 的意思表示才从 B 那儿购入的,因此按照衡平法上的不容否认的法理被告应该受到保护的主张,但是法官指出"即使是衡平法也不可能创造出不存在的权利",而驳回了被告的主张。就这样,根据各个州的特定领域的法律,UCC 被"特定化",可以说出现了善意有偿取得者的保护事实上被"抽掉了主要部分"的倾向。不过,与其相比,更值得注目的是,UCC 本身并不否定这种传统的判例的立场,而是根据一般准则以进一步进行个别具体的、阶段性处理为目标,正处于对善意有偿取得者的保护进行摸索的过程。

执笔者:名古屋大学教授　戒能通厚

118

Farmers' Loan & Trust Co. v. Winthrop
238 N.Y. 477, 144 N.E. 686 (1924)
动产赠与和信托宣布

Ⅶ 财产法

事实概要

A将5000美元转让给信托公司X,设定了把X作为受托者的生前信托。根据该信托证书(deed of trust),信托目的物是该5000美元和以今后决定的方法转让给受托者的财产,对于受益权A持有终身权益,A死亡后,已故的A的儿子的子女以及A的女儿和其子女持有残余权益。设定者A保留信托的撤回权,还规定了把附加财产转让给受托者X的A的权限。

另外,A也是信托公司T为受托者的别的遗书信托的受益人,为了从该信托转让到230多万美元的现金、股票和其他财产权的审判手续正在进行当中。A准备把该财产作为本件的信托目的物转让给受托者X,在上述的信托证书的同时作成了以下3份文件:

第一,是把X指名为代理人的委托书(power of attorney),把征收、领取上述审判手续中A所得财产的权限赋予给了X;第二,也是委任书,是把出售A名义的股票的权限赋予代理人X;第三,是给X的信,涉及上述的两个代理权的授予,赋予X在领取了根据法院命令从T那儿转给A的有价证券及其他财产之后,按照本件的信托的宗旨,将其转移到作为受托者的X本身的权限。

上述的审判手续确定之后,X行使了代理权领取了一部分有价证券(大约85万美元),在领取余额(大约147万美元)之前,A死亡了。A对于2000多万美元的遗产写下了遗书。T把本案的争议物的147万美元有价证券交给了遗书执行人,于是,在遗书受益人和生前信托受益人之间,对于上述的大约147万美元的证券的归属产生了争执

(上述的大约85万美元的信托已经有效地成立,对此没有争议)。

判决理由

纽约州最高上诉法院(Court of Appeals)的卡多佐法官,作出了以下判断,否定了本案的生前信托的成立。

A的生前赠与,在A死亡当时是不完全(inchoate)的。

不过,在因为赠与的转让行为而使代理人占有赠与目的物的场合有可能有效。这时候,赠与者的产权离开了赠与者,如果其转让的意思被确定的话就产生那样的效果。但是,即使是那么说,本案的委任书本身,只不过是授予了可以撤回的代理权。

如果有赠与立即生效的意思,这必须在本案的信托证书或者是信中被明确表示。但是,这两件文书,都是在赠与没有履行(executory)而且是将来的假定之下作成的。信托证书上只表示了转让现在的5 000美元。除此之外,只是规定了A能够在信托中追加目的财产的权限。

不应该忘记的是,这些文书是同时作成的。在这种场合,现在的财产权转让本来是应该在信托证书中表示出来的,要不然,则是应该在信中表示的。但是,连信中都没有表示转让现在的财产权的文字,最多只不过是本人就将来的行为向代理人发出指示的记录而已。

现在不能的事情将来追加完成的这一A的意思能够推定,对于这点没有争议。不过,问题是其没有被转到实行。A撤回了代理权,依旧对有争议的财产权持有权限。

因为赠与不完全而无效的交易,不能由信托声明获得救济。这是因为赠与者自己没有成为信托受托者的意思。

而衡平法,对于将来的赠与的无偿的允诺是不强制的。

X的上诉被驳回,确定了X败诉的原判决。

按 语

1. 为了使信托成立,首先,有必要确定信托财产、信托目的、受益者这三者。并且,信托目的的财产,必须离开设定者的支配转让给受托者,或者是进行有效的信托声明(declaration of trust)把自己定为受托者。本案是尽管设定者有将来进行财产转让的意思,但是现在的转让意思及转让行为本身的存在被否定了(A.W. Scott on Trusts, §§ 26, 134.1 (4th ed. W. Fratcher 1987))。

因此，本案件的问题，和信托财产的确定的问题应该区别开来（比如，可以参照把将来产生的著作权的使用费的生前赠与行为判断为有效的 Speelman v. Pascal (1961)）。

2. 本案中的 X 的代理权，按照普通法的原则，随着 A 的死亡而消灭。由此，从 T 那儿接受财产的代理人，即受托者 X 的领取权限本身也消失的这一推论，在引导出本案的结论时起了决定性的作用。

如果要避开这一结论，正如判决说明中指出的，应该在信托证书中，明确规定把 A 将来从 T 那儿领取的证券作为本案件的信托财产，表示 A 对于受托者 X 有转让现在的财产的行为。

3. 因为没有现在的转让行为，作为赠与是无效的行为是否能够构成信托声明？一般来讲，法院对于把不完全的赠与通过信托声明进行救济是消极的。缺乏契约成立要件的对价（consideration）和欺诈防止法（statute of frauds）上的书面证据的要件，缺少现实的转让行为的赠与契约的有效性是否应该承认？应该论及其本身，应该理解为不是信托声明的问题(Scott on Trusts, §31)。

执笔者：东北大学副教授　芹泽英明

119

Knagenhjelm v. Rhode Island Hospital Trust Co.
43 R. I. 559, 114 A. 5 (1921)
信托的设定

Ⅶ　财产法

事实概要

曾经做过律师的富翁 D,结了婚却一直没有孩子,对于好朋友的女儿 X(原告)从小就很喜欢。

1894 年,当时在挪威大使馆工作的 K 向 X 求婚。但是,按照挪威政府的规定,如果工资以外不再工作就没有足够维持生活的资产的话,K 的结婚不予批准。为了消除结婚障碍,D 于 1895 年 7 月签署了以下内容的信托声明:

"纽泊特,R. I.,1895 年 7 月 16 日,

兹书面声明,我名义上的股票 497 股(The four hundred and ninety-seven (497) Interests in the capital)以及附在一起的证券(certificates),作为为了 X 的信托,由我作为受托者保有。在我死亡时 X 活着的场合,应该将其作为 X 的财产交给 X。D (签名)

证人:(签名)"

当天,D 作为受托者,在 D 名义下的 2 份证券(100 股和 397 股)上签了字(indorsed in blank),和信托声明一起放入信封,在信封上写了"作为 X 的信托保有的 497 股。在我死亡之后 X 活着的情况下,交给 X。D(签名)",然后放到了 D 租借的保险箱保管。

X 在 1895 年 9 月结婚了,当时,D 告诉 X,在作为结婚礼物的这一股票上为 X 设定了信托,该证券被保管在租借的保险箱。关于这件事,X 后来也听 D 说过好几次。

X 结婚以后,D 把该股票的 2 次股息(dividends)汇到了 X 的银行

账户。后来，X夫妇搬迁到国外，该股票的股息就被汇到了D自己的账户。在银行账户上显示出，该股息是从该信托财产（trust interests）上产生的。D每年定期给X寄5 000美元，后来增加到1万美元。X被告知这些汇款中有股息。

被保管着的信托声明和证券，在D死亡之前在D租借的保险箱里发现了。可是，该信托声明中的"ninety"的文字被划掉了，有D写的"four hundred forty-seven（447）D（签名）"的文字，并且，信封上的"497"的数字被划掉，在其上面写有"447"。这是什么时候写上去的，没有注明。关于股票数量减少及其理由，D没有告诉过X。

D死亡之后，该证券因为D的遗书执行者的死亡和D的遗产一起被遗产管理人（administrator de bonis non cum testamento annexo）Y（被告）占有。而该信封中最后剩下的证券是422股。

本案是X主张对这一D名义的422股的权利，以Y为被告提起的衡平法上的诉讼。X考虑到D的亲切和宽大，对于其行为的合法性不想过问，并且以不想从其遗产中请求为理由，对于从最初的497股中被拿掉的75股放弃权利。X请求，在D死亡之后，确认该证券的所有者，交出该证券，支付股息以及其利息。X的主张，基于D作成的书面的信托声明。

在一审的洛德爱尔兰州的高级法院，原告X胜诉。

被告Y提出上诉。

本案的争论点是信托的设定是否有效。

Y主张，本案的所谓信托声明，在设定时没有把受益权转给X，是赠与者（D）死亡时生效的赠与的尝试，从结果来说，因为其作为遗书没有完成所以是无效的。并且还主张，关于信托声明的重要问题，不是D的意思，而是为了让信托有效的成立D是否做了应该做的？Y提出，信托证书作成之后，D处理了一部分作为信托保有的证券，D领取股息，给X寄去了大于股息额的汇款，都是有问题的。

判决理由

洛德爱尔兰州最高法院首先表示，Ray v. Simmons（1875）案的判决中提及的法律是对本案起决定性作用的法律，以引用其的方式说明信托设定要件的原则。

"人为了设定信托或者是自己成为受托者，没有必要使用什么特别的样式的文字。在保有财产(property)的场合,只要把该财产权作为信托转让给他人就可以了。如果该财产是属于个人(personal)的时候,当时(in praesenti)用口头或书面明确声明,信托即作为受托者为他人保有该财产,就完全可以了。"

"特别是在设定者自身为受托者的场合,该信托的设定,如果没有其他的疑问,并不因为设定者保有信托证书(the instrument of trust)而受影响。"

本案中,法院认为,Y 提出的 D 在信托声明之后对信托财产(股票)的处理以及有关股息的行为,对信托的设定没有影响。

"本案信托的总额,对于 D 来说并非是笔大的金额。考虑到双方当事人的关系以及 D 定期地汇给 X 超过股息金额汇款的这一事实,在领取股息时 D 没有把各个股息给 X,也就并非重要。即使是对他的行为最不抱好感的看法,也就是认为在法技术上违反信托(不过,不责备受益者的意思是很明确的),而不认为是有意图的撤回信托或否认。"

从本案的事实关系来看,可以认为,信托声明当时的作为受托者保有信托财产的意思,即当时把受益权转让给受赠者的意思是存在的。

"'兹书面声明,作为信托保有'的文字,表示了当时赋予受益权的意思。无法想像赠与者(D),在结婚仪式的那天说送给 X 结婚礼物的时候,就已经意识到要在遗书中给 X 什么。赠与者是有经验的律师,对于由遗书处理财产的要件是很精通的吧。……本案中,当时设定信托的意思被认定。该意思通过书面的信托声明被表示出来。"

关于 D 设定信托的行为是否充分,法官的叙述如下:

"该信托的客体,用能够特定的方法被明确表示,被分离开来。受益者,被告知信托的设定。为了有效地设定信托赠与者(D)即使还有什么要做的,那也是所剩无几的了。"

接着,法院认为,D 在信托声明之后还保有信托财产、信托证书并不影响信托的设定。

"受益权一旦被设定,信托的性质,并不由于受益者在赠与者(D)死亡之前没有资格取得占有信托财产的这一事实被变更。"

"赠与者(D),保有在其占有之下的证券,并且有保持信托证书的资格。没有必要交给受益者什么。受益者,在信托声明的时刻,已经取得了目的物的受益权。必然的,赠与者同时也就失去了受益权。在某种意义上,也许可以说就在那个时间受益权从赠与者转移给了受益者,像这样的权利转让,是信托声明的效果,是作为其结果而产生,没有必要再有声明以外的行为。"

被告Y的上诉被驳回。

法院认定X对D死亡时的422股的权利有效。

按　语

1. 本案是有关在设定者作成信托证书之后,处理了一部分作为信托持有的股票,自己领取了股息给了受益者大于股息额的金钱的场合,由信托声明设定的信托是否有效的案例。

设定者自身作为受托者由信托声明设定信托,在日本一般是不承认的。因为信托法第1条有"由他人"的文字。对此,英美法系和日本不同,承认由声明设定信托。

本案判决的意义在于,由信托声明设定信托的要件,除了设定的意思表示以外,暗示了使设定有效所需要的行为是,信托财产的特定;从设定者的固有财产中分离出来;把信托设定通知受益者;以及,设定者即使在死亡之前持有信托财产也不使信托声明无效。在Scott(A. W. Scott)的"信托法"中规定,不需要把信托设定通知受益者。

2. 在设定通常的信托时,(1) 表示设定信托的意思,同时(2) 有必要把信托财产转让给受托者。

对此,像本案这样的信托声明的场合,因为设定者＝受托者已经持有信托财产,(2)的要件即财产权的实际上的转移就不需要了。

那么,是否只要有(1) 的要件即信托设定的意思表示就可以了呢?本案判决看上去似乎是持肯定态度的。不过,从判决指出的D为了有效的信托设定进行了充分的行为;特别是分离、特定了信托目的物的这点,可以认为是与通常的信托设定的(2) 的要件相对应的物权要素的要件。

3. 本案判决认为,不需要把信托财产、信托证书转让给受益者。不过,暗示了信托声明使受益权从赠与者转让给了受益者的看法。从中可以窥测到,信托声明不仅仅是意思表示,而且是具有实质性内容的物权行为。

执笔者:静修短期大学专任讲师　坂井千之

120

Allard v. Pacific National Bank
99 Wash. 2d 394, 663 P. 2d 104 (1983)

受托者的忠实义务

Ⅵ 财产法

事实概要

原告 X_1 和 X_2 的父母亲，设定了把被告 Y 银行作为受托者的信托，将其财产遗赠给了被告 Y 银行。X_1 和 X_2 是这一信托的终身权益受益者(life interest beneficiaries)。根据信托，受托者受命，在 X_1 和 X_2 的任何一方死亡的场合，把死亡了的受益者的权益部分支付给其孩子，当死亡受益者的孩子全部都到 21 岁的时候将信托的本钱平均分给孩子们。信托中写明，受托者对于信托财产的一部分或全部，有管理、改良、出售、租赁、设定转让抵押、设定抵押权、设定负担或者是进行交换的完全的权限，关于信托财产的管理、处理，"有思考辨别能力的人，不是投机，而是从长久处理的角度出发，不仅仅考虑本金的安全性，还考虑确保确定的收益，行使在管理自己的财产的场合所行使的同样的判断力和注意力"。

本案的信托财产，在 1978 年当时，只有 A 地的单纯不动产权(fee interest)，不过该土地，根据 1952 年和 S 银行之间缔结的租赁契约被设定有 99 年的租借权，要被支付 99 年间的地租，还赋予租借人有租借权的优先购买权(right of first refusal to purchase)。1977 年，租借人 S 银行将该权利转让给了 S 消费者信用公会，S 消费者信用公会向 Y 银行提出以 14 万美元买下租借权。对此，Y 银行表示，20 万美元以下是不卖的，于是 S 消费者信用公会重新报出买价 20 万美元，结果买卖成立。受托者 Y 银行在买卖结束之后，把结果通知了受益者 X_1 和 X_2。

本案的主要争论点在于，受托者没有在事前将信托财产的出售通知受益者，以及受托者在出售之前没有让第三者对财产进行估价或者是公开招募买家是否属于违反了忠实义务(duty of loyalty)？X_1 和 X_2 认为，鉴于以上情况受托者违反了忠实义务，于是提出了损害赔偿的请求，但是，第一审法院驳回了该请求，X_1 和 X_2 进行了上诉。

判决理由

多利佛 (Dolliver)法官对于这些争论点，首先从受托者的注意义务的程度开始探讨。X_1 和 X_2 方主张，受托者是金融机关，根据宣传对于投资比一般的人拥有更优秀的技能，而且，按照 RCW 30. 24. 020 规定的"慎重投资者的注意标准"(prudent investor standard of care) 也被课以高度的注意义务。对此，该法官在判决中指出，因为在信托证书中用了和同法制定的"慎重投资者的注意标准"(prudent investor standard of care)几乎同一的语言规定了受托者的注意义务的程度，而同法也规定了受托者被要求的注意义务的程度"根据各个信托证书中所包含的明确表示的条款和限制"，所以，本案的受托者适用通常的"慎重投资者的注意标准"(prudent investor standard of care)。

接着，多利佛法官探讨了受托者对于信托财产的出售是否负有事前将此情况通知受益者的义务。该法官指出，根据信托证书，受托者被赋予"对于信托财产的一部分或全部，有管理、改良、出售、租赁、设定转让抵押、设定抵押权、设定负担或者是进行交换的……完全的权限"，基于这样的权限，即使受托者对于信托财产的出售没有必要事前得到受益者的同意，该法官进一步作了以下说明：

"受托者主张，S 消费者信用公会作为租借权的承受人拥有优先购买权，其负有向该信用公会出售信托财产的义务。受托者还主张，关于信托财产的出售，因为没有必要事前得到受益者的同意，关于该买卖，也就没有必要向受益者提供信息。本法院不能同意该主张。要是受益者提出比 S 消费者信用公会的报价还要高的金额购买财产，那么，该信用公会就不得不以更高的价格行使优先购买权。根据受益者给受托者的信来看，受益者不希望出售信托财产而是想把它保留着。的确，受益者不能阻止受托者出售信托财产，不过，对于该财产提出高于 S 消费者信用公会的报价应该是可以的吧。受益者应该得到这样的机会。"

"本法院在以前的判决中曾经说明过，在受托者的忠实义务中，也包含把所有对受益者保护自己权利有用的事实传达给受益者的责任。

……提供信息的义务,在法人的场合,向受益者提出定期的报告书,通常是邮寄信托的总分类账(ledger sheets)的复印件。……在通常的场合,受托者的义务是提出定期的报告书,向受益者报告对信托财产有影响的交易。比如,在本案的信托条款中也规定,必须在每年的2月15日之前,把过去1年中各个信托财产是如何被投资的,以及与其有关的交易的报告书向受益者提出。"

"但是,对于信托财产和受益者的利益有重大影响的特别交易,受托者必须事先向受益者报告该重要事实。提供信息的义务,在像本案这样惟一的信托财产成为交易对象的场合,尤其成了必须的。根据本案的认定,不及时提供信息是重大的忠实义务的违反。"

并且,关于受托者在出售信托财产之际,没有努力提出更有利的买卖条件的这一点,多利佛法官指出,虽然华盛顿州没有有关的判例,但是在其他州的法院,受托者被要求尽量以最高的价格出售,为此,介绍了一些判例。然后作了如下叙述:

"本法院同意俄勒冈州的上诉法院的意见,即通过让第三者进行估价,或者是为了知道买主愿意接受的价格而进行市场调查(testing the market),受托者能够确定信托财产的最高买卖价格是多少。根据记录,Y银行没有进行任何这样的行为。在对信托财产没有努力提出最高的买卖价格的这一点上,Y银行违反了作为贤明的信托管理者的忠实义务。"

由此,关于信托财产的出售,法院在判决中指出,在不及时向受益者进行事先联系;出售之前没有事先对信托财产进行估价或者公开招募买家、没有努力提出最高的出售价的这二点上违反了忠实义务,为了确定Y银行的违反忠实义务给X_1和X_2带来损害的金额,法院命令重新审理。

按 语

1. 受托者在实行信托时,负有衡平法院发展起来的各种各样的义务。首当其冲的是,受托者对于受益者负有必须处于信任关系(fiduciary relation),完全为了受益者的利益采取行动的忠实义务(duty of loyalty)。除此之外,受托者还负有自己执行义务、分别管理义务、善管注意义务、提供信息的义务(duty to furnish information)等等。

2. 如果受益者有要求,受托者负有对信托财产的现状提供正确完全的信息的义务，不过，如果受益者没有此要求受托者通常不负有这样的义务。但是，有关对受益权有影响的重大事实、受益者为了保护自己的权利有必要知道的事实，即使受益者没有要求，受托者也有通知的义务。问题是，怎样的信息属于这种有必要例外处理的信息。

本案中，受托者被赋予出售信托财产的权限，而且，S消费者信用公会也有信托财产的优先购买权，买卖本身是不能阻止的。但是，法院判断，如果事先获得买卖的信息，受益者能够以高于S消费者信用公会的报价实现以有利的条件出售，而且，因为买卖的租借权是惟一的信托财产，S消费者信用公会提出买下是重大的事实。本案中，信息的提供也被视为忠实义务之一。

3. 专一地考虑受益者的利益是忠实义务的核心，问题是，在信托财产的出售中，为了高价出售要付出怎样的努力？对于S消费者信用公会的报价提出反报价，来源于受托者银行的信托部门的内部估价。本案判决指出，这一程度的努力不能算负起了忠实义务，必须委托外部的估价，或者是进行市场调查。

在1988年的 *In re* Green Charitable Trust 案件中，沿袭了本案判决，为了说所进行的市场调查是充分的，判决认为必须是"相当于有思考辨别能力和有理性的人所采用的积极的方法"。并且，登载广告的方法、当地的开发业者和不动产中介业者之间的关系、卖价和买家的信息收集等等，也成了判断的要素。

执笔者：中央大学教授　井上彰

121

Melms v. Pabst Brewing Co.
104 Wis. 7, 79 N.W. 738 (1899)
土地的地产权和不动产毁损

Ⅶ 财产法

事实概要

A在米尔沃基市内拥有盖着砖造房的四分之一英亩的家宅(homestead)，还拥有邻接的盖了酿造工厂的土地。A死亡以后，家宅和酿造工厂都被卖给了被告Y酿造公司。该买卖之后，周围的工厂渐渐增加，还铺设了铁路，购入的家宅在1890年以后变得完全不适宜用来作居住的房产(resident property)。位于距离道路20～30英尺高台的建筑物，收来的房租连付税金和保险费都不够。如果能够把高台的土地削低得和道路同样高，把该土地用来作为营业用地，可以预料获得很大的利益，于是Y开始了这一工程。

但是，在Y进行该工程之后作出的其他两个诉讼的判决中，明确了Y虽然取得了酿造工厂土地的单纯不动产权(fee simple)，但是对于家宅，只取得了A的妻子生存期间的他人生存期保有权(estate pur autre vie)，作为归复权，(reversion)原告X拥有该土地的单纯不动产权。依据这些诉讼的结果，X以Y的行为是不动产毁损(waste)为理由，提起了按照制定法要求2倍金额的损害赔偿的本案诉讼。事实审由法官进行了审判，认定了由Y进行的工程是在Y相信自己是该单纯不动产权者的时候进行的；而由于该工程的结果使得X拥有的财产权的价值明显增加，因为Y的行为没有使X受到任何权利侵害，而驳回了X的请求。X向威斯康星最高法院提起上诉。上诉被驳回。

判决理由

温斯洛(Winslow)法官指出，在有关不动产毁损的州法中，虽然有命令毁损额 2 倍的损害赔偿的规定，但是没有对不动产毁损作出定义，根据判例，本案的住宅的拆除和住宅用地的削平在通常的场合毋庸置疑是不动产毁损，并引用了一些判例。

"以下的'不动产毁损'的定义，是本法院在 Bandlow v. Thieme (1881)案件中肯定的。'能够把它定义为是对自由土地保有权(freehold)的持续的侵害，给继承不动产权者(the owner of the fee)带来了永久的损失，破坏或减少继承不动产的价值，破坏财产的同一性，土地所有者毁损产权证据的作为或懈怠义务。'……以及在 Brock v. Dole (1886)案中所叙述的'保有者对建筑物的性质和性格所进行的重大变更，哪怕该变更增加了财产的价值，也都是不动产毁损'。"

温斯洛法官在介绍判例中出现的不动产毁损定义的同时说道，这些都只不过是一般原则。接着指出了，禁止把牧草地变更为耕作地的英国自古以来的原则在初期阶段得到了缓和；引进了改良的不动产毁损的法理；并且衡平法也不禁止继承不动产的改良的毁损。并且在指出美国也按照同样的理论缓和了有关不动产毁损原则之后，进行了如下叙述：

"像这些脱离了自古以来的原则的例子，表明了即使定义完全一样，不动产毁损法并不是不变的、不能变更的，……表明了随着文明的发展和状况的变化，对法律有必要进行合理的修正。……这种做法，和禁止不动产毁损的根本的想法，即和将来永远不侵害不动产、为了不动产权者的利益保存财产的想法是一致的。这样的要素在不动产毁损的所有的定义中都能看到，必须是对继承的不动产和将来的不动产带来永远的侵害的行为。这样的侵害使继承的不动产的价值减少，使其增加负担，或者是破坏财产的同一性，或者毁损产权的证据。这一最后的要素，今天已经失去了其力量。……正确的土地测量和广泛采用土地转让登记制，使得毁损产权证据的行为几乎无法存在。但是，归复地产权者(reversioner)和剩余地产权者(remainder-man)通常有接受同一不动产的权限，换言之不得破坏财产同一性的原则，还有效力，建筑物的性质的变更，即使增加了财产的价值，只要财产的同一性被变更，就是不动产毁损。……对于出租者和将来不动产权者来说该原则的重要性不能否定。特别对于保护把土地短期出租的出租者是有不可缺少的价值的。出租者使得该土地能够适用一定的使用目的。为了该使用目的出租，在出租期间结束时，有权要求以适用其使用目的的状态归还。即使被认定由于变更增加了价值,也可以不选择归还和出租时不同的财产。很多判例是支持该原则的……不过,本案中,包含有和这些案例……根本不同的要素。"

"本案中没有契约关系的要素。……根据证据来看,本案财产失去居住地的价值,是大城市成长和发展的结果。……本案中,……存在着任何人都不能控制的原因所产生的根本状况的变化。是否应该完全无视这种全面状况的变化?是否可以说因为财产的同一性要被破坏,所以应该适用土地保有者不能变更财产的使用法这一严格的原则,是合理的或者是合乎逻辑的?……在把财产用于某个特定目的,或者不存在明确表示或默认归还与出租时完全同一状态的契约的场合,判断建筑物的使用法的物理性变更是否成为不动产毁损时,本案表明的周围状况所发生的根本而持久的变化,经常是很重要的,有时成为决定性的重要的主要因素。在本案中,事实审法院把该主要因素看作是决定性的很重要的,本法院认为这是正确的判断。……像本案这样的,在周围状况发生根本性的持久变化的场合,……为了使该财产成为有益的财产而进行的必要变更是否成为不动产毁损?这是陪审根据适当说明所要作出判断的,像本案这样由法官审判的场合,则是应该由法院作出判断的事实问题。肯定原审的判决。"

按 语

1. 英美不动产法的基本特征之一,是把土地的不灭性作为前提,把同一土地的支配权按照时间的序列划分给复数的人的地产权(estate)法理。依据这一法理,通常是由单纯不动产权(fee simple)保有者,把几个更小的权利按照时间的序列给于其他的人,剩下的权利自己保留或者是再分给别的人。

2. 按照这样的地产权法理处理土地,在其中包含有能够终身支配土地的终身地产权,由终身地产权的转让产生的他人生存期保有权(estate pur autre vie)或者是租赁保有权(leasehold)的场合,产生了不动产毁损的问题。为什么会有这一问题,是因为这些权利者受到权利的有限期间的限制,在权利终止之后该土地要成为他人的土地,于是在权利的有限期间内为了从该土地中获得最大限度的收益,以至有可能进行有损后继权利者利益的行为。为此,早在13世纪后半期,为了保护后继权利者,制定法规定禁止对继承的不动产进行带来永久损害的行为。

3. 不动产毁损,在普通法上被分类为由作为进行的积极性毁损(voluntary waste)和任凭房屋老朽的不作为的消极毁损(permissive waste)。另外,对于终身地产权者不追究毁损的责任(without impeachment of waste),即使是普通法上不禁止的行为,在恶意和极度轻率(wanton)的场合,会作为衡平法上的毁损(equitable waste)被禁止。

4. 从英国的判例来看,不动产的性质和利用法的变更,即使是提高了不动产的价值,也被认为是不动产毁损。之所以这么认为的理由是,在不动产的登记制度不完备的时代,不动产的形状和利用法的变更毁损了产权的证据。但是,从19世纪前半期左右开始,改良的毁损的法理得到了发展,即使严密地说是不动产毁损的行为,在其结果使得不动产的价值增大的场合,确立了不能要求损害赔偿的原则。在美国,因为建国伴随着开垦土地,所以这样的原则并没有被严格适用,为了开垦荒野把砍伐的木材运出来的行为,在英国被看作是不动产毁损的时代开始,在美国已经作为改良的毁损而得到了许可。本案是把适用于土地的改良的毁损的理论适用于房屋拆除的案例。

执笔者:中央大学教授　井上彰

122

Ross v. Bumstead
65 Ariz. 61, 173 P. 2d. 765 (1946)

不动产买卖中卖主和买主的法的地位：衡平法上的财产权的形态转换和风险承担

Ⅶ 财产法

事实概要

1942年，X和Y之间缔结了契约，在该契约中，双方同意X把以"亚利桑那果树园"（Arizona Orchard）闻名的房地产、附加的与其合为一体的改进过的不动产（improvements）、水利权以及排水沟上的权利和该不动产上的动产（personal property）总括在一起，卖给Y，Y对此支付7.5万美元（契约签订时5 000美元，交付产权保险（title insurance），不动产转让证书（deed）及抵押设定证书（mortgage）时2万美元，余额以1年还4次分6年还清）。根据契约，在证明产权的文件（就是由产权证，产权保险证书等组成的 title papers）以及不动产转让证书的交付时，转让占有（possession），该不动产以及那以后的收益的课税的调整以追溯到契约缔结时为准。契约还进一步规定，卖主在不超过90天的合理的期间内，具备产权保险公司的救济要件，捐税、水费以及保险费按照契约缔结时的比例分配。契约签订之后，Y在底特律的时候，果树包装设备和仓库由于火灾而消失、毁损了。买主Y依据契约，要求卖主X查核损失，而遭到了X的拒绝。为此，Y停止支付作为契约履行保证金保管着的5万美元的支票，以至拒绝完成契约。

基于以上的事实关系，X以Y为诉讼对方，提起了要求契约中规定的卖价和现实中卖给第三者的卖价的差额的诉讼。对此，Y主张对价的一部分没有完成进行抗辩。在第一审高级法院中，X胜诉。Y向亚利桑那州最高法院提起了上诉。结果是维持原审（驳回上诉）。

Y作成2个上诉理由陈述书，提出以下的主张：(1) 本案契约是附带条件的,该条件因为该不动产的消失、毁损而没有完成,所以风险损失由卖方承担。(2)假设契约没有条件,风险损失也由卖方承担。对此,亚利桑那最高法院采用了买方承担风险损失的多数派规则。

判决理由

法利(Farley)法官的法庭意见

"所谓附带条件的契约,被定义为'是待履行的契约(executory contract),其履行是有条件'的。因为,是在绝对的合意之下规定做某事或不做某事,所以不仅仅是待履行的契约,而是关系到其存在本身以及履行也有偶发性及条件的契约。""待履行的买卖契约,在将来的一定的时期绝对卖掉交付,但是,附带条件的买卖契约在条件完成时卖掉交付。一方的情况是,契约的履行到将来一定的时期为止被停止、或延期,而另一方的情况是,契约的存在及履行本身带有条件。"

"本案的契约没有任何偶发性,最多也就是该履行停止到将来的一定的日期为止而已。因此,本法院所要审理的是,为了决定由哪一方当事人负有在契约缔结时到占有转让时的这段时间果树包装设备及仓库的消失、毁损产生的损失的责任,应该适用怎样的法准则。"

"本法院在 Kresse v. Ryerson (1946) 案件中,遵循了危险负担在于买主的多数派规则。""在 Paine v. Meller (1801) 案件中,第一次说明了多数派规则,这一规则在英美两国长期的一系列的判例中被遵守。多数派规则基于的是'衡平法上的财产权的形态转换'(equitable conversion)理论,即该财产上的卖主的权利,通过契约从物的财产(不动产)权(realty)转换成了人的财产(动产)权(personalty),卖主只不过是为了买主信托地保有着仅仅是赤裸裸的普通法上的产权(legal title),还基于作为所有权的受益者的附带的权利义务(beneficial incidents)在于买主的理论。"

"与此相对,少数派规则基于的是不动产买卖契约包含默示条件(implied condition)的理论,即买主以该不动产的部分消失、毁损为理由,因为不能取得交易的全部内容,所以买主没有接受该损失的义务的默认条件包含在契约里。"

"在本法领域(jurisdiction)中,无论是陈述理由还是引用先例,都要求对 Kresse v. Ryerson 案件中所叙述的多数派规则进行再确认。本法院的见解是,本案中,在收益以及捐税都应该在契约缔结的时间进行调整的这一点上,就是契约上的买主作为所有权的受益者,负有了所有的附带的权利义务。正如在 Paine v. Meller 案件中 Eldon 法官所叙述的那样'关于偶发事件本身的效果,无论是怎样纯粹的异议,都不能仅仅以此为根据。之所以这么说,是因为如果当事人通过契约成了衡平法上某一不动产的持有者,那么,无论从哪点来看,该不动产都是他的所有物。该不动产作为自己的所有物能够出售,作为自己的所有物能够设定担保权,也能够作为自己的所有物遗赠。该不动产是资产,如果想传给自己的继承人也是能够的'。"

按　　语

1. X 在缔结了以一定价格把某土地(blackacre)在将来一定的日期转让(convey)给 Y 的契约的场合,契约能够成为衡平法上的特定履行。由此,买主 Y 在此时取得了衡平法上的产权(title)即物的财产(权),卖主 X 取得了代价的权利即人的财产(权),结果是,Y 的契约上的权利成了物的财产权,X 的土地所有权成了人的财产权,各自进行了衡平法上的形态转换。

普通法上的救济(损害赔偿),是在契约目的不能达到的场合介入衡平,基于一定的价格支付,强制卖主 X 转让给买主 Y。"衡平法把必须履行的看做是已经被履行的"。其结果,衡平法根据契约是否被缔结,把买主 Y 看做是土地所有者。相反,卖主 X 不再是土地的所有者。

卖主 X 的法律地位,在契约缔结之后近似于转让抵押权者(mortgagee=抵押债权者)的法律地位。即在收到付款之前,不负转让债务的 X 对于 Y,有 X 的普通法上的产权所担保的请求权。

2. 另一方面,在按照契约条款交付不动产转让证书之前,该财产不是由归咎任何一方当事人的原因受到损害的场合,哪一方当事人承担"风险损失"(risk of loss)呢?关于这一点,能够在契约中明确表示的条款中进行控制,在没有这样的特约的场合,多数派规则(本案)是让买主,少数派规则(Capital Savings & Loan Association v. Convey (1933))是让卖主承担"风险损失"。关于不动产买卖契约的风险损失,Uniform Vendor and Purchaser Risk Act § 1 (1935)规定,只要没有明确表示的特约,(1) 在契约目的物的不动产的普通法上的产权的转让和占有的转让都没有进行的场合,卖主不能强制契约,(2) 在其中的某一项被转让的场合,买主不能免除支付价格的义务。

执笔者:北海道大学教授　木下毅

附录1 本书中引用的美国宪法原文

The Constitution of the United States
美利坚合众国宪法摘录

Preamble(序言)

We the people of the United States, in order to form a more perfect union, establish justice, insure domestic tranquility, provide for the common defense, promote the general welfare, and secure the blessings of liberty to ourselves and our posterity, do ordain and establish this Constitution for the United States of America(我们，美利坚合众国的人民，为了组织一个更完善的联邦，树立正义，保障国内的安宁，建立共同的国防，增进全民福利和确保我们自己及我们后代能安享自由带来的幸福，乃为美利坚合众国制定和确立这一部宪法).

Article I(第1条 立法部分)

Section 1. All legislative power herein granted shall be vested in a Congress of the United States, which shall consist of a Senate and House Representatives(第一款：本宪法所规定的立法权，全属合众国的国会，国会由一个参议院和一个众议院组成).

Section 2. (第2款)

[3] Representatives and direct taxes shall be apportioned among the several states which may be included within this union, according to their respective numbers, which shall be determined by adding to the whole number of free persons, including those bound to service for a term of years, and excluding Indians not taxed, three fifths of all other Persons [see Amendment XIV](众议员人数及直接税税额，应按联邦所辖各州的人口数目比例分配，此项人口数目的计算法，应在全体自由人民——包括订有契约的短期仆役，但不包括未被课税的印第安人——数目之外，再加上所有其他人口之五分之三。[参照第14修正案]).

Section 4. (第4款)

[2] The Congress shall assemble at least once in every year, and such

meeting shall be on the first Monday in December, unless they shall by law appoints a different day [see Amendment XX](国会应至少每年集合一次,开会日期应为12月的第一个星期一,除非他们通过法律来指定另一个日期。[参照第20修正案])。

Section 8. (第8款 联邦议会的权限)

[1] The Congress shall have power to lay and collect taxes, duties, imposts and excises, to pay the debts and provide for the common defense and general welfare of the United States; but all duties, imposts and excises shall be uniform throughout the United States(国会有权规定并征收税金、捐税、关税和其他赋税,用以偿付国债并为合众国的共同防御和全民福利提供经费;但是各种捐税、关税和其他赋税,在合众国内应划一征收);

[2] To borrow money on the credit of the United States(以合众国的信用举债);

[3] To regulate commerce with foreign nations, and among the several states, and with the Indian tribes(管理与外国的、州与州之间的,以及对印第安部落的贸易);

[4] To establish a uniform rule of naturalization, and uniform laws on the subject of bankruptcies throughout the United States(制定在合众内一致适用的归化条例,和有关破产的一致适用的法律);

[5] To coin money, regulate the value thereof, and of foreign coin, and fix the standard of weights and measures(铸造货币,调节其价值,并厘定外币价值,以及制定度量衡的标准);

[6] To provide for the punishment of counterfeiting the securities and current coin of the United States(制定对伪造合众国证券和货币的惩罚条例);

[7] To establish post offices and post roads(设立邮政局及建造驿路);

[8] To promote the progress of science and useful arts, by securing for limited times to authors and inventors the exclusive right to their respective writings and discoveries(为促进科学和实用技艺的进步,对作家和发明家的著作和发明,在一定期限内给予专利权的保障);

[9] To constitute tribunals inferior to the Supreme Court(设置最高

法院以下的各级法院);

[18] To make all laws which shall be necessary and proper for carrying into execution the foregoing powers, and all other powers vested by this Constitution in the government of the United States, or in any department or officer thereof(对于经州议会同意,向州政府购得,用以建筑要塞、弹药库、兵工厂、船坞和其他必要建筑物的地方,也握有同样的权力).

Article II(第2条 执行部分)

Section 1. The executive power shall be vested in a President of the United States of America(第1款:行政权力赋予美利坚合众国总统).

Article III(第3条 司法部分)

Section 1. The judicial power of the United States, shall be vested in one Supreme Court, and in such inferior courts as the Congress may from time to time ordain and establish. The judges, both of the supreme and inferior courts, shall hold their offices during good behaviour, and shall, at stated times, receive for their services, a compensation, which shall not be diminished during their continuance in office(第一款:合众国的司法权属于一个最高法院以及由国会随时下令设立的低级法院。最高法院和低级法院的法官,如果尽忠职守,应继续任职,并按期接受俸给作为其服务之报酬,在其继续任职期间,该项俸给不得削减).

Section 2.(第2款 司法权的范围)

[1] The judicial power shall extend to all cases, in law and equity, arising under this Constitution, the laws of the United States, and treaties made, or which shall be made, under their authority;—to all cases affecting ambassadors, other public ministers and consuls;—to all cases of admiralty and maritime jurisdiction;—to controversies to which the United States shall be a party;—to controversies between two or more states;—between a state and citizens of another state;—between citizens of different states;—between citizens of the same state claiming lands under grants of different states, and between a state, or the citizens thereof, and foreign states, citizens or subjects(司法权适用的范围,应包括在本宪法、合众国法律、和合众国已订的及将订的条约之下发生的一切涉及普通法及衡

平法的案件；一切有关大使、公使及领事的案件；一切有关海上裁判权及海事裁判权的案件；合众国为当事一方的诉讼；州与州之间的诉讼，州与另一州的公民之间的诉讼，一州公民与另一州公民之间的诉讼，同州公民之间为不同之州所让与之土地而争执的诉讼，以及一州或其公民与外国政府、公民或其国民之间的诉讼）。

[2] In all cases affecting ambassadors, other public ministers and consuls, and those in which a state shall be party, the Supreme Court shall have original jurisdiction. In all the other cases before mentioned, the Supreme Court shall have appellate jurisdiction, both as to law and fact, with such exceptions, and under such regulations as the Congress shall make(在一切有关大使、公使、领事以及州为当事一方的案件中，最高法院有最初审理权。在上述所有其他案件中，最高法院有关于法律和事实的受理上诉权，但由国会规定为例外及另有处理条例者，不在此限)。

[3] The trial of all crimes, except in cases of impeachment, shall be by jury(对一切罪行的审判，除了弹劾案以外，均应由陪审团裁定)。

Article IV(第4条　州和州之间的关系)

Section 1. Full faith and credit shall be given in each state to the public acts, records, and judicial proceedings of every other state. And the Congress may by general laws prescribe the manner in which such acts, records and proceedings shall be proved, and the effect thereof(各州对其他各州的公共法案、记录和司法程序，应给予完全的信赖和尊重。国会得制定一般法律，用以规定这种法案、记录和司法程序如何证明以及具有何等效力)。

Article V(第5条　关于修正)

The Congress, whenever two thirds of both houses shall deem it necessary, shall propose amendments to this Constitution, or, on the application of the legislatures of two thirds of the several states, shall call a convention for proposing amendments, which, in either case, shall be valid to all intents and purposes, as part of this Constitution, when ratified by the legislatures of three fourths of the several states, or by conventions in three fourths thereof, as the one or the other mode of ratification may be proposed by the Congress; provided that no amendment which may be made prior to the year one thousand eight hundred and eight shall in any manner affect the first and fourth clauses in the ninth section of the first article; and that no state, without its consent, shall be deprived of its equal suffrage in the Senate(举凡两院议员各以三分之二的多数认为必要时,国会应提出对本宪法的修正案;或者,当现有诸州三分之二的州议会提出请求时,国会应召集修宪大会,以上两种修正案,如经诸州四分之三的州议会或四分之三的州修宪大会批准时,即成为本宪法之一部分而发生全部效力,至于采用那一种批准方式,则由国会议决;但1808年以前可能制定之修正案,在任何情形下,不得影响本宪法第1条第9款之第1、第4两项;任何一州,没有它的同意,不得被剥夺它在参议院中的平等投票权).

Article VI(第6条 最高法规)

[2] This Constitution, and the laws of the United States which shall be made in pursuance thereof; and all treaties made, or which shall be made, under the authority of the United States, shall be the supreme law of the land; and the judges in every state shall be bound thereby, anything in the Constitution or laws of any State to the contrary notwithstanding(本宪法及依本宪法所制定之合众国法律;以及合众国已经缔结及将要缔结的一切条约,皆为全国之最高法律;每个州的法官都应受其约束,任何一州宪法或法律中的任何内容与之抵触时,均不得有违这一规定).

Article VII(第7条 生效的程序)

The ratification of the conventions of nine states, shall be sufficient for the establishment of this Constitution between the states so ratifying the same(本宪法经过九个州的制宪大会批准后,即在批准本宪法的各州之间开始生效).

(1787年9月17日)

Amendment I(第1修正案 有关宗教、言论、出版以及集会的自由 1791年)

Congress shall make no law respecting an establishment of religion, or prohibiting the free exercise thereof; or abridging the freedom of speech, or of the press; or the right of the people peaceably to assemble, and to petition the Government for a redress of grievances(国会不得制定有关下列事项的法律:尊崇某一特定宗教或禁止信教自由;剥夺言论自由或出版自由;或剥夺人民和平集会及向政府要求伸冤的权利).

Amendment IV(第 4 修正案 有关无理之搜索、扣押以及拘捕 1791 年)

The right of the people to be secure in their persons, houses, papers, and effects, against unreasonable searches and seizures, shall not be violated, and no Warrants shall issue, but upon probable cause, supported by Oath or affirmation, and particularly describing the place to be searched, and the persons or things to be seized(人人具有保障人身、住所、文件及财物的安全不受无理之搜索和拘捕的权利;此项权利,不得侵犯;除非有可成立的理由,加上宣誓或誓愿保证,并具体指明必须搜索的地点,必须拘捕的人,或必须扣押的物品,否则一概不得颁发搜捕状).

Amendment V(第 5 修正案 大陪审、双重追诉、正当法律程序 1791 年)

No person shall be held to answer for a capital, or otherwise infamous crime, unless on a presentment or indictment of a grand jury, except in cases arising in the land or naval forces, or in the militia, when in actual service in time of war or public danger; nor shall any person be subject for the same offence to be twice put in jeopardy of life or limb; nor shall be compelled in any criminal case to be a witness against himself, nor be deprived of life, liberty, or property, without due process of law; nor shall private property be taken for public use, without just compensation(非经大陪审团提起公诉,人民不应受判处死罪或会因重罪而被剥夺部分公权之审判;惟于战争或社会动乱时期中,正在服役的陆海军或民兵中发生的案件,不在此例;人民不得为同一罪行而两次被置于危及生命或肢体之处境;不得被强迫在任何刑事案件中自证其罪,不得不经过适当法律程序而被剥夺生命、自由或财产;人民私有产业,如无合理赔偿,不得被征为公用).

Amendment VI(第 6 修正案　刑事陪审、刑事程序上的人权 1791 年)

In all criminal prosecutions, the accused shall enjoy the right to a speedy and public trial, by an impartial jury of the state and district wherein the crime shall have been committed, which district shall have been previously ascertained by law, and to be informed of the nature and cause of the accusation; to be confronted with the witnesses against him; to have compulsory process for obtaining witnesses in his favor, and to have the assistance of counsel for his defense(在所有刑事案中,被告人应有权提出下列要求:要求由罪案发生地之州及区的公正的陪审团予以迅速及公开之审判,并由法律确定其应属何区;要求获悉被控的罪名和理由;要求与原告的证人对质;要求以强制手段促使对被告有利的证人出庭作证;并要求由律师协助辩护).

Amendment VII(第 7 修正案　民事陪审 1791 年)

In suits at common law, where the value in controversy shall exceed twenty dollars, the right of trial by jury shall be preserved, and no fact tried by a jury, shall be otherwise reexamined in any court of the United States, than according to the rules of the common law(在引用习惯法的诉讼中,其争执所涉及者价值超过 20 元,则当事人有权要求陪审团审判;任何并经陪审团审判之事实,除依照习惯法之规定外,不得在合众国任何法院中重审).

Amendment VIII(第 8 修正案　禁止残酷的刑罚 1791 年)

Excessive bail shall not be required, nor excessive fines imposed, nor cruel and unusual punishments inflicted(不得要求过重的保释金,不得课以过高的罚款,不得施予残酷的、逾常的刑罚).

Amendment IX(第 9 修正案　有关人民的权利的一般条款 1791 年)

The enumeration in the Constitution, of certain rights, shall not be construed to deny or disparage others retained by the people(宪法中列举的某些权利,不得被解释为否认或轻视人民所拥有的其他权利).

Amendment X(第 10 修正案　州或人民的保留权限 1791 年)

The powers not delegated to the United States by the Constitution, nor prohibited by it to the states, are reserved to the states respectively, or to the people(举凡宪法未授予合众国政府行使,而又不禁止各州行使的各种权力,均保留给各州政府或人民行使之).

Amendment XIII(第 13 修正案　禁止奴隶制 1865 年)

Section 1. Neither slavery nor involuntary servitude, except as a punishment for crime whereof the party shall have been duly convicted, shall exist within the United States, or any place subject to their jurisdiction(第 1 款:苦役或强迫劳役,除用以惩罚依法判刑的罪犯之外,不得在合众国境内或受合众国管辖之任何地方存在).

Amendment XIV(第 14 修正案　合众国的公民权、正当的法律程序、平等保护 1868 年)

Section 1. All persons born or naturalized in the United States, and subject to the jurisdiction thereof, are citizens of the United States and of the state wherein they reside. No state shall make or enforce any law which shall abridge the privileges or immunities of citizens of the United States; nor shall any state deprive any person of life, liberty, or property, without due process of law; nor deny to any person within its jurisdiction the equal protection of the laws(第 1 款:任何人,凡在合众国出生或归化合众国并受其管辖者,均为合众国及所居住之州的公民。任何州不得制定或执行任何剥夺合众国公民特权或豁免权的法律。任何州如未经适当法律程序,均不得剥夺任何人的生命、自由或财产;亦不得对任何在其管辖下的人,拒绝给予平等的法律保护).

Amendment XV(第 15 修正案　保障黑人的选举权 1870 年)

Section 1. The right of citizens of the United States to vote shall not be denied or abridged by the United States or by any state on account of race, color, or previous condition of servitude(第 1 款:合众国政府或任何州政府,不得因种族、肤色,或以前曾服劳役而拒绝给予或剥夺合众国公民的选举权).

Amendment XVI(第 16 修正案 所得税 1913 年)

The Congress shall have power to lay and collect taxes on incomes, from whatever source derived, without apportionment among the several states, and without regard to any census or enumeration(国会有权对任何来源的收入课征所得税,无须在各州按比例进行分配,也无须考虑任何人口普查或人口统计数)。

Amendment XIX(第 19 修正案 保障女性的选举权 1920 年)

The right of citizens of the United States to vote shall not be denied or abridged by the United States or by any state on account of sex(合众国公民的选举权,不得因性别缘故而被合众国或任何一州加以否定或剥夺)。

Amendment XX(第 20 修正案 禁止"跛鸭"会议 1933 年)

Section 1. The terms of the President and Vice President shall end at noon on the 20th day of January, and the terms of Senators and Representatives at noon on the 3d day of January, of the years in which such terms would have ended if this article had not been ratified; and the terms of their successors shall then begin(第 1 款:如本条未获批准,总统和副总统的任期应在原定任期届满之年的 1 月 20 日正午结束,参议员和众议员的任期应在原定任期届满之年的 1 月 3 日正午结束,他们的继任人的任期应在同时开始)。

Section. 2. The Congress shall assemble at least once in every year, and such meeting shall begin at noon on the 3d day of January, unless they shall by law appoint a different day(第 2 款:国会每年至少应开会一次,除国会依法另订日期外,此种会议应在 1 月 3 日正午开始)。

Amendment XXVII(第 27 修正案 对于议员报酬的限制 1992 年)

No law varying the compensation for the services of the Senators and Representatives shall take effect until an election of Representatives shall have intervened(新一届众议员选出之前,任何有关改变参议员和众议员的任职报酬的法律,均不得生效)。

附录 2

美国的州与联邦巡回上诉法院
(Court of Appeals. 13Circuits)
管辖的司法区域

第一司法巡回区上诉法院：Maine(缅因州)，New Hampshire(新罕布什尔州)，Massachusetts(马萨诸塞州)，Rhode Island(罗得岛州)，包括 Puerto Rico(波多黎各)

第二司法巡回区上诉法院：Vermont(佛蒙特州)，New York(纽约州)，Connecticut(康涅狄格州)

第三司法巡回区上诉法院：Pennsylvania(宾夕法尼亚州)，New Jersey(新泽西州)，Delaware(特拉华州)，包括 Virgin Island(维尔京群岛)

第四司法巡回区上诉法院：West Virginia(西弗吉尼亚州)，Virginia(弗吉尼亚州)，Maryland(马里兰州)，North Carolina(北卡罗来纳)，South Carolina(南卡罗来纳)

第五司法巡回区上诉法院：Texas(得克萨斯州)，Louisiana(路易斯安那州)，Mississippi(密西西比州)

第六司法巡回区上诉法院：Michigan(密执安州)，Ohio(俄亥俄州)，Kentucky(肯塔基州)，Tennessee(田纳西州)

第七司法巡回区上诉法院：Wisconsin(威斯康星州)，Illinois(伊利诺伊州)，Indiana(印第安纳州)

第八司法巡回区上诉法院：North Dakota(北达科他州)，Minnesota(明尼苏达州)，South Dakota(南达科他州)，Iowa(衣阿华州)，Nebraska(内布拉斯加州)，Missouri(密苏里州)，Arkansas(阿肯色州)

第九司法巡回区上诉法院：Washington(华盛顿州)，Oregon(俄勒冈州)，Idaho(爱达荷州)，Montana(蒙大拿州)，California(加利福尼亚州)，Nevada(内华达州)，Arizona(亚利桑那州)，Alaska(阿拉斯加州)，Hawaii(夏威夷州)

第十司法巡回区上诉法院：Wyoming(怀俄明州)，Utah(犹他州)，Colorado(科罗拉多州)，Kansas(堪萨斯州)，New Mexico(新墨西哥州)，Oklahoma(俄克拉何马州)

第十一司法巡回区上诉法院：Alabama(亚拉巴马州)，Georgia(佐治亚州)，Florida(佛罗里达州)

哥伦比亚特区巡回上诉法院：District of Columbia(哥伦比亚特区) D. C. Circuit

联邦巡回上诉法院：Federal Circuit(联邦法院)

附录 3

美国的州法院制度——一些实例

州名	成为州的年份和顺序	最高法院的名称	人数·任期·选任方法	中间上诉法院/（具有一般管辖权的）第一审法院
Alabama 亚拉巴马州	1819年/22	Supreme Court	9人/6年/选举	Court of Criminal (Civil) Appeals/Circuit Court
California 加利福尼亚州	1850年/31	Supreme Court	7人/12年/州长指名，法官选任委员会认可	Court of Appeals/Superior Court
Delaware 特拉华州	1787年/1	Supreme Court	5人/12年/州长从法官选任委员会提出的名单中选任	没有/Superior Court, Court of Chancery
Hawaii 夏威夷州	1959年/50	Supreme Court	5人/10年/州长从法官选任委员会提出的名单中选任	Intermediate Court of Appeals/Circuit Court
Illinois 伊利诺伊州	1818年/21	Supreme Court	7人/10年/选举	Appellate Court/Circuit Court
Massachusetts 马萨诸塞州	1788年/6	Supreme Judicial Court	7人/到70岁/州长从法官选任委员会提出的名单中选任	Appeals Court/Trial Court
New York 纽约州	1788年/11	Court of Appeals	7人/14年/州长指名，上议院认可	Appellate Division of Supreme Court, Appellate Terms of Supreme Court/Supreme Court, County Court
Texas 得克萨斯州	1845年/28	Supreme Court, Court of Criminal Appeals	9人/6年/选举	Court of Appeals/District Court

附录 4

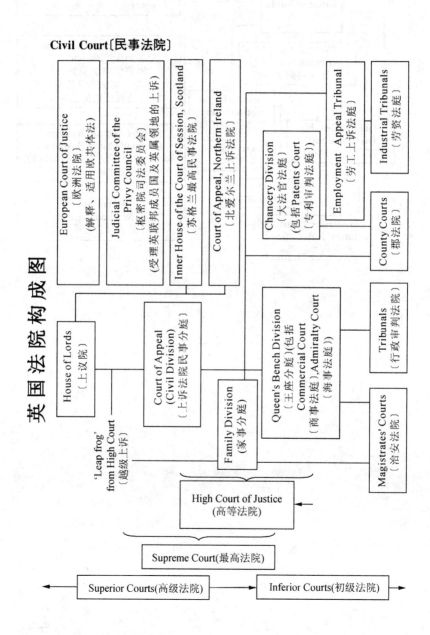

Criminal Courts〔刑事法院〕

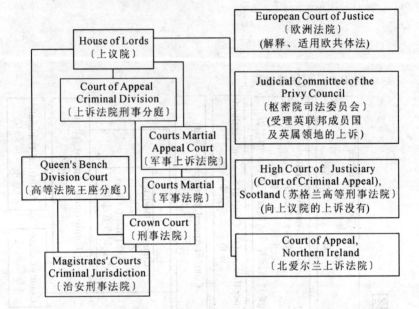

附录 5

判例集名缩写一览表

本书中引用的判例集的缩写的原文如下。

缩写	原文
A.	Atlantic Reporter
A. 2d	Atlantic Reporter 2d series
Ala. App.	Alabama Appellate Court Reports
All E. R.	All England Law Reports
A. L. R.	American Law Reports
App. Cas.	Law Reports Appeal Cases
Ariz.	Arizona Reports
Cal.	California Reports
Cal. Rptr.	California Reporter
Ch.	Law Reports Chancery
CL. & F.	Clark and Finnery's Reports
Co. Rep.	Coke's Reports
E. C. R.	European Court Reports
Eng. Rep	English Reports
Ex.	Exchequer Reports
F. 2d	Federal Reporter 2d series
F. Supp.	Federal Supplement
Kan.	Kansas Reports
K. B.	Law Reports King's Bench
L. Ed.	Lawyer's Edition
L. R. H. L.	Law Reports, English and Irish Appeals, House of Lords
Mass.	Massachusetts Reports
Mass. (Pick.)	Massachusetts Reports Pickering
M. & W.	Meeson & Welsby Reports
Misc. 2d	New York Miscellaneous Reports 2d series
N. E.	North Eastern Reporter
N. E. 2d	North Eastern Reporter 2d Series
Neb.	Nebraska Reports
N. W.	North Western Reporter
N. W. 2d	North Western Reporter 2d series
N. Y.	New York Reports
N. Y. S. 2d	New York Supplement 2d series
P. 2d	Pacific Reporter 2d series
Pick	Pickering
Q. B.	Law Reports Queen's Bench
R. I.	Rhode Island Reports
S. Ct.	Supreme Court Reporter

So. 2d	Southern Reporter 2d series
Str.	Strange's King's Bench Reports
St. Tr.	Howell's State Trials
S. W. 2d	South Western Reporter 2d series
U.S.	United States Reports
U.S. (How.)	United States Reports Howard
U.S. (Pet.)	United States Reports Peters
U.S. (Wall.)	United States Reports Wallace
U.S. (Wheat.)	United States Reports Wheaton
Va. (Gratt.)	Virginia Reports Grattan
Wash.	Washington Reports
Wis.	Wisconsin Reports
W.L.R.	Weekly Law Reports

附录 6

判 例 索 引

(标题判例以外本文中引用过的所有判例按英文字母顺序排列,标题判例用粗体字表示。)

A

Abrams v. United States, 250 U.S. 616
    (1919) ·· 第 21 判例引用判例
Adair v. United States, 208 U.S. 161
    (1908) ·· 第 39 判例引用判例
Adkins v. Children's Hospital, 261 U.S. 525
    (1923) ·· 第 39 判例引用判例
A-G v. Guardian Newspapers Ltd. (No. 2),
    [1988] 3 All E.R. 545 (H.L.) ················· 第 53 判例引用判例
Akron v. Akron Center for Reproductive Health,
    462 U.S. 416 (1983) ······························ 第 41 判例引用判例
Allard v. Pacific National Band, 663
    P. 2d 104 (Wash. 1983) ····························· 第 120 判例
Allgeyer v. Louisiana, 165 U.S. 578 (1897) ··· 第 39 判例引用判例
Anderson v. Liberty Lobby, Inc., 477
    U.S. 242 (1986) ····································· 第 73 判例引用判例
Anisminic. Ltd. v. Foreign Compensation Commission,
    [1969] 2 A.C. 147 (H.L. 1968) ······················ 第 49 判例
Apodaca v. Oregon, 406 U.S. 404
    (1972) ·· 第 65 判例
Armory v. Delamirie, (1722) 1 Str. 505, 93
    Eng. Rep. 664 (K.B. 1722) ·························· 第 116 判例
Asahi Metal Ind. Co. v. Cal. Supr. Ct. 480
    U.S. 102 (1987) ···································· 第 82 判例引用判例
Associated Provincial Picture Houses Ltd. v. Wednesbury Corp.,
    [1948] 1 K.B. 223 (C.A.) ············ 第 51、第 52 判例引用判例
Association of Data Processing Service Organization v. Camp,
    397 U.S. 150 (1970) ······································ 第 72 判例
Atherton v. Atherton, 181 U.S. 155
    (1901) ·· 第 85 判例引用判例
Atlas Auto Rental Corp. v. Weisberg, 281 N.Y.S. 2d 400

(N.Y. Civ. Ct. (1967) ……………… 第 117 判例
Auten v. Auten, 124 N.E. 2d 99
 (N.Y. 1954) ……………………… 第 84 判例引用判例

B

Babcock v. Jackson, 191 N.E. 2d 279
 (N.Y. 1963) ………………………………… 第 84 判例
Baker v. Carr, 369 U.S. 186
 (1962) ……………………………… 第 4 判例引用判例
Ballew v. Georgia, 435 U.S. 223
 (1978) ……………………………… 第 64 判例引用判例
Baltimore & Carolina Line v. Redman, 295
 U.S. 654 (1935) …………………… 第 74 判例引用判例
Bandlow v. Thieme, 9 N.W. 920
 (Wis. 1881) ………………………… 第 121 判例引用判例
Bantam Books, Inc. v. Sullivan, 372 U.S.
 58 (1963) ………………………… 第 22 判例引用判例
Bate's Case (An Information Against Bate), (1606)
 Lane 22, 145 Eng. Rep. 267 (Ex.) ……… 第 43 判例
Bates v. State Bar of Arizona, 433
 U.S. 350 (1977) ………………………… 第 62 判例
Batson v. Kentucky, 476 U.S. 79
 (1986) ……………………………… 第 66 判例引用判例
Beacon Theatres, Inc. v. Westover, 359
 U.S. 500 (1959) ………………… 第 67 判例引用判例
Beamish v. Beamish, (1861) 9 H.L.C. 274,
 11 Eng. Rep. 735 (H.L.) ……… 第 76、第 77 判例引用判例
Benton v. Maryland, 395 U.S. 784
 (1969) ……………………………… 第 17 判例引用判例
Berry v. Berry, [1929] 2 K.B. 316
 (K.B.) ……………………………… 第 105 判例引用判例
Betts v. Brady, 316 U.S. 455
 (1942) ……………………………… 第 56 判例引用判例
Bigelow v. Virginia, 421 U.S. 809
 (1975) ……………………………… 第 62 判例引用判例
Black & White Taxicab & Transfer Co. v.
 Brown & Yellow Taxicab & Transfer
 Co., 276 U.S. 518 (1928) ………… 第 14 判例引用判例
BMW of North America, Inc. v. Gore, 116
 S. Ct. 1589 (1996) ……………………… 第 100 判例

附录6 **519**

Boeving v. Vandover, 218 S.W. 2d 175
 (Mo. 1949) ………………………………… 第 114 判例引用判例
Bognor Regis U.D.C. v. Campion, [1972]
 2 Q.B. 169 (Q.B.) ……………………………… 第 53 判例引用判例
Bolling v. Sharpe, 347 U.S. 497
 (1954) ……………………………………… 第 30 判例引用判例
Bowers v. Hardwick, 478 U.S. 186
 (1986) ……………………………………… 第 41 判例引用判例
Boyd v. United States, 116 U.S. 616
 (1886) ……………………………………… 第 57 判例引用判例
Brandenburg v. Ohio, 395 U.S. 444
 (1969) ……………………………………… 第 21 判例引用判例
Bray v. Alexandria Women's Health Clinic,
 506 U.S. 263 (1993) …………………………… 第 41 判例引用判例
Breithaupt v. Abram, 352 U.S. 432
 (1957) ……………………………………… 第 42 判例引用判例
British Railways Board v. Pickin, [1974]
 A.C. 765 (H. L. 1974) ……………………………… 第 47 判例
Brock v. Dole, 28 N.W. 334
 (Wis. 1886) ………………………………… 第 121 判例引用判例
Brogden v. Metropolitan Ry. Co.,
 (1877) 2 App. Cas. 666 (H.L.) ………… 第 107 判例引用判例
Brooke Group Ltd. v. Brown & Williamson
 Tobacco Corp., 509 U.S. 209 (1993) …… 第 73 判例引用判例
Brown v. Board of Education of Topeka
 (Brown Ⅰ), 347 U.S. 483 (1954) ………………… 第 30 判例
Brown v. Board of Education of Topeka
 (Brown Ⅱ), 349 U.S. 294 (1955) ………………… 第 30 判例
Buchanan v. Warley, 245 U.S. 60
 (1917) ……………………………………… 第 29 判例引用判例
Bunting v. Oregon, 243 U.S. 426 (1917) ……… 第 39 判例引用判例
Burton v. Wilmington Parking Authority,
 365 U.S. 715 (1961) …………………………… 第 31 判例引用判例
Bushell's Case, (1670) Vaughan 135, 124
 Eng. Rep. 1006 (C.P.) ……………………………… 第 63 判例
Butterfield v. Forrester, (1809) 11 East 60,
 103 Eng. Rep. 926 (K.B.) ………………………… 第 90 判例
Byrne v. Boadle (1863) 2 H. & C. 722,
 159 Eng. Rep. 299 (Ex.) ……………………… 第 89 判例引用判例

C

Campbell Soup Co. v. Wentz, 172 F.
2d 80 (3d Cir. 1948) .... 第 111 判例引用判例
Capital Savings & Loan Association v. Convey,
27 P. 2d 136 (Wash. 1933) .... 第 122 判例引用判例
Carlill v. Carbolic Smoke Ball Co.,
[1893] 1 Q.B. 256 (C.A. 1892) .... 第 107 判例
Case 246/89 R, E.C. Commission v. United Kingdom,
[1989] E.C.R. 3125 .... 第 48 判例引用判例
Celotex Corp. v. Catrett, 477 U.S. 317
(1986) .... 第 73 判例引用判例
Central London Property Trust Ltd. v. High Trees House Ltd.,
[1947] K.B. 130 (K.B. 1946) .... 第 105 判例
Chapman v. Brown, D. C., 198 F. Supp.
78 (1961) .... 第 96 判例引用判例
City of Chicago v. Tribune Co., 139
N.E. 86 (Ill. 1923) .... 第 53 判例引用判例
Civil Rights Cases, The, 109 U.S. 3 (1883) .... 第 18 判例
Clark v. Community for Creative Non-Violence,
468 U.S. 288 (1984) .... 第 25 判例引用判例
Cohens v. Virginia, 19 U.S. 264 (1821) .... 第 3 判例引用判例
Colgrove v. Battin, 413 U.S. 149 (1973) .... 第 64 判例引用判例
Collins v. Eli Lilly & Co., 342 N.W. 2d
37 (Wis. 1984) .... 第 88 判例引用判例
Commonwealth v. Sullivan, 15 N.E. 491
(Mass. 1888) .... 第 75 判例
Commonwealth v. Wright, 137 Mass. 250
(1884) .... 第 75 判例
Conners Marine Co. v. Pennsylvania R.
Co., 66 F. Supp. 396 (1946) .... 第 86 判例引用判例
Conroy, in re, 486 A. 2d 1209 (N.J. 1985) ...... 第 42 判例引用判例
Cooley v. Board of Wardens of the Port of Philadelphia,
53 U.S. (12 How.) 299 (1851) ..... 第 11 判例引用判例
Corrigan v. Buckley, 271 U.S. 323
(1926) .... 第 29 判例引用判例
Costa v. ENEL, [1964] E.C.R. 585 .... 第 48 判例引用判例
Council of Civil Service Unions v. Minister for the
Civil Service, [1985] A.C. 374 (H.L. 1984) .... 第 51 判例

Cruzan v. Director, Missouri Department of Health,
　　497 U.S. 261 (1990) ················· 第 42 判例
Curtis Publishing Co. v. Butts, 388 U.S.
　　130 (1967)························· 第 24 判例引用判例
Curtis v. Loether, 415 U.S. 189
　　(1974) ···························· 第 67 判例

D

Darnel's Case (The Five Knights' Case),
　　(1672) 3 St. Tr. 1 (K.B.) ··········· 第 46 判例
Dartmouth College, The Trustees of v. Woodward,
　　17 U.S. (4 Wheat.) 518 (1819) ······· 第 8 判例
Davies v. Mann, (1842) 10 M. & W.
　　546, 152 Eng. Rep. 588 (Ex.) ········ 第 90 判例引用判例
Decatur Cooperative Ass'n v. Urban,
　　547 P. 2d 323 (Kan. 1976) ··········· 第 108 判例
Dennis v. United States, 342 U.S. 842
　　(1951) ···························· 第 21 判例引用判例
Derbyshire County Council v. Times Newspapers
　　Ltd., [1993] A.C. 534 (H.L. 1993) ··· 第 53 判例
Die Spoorbond v. South African Railways,
　　[1946] A.D. 999 ···················· 第 53 判例引用判例
Doe v. Bolton, 410 U.S. 179 (1973) ······ 第 40 判例引用判例
Donoghue v. Stevenson, [1932] A.C.
　　562 [H.L. 1932] ···················· 第 94 判例
Dr. Bonham's Case, (1610) 8 Co. Rep. 113b,
　　77 Eng. Rep. 646 (K.B.) ············ 第 45 判例
Dred Scott Case [Scott v. Sandford],
　　60 U.S. (19 How.) 393 (1857)········ 第 26 判例
Duke Power Co. v. Carolina Environmental Study Group,
　　Inc., 438 U.S. 59 (1978) ··········· 第 71、第 72 判例引用判例
Duncan v. Louisiana, 391 U.S. 145
　　(1968) ···························· 第 64 判例引用判例

E

Eastman Kodak v. Image Technical Services,
　　504 U.S. 451 (1992) ················ 第 73 判例引用判例
Edinburgh and Dalkeith Ry. Co. v. Wauchope,
　　(1842) 8 Cl. & F. 710, 8 Eng. Rep.
　　279 (H.L.) ························ 第 47 判例引用判例

Edinburgh Street Tramways Co. v. Lord Provost of
　　Edinburgh [1894] A.C. 456 (H.C.) ················ 第 76 判例引用判例
Edmonson v. Leesville Concrete Co., 500
　　U.S. 614 (1991) ··· 第 66 判例引用判例
Eisen v. Carlisle & Jacquelin, 417
　　U.S. 156 (1974) ·· 第 70 判例
Employment Division v. Smith, 494
　　U.S. 872 (1990) ······························· 第 20 判例引用判例
Entick v. Carrington, (1765) 2 Wils. K.B.
　　275, 95 Eng. Rep. 807 (K.B.) ················ 第 54 判例引用判例
Erie Railroad Co. v. Tompkins, 304
　　U.S. 64 (1938) ·· 第 14 判例
Escobedo v. Illinois, 378 U.S. 478 (1964) ······ 第 58 判例引用判例
Evans v. Abney, 396 U.S. 435 (1970) ·········· 第 29 判例引用判例

F

Farmers' Loan & Trust Co. v. Winthrop,
　　144 N.E. 686 (N.Y. 1924) ································· 第 118 判例
Farmland Service Cooperative, Inc. v. Klein,
　　244 N.W. 2d 86 (Neb. 1976) ······················· 第 108 判例
FCC v. Sanders Brothers Radio Station,
　　309 U.S. 470 (1940) ·························· 第 72 判例引用判例
Federal Base Ball Club v. National League of Professional
　　Baseball Clubs, 259 U.S. 200 (1922) ······ 第 78 判例引用判例
Feinberg v. Pfeiffer Co., 322 S.W. 2d
　　163 (Mo. Ct. App. 1959) ································ 第 106 判例
Five Knights' Case, The, (1627) 3
　　St. Tr. 1 (K.B.) ··· 第 46 判例
Flagg Bros., Inc. v. Brooks, 436
　　U.S. 149 (1978) ······························ 第 31 判例引用判例
Flast v. Cohen, 392 U.S. 83 (1968) ···················· 第 71 判例
Fletcher v. Peck, 10 U.S. (6 Cranch)
　　87 (1810) ·· 第 2 判例
Flood v. Kuhn, 407 U.S. 258 (1972) ··················· 第 78 判例
Florida Bar v. Went For It, Inc. and John T. Blakeny,
　　115 S. Ct. 2371 (1995) ···················· 第 62 判例引用判例
Florida Star, The v. BJF, 491
　　U.S. 524 (1989) ····························· 第 97 判例引用判例
Foakes v. Beer, (1884) 9 App. Cas.
　　605 (H.L.) ······································ 第 105 判例引用判例

Fox Film Corp. v. Muller, 296 U.S.
207 (1935) ……………………………… 第 3 判例引用判例
Frothingham v. Mellon, 262 U.S. 447
(1923) ……………………………… 第 71 判例引用判例
Furman v. Georgia, 408 U.S. 238
(1972) ……………………………… 第 60 判例引用判例

G

Garcia v. San Antonio Metropolitan Transit Authority,
469 U.S. 528 (1985) ……………………………… 第 12 判例
Garrison v. Louisiana, 379 U.S. 64
(1964) ……………………………… 第 24 判例引用判例
Gault, *in re*, 387 U.S. 1
(1967) ……………………………… 第 59 判例
Georgia v. McCollum, 505 U.S. 442
(1992) ……………………………… 第 66 判例引用判例
Gerhard v. Bates, (1853) 2E & B. 476, 118
Eng. Rep. 845 (K.B.) ……………… 第 107 判例
Gertz v. Robert Welch, Inc., 418
U.S. 323 (1974) ……………………… 第 24 判例引用判例
Gibbons v. Ogden, 22 U.S. (9 Wheat.)
1 (1824) ……………………………… 第 10 判例
Gideon v. Wainwright, 372 U.S. 335
(1963) ……………………………… 第 56 判例
Gitlow v. New York, 268 U.S. 652 (1925) …… 第 21 判例引用判例
Goldberg v. Kelly, 397 U.S. 254 (1970) ………………… 第 6 判例
Goldfarb v. Virginia State Bar, 421
U.S. 773 (1975) ……………………… 第 62 判例引用判例
Gompers v. Buck's Stove & Range Co.,
221 U.S. 418 (1911) ……………… 第 21 判例引用判例
Gray v. Sanders, 372 U.S. 368 (1963) ………… 第 4 判例引用判例
Green Charitable Trust, in re, 431
N.W. 2d 492 (Mich. 1988) ………… 第 120 判例引用判例
Greenman v. Yuba Power Products, Inc.,
377 P. 2d 897 (Cal. 1963) ……………………… 第 96 判例
Gregg v. Georgia, 428 U.S. 153 (1976) ………………… 第 60 判例
Griswold v. Connecticut, 381
U.S. 479 (1965) …………………… 第 40、第 97 判例引用判例
Grosjean v. American Press Co., 297
U.S. 233 (1936) ……………………… 第 56 判例引用判例

Guaranty Trust Co. v. York, 326 U.S.
99 (1945) ·· 第 14、第 15 判例引用判例

H

Haddock v. Haddock, 201 U. S. 562,
(1906) ·· 第 85 判例引用判例

Hadley v. Baxendale, (1854) 9 Ex. 341,
156 Eng. Rep. 145 (Ex. 1854) ·············· 第 113 判例

Hall v. E. I. Du Pont De Nemours & Co.,
345 F. Supp. 353 (1972) ···················· 第 88 判例引用判例

Hamer v. Sidway, 27 N. E. 256 (N.Y.1891) ············ 第 102 判例

Hanna v. Plumer, 380 U. S. 460 (1965) ················ 第 15 判例

Hanson v. Denckla, 357 U. S. 235 (1958) ······ 第 83 判例引用判例

Harbutt's "Plasticine", Ltd. v. Wayne
Tank & Pump Co. Ltd.,
[1970] 1 Q.B. 447 (C.A.) ················ 第 109 判例引用判例

Harris v. New York, 401 U.S. 222
(1971) ·· 第 58 判例引用判例

Hatten's Estate, in re, 288 N.W. 278
(Wis. 1939) ···································· 第 104 判例引用判例

Hawkins v. McGee, 146 A. 641
(N.H. 1929) ···································· 第 112 判例引用判例

Heart of Atlanta Motel, Inc. v. United States,
379 U.S. 241 (1964) ·························· 第 31 判例引用判例

Hebe Co. v. Shaw, 248 U.S. 297
(1919) ·· 第 16 判例引用判例

Hebert v. Louisiana, 272 U.S. 312
(1926) ·· 第 17 判例引用判例

Hecht v. Marsh, 181 N.W. 135
(Neb. 1920) ···································· 第 108 判例引用判例

Henningsen v. Bloomfield Motors, Inc.,
161 A. 2d 69 (N.J. 1960) ···························· 第 95 判例

Hickman v. Taylor, 329 U.S. 495
(1947) ·· 第 69 判例

Hinderlider v. La Plata River & Cherry Creek Ditch
Co., 304 U.S. 92 (1938) ···················· 第 14 判例引用判例

Hirabayashi v. United States, 320 U.S.
81 (1943) ·································· 第 5、第 28 判例引用判例

Honda Motor Co. Ltd. v. Oberg, 512 U.S.
415 (1994) ···································· 第 100 判例引用判例

Hopwood v. Texas, 116 S. Ct. 2581
 (1996) ·· 第 32 判例引用判例
Hoven v. Rice Memorial Hospital, 396
 N. W. 2d 569 (Minn. 1986) ················ 第 89 判例引用判例
Hurtado v. California, 110 U.S. 516 (1884) ··· 第 55 判例引用判例

I

International Shoe Co. v. Washington,
 326 U. S. 310 (1945) ······································· 第 82 判例
International Union, UAW v. Johnson Controls,
 499 U.S. 187 (1991) ······················· 第 33 判例引用判例

J

Jackson v. Metropolitan Edison Co., 419
 U.S. 345 (1974) ······························· 第 31 判例引用判例
Jacobson v. Massachusetts, 197
 U.S. 11 (1905) ································ 第 42 判例引用判例
Japanese Electronic Products Antitrust Litigation,
 in re, 631 F. 2d 1069 (3d Cir. 1980) ······ 第 67 判例引用判例
J.E.B. v. Alabama ex rel. T.B., 511
 U.S. 127 (1994) ·· 第 66 判例
Jenkins Ⅰ, 491 U.S. 274 (1989) ··············· 第 34 判例引用判例
Jenkins Ⅱ, 495 U.S. 33 (1990) ················ 第 34 判例引用判例
Jenkins v. Georgia, 418 U.S. 153 (1974)······· 第 23 判例引用判例
Johnson v. Louisiana, 406 U.S. 356
 (1972)······························· 第 64、第 65 判例引用判例
Johnson v. Zerbst, 304 U.S. 458(1938) ········ 第 56 判例引用判例
Jones v. Alfred H. Mayer Co., 392
 U.S. 409 (1968) ······························· 第 31 判例引用判例
Jones v. Burgermeister Brewing Corp.,
 18 Cal. Rptr. 311 (1961) ·················· 第 96 判例引用判例
Jorden v. Money, (1854) 5 H.L.C. 185,
 10 Eng. Rep. 868 (H. L.)···················· 第 105 判例引用判例

K

Kaplan v. California, 413 U.S. 115
 (1973)·· 第 23 判例引用判例
Katzenbach v. McClung, 379 U.S. 294
 (1964)·· 第 31 判例引用判例
Kelly v. Wyman, 294 F. Supp. 893

(1968) ·· 第 6 判例引用判例
Kent v. United States, 383 U.S. 541
　(1966)·· 第 59 判例引用判例
Ketterer v. Armour & Co., 209 F. 322
　(1912)·· 第 96 判例引用判例
Kilberg v. Northeast Airlines, Inc.,
　172 N.E. 2d 526 (N.Y. 1961) ············· 第 84 判例引用判例
Klass and Others v. Germany, 2 E.H.R.
　R. 214 (1978) ····································· 第 54 判例引用判例
Klaxon Co. v. Stentor Elec. Mfg. Co.,
　313 U.S. 487 (1941) ·························· 第 14 判例引用判例
Klein v. Duchess Sandwich Co., 93 P.2d
　799 (Cal. 1939)································· 第 96 判例引用判例
Knagenhjelm v. Rhode Island Hospital
　Trust Co., 114 A. 5 (R.I. 1921) ·············· 第 119 判例
Korematsu v. United States, 323 U.S. 214 (1944) ········ 第 28 判例
Krell v. Henry, [1903] 2 K.B. 740
　(C.A. 1903) ·· 第 110 判例
Kresse v. Ryerson, 169 P. 2d 850
　(Ariz. 1946) ································· 第 122 判例引用判例

L

La Hue v. Coca-Cola Bottling Co., 314
　P. 2d 421 (Wash. 1957) ··················· 第 96 判例引用判例
Lee v. Bude & Torrington Railway
　Co., (1871) 6 C.P. 576 (C.P.) ············ 第 47 判例引用判例
Lemon v. Kurtzman, 403 U.S. 602 (1971) ·············· 第 19 判例
Lochner v. New York, 198 U.S. 45 (1905) ············· 第 36 判例
London Street Tramways Co. v. London County Council,
　[1894] A.C. 489 (H.C.) ··················· 第 76 判例引用判例
London Tramways Co. v. London County Council,
　[1898] A.C. 375 (H.L.) ··· 第 76 判例
Lucy Webb Hayes National Training School v. Geoghegan,
　C281 F. Supp. 116 (1967) ·· 第 80 判例
Lujan v. Defenders of Wildlife, 504
　U.S. 555 (1992) ······························· 第 71 判例引用判例

M

MacPherson v. Buick Motor Co., 111
　N.E. 1050 (N.Y. 1916) ·· 第 93 判例
Madsen v. Women's Health Center, 512

U.S. 753 (1994) ················· 第 41 判例引用判例
Malone v. Metropolitan Police Commissioner,
[1979] Ch. 344 ····························· 第 54 判例
Malone v. United Kingdom, 7 E.H.
R.R. 14 (1984) ······················ 第 54 判例引用判例
Manchester v. Williams, [1891] 1
Q.B. 94, (Q. B.) ···················· 第 53 判例引用判例
Mapp v. Ohio, 367 U.S. 643 (1961) ········· 第 57 判例
Marbury v. Madison, 5 U.S. (1 Cranch) 137 (1803) ······ 第 1 判例
Martin v. Abbott Laboratories, 689
P. 2d 368 (Wash. 1984) ············ 第 88 判例引用判例
Martin v. Hunter's Lessee, 14
U.S. (1 Wheat.) 304 (1816) ······················ 第 3 判例
Maryland v. Wirtz, 392 U.S. 183 (1968) ······ 第 12 判例引用判例
Massachusetts v. Sheppard, 468
U.S. 981 (1984) ····················· 第 57 判例引用判例
Mathews v. Eldridge, 424
U.S. 319 (1976) ······················ 第 6 判例引用判例
**Matsushita Electric Industrial Co. v. Zenith Radio
Corp.,** 475 U.S. 574 (1986) ······················ 第 73 判例
McCabe v. Atchison, Topeka & Santa Fe Railway,
235 U.S. 151 (1914) ················ 第 27 判例引用判例
McCulloch v. Maryland, 17 U.S. (4 Wheat.)
316 (1819) ··· 第 7 判例
McKeiver v. Pennsylvania, 403
U.S. 528 (1971) ····················· 第 59 判例引用判例
Melms v. Pabst Brewing Co., 79
N.W. 738 (Wis. 1899) ························· 第 121 判例
Memoirs v. Massachusetts, 383 U.S.
413 (1966) ··························· 第 23 判例引用判例
Meritor Savings Bank v. Vinson, 477 U.S.
57 (1986) ····························· 第 33 判例引用判例
Michael H. v. Gerald D., 491 U.S. 110
(1989) ···························· 第 41、第 42 判例引用判例
Michigan v. Long, 463 U.S. 1032
(1983) ································ 第 3 判例引用判例
Miller v. California, 413 U.S. 15
(1973) ······································· 第 23 判例
Mills v. Wyman, 20 Mass. (3 Pick.)

207（Mass. 1825） ………………………………… 第 103 判例
Minnick v. Mississippi, 498 U.S. 146
  （1990）…………………………… 第 58 判例引用判例
Miranda v. Arizona, 384 U.S. 436
  （1966）………………………………………… 第 58 判例
Missouri v. Jenkins, 115 S. Ct. 2038
  （1995）………………………………………… 第 34 判例
Mitsuye Endo, *ex parte,* 323 U.S. 283
  （1944）…………………………… 第 28 判例引用判例
M'Naghten's Case, （1843）10 Cl. & F.
  200, 8 Eng. Rep. 718（H.L. 1843）………… 第 61 判例
Moisan v. Loftus, 178 F. 2d 148
  （2d Cir. 1949）………………………… 第 86 判例引用判例
Moose Lodge No. 107 v. Irvis, 407
  U.S. 163（1972）……………………………… 第 31 判例
Muller v. Oregon, 208 U.S. 412（1908）……… 第 37 判例
Murdock v. City of Memphis, 87 U.S.
  590（1875）……………………………… 第 3 判例引用判例

N

National League of Cities v. Usery, 426
  U.S. 833（1976）………………………… 第 12 判例引用判例
National Organization for Women v. Scheidler,
  510 U.S. 249（1994）………………… 第 41 判例引用判例
Near v. Minnesota, 283 U.S. 697
  （1931）………………………………… 第 22 判例引用判例
Neumeier v. Kuehner, 286 N.E. 2d 454
  （N.Y. 1972）…………………………… 第 84 判例引用判例
New York Times Co. v. Sullivan, 376
  U.S. 254（1964）……………………………… 第 24 判例
**New York times Co. v. United States（The Pentagon
  Papers Case）,** 403 U.S. 713（1971）………… 第 22 判例
New York v. Ferber, 458 U.S. 747
  （1982）………………………………… 第 23 判例引用判例
New York v. Quarles, 467 U.S. 649
  （1984）………………………………… 第 58 判例引用判例
Norwood v. Read, 75 Eng. Rep. 276
  （K.B.）（1558）……………………… 第 101 判例引用判例

O

O'Reilly v. Mackman, [1983] 2 A.C.

237（H. L. 1982）·· 第 50 判例
Organization for a Better Austin v. Keefe,
　　402 U.S. 415（1971）··························· 第 22 判例引用判例
Overseas Tankship（U.K.）Ltd. v. Morts
　　Dock & Engineering Co.（The Wagon Mound）,
　　[1961] A.C. 388（P.C. 1961）························· 第 99 判例
Overseas Tankship（U.K.）Ltd. v. The Miller Steamship
　　Co. Pty Ltd.（The Wagon Mound（No. 2））,
　　[1967] 1 A.C. 617（P.C.）················· 第 99 判例引用判例

P

Pacific Mutual Life Insurance Co. v. Haslip,
　　499 U. S. 1（1991）······························ 第 100 判例引用判例
Paine v. Meller,（1801）6 Ves. Jn.
　　349, 31 Eng. Rep. 1088（Ch.）··············· 第 122 判例引用判例
Palko v. Connecticut, 302 U. S. 319（1937）···················· 第 17 判例
Palsgraf v. Long Island Railroad Co.,
　　162 N.E. 99（N. Y. 1928）······························· 第 87 判例
Paradine v. Jane,（1647）Aleyn 26,
　　82 Eng. Rep. 897（K.B.）··················· 第 110 判例引用判例
Parham v. J. R., 442 U.S. 584
　　（1979）··· 第 42 判例引用判例
Paris Adult Theater Ⅰ v. Slaton, 413
　　U.S. 49（1973）······························· 第 23 判例引用判例
Patterson v. Colorado, 205 U.S. 454
　　（1907）··· 第 21 判例引用判例
Pennoyer v. Neff, 95 U.S. 714（1877）······················ 第 81 判例
Pentagon Papers Case, The, 403 U.S. 713（1971）········· 第 22 判例
Phillips v. Martin Marietta Corp., 400
　　U.S. 542（1971）··· 第 33 判例
Photo Production Ltd. v. Securicor Transport Ltd.,
　　[1980] A.C. 827（H.C.）··················· 第 109 判例引用判例
Pickin v. British Railways Board,
　　[1974] A.C. 765（H.L. 1974）············· 第 47 判例引用判例
Pietros v. Pietros, 638 A. 2d 545
　　（R.I. 1994）·································· 第 80 判例引用判例
Pinnel's Case,（1602）5 Co. Rep. 117,
　　77 Eng. Rep. 237······························· 第 105 判例引用判例
Planned Parenthood v. Casey, 505
　　U.S. 833（1992）··· 第 41 判例

Planned Parenthood v. Danforth, 428
U.S. 52 (1976) ················· 第 41 判例引用判例
Plessy v. Ferguson, 163 U.S. 537 (1896)············ 第 27 判例
Polemis and Furness, Withy & Co., in re,
[1921] 3 K.B. 560 (C.A.) ········· 第 99 判例引用判例
Potomac Electric Power Co. v. Washington Chapter of the
Congress of Racial Equality, 210
F. Supp. 418 (1962) ············ 第 80 判例引用判例
Powell v. Alabama, 287 U.S. 45 (1932)········ 第 55 判例
Powers v. Ohio, 499 U.S. 400 (1991) ······· 第 66 判例引用判例
Practice Statement 1966, [1966] 3 All
E.R. 77, 1 W.L.R. 1234 ················· 第 77 判例
Prohibitions del Roy, (1607) 12 Co.
Rep. 63, 77 Eng. Rep. 1342 (K.B.) ········· 第 44 判例
Proprietors of Charles River Bridge v. Proprietors
of Warren Bridge Co., 36 U.S.
(11 Pet.) 420 (1837)··················· 第 9 判例
Providence Bank v. Billings, 29
U.S. 514 (1830) ················ 第 9 判例引用判例

Q

Quinlan, in re, 355 A. 2d 647
(N.J. 1976) ················ 第 42 判例引用判例

R

Radovich v. National Football League,
352 U.S. 445 (1957) ·············· 第 78 判例引用判例
Ragan v. Merchants Transfer Co., 337
U.S. 530 (1949) ··················· 第 15 判例引用判例
Raisin v. Mitchell, (1839) 9 C. &
P. 613, 173 Eng. Rep. 979 (N.P.) ········· 第 90 判例引用判例
RAV v. City of St. Paul, 505
U.S. 377 (1994) ················ 第 25 判例引用判例
Ray v. Simmons, 23 Am. Rep. 447
(R.I. 1875)···················· 第 119 判例引用判例
Read v. Lyons, [1947] A.C. 156 (H.L.)········· 第 91 判例引用判例
Read v. Reed, 404 U.S. 71 (1971) ········· 第 33 判例引用判例
Regents of the University of California v. Bakke,
438 U.S. 265 (1978) ················ 第 32 判例
Reynolds v. Sims, 377 U.S. 533 (1964) ········ 第 4 判例

Rhode Island v. Innis, 446 U.S. 291
  (1980) ················ 第 58 判例引用判例
Rickards v. Lothian, [1913] A.C. 263
  (P.C.) ················ 第 91 判例引用判例
Ridge v. Baldwin, [1964] A.C. 40
  (H.L.) ················ 第 49 判例引用判例
Roe v. Wade, 410 U.S. 113 (1973) ········· 第 40 判例
Rosenblatt v. Baer, 383 U.S. 75 (1966) ······ 第 24 判例引用判例
Rosenbloom v. Metromedia, Inc., 403
  U.S. 29 (1971) ················ 第 24 判例引用判例
Ross v. Bumstead, 173 P. 2d 765
  (Ariz. 1946) ················ 第 122 判例
Roth v. United States, 354 U.S. 476
  (1957) ················ 第 23 判例引用判例
Roy v. Kensington, Chelsea and Westminster
  F.P.C., [1992] 1 A.C. 624 (H.L.) ······ 第 50 判例引用判例
R. v. Board of Visitors of Hull Prison, *ex parte* St.
  Germain, [1979] Q.B. 425 (C.A.) ········ 第 50 判例引用判例
R. v. Crown Court at Sheffield, *ex parte* Brownlow
  [1980] Q.B. 530 ················ 第 68 判例引用判例
R. v. Ford, [1989] Q.B. 868 (C.A.) ············ 第 68 判例
R. v. Millis, (1844) 10 Cl. & F.
  534, 8 Eng. Rep. 844 (H.L.) ··········· 第 76 判例引用判例
R. v. Northumberland Compensation Appeal Tribunal,
  ex parte Shaw, [1952] 1 K.B.
  338 (C.A.) ················ 第 50 判例引用判例
R. v. Panel on Take-Over and Mergers *ex parte* Datafin,
  [1987] Q.B. 815 (C.A.) ················ 第 50 判例引用判例
R. v. Secretary of State for Employment, *ex parte*
  Equal Opportunity Commission,
  [1995] 1 A.C. 1 (H.L.) ············ 第 48、第 49 判例引用判例
R. v. Secretary of State for Foreign and Commonwealth
  Affairs, *ex parte* World Development Movement,
  [1995] 1 W.L.R. 386 (Q.B.) ············ 第 51 判例引用判例
R. v. Secretary of State for the Home Department,
  ex parte Brind, [1991] 1 A.C. 696 (H.L. 1991) ··· 第 52 判例
R. v. Secretary of State for Transport, *ex parte*
  Factortame Ltd., [1991] 1 A.C.
  603 (H.L. 1990) ················ 第 48 判例

Rylands v. Fletcher, (1868) L. R. 3
    H. L. 330 (H. L. 1868) ·················· 第 91 判例

S

Schall y. Martin, 467 U. S. 253 (1984) ········ 第 59 判例引用判例
Schenck v. United States, 249 U. S. 47 (1919) ············ 第 21 判例
Schlesinger v. Reservists Committee to Stop the War,
    418 U. F. 208 (1974) ·················· 第 71 判例引用判例
School District of Abington Township v. Schempp,
    374 U. S. 203 (1963) ·················· 第 19 判例引用判例
Scott v. Sandford, 60 U. S. (19 How.) 393 (1857) ········ 第 26 判例
Sedmak v. charlie's Chevrolet, Inc.,
    622 S. W. 2d 694 (Mo. Ct. App. 1981) ········ 第 114 判例
Shaffer v. Heitner, 433 U. S. 186 (1977) ················ 第 83 判例
Shapero v. Kentucky Bar Association, 486
    U. S. 466 (1988) ·················· 第 62 判例引用判例
Shelley v. Kraemer, 334 U. S. 1 (1948) ················ 第 29 判例
Sherbert v. Verner, 374 U. S. 398
    (1963) ·················· 第 20 判例引用判例
Sheridan Suzuki, Inc, v. Caruso Auto Sales, Inc.,
    442 N. Y. S. 2d 957 (1981) ············· 第 117 判例引用判例
Sherrer v. Sherrer, 334 U. S. 343 (1948) ········ 第 85 判例引用判例
Sierra Club v. Morton, 405 U. S. 727
    (1972) ·················· 第 72 判例引用判例
Sindell v. Abbott Laboratories, 607
    P. 2d 924 (Cal. 1980) ·················· 第 88 判例
Siverson v. Weber, 372 P. 2d 97
    (Cal. 1962) ·················· 第 89 判例引用判例
Slade's Case, (1602) 4 Co. Rep. 91a, 92b,
    76 Eng. Rep. 1072, 1074 (K. B.) ·················· 第 101 判例
Slaughter-House Cases, 83 U. S. (16 Wall.)
    36 (1872) ·················· 第 35 判例
Slocum v. New York Life Insurance Co.,
    228 U. S. 364 (1913) ·················· 第 74 判例
Smith v. East Elloe Rural District Council,
    [1956] A. C. 736 (H. L.) ·················· 第 49 判例引用判例
Smith v. London & South Western Ry. Co.,
    (1870) 6 C. P. 14 (C. P.) ·················· 第 99 判例引用判例
Southern Pac. Co. v. State of Arizona,

325 U.S. 761 (1945) ·················· 第 11 判例
Sowder, etc. v. McMillan's Heirs, 34
　　Ky. 456 (1846) ·················· 第 116 判例引用判例
Spahn v. Julian Messner, Inc., 221
　　N.E. 2d 543 (N.Y. 1966) ·················· 第 97 判例引用判例
Speelman v. Pascal, 178 N.E. 2d 723
　　(N.Y. 1961) ·················· 第 118 判例引用判例
Spence v. Washington, 418 U.S. 405
　　(1974) ·················· 第 25 判例引用判例
St. Amant v. Thompson, 390 U.S. 727
　　(1968) ·················· 第 24 判例引用判例
Stone v. Powell, 428 U.S. 465
　　(1976) ·················· 第 57 判例引用判例
Suisse Atlantique Société d'Armement Maritime
S.A. v. N.V. Rotterdamsche Kolen Centrale,
　　[1967] 1 A.C. 361 (H.L. 1966) ·················· 第 109 判例
Sullivan v. O'Connor, 296 N.E. 2d
　　183 (Mass. 1973) ·················· 第 112 判例
Summers v. Tice, 199 P. 2d 1
　　(Cal. 1948) ·················· 第 88 判例引用判例
Superintendent of Belchertown State School v. Saikewicz,
　　370 N.E. 2d 417 (Mass. 1977) ·················· 第 42 判例引用判例
Swadling v. Cooper, [1931] A.C. 1
　　(H.L.) ·················· 第 90 判例引用判例
Swift v. Tyson, 41 U.S. (16 Pet.) 1 (1842) ·················· 第 13 判例

T

Tapscott v. Cobbs & als., 52 Va.
　　(11 Gratt.) 172 (1854) ·················· 第 116 判例
Tarasoff v. The Regents of the University of California,
　　551 P. 2d 334 (Cal. 1976) ·················· 第 98 判例
Taylor v. Caldwell, (1863) 3 B. & S. 826,
　　122 Eng. Rep. 309 (K.B.) ·················· 第 110 判例引用判例
Tennesee Electric Power Co. v. T.V.A,
　　306 U.S. 118 (1939) ·················· 第 72 判例引用判例
Texas v. Johnson, 491 U.S. 397 (1989) ·················· 第 25 判例
Thomas v. Winchester, 6 N.Y. 397, 57 Am.
　　Dec. 455 (1852) ·················· 第 93 判例引用判例
Thompson v. Utah, 170 U.S. 343

(1898) ·· 第 64 判例引用判例
Time, Inc. v. Firestone, 424 U.S. 448
　　(1976) ·· 第 24 判例引用判例
Time, Inc. v. Hill, 385 U.S. 374 (1967) ········· 第 97 判例
**Tinker v. Des Moines Independent Community
　　School District**, 393 U.S. 503 (1969) ······ 第 25 判例引用判例
Toolson v. New York Yankees, Inc., 346
　　U.S. 356 (1953) ································ 第 78 判例引用判例
TXO Production Corp. v. Alliance Resources Corp.,
　　509 U.S. 443 (1993) ························· 第 100 判例引用判例

U

United States v. Calandra, 414 U.S. 338
　　(1974) ·· 第 57 判例引用判例
United States v. Carolene Products Co.,
　　304 U.S. 144 (1938) ······························ 第 16 判例
United States v. Carroll Towing Co., 159
　　F. 2d 169 (2d Cir. 1947) ························ 第 86 判例
United States v. Cruikshank, 92
　　U.S. 542 (1875) ································· 第 27 判例引用判例
United States v. Eichman, 496
　　U.S. 310 (1990) ································· 第 25 判例引用判例
United States v. Havens, 446
　　U.S. 620 (1980) ································· 第 57 判例引用判例
United States v. Hinckley, 525 F. Supp.
　　1342 (1981) ····································· 第 61 判例引用判例
**United States v. International Boxing
　　Club**, 348 U.S. 236 (1955) ··············· 第 78 判例引用判例
United States v. Leon, 468 U.S. 897
　　(1984) ·· 第 57 判例引用判例
United States v. Nixon, 418 U.S. 683
　　(1974) ··· 第 5 判例
United States v. O'Brien, 391
　　U.S. 367 (1968) ································· 第 25 判例引用判例
United States v. Orito, 413
　　U.S. 139 (1973) ································· 第 23 判例引用判例
United States v. Reese, 92
　　U.S. 214 (1875) ································· 第 27 判例引用判例
United States v. Richardson, 418

U.S. 166 (1974) ·················· 第 71 判例引用判例
United States v. Shubert, 348
　　U.S. 222 (1955) ·················· 第 78 判例引用判例
United States v. Students Challenging Regulatory
　　Agency Procedures (SCRAP),
　　412 U.S. 669 (1973) ·················· 第 72 判例引用判例
United States v. 12200 Ft. Reels of Film,
　　413 U.S. 123 (1973) ·················· 第 23 判例引用判例
United States v. willow River Power
　　Co., 324 U.S. 499 (1945) ·················· 第 115 判例

V

Valentine v. Chrestensen, 316
　　U.S. 52 (1942) ·················· 第 24 判例引用判例
Valley Forge Christian College v. Americans United
　　for Separation of Church and State, Inc.,
　　454 U.S. 464 (1982) ·················· 第 71 判例引用判例
Village of Euclid, Ohio v. Ambler Realty Co.,
　　272 U.S. 365 (1926) ·················· 第 38 判例
Virginia Pharmacy Board v. Virginia Consumer
　　Council, 425 U.S. 748 (1976) ·················· 第 62 判例引用判例

W

Walker v. Armco Steel Corp., 446
　　U.S. 740 (1980) ·················· 第 14 判例引用判例
Walz v. Tax Commission, 397
　　U.S. 664 (1970) ·················· 第 19 判例引用判例
Washington v. Harper, 494
　　U.S. 210 (1990) ·················· 第 42 判例引用判例
Webb v. McGowin, 168 So. 196
　　(Ala. 1935) ·················· 第 104 判例
Webster v. Reproductive Health Services,
　　492 U.S. 490 (1989) ·················· 第 41 判例引用判例
Weeks v. United States, 232
　　U.S. 383 (1914) ·················· 第 57 判例引用判例
Weld-Blundell v. Stephens, [1920]
　　A.C. 956 (H.L.) ·················· 第 99 判例引用判例
Wesberry v. Sanders, 376
　　U.S. 1 (1964) ·················· 第 4 判例引用判例

Westchester County Medical Center on behalf of O'Connor, in re, 531 N.E. 2d 607 (N.Y. 1988) ……………………… 第 42 判例引用判例
West coast Hotel Co. v. Parrish, 300 U.S. 379 (1937) ……………………… 第 39 判例
Wheelock v. Noonan, 15 N.E. 67 (N.Y. 1888) ……………………… 第 80 判例引用判例
Whitney v. California, 274 U.S. 357 (1927) ……………………… 第 21 判例引用判例
Williams v. Commissioner for Road Transport, 50 C.L.R. 258 (1933) ……………… 第 90 判例引用判例
Williams v. Florida, 399 U.S. 78 (1970) ……………………… 第 64 判例
Williams v. North Carolina (Williams Ⅰ), 317 U.S. 287 (1942) ……………………… 第 85 判例
Williams v. North Carolina (Williams Ⅱ), 325 U.S. 226 (1945) ……………………… 第 85 判例
Williams v. Walker-Thomas Furniture Co., 350 F. 2d 445 (D.C. cir. 1965) ………… 第 111 判例
Winship, In the Matter of, 397 U.S. 358 (1970) ……………… 第 65 判例引用判例
Winterbottom v. Wright, (1842) 10 M. & W. 109, 152 Eng. Rep. 402 (Ex.) ……………… 第 92 判例
Wisconsin v. Yoder, 406 U.S. 205 (1972) ……………………… 第 20 判例
Withrow v. Williams, 507 U.S. 680 (1993) ……………………… 第 58 判例引用判例
Wolf v. Colorado, 338 U.S. 25 (1949) ……………………… 第 57 判例引用判例
World-Wide Volkswagen Corp. v. Woodson, 444 U.S. 286 (1980) ……………… 第 82 判例引用判例
Wyatt v. Stickney, 344 F. Supp. 373 (1972) ……………… 第 79 判例

Y

Ybarra v. Spangard, 154 P. 2d 687 (Cal. 1944) ……………………… 第 89 判例
Youngstown Sheet & Tube Co. v. Sawyer, 343 U.S. 579 (1952) ……………… 第 5 判例引用判例

译 者 后 记

译者学习、研究法律以民法为主,当然就是以成文法体系为对象了。但是,在拓宽自己的视野,对人类法治社会文明发展过程的不断认识中,深感英美的判例法体制也是一个不容忽视的方面。留学回国任教多年,在我所在的大学里,英美法及其相关的课程都成为深受学生们欢迎的内容。可问题是,虽然也有不少介绍英美法的中文书籍,但大都是以专业领域为限,缺乏一本系统地介绍英美法判例的中文译本,可以作为学习、研究的参考读物。同时,学习作为以判例为核心的英美法体系,就必须研究其判例,而对此如果没有一个系统的、全面的了解是很难理解英美法的。为此,就萌发了翻译本书的意愿。恰逢北京大学出版社贺维彤先生前来约稿,提及此书他欣然同意,于是就有了翻译本书使其问世的机会。

本书原版的序言大致介绍了如何选择判例的标准,以及被选判例所具有的意义。这里,再补充一下为何英美法的判例选要从日本的版本来翻译的理由:其一,英美法判例是一个庞大的体系,究竟应该选择什么样的判例才能最具有代表意义,并且还能照顾到各个法的领域?这确实是一个很大的难题,也是一个庞大的工程,实非几位学者就能轻易完成的。而日本的这本英美判例百选的执笔者共有 53 位,大都是长年从事英美法研究和教学的学者,并且在各自的专业领域都卓有成就。为此,应该说选择出来的各个判例均具有一定的代表性。其二,日本虽然是成文法国家,但是二次大战后,由于重视判例的作用,其研究判例的方法和数量在成文法世界堪称一流,这种积累在研究英美法时显然也得益匪浅。从本书各个判例的摘要、判旨等,以及最后简明扼要的评语上都显示出了这种研究的水平。其三,可能也与自身在日本长年留学,在学习、认识英美法上,从此书的第二版中获益良多有关。由于本人孤陋寡闻,没有见到更为全面的英美法判例选,暂且以此抛砖引玉,诚意将此书翻译出来,呈现给中国的读者。

在此,需要再次感谢本书的执笔者新美育文、丸山英二以及主编樋口范雄先生,没有他们的大力协助,此书要取得翻译版权几乎是不可能的。当北京大学出版社应允出版后与日本有斐阁出版社联系版权时，遇到最大的难题是执笔者有 53 位之多，有斐阁认为要分别取得他们的同意非常困难，此事就此搁浅。笔者了解后，通过现在明治大学任教的新美育文教授，然后经他介绍了神户大学的丸山英二教授，直至联系到主编之一的东京大学樋口范雄教授，由其出面与有斐阁商谈，最后决定给每位执笔者邮寄明信片，取得书面同意的授权。整个过程历时两个多月，当看到回收的全部明信片时，笔者不得不敬佩日本人办事处世的认真和负责。

  本书在翻译完毕后，曾经由上海三联书店的编辑王笑红女士帮助做了校对，对此再次表示感谢！

  本书的翻译是由我和妻子杨永庄合作完成的，全部完成之时正是我俩结婚 25 周年，按西方习俗亦称为银婚之年，至此也算作我们自己对 25 年来共同奋斗的一种相互祝贺。由于此书的案例取自英文，然后由日本学者编译为日文，再从日文翻译为中文，几经周折，牵涉英文、日文、中文三种语法，在表达上可能会有暧昧、难以理解的地方。加之个别判例年代悠久，所用语句并非像现代英文那样通俗易懂，一些难以理解的日文虽然对照了英文判例，但是只能以保证原意不出错误为准。在此，还请读者谅解。

译者：段　匡

2004 年酷暑于日本千叶县上本乡寒舍

相关书目

宪政经典

1. 权利的成本——为什么自由依赖于税
   〔美〕霍尔姆斯、桑斯坦著　毕竞悦译（2004年6月出版）
2. 普通法与自由主义理论：柯克、霍布斯与美国宪政主义之诸源头
   〔美〕小詹姆斯·R.斯托纳著　姚中秋译（2005年5月出版）
3. 偏颇的宪法
   〔美〕凯斯·R.桑斯坦著　宋华琳、毕竞悦译（2005年6月出版）
4. 英国宪制
   〔英〕白哲特著　史密斯编　李国庆译（2005年8月出版）
5. 司法审查与宪法
   〔美〕西尔维亚·斯诺维斯著　谌洪果译（2005年10月出版）
6. 宪法（第三版）
   〔日〕芦部信喜著　林来梵、凌维慈、龙绚丽译（2006年3月出版）
7. 反联邦党人赞成什么
   〔美〕赫伯特·J.斯托林著　汪庆华译（2006年4月出版）
8. 法院与宪法
   〔美〕阿奇博尔德·考克斯著　田雷译（2006年5月出版）
9. 公债与民主国家的诞生
   〔美〕David Stasavage著　毕竞悦译（2006年12月出版）
10. 最小危险部门
    〔美〕亚历山大·比克尔著　姚中秋译（2007年6月出版）
11. 大宪章
    〔英〕J. C. Holt著　贺卫方等译（2007年11月出版）
12. 我们的秘密宪法——林肯如何重新定义美国的民主
    〔美〕George P. Fletcher著　陈绪刚译（2007年11月出版）
13. 宪法的领域：民主、共同体和管理
    〔美〕Robert Post著　毕洪海译（2007年11月出版）

14. 冲突中的宪法

〔美〕Robert Burt 著　车雷译（2007 年 11 月出版）

法与经济学译丛

1. 事故法的经济分析

〔美〕萨维尔著　翟继光译（2004 年 12 月出版）

2. 公司法的经济结构

〔美〕伊斯特布鲁克、费希尔著　张建伟、罗培新译（2005 年 1 月出版）

3. 悲剧性选择

〔美〕卡拉布雷西、伯比特著　徐品飞、张玉华、肖逸尔译（2005 年 4 月出版）

4. 知识产权法的经济结构

〔美〕兰德斯、波斯纳著　金海军译（2005 年 6 月出版）

5. 比较法律经济学

〔美〕乌戈·马太著　沈宗灵译、张建伟审校（2005 年 7 月出版）

6. 侵权法的经济结构

〔美〕兰德斯、波斯纳著　王强、杨媛译（2005 年 9 月出版）

7. 行为法律经济学

〔美〕凯斯·R.桑斯坦主编　涂永前、成凡、康娜译（2006 年 11 月出版）

8. 事故的成本——法律和经济的分析

〔美〕卡拉布雷西著　宋小维、毕竞悦译（2007 年 8 月出版）

世界法学译丛

1. 法律:一个自创生系统

〔德〕贡塔·托依布纳著　张骐译（2004 年 1 月出版）

2. 东西方的法观念比较

〔日〕大木雅夫著　战宪斌、华夏译（2004 年 7 月出版）

3. 法律的道路及其影响——小奥利弗·温德尔·霍姆斯的遗产

〔美〕斯蒂文·J.伯顿主编　张芝梅、陈绪刚译（2004 年 11 月出版）

4. 官僚的正义——以社会保障中对残疾人权利主张的处理为例

〔美〕查里·L.马萧著　何伟文、毕竞悦译（2005 年 4 月出版）

5. 法官、立法者与大学教授

〔比〕R.C.范·卡内冈著　薛张敏敏译（2006 年 1 月出版）

6. 欧洲人权法(第三版)

〔英〕克莱尔·奥维、罗宾·怀特著　何志鹏、孙璐译（2006 年 3 月出版）